INHALT

VORWORT

»Die menschliche Natur ist allgemein von
Freiheitsdrang erfüllt und hasst die Knechtschaft.«
Gaius Iulius Caesar

Vor zweitausend Jahren kannte das Römische Reich keinen ernsthaften Konkurrenten mehr. Seine Legionen hatten den gesamten Mittelmeerraum und den Großteil Westeuropas erobert. Nun machte sich die Armee daran, auch das Gebiet des heutigen Deutschland zwischen Rhein und Elbe dem Imperium einzuverleiben. Doch die hochgerüstete Supermacht scheiterte ausgerechnet an diesem Flecken Land, der fast ausschließlich von Kleinbauern bewohnt war, die auch für damalige Verhältnisse in ärmlichen und unterentwickelten Dörfern lebten.

Der erfolgreiche Widerstandskampf der Germanen gegen einen technisch und wirtschaftlich weit überlegenen Besatzer zählt zu den Sonderfällen der Geschichte. Wie der Vietnamkrieg im 20. Jahrhundert bescherte er der führenden Zivilisation seiner Zeit ein bleibendes Trauma. Die Expansion des »Roman way of life« kam am Rhein zum Stillstand. Die Folgen sind heute noch spürbar: Deutschland gehört anders als Italien, Frankreich und Spanien nicht zum romanischen Kulturkreis.

Antike Historiker berichten ausführlich über diesen historischen Wendepunkt und auch über den Mann, der den Freiheitskampf organisierte: den germanischen Fürstensohn Arminius, dessen Name im 16. Jahrhundert zu Hermann eingedeutscht wurde. Der Adlige vom Stamm der Cherusker diente in der römischen Armee und zeichnete sich dort so aus, dass er von Rom eingebürgert und in den Ritterstand erhoben wurde – eine steile Karriere. Arminius galt damit wohl als Musterbeispiel gelungener Integration eines Barbaren in das Weltreich. Doch unbemerkt wandelte er sich zum Staatsfeind Nummer eins und vollbrachte das unwahrscheinliche Kunststück, die zerstrittenen Germanenstämme gegen Rom zu einen. Mit der Varusschlacht, auch Schlacht im Teutoburger Wald genannt, erreichte er einen triumphalen Sieg – aber nicht das Ende des Kriegs. Das gedemütigte Imperium hielt an seinen Eroberungsplänen fest und schlug mit voller Wucht zurück. Es folgten weit größere Schlachten, bei denen Arminius seine große Liebe verlor, Verrat durch Verwandte erfuhr und gegen den eigenen Bruder kämpfte. Sein bewegtes Leben ist aufs Engste verwoben mit der Geschichte des fast dreißigjährigen germanischen Freiheitskriegs und wird Sie durch dieses Buch begleiten.

Das Wissen um die damaligen Ereignisse beruht nicht nur auf literarischen Quellen. Hinzu kommen spektakuläre Funde, die den Archäologen besonders in jüngster Zeit gelangen. Sie verraten nicht nur entscheidende Details der Varusschlacht, sondern gewähren auch Einblicke in die Lebensumstände einer Welt, die uns gleichzeitig nah und fern ist. Unsere germanischen Vorfahren lebten am selben Ort wie wir, im nahezu gleichen Klima – und sie waren uns wohl auch ähnlicher als lange gedacht. Mit dem Klischeebild vom kampfeswütigen, zotteligen und muskelbepackten Barbaren jedenfalls hatten sie nicht mehr gemein als der moderne Zivilisationsmensch mit der Filmfigur Rambo. Trotzdem war ihre Gesellschaft so radikal verschieden von der heutigen, dass sie uns bisweilen so fremd erscheint, als sei sie von einem anderen Planeten. Und so ist die Geschichte von den Germanen um Arminius auch ein Lehrstück, wie sehr die Kultur eine menschliche Gemeinschaft prägen kann.

EINFÜHRUNG

Die Falle

Das Varusschlacht-Museum in Kalkriese bei Osnabrück besitzt einen Aussichtsturm, der vierzig Meter in die Höhe führt. Von dort lässt sich der angrenzende Museumspark überblicken: eine ausgedehnte Wiese, die sich über einen halben Kilometer erstreckt und von Wald umgeben ist. Rechts von ihr zieht sich flaches Gelände bis zum Horizont hin. Links steigt sanft ein Hügel an, der den klingenden Namen »Kalkrieser Berg« trägt, obwohl er sich nur 110 Meter über der Ebene erhebt. Die Landschaft wirkt beschaulich und unspektakulär – und es erschließt sich auf den ersten Blick nicht, weshalb gerade sie der geeignete Ort war für den großen Angriff der Germanen auf die römische Besatzungsarmee.

Heute fehlt ein entscheidendes Element: das Wasser, das die Region zu einem schwer passierbaren Feuchtgebiet machte. Zahlreiche kleine Bäche schlängelten sich damals den Kalkrieser Berg herab. Sie querten auf dem Gebiet des jetzigen Museumsparks einen hundert Meter breiten Sandweg und verliefen sich knapp einen Kilometer weiter in der Ebene, die ein riesiges Sumpf- und Moorgebiet war.

Auf dem Sandweg wälzte sich im September des Jahres 9 n. Chr. eine für damalige Verhältnisse gewaltige Armee entlang: Drei Legionen plus Hilfstruppen, etwa 15 000 bis 20 000 Mann, marschierten auf dem Trampelpfad, um einen weit entfernten Aufstand niederzuschlagen. Mehrere Kilometer war der Heereswurm lang, der unter Führung des Feldherrn Varus dem Kalkrieser Berg entgegenkroch.

Für die Soldaten muss es mühsam gewesen sein voranzukommen: Beladen mit etwa dreißig Kilogramm Waffen und Rüstungen und zusätzlich dem persönlichen Gepäck stapften sie über den morastigen Grund. Die von Maultieren gezogenen Karren des Gepäcktrosses behinderten den Vormarsch zusätzlich.

Diese Beschwernisse wären für die abgehärteten Legionäre wohl kein Problem gewesen, hätte es nicht unerwartete Attacken gegeben. Die Gegend war besiedelt und galt als befriedet, doch immer wieder stürmten feindliche Kriegerhaufen aus den umliegenden Wäldern hervor. Die Angreifer überfielen guerillaartig einzelne Truppenteile und zogen sich wieder zurück. So war die römische Armee bereits dezimiert, als sie den Kalkrieser Berg erreichte. Dort erwartete die Soldaten die schlimmste Überraschung.

Die ermüdeten Männer erblickten nicht nur einzelne Germanenhorden, sondern eine komplette Befestigungsanlage. Zur linken Hand am Fuß des Hügels, parallel zum Sandweg, stand ein 400 Meter langer Wall. Dieser war an die zwei Meter hoch, aus Rasenstücken gefertigt und stellenweise von einem Palisadenzaun gekrönt. Solch ein Bauwerk konnte unmöglich über Nacht errichtet worden sein. Die kampferfahrenen Legionäre müssen sofort erkannt haben, was das bedeutete: Der wahre Aufstand war nicht entfernt. Ihre Feinde hatten von langer Hand einen Hinterhalt geplant, und hier war der Ort, wo die Falle zuschnappen sollte.

Die Römer suchten ihr Heil in der Attacke: Ein Teil griff direkt den Wall an, doch die Germanen leisteten starken Widerstand. Vor dem Bollwerk häuften sich die Toten und Verletzten. Derweil versuchten die übrigen Legionäre, durch den Engpass zwischen der Befestigungsanlage zur Linken und dem Moor zur Rechten hindurch in freies Gelände zu gelangen. Dort könnten sie sich zur bewährten Schlachtordnung formieren, in der die römischen Soldaten schon so oft gegen die Barbaren gesiegt hatten. Aber mehr und mehr Germanen stürmten hinter dem ausgedehnten Wall hervor und griffen den Heereszug an der Breitseite an.

Chaos und Panik breiteten sich unter den Römern aus, und sie erfassten auch den Wagentross. Eines der Maultiere riss sich im Getümmel los. Es rannte über den Kampfplatz, stürmte den Wall hinauf und brach sich das Genick. Später stürzte dort ein Abschnitt des Bollwerks ein und begrub das Tier unter sich.

Zeugen der Vergangenheit

Fast zwei Jahrtausende lang blieb der Körper an dieser Stelle liegen, bis Archäologen im Sommer 2000 seine Überreste freilegten. Das guterhaltene Skelett des Maultieres zählt zu den rund 6000 Fundstücken, die seit 1989 vor dem Kalkrieser Berg aus der Erde geborgen wurden. Der Kampfplatz ist damit das erste große antike Schlachtfeld in Europa, das systematisch ausgegraben wird. Zwar tobt noch immer ein Streit unter Experten und Laienforschern, ob es sich hier tatsächlich um den Ort der Varusschlacht handelt, aber nach Ansicht der meisten Wissenschaftler sprechen die Indizien überzeugend dafür. Die vorangegangene Schilderung stützt sich auf die Ergebnisse der archäologischen Untersuchungen. Diese liefern zahlreiche Details über das Gemetzel, wie einige Beispiele kurz verdeutlichen sollen.

Von der Brutalität der Auseinandersetzung zeugen Knochenreste bis hin zu einem gespaltenen Schädel. Rüstungsteile, Lanzenspitzen und Geschosse lassen auf die eingesetzten Waffen schließen. Andere Objekte wie ärztliche Skalpelle, Landvermessungsgeräte und silbernes Geschirr belegen, dass hier nicht nur ein Kampftrupp unterwegs war, sondern eine komplette Armee.

Der Großteil der Funde sind Münzen und kleine Metallbruchstücke, die den Augen der Plünderer nach der Schlacht entgangen sind. Die Trümmer säumen den damaligen Sandweg durch den Engpass hindurch und folgen zudem einer Abzweigung in Richtung Moor. Auffallend viele Gegenstände und Knochensplitter entdeckten die Archäologen vor dem Wall, nicht aber dahinter. Das deutet auf schwere, verlustreiche Kämpfe an dieser Stelle hin. Über Verlauf, Größe und Aufbau des Bollwerks liegen durch die Grabungen detaillierte Kenntnisse vor. Auch die Umgebung des Kampfplatzes können die Wissenschaftler rekonstruieren: Am Fuß des Kalkrieser Bergs wiesen sie Siedlungen aus der damaligen Zeit nach. Pollenanalysen ergaben zudem, dass in der Region Ackerbau betrieben wurde. Die Schlacht ereignete sich also in einem bewohnten, landwirtschaftlich geprägten Gebiet – und nicht, wie jahrhundertelang geglaubt, in einem finsteren Wald.

Für den verbreiteten Irrglauben mitverantwortlich ist der römische Historiker Cassius Dio. Er schilderte zweihundert Jahre nach der Varusschlacht anschaulich, wie die Legionen in einem Gebirge mit zahlreichen Schluchten und dichtem, überhohem Baumbewuchs aufgerieben wurden. Der Autor hatte offenbar stark dramatisiert. Dagegen bestätigen die Funde von Maultierknochen und -geschirr seine Aussage, die Armee hätte viele Wagen und Lasttiere mit sich geführt, weil Varus sich noch in Freundesland wähnte. An diesen und anderen Punkten erhalten wir einmalige Einblicke in die Vergangenheit: Erstmals können die Informationen von antiken Autoren auf der einen und von archäologischen Untersuchungen auf der anderen Seite verglichen und verzahnt werden, um eine große Schlacht aus jener Zeit zu rekonstruieren.

Trotz aller faszinierenden Details bleiben enorme Wissenslücken. Über das Verhalten des Germanenführers Arminius während der Kämpfe ist beispielsweise nichts bekannt. In den erhaltenen Berichten erscheint der Fürstensohn nur unmittelbar vor Beginn und nach Ende der Schlacht. Von germanischer Seite ist mangels Schriftkultur nichts überliefert. Alle Texte stammen von römischen und griechischen Autoren, sind entsprechend einseitig gefärbt, zudem lückenhaft und teilweise widersprüchlich. Immerhin äußern sich auch zwei Zeitzeugen zur Varusschlacht: der Grieche Strabon und der Römer Velleius Paterculus, der sogar zeitweise als Offizier in Germanien gedient hatte und daher Land und Leute aus eigener Anschauung kannte. Gute Erinnerungen an die Einheimischen nahm er nicht mit. »Jene sind«, so der Historiker, »wie kaum einer glaubt, der sie nicht kennt, bei all ihrer Wildheit äußerst schlau und ein zur Lüge geborener Menschenschlag.« Publius Cornelius Tacitus, der bedeutendste römische Geschichtsschreiber, wusste auch über das Land an sich wenig Positives zu berichten. »Im Ganzen macht es mit seinen Wäldern einen schaurigen, mit seinen Sümpfen einen widerwärtigen Eindruck«, gruselte es den vornehmen Südeuropäer. »Wer wollte schon Asien, Afrika oder Italien verlassen und Germanien aufsuchen?«

Weshalb aber war Rom so erpicht darauf, die kalte, neblige Region dem Reich einzuverleiben? Lockender Reichtum lässt sich nicht als Grund anführen. Nach heutiger Kenntnis besaßen die rechtsrheinischen Völker nicht einmal Städte, die man hätte plündern können. Die Menschen hausten in ärmlichen kleinen Bauerndörfern, konnten weder lesen noch schreiben und betrieben Tauschhandel, da ihnen eine Geldwirtschaft fremd war. Für die Bürger des Imperiums muss das Land jenseits von Rhein und Donau die Dritte Welt gewesen sein. Als etwa der Schriftsteller Plinius der Ältere einige Jahrzehnte nach der Varusschlacht in das Gebiet der Chauken an der Nordsee kam, zeigte er sich erstaunt, wie armselig und primitiv dieser Germanenstamm lebte. »Und diese Menschen behaupten doch tatsächlich, sie würden zu Sklaven, wenn sie heute vom römischen Volk besiegt würden«, spottete der Naturkundler und Offizier. »So ist es in der Tat: Das Schicksal verschont manche, um sie zu strafen.« Für den Gelehrten war es unbegreiflich, weshalb sich die rückständige Bevölkerung nicht begeistert der fortschrittlichen Zivilisation unterordnete – eine Denkweise, der man bis heute immer wieder begegnet.

Nicht nur das Motiv Roms für die Invasion erscheint rätselhaft. Umgekehrt stellt sich die Frage: Wieso wagten die Germanen den Aufstand am Kalkrieser Berg? Das Imperium muss den Stammesmenschen absolut überlegen vorgekommen sein – mit schier unendlichen Ressourcen an Menschen, Waffen und Gütern. Zwanzig Jahre war es bereits her, dass die Truppen Roms in massiver Zahl den Rhein überquert und das Land erobert hatten. Jeder Legionär war zu der Zeit ein Berufssoldat, ein gut ausgebildeter und schwerbewaffneter Profikiller mit eiserner Rüstung. Die germanischen Kämpfer dagegen traten zum Großteil mit nichts an als Schild und Speer. Ein Schwert oder einen Helm konnten sich die Kleinbauern nicht leisten. Es war kein Wunder, dass sie in offener Feldschlacht den Römern kaum etwas entgegenzusetzen hatten.

Und jeden Widerstand hatte das Reich in Blut erstickt. Roms Truppen waren berüchtigt für ihr skrupelloses Vorgehen gegen echte und vermeintliche Feinde. Umfassende Massaker an Männern und Frauen, Kindern und Greisen – nach heutigen Maßstäben Genozide – waren für die Soldaten keine Kriegsverbrechen, nicht einmal Exzesse, sondern ein übliches Standardverfahren, um Furcht und Schrecken zu verbreiten. Der britische Militärhistoriker John Keegan kam zu dem Schluss, dass die Römer »mit solchem Ingrimm kämpften, dass nur die Horden Dschingis Khans oder Tamerlans fünfzehnhundert Jahre später mit ihnen verglichen werden können«. Die aufständischen Germanen am Kalkrieser Berg konnten sich also ausrechnen, was geschehen würde, sollte ihr Überfall auf die drei Legionen scheitern. Romkennern wie dem Anführer Arminius muss zudem bewusst gewesen sein: Selbst wenn der Hinterhalt Erfolg hatte, würde die Supermacht diese Schmach nicht auf sich beruhen lassen.

Was also mag beide Seiten angetrieben haben zu dem blutigen Konflikt, in dem es für die Römer wenig zu gewinnen gab und für die Germanen alles zu verlieren? Um sich dieser Frage zu nähern, zeichnet dieses Buch zunächst nach, wie die römisch-germanischen Begegnungen ab dem ersten Zusammenprall 113 v. Chr. in die Eroberungspläne des Imperiums mündeten (Teil I). Mit der Invasion im Jahr 12 v. Chr. begann dann ein fast dreißigjähriger Krieg im heutigen Deutschland (Teil II bis IV). Sein Ausgang sollte entscheidend sein für die Entwicklung Europas bis zur Neuzeit (Teil V), auch wenn die damaligen Akteure dies nicht ahnen konnten.

I. VORSPIEL

1. Erster Zusammenprall

387 v. Chr.	Kelten plündern Rom
113 v. Chr.	Beginn der Kimbern-und-Teutonen-Kriege
105 v. Chr.	Schwere Niederlage Roms bei Arausio (angeblich 120 000 Tote)
ab 104 v. Chr.	Reform des Marius: aus Wehrpflichtigenheer wird Berufsarmee
102/101 v. Chr.	Rom vernichtet die Kimbern und Teutonen

Unheimliche Nachrichten kursierten 113 v. Chr. in Rom. Vom Ende der Welt im kalten Norden marschiere ein gigantischer Menschenschwarm auf Südeuropa zu. Hunderttausende Barbaren seien unterwegs, hünenhafte Krieger mit blauen Augen und bleicher Haut, die Scharen an Frauen und Kindern mit sich schleppten. Gleich einer Gewitterwolke kämen sie über das Land, raubten und plünderten, und wer sich ihnen in den Weg stelle, werde niedergemacht. Die Alpen, so lauteten die erschreckenden Meldungen, hätten die wilden Horden bereits erreicht. Sie müssten nur noch die Berge überqueren, dann seien sie in Italien – und auf dem Weg in die Hauptstadt des Reichs.

Die Berichte lösten bei den Römern tiefsitzende Ängste aus. Zu stark war noch die Erinnerung an die Katastrophe aus dem Jahr 387 v. Chr. Damals war ein Heer von Galliern, das heißt Kelten, bis nach Rom vorgedrungen. Die Barbaren plünderten die Stadt und zerstörten sie weitgehend. Nur den stark befestigten Kapitolshügel konnten die Einwohner verteidigen – bis die keltischen Krieger gegen ein horrendes Lösegeld wieder abzogen. Als deren Anführer Brennus das Gold empfing, soll er die erpresste Summe noch einmal erhöht haben mit der Begründung: »Vae victis!« (»Wehe den Besiegten!«) Die Worte brannten sich den Bürgern der Stadt in das Gedächtnis ein, als Motto und Mahnung zugleich: Besser einen potentiellen Feind vernichten, als eines Tages selbst wieder Opfer werden! In den folgenden Jahrhunderten führte die römische Republik Präventivkrieg auf Präventivkrieg. Doch das Barbarentrauma, das stete Gefühl einer Bedrohung aus dem Norden, konnte sie nie ganz ablegen.

Es verwundert also nicht, dass die Nachricht von der Völkerwanderung 113 v. Chr. Roms Bürger in Alarm versetzte – auch wenn ihr Reich längst nicht mehr so verwundbar war wie zur Zeit der Keltenkatastrophe. Die Republik war inzwischen von einer Regionalmacht in Mittelitalien zu einem Großreich herangewachsen. Sie hatte sich die italienische Halbinsel einverleibt, Griechenland erobert, den nordafrikanischen Rivalen Karthago vernichtet und fast die ganze Iberische Halbinsel okkupiert. Doch in den Alpen endete das Herrschaftsgebiet. Was jenseits davon geschah, entzog sich dem Zugriff und meist auch der Kenntnis des mediterranen Staats.

Rom bemerkte den Barbarenzug aus dem hohen Norden erst, als dieser in das Norikum einfiel, ein keltisches Königreich im heutigen Österreich, das enge Beziehungen zur Republik pflegte. Der Politiker Gnaeus Papirius Carbo, der zu der Zeit einer der beiden Konsuln war, also oberster Staatslenker, reagierte sofort: Er ließ die Alpenpässe besetzen und rückte mit zwei Legionen, etwa 10 000 Soldaten, in das Norikum vor. Bei der Hauptstadt Noreia traf Carbo auf einen Teil der gefürchteten Barbarenhorden: die Kimbern, die gemeinsam mit den Teutonen und Ambronen sieben Jahre zuvor im heutigen Dänemark und Norddeutschland losgezogen waren. Zehntausende Männer, Frauen und Kinder waren mit ihrer gesamten Habe in einem schier endlosen Treck unterwegs, zu Fuß, zu Pferd und auf Ochsenkarren. Wahrscheinlich wollten sie den wiederkehrenden Hungersnöten in der Heimat entkommen und besseres Siedlungsland suchen.

Von der Macht Roms hatten die Wirtschaftsflüchtlinge wohl schon gehört: Ihre Boten gaben sich gegenüber Carbo überraschend friedfertig und entschuldigten sich für den Angriff auf das Norikum. Man habe nicht gewusst, dass dieses Land mit der Republik befreundet sei – und ja, man werde die Noriker in Zukunft in Ruhe lassen und wie gewünscht abrücken. Carbo zeigte sich zufrieden und gab den Kimbern sogar Führer mit, die bei der Suche nach einem geeigneten Siedlungsgebiet helfen sollten. Es klang fast wie der Beginn einer wunderbaren Freundschaft. Doch Carbo hatte anderes im Sinn: Er plante einen heimtückischen Vernichtungsfeldzug. Über sein Motiv können wir nur rätseln. Traute er den Stämmen nicht? Oder trieb den Konsul der persönliche Ehrgeiz, sich militärisch auszuzeichnen? Rom war immer noch eine Republik. Die reguläre Amtszeit der obersten Staatslenker dauerte nur ein Jahr – was nicht viel Zeit ist, wenn man sich einen Platz in den Geschichtsbüchern verschaffen will.

Insgeheim beauftragte Carbo die von ihm gestellten Führer, so berichtet der Historiker Appian, die Kimbern auf einem Umweg zu einem vorgegebenen Platz zu leiten. Der Konsul selbst eilte währenddessen mit seinen Soldaten voraus und bereitete einen Hinterhalt vor. Als die ahnungslosen Germanen an der vorgesehenen Stelle Rast machten, griffen die Legionäre überfallartig an. Es folgte ein Massaker – aber anders als geplant. Der Überraschungscoup schlug aus unbekannten Gründen fehl, und die zahlenmäßig überlegenen Kimbern metzelten die Römer nieder. »Carbo büßte für seinen Wortbruch mit dem Verlust vieler Leute«, erklärt Appian lapidar. Nur die einsetzende Dämmerung und ein schweres Gewitter retteten einen Teil der Soldaten. Die Stammeskrieger brachen den Kampf ab, und die überlebenden Legionäre konnten in die Wälder fliehen. Ein Fiasko für die angehende Supermacht Rom: Gleich der erste Kontakt mit den Barbaren aus dem hohen Norden endete in einer schmachvollen Niederlage.

Für die Kimbern und Teutonen war nun der Weg nach Italien frei, und voller Sorge wartete man dort auf den Ansturm der kampfbereiten Völker. Doch die Befürchtungen erwiesen sich als unbegründet. Der Germanentreck ließ die italienische Halbinsel buchstäblich links liegen und zog an den Alpen entlang nach Westen in das heutige Frankreich, damals Gallien genannt.

Weshalb stießen die Stämme nicht nach Süden vor? Vielleicht erschien ihnen trotz des Sieges im Norikum die Republik zu mächtig. Im Gegensatz zum Römischen Reich war Gallien kein einheitlicher Staat, sondern von zahlreichen keltischen Stämmen besiedelt, die voneinander unabhängig und oft einander feind waren. Möglicherweise glaubten die Nordgermanen, dort auf weniger Widerstand zu treffen. Denkbar ist auch, dass die Menschen den mühsamen Marsch über das Gebirge scheuten. Anders als etwa die Truppen des Karthagers Hannibal, die 218 v. Chr. die Alpen überquerten, bildeten die Kimbern und Teutonen keinen straff organisierten Heereszug. Hier waren Völker unterwegs, komplette Familien mit Kindern und Hausrat, offenbar ohne eine einheitliche Führung. Immer wieder scherten einzelne Gruppen aus dem Tross aus und versuchten sesshaft zu werden, während umgekehrt Einheiten fremder Stämme sich dem Zug anschlossen. Darunter waren auch viele keltische Gemeinschaften, so dass der Marsch im Lauf der Zeit mehr und mehr multikulturelle Gestalt annahm. Die Germanen zeigten sich hier – wie auch in den folgenden Jahrhunderten – ganz pragmatisch, frei von jeder Volksideologie. Willkommen war, wer nützte.

Der Treck quer durch Mitteleuropa schwoll wie eine Lawine an. Vielleicht 300 000 Menschen, so eine moderne Schätzung, waren unterwegs. Solch eine Massenbewegung musste Rom weiter beunruhigen, auch wenn die Germanen eigens Gesandte dorthin schickten. Diese baten friedlich um Siedlungsland und boten dafür an, ihre Krieger dem Reich zur Verfügung zu stellen. Doch die Republik lehnte ab – und versuchte im heutigen Südostfrankreich 109 v. Chr. erneut einen Präventivschlag. Diesmal überfielen doppelt so viele Legionäre wie im Norikum den Treck, doch wieder blieben die Barbaren siegreich. Der Völkerzug marschierten weiter gen Westen nach Gallien hinein, konnte sich dort aber nicht festsetzen. Vermutlich leisteten die einheimischen Stämme zu starken Widerstand. Der große Tross machte kehrt und wälzte sich 105 v. Chr., acht Jahre nach der Schlacht im Norikum, nun tatsächlich auf das römische Territorium zu.

Die Republik reagierte mit einem Kraftakt und stellte die bis dato größte Armee gegen die Eindringlinge aus dem Norden auf. Mehrere zehntausend Legionäre marschierten an die Reichsgrenze im heutigen Südfrankreich. Den Oberbefehl hatten der Konsul Gnaeus Mallius Maximus und sein Amtsvorgänger Quintus Servilius Caepio inne. Glaubt man den Chronisten, lieferten die beiden ein geradezu mustergültiges Exempel, wie schlecht eine Doppelspitze funktionieren kann: Caepio soll sich mit Maximus so zerstritten haben, dass er gemeinsame Beratungen verweigerte und auf getrennten Lagern für ihre beiden Heeresteile bestand. Selbst einer Abordnung von Senatoren gelang es nicht, die Feldherren zur Kooperation zu bewegen.

Am 6. Oktober 105 kam es dann bei Arausio, der heutigen südfranzösischen Stadt Orange, zur großen Schlacht: Mit dem Fluss Rhône im Rücken warteten die zwei Befehlshaber und ihre Einheiten auf die nahenden Kimbern und Teutonen. Die sandten zunächst Boten, welche mit Maximus verhandelten. Caepio fühlte sich anscheinend übergangen, wollte nun den ganzen Ruhm für sich – und griff ohne Absprache mit seinen Soldaten an. Die fatale Folge: Roms Streitmacht war geteilt und damit so geschwächt, dass die Barbaren erst Caepios Armee besiegen konnten und dann die von Maximus. Die Rhône versperrte den geschlagenen Truppen den Fluchtweg, und es folgte ein furchtbares Blutbad. Angeblich töteten die Stammeskrieger 80 000 Legionäre und 40 000 Mann Begleittross. Die Zahlen gelten als übertrieben, aber die Größenordnung dürfte stimmen. Seit der Schlacht von Cannae 216 v. Chr., als die Karthager unter Hannibal mindestens 50 000 römische Soldaten umbrachten, hatte die Republik keine vergleichbar katastrophale Niederlage erlebt.

In Italien ging nun die Furcht um – und sie wuchs weiter, als sich herumsprach, was die Barbaren nach ihrem Sieg taten. »Die Feinde vernichteten alles, was in ihre Hand gefallen war«, schildert der antike Historiker Orosius. »Die Gewänder wurden zerrissen und in den Kot getreten, Gold und Silber in den Fluss geschleudert, die Panzer der Männer zerhauen, der Schmuck der Pferde vernichtet, die Pferde selbst ertränkt, die Menschen mit Stricken um den Hals an Bäumen aufgehängt, so dass der Sieger keine Beute behielt, der Besiegte kein Mitleid erfuhr.« Die Kimbern und Teutonen müssen den Römern wie geisteskranke Amokläufer erschienen sein. Der »Furor teutonicus«, die teutonische Raserei, sollte später zum stehenden Begriff werden.

Die Schilderung, die Orosius im 5. Jahrhundert anhand älterer Quellen verfasste, liest sich wie eine Schauergeschichte, ist aber wohl zutreffend. Archäologische Funde an verschiedenen Orten in Schleswig-Holstein und Dänemark, also der ursprünglichen Heimat der Kimbern und Teutonen, bestätigen seinen Bericht. Im Nydam-Moor nahe der dänisch-deutschen Grenze etwa entdeckten Forscher die Ausrüstung mehrerer Kriegertrupps: 344 Speere, 378 Lanzen sowie unter anderem Schwerter, Schildbruchstücke und Silbermünzen. Etliche der Gegenstände wurden absichtlich verbogen und zerschlagen, bevor sie um 300 n. Chr. in den Sumpf geschleudert wurden. Hier hatten offenbar die Anwohner nach siegreichen Gefechten den Besitz des Feindes zerstört und versenkt – und damit so gehandelt, wie Orosius es beschreibt. Warum aber verzichteten die Gewinner auf eine Beute, die damals enorm wertvoll war? Die Wissenschaft geht heute von religiösen Motiven aus: Die Germanen dort brachten einem oder mehreren Göttern ein wahrhaft teures Dankopfer dar. Vielleicht hatten sie im Angesicht des feindlichen Heeres geschworen, alles den höheren Mächten zu geben, wenn sie ihnen nur halfen.

Ob an dem Fundort auch die besiegten Kämpfer den Göttern gewidmet wurden, wissen wir nicht – im Moor jedenfalls wurde keiner entdeckt. Ein Bericht von Tacitus legt aber nahe, dass umfassende Menschenopfer vorkamen. Der römische Historiker schrieb über einen Krieg des 1. Jahrhunderts zwischen zwei Germanenstämmen, den Hermunduren und Chatten: »Beide Parteien hatten für den Fall des Sieges das feindliche Heer dem Mars und Merkur geweiht [gemeint sind Ziu und Wodan, in Skandinavien Tyr und Odin genannt], ein Gelübde, durch das Mann und Ross, überhaupt alles Lebende dem Untergang verschrieben wird.« Solch ein zerstörerischer Schwur war wohl nicht die Regel. Nach der Varusschlacht etwa handelten die Germanen gewinnorientierter: Sie töteten nicht alle Römer, sondern machten etliche zu Sklaven und ließen einige sogar wieder frei – nachdem deren Verwandte Lösegeld gezahlt hatten.

Die scheinbare Raserei der Kimbern und Teutonen beruhte also nicht auf ungezügelter Zerstörungswut, sondern war wohl eine religiöse Handlung. Die Römer konnten das zu der Zeit nicht wissen – und es hätte ihre Einschätzung der Lage auch nicht geändert. Spätestens ab jetzt sahen sie in den Barbaren aus dem Norden eine absolut tödliche Bedrohung für das Reich und seine Bewohner. Und niemand konnte mehr die Stämme davon abhalten, in Italien einzufallen.

Doch nun passierte etwas Verblüffendes: Die Germanen verschmähten erneut Italien und drehten einfach um. Warum waren sie zuvor in die Schlacht gezogen? Das Verhalten erscheint völlig unverständlich. Vielleicht hatten sich die Stammesführer nach dem Sieg zerstritten. Die wandernden Gruppen waren sich jedenfalls nicht mehr einig und teilten sich: Die Kimbern zogen in das heutige Spanien, die Teutonen und Ambronen nach Nordfrankreich.

Die Republik hatte noch einmal Zeit gewonnen – und nutzte sie. Angesichts der Germanengefahr setzte der Konsul Gaius Marius ab 104 v. Chr. eine Heeresreform durch, die Roms militärische Macht entscheidend steigerte und den Weg zur Supermacht ebnete. Bis zu den Zügen der Kimbern und Teutonen bestanden die Legionen aus Wehrpflichtigen, die in der Regel sechs Jahre Kriegsdienst leisteten. Eingezogen wurden nur besitzende Bürger, die sich ihre Ausrüstung selbst beschafften. Das verarmte Proletariat blieb außen vor. Marius, ein erfahrener Feldherr, der bereits in Afrika das Numiderreich bezwungen hatte, hielt dieses System für nicht mehr effizient. Als Konsul stellte der 52-Jährige nun erstmals eine Berufsarmee auf und öffnete sie für die Unterschicht. Die neuen Rekruten erhielten fortan vom Staat eine einheitliche Bewaffnung, einen festen Sold und nach Ende einer langjährigen Dienstzeit ein Stück Land, das sie bewirtschaften konnten. Das Angebot lockte Massen an Männern, die sonst wohl wenig Lebensperspektiven besaßen. Nun wurden sie professionelle Soldaten, die besser global einsetzbar waren als Wehrdienstleistende, die sich um ihre Güter daheim sorgten.

Ein umfassender Drill sicherte die Schlagkraft der Truppen, wie der spätantike Militärhistoriker Flavius Vegetius Renatus auf der Grundlage älterer Berichte schildert. So begann für die Rekruten eine harte viermonatige Grundausbildung. Die angehenden Legionäre durchliefen unter anderem ein Lauf-, Sprung- und Schwimmtraining. Sie absolvierten Tempomärsche – 35 Kilometer in rund sechs Stunden – und Geländemärsche mit schwerem Gepäck. Angriffs- und Abwehrtechniken praktizierten die Männer zweimal täglich an Holzpfählen, die als Dummy-Gegner dienten. Dabei benutzten sie Übungsschwerter und -schilde, die doppelt so viel wogen wie die Originale. Selbst die kalte Jahreszeit unterbrach nicht den unablässigen Drill: Um vom Wetter unabhängig zu sein, errichtete das Militär im Winter eigens große Trainingshallen für die Legionäre, die wieder und wieder Schlachtaufstellungen und -manöver exerzierten. »Nichts ist wichtiger, als dass die Soldaten lernen, sich exakt in Reih und Glied zu bewegen«, erklärt Vegetius. Rom schuf auf diese Weise ein gewaltiges professionelles Heer, wie es die Welt noch nicht gesehen hatte und das zum Vorbild der neuzeitlichen Armeen wurde. Die antiken Autoren betonen dabei die Bedeutung von Zucht und Ordnung derart, dass die damaligen italienischen Militärs wie frühe Klischeedeutsche erscheinen. »Die Römer eroberten die Welt nur dank ständigen militärischen Trainings, genauer Beachtung der Disziplin und unablässiger Pflege der Kriegskünste«, schreibt etwa Vegetius. Welchen Erfolg, fragt der Autor rhetorisch, hätten die Römer sonst haben können gegen die ungeheuer großgewachsenen Germanen?

In der Tat waren die Menschen aus dem Norden relativ groß. Skelettfunde aus Dänemark etwa zeigen, dass um 100 n. Chr. die Männer dort im Mittel 1,74 Meter (die Frauen 1,62 Meter) maßen – nur drei Zentimeter weniger als die Deutschen heute. Vergleichbare Statistiken fehlen für die Römer, da diese ihre Toten in der Regel verbrannten. Vegetius allerdings berichtet, dass für die Soldaten der prestigeträchtigen ersten Kohorte jeder Legion eine Mindestgröße von 1,72 bis 1,78 Meter galt – die aber nicht immer eingehalten werden konnte. Das römische Gardemaß entsprach also in etwa dem germanischen Durchschnitt, was die Barbaren in den Augen der mediterranen Normalbürger wohl riesig erschienen ließ.

Bislang hatte sich die körperliche Überlegenheit der Nordgermanen in den Kämpfen gegen die Römer ausgezahlt. Und auch die anderen Völker, deren Gebiet die Kimbern und Teutonen durchquerten, konnten den Zug nicht aufhalten. Aber die Einheimischen leisteten offenbar erfolgreich Widerstand. Weder den Kimbern im heutigen Spanien noch den Teutonen und Ambronen in Gallien gelang es, eine neue Heimat zu finden. Die beiden Trecks trafen sich im heutigen Nordfrankreich, vereinigten sich und marschierten gemeinsam nach Süden. 102 v. Chr., drei Jahre nach ihrem Sieg bei Arausio, näherten sich die Nomaden zum nunmehr dritten Mal dem Römischen Reich. Vor den Alpen spaltete sich der Zug. Die Kimbern wandten sich nach Osten, um vom heutigen Österreich aus über den Brennerpass nach Italien vorzudringen. Die Teutonen und Ambronen dagegen planten, das Gebirge im Westen nahe der französischen Mittelmeerküste zu überqueren.

Roms Konsul Marius, dessen Amtszeit angesichts der Germanengefahr verlängert worden war, zog daraufhin mit 35 000 Soldaten in das heutige Südfrankreich. Bei Aquae Sextiae, dem jetzigen Aix-en-Provence nahe Marseille, kam es zur Schlacht. Die gedrillten Römer gewannen die Oberhand, und das Ergebnis war ein Gemetzel furchtbaren Ausmaßes. Plutarch berichtet, die Legionäre hätten mehr als hunderttausend Teutonen und Ambronen teils gefangengenommen, teils getötet. Das menschliche Leid, das sich hinter den Zahlen verbirgt, lässt sich nicht ermessen. Eine ganze Völkerschaft wurde ausgelöscht, die traumatisierten Überlebenden zum Sklavendasein verdammt. Man kann sich nur schwer ausmalen, welche Szenen sich abspielten, als die Sieger die Familien auseinanderrissen, den Eltern die Kinder wegnahmen, Ehepaare trennten und ohne Skrupel die Frauen vergewaltigten – denn nun waren die Personen zur bloßen Ware reduziert, zu Freiwild für die Besitzer. Die antiken Autoren berichten nichts darüber. Stattdessen schildern sie die Folgen vor Ort: Die Erde sei durch die verwesenden Leichname so gedüngt worden, heißt es, dass die Felder im Frühjahr unglaublich viele

Früchte trugen und die Anwohner ihre Weinberge mit den Knochen der Erschlagenen umzäunten.

Der Republik war der erste große Sieg gegen die Nordgermanen gelungen, elf Jahre nach der Niederlage im Norikum und drei Jahre nach der Katastrophe bei Arausio. Das neue Berufsheer des Marius hatte einen Völkerzug vernichtet – aber die Kimbern nicht aufgehalten. Deren Treck überquerte inzwischen einen Teil der Alpen und näherte sich dem Fluss Etsch im heutigen Südtirol, wo die Legionen des Konsuls Catulus ihre Verteidigungslinien aufgebaut hatten.

Von dieser Position aus beobachteten die römischen Soldaten mit Befremden, was die Invasoren im Gebirge taten. »Die Barbaren liefen mit nacktem Oberkörper bei Schneefall umher und stiegen durch Eis und tiefen Schnee auf die Berge«, erzählt Plutarch. »Oben setzten sie sich auf ihre breiten Schilde, stießen sich ab und sausten an Steilschluchten und schroffen Felsen vorbei die Hänge hinunter.« Die Germanen könnten damit als Väter des Schlittensports gelten, vorausgesetzt, die Schilderung entsprang nicht nur der Phantasie der Römer. Vielleicht waren die Abfahrten Mutproben. Es ist aber auch möglich, dass die rodelnden Kimbern einfach zum Spaß die Berge hinuntersausten, so wie die meisten heutigen Ski- und Schlittenfahrer. Die Passage von Plutarch wäre damit eine der wenigen Stellen, die inmitten all der Schlachtbeschreibungen ein friedliches Detail über den Völkerzug beinhalten. Der Mangel an Information jenseits des Kampfgeschehens führt mit dazu, dass uns die damaligen Menschen oft so kalt und fremd erscheinen. Wir wissen so gut wie nichts über ihr Alltagsleben – wie sie Freundschaften schlossen, sich auf die Nerven gingen, ihre Kinder herzten und schimpften, miteinander spielten, zankten und sich wieder versöhnten –, also über das, was sie nicht nur zu einer anonymen Barbarenmasse machte, sondern zu Individuen.

Die Kimbern waren offenbar entschlossen, sich in Italien festzusetzen. Sie vertrieben das Heer des Catulus von der Etsch und zogen in die fruchtbare Poebene. Marius rückte mit seinen Truppen an und vereinte diese mit den Einheiten, die sich von der Etsch zurückgezogen hatten. Gut 50 000 Legionäre standen nun den Kimbern gegenüber. Deren König Boiorix sandte Abgeordnete zu Marius, die wie bei früheren Gelegenheiten um Land baten. Marius lehnte ab. Boiorix forderte ihn nun auf, Zeit und Ort der Entscheidungsschlacht zu benennen – ein Vorgehen, das den strikt erfolgsorientierten Römern absurd erschien. Was nützt eine Verabredung mit dem Feind?

Dennoch ging Marius auf den Vorschlag ein. Am 30. Juli 101 v. Chr. traf seine Armee bei Vercellae, dem heutigen Vercelli zwischen Mailand und Turin, auf die kimbrischen Truppen. Dort bewährte sich erneut der römische Drill. Plutarch zufolge hielten die Legionäre der Hitze und den Strapazen des Kampfes besser stand als die Germanen, so dass die Römer schließlich einen vollständigen Sieg errangen. Angeblich töteten sie 120 000 Barbaren und nahmen 60 000 gefangen. Gegen Ende der Schlacht soll es im Lager der Kimbern zu entsetzlichen Verzweiflungstaten gekommen sein. »Die Frauen standen in schwarzer Kleidung auf den Wagen und töteten die Flüchtenden, auch wenn es sich um ihre Männer, Väter oder Brüder handelte«, schildert Plutarch. »Eigenhändig erwürgten sie ihre kleinen Kinder, warfen diese unter die Wagenräder und Hufe der Lasttiere und brachten sich dann selbst um.« Viele Germaninnen zogen es offenbar vor, Selbstmord zu begehen, statt in die Hände der Legionäre zu fallen. Ein Kriegsrecht oder auch nur einen Ehrenkodex im Umgang mit den Frauen und Kindern der anderen Seite – heute würde man sagen Zivilisten – gab es damals nicht. Nur das »Vae victis!« galt universell.

Der Zug der Kimbern und Teutonen hatte ein schreckliches Ende gefunden. 19 Jahre lang waren die Stämme als Nomaden in Europa unterwegs gewesen, auf der verzweifelten Suche nach einem neuen Land und einem besseren Leben. Die jüngeren Männer und Frauen kannten ihre alte Heimat nur noch vom Hörensagen. Die wandernden Massen verwüsteten ganze Landstriche, plünderten und mordeten, aber sie planten offenbar keinen Sturm auf Rom. Sie wollten die antike Zivilisation nicht zerstören, sondern an ihr teilhaben – so wie ein halbes Jahrtausend später die Germanenstämme der Völkerwanderungszeit, die in das Römische Reich immigrierten und es dadurch so transformierten, dass die romanisch-germanische Kultur des Mittelalters entstand.

Den ersten Völkerzug aber hatten die Legionen vernichtet. Die Bedrohung durch die Kimbern und Teutonen war gebannt. Doch das Barbarentrauma blieb: Wie 387 v. Chr., als die Kelten Rom plünderten, hatten Angreifer aus dem Norden das Reich existentiell bedroht. Der 6. Oktober, der Jahrestag der katastrophalen Niederlage bei Arausio, galt fortan als Unglückstag. Und den Bürgern der Republik war klar: Jederzeit konnte wieder ein Menschensturm aus dem nördlichen Europa über ihre Welt hereinbrechen. Solange die Gebiete dort nicht unter der Kontrolle Roms standen, existierte eine latente Gefahr für das Reich.

Doch noch war nicht daran zu denken, den Norden Kontinentaleuropas zu erobern. Zu weit war er von den Reichsgrenzen an den Alpen entfernt. Dort hatte die Republik direkten Kontakt zu keltischen, nicht aber zu germanischen Stämmen. Deren Existenz war den Römern um 100 v. Chr. noch nicht einmal bekannt: Die Mittelmeeranrainer glaubten, nördlich des Reichs gebe es nur zwei Barbarenvölker, die Kelten im Westen und die Skythen im Osten. Von den Germanen in der Mitte hatten sie noch nichts gehört, und dementsprechend schlugen die antiken Autoren die Kimbern und Teutonen zunächst den Kelten zu.

Nicht einmal die Betroffenen selbst hielten sich zur Zeit des Völkerzugs für Germanen. Der Begriff war ihnen wohl so fremd wie den Ureinwohnern Nordamerikas vor der Kolonialzeit die Bezeichnung Indianer. Und wie jene sich etwa als Irokesen, Cree oder Apachen sahen, so identifizierten sich die Menschen des nördlichen Mitteleuropa und südlichen Skandinavien zum Beispiel als Friesen, Cherusker, Sueben oder Kimbern. Eine übergreifende Identität kannten sie nicht. Die Stämme besaßen zwar ähnliche Sprachen und weitgehend gleiche Götter, aber keinerlei Zusammengehörigkeitsgefühl. Dass die Germanen überhaupt als Volk oder Völkergruppe in den Geschichtsbüchern auftauchen, verdanken sie einem Mann, der zu den größten und skrupellosesten Feldherren unseres Kontinents zählt: Gaius Iulius Caesar. Sein Einmarsch in das freie Gallien sollte die Situation in Zentraleuropa grundlegend ändern.

2. Die Entdeckung einer Kultur

58 v. Chr.	Beginn des Gallischen Kriegs Caesar beschreibt als Erster die Germanen als eigenes Volk Sieg Caesars über den Germanenführer Ariovist

58 v. Chr. benötigte Caesar einen großen Krieg. Seine politische Existenz hing davon ab. Der Spross einer alten Adelsfamilie hatte sich in Rom mächtige Feinde geschaffen, und nun war dem begnadeten Populisten klar: Nur ein erfolgreicher Feldzug konnte ihm genug Prestige bringen, um immun gegen die Attacken seiner Widersacher zu sein. Gegen welches Volk er in den Kampf zog, war von untergeordneter Bedeutung. Die Gallier hatten schlicht Pech, als der skrupellose Politiker ihr Gebiet angriff.

Die Invasion setzte eine blutige Ereigniskette in Gang, die den späteren römisch-germanischen Krieg erst ermöglichte und auch bedeutsam beeinflusste. Caesar führte die Grenze des Reichs unmittelbar an Germanien heran, startete die erste römische Attacke auf die Gebiete östlich des Rheins und prägte entscheidend das Bild, das sich der mediterrane Staat und die Stammesvölker dort voneinander machten.

Geboren wurde der Mann, der erstmals die Germanen als eigenes Volk beschrieb, im Jahr 100 v. Chr. Er entstammte altem römischem Adel, aber um ganz nach oben zu gelangen, musste Caesar wie jeder ambitionierte Römer die politische Ochsentour durchlaufen. Diese führte über fest vorgegebene Stationen, Magistrate genannt: von der Quästur über das Volkstribunat oder das Ädilat zur Prätur und schließlich zum Konsulat, dem höchsten Karriereziel. Ein Kandidat durfte jedes Amt nur einmal bekleiden, für die Dauer von je einem Jahr. Er musste von Stufe zu Stufe Wartefristen einhalten und beständig für sich trommeln, sonst war die Karriere frühzeitig beendet. Das Volk bestimmte durch Wahlen, wer die Posten erhielt, und ein Bewerber musste sich in Kampfabstimmungen gegen seine Konkurrenten durchsetzen. Der Wahlkampf kostete viel Geld, nicht zuletzt weil die Wählerbestechung zwar offiziell verboten war, aber so üblich wie im heutigen Profisport das Doping. Und zu verdienen gab es zunächst einmal nichts: Die Amtsinhaber erhielten kein Gehalt, erst nach der Prätur eröffneten sich lukrative Einnahmequellen. Wer bis dahin bei den Abstimmungen auf der Strecke blieb, sah nicht selten dem finanziellen Ruin entgegen. Viele aufstrebende Politiker hatten sich hoffnungslos überschuldet. Dies galt insbesondere für Caesar, der es mit 30 Jahren zum Quästor brachte und mit 34 zum Ädil.

Der blasse, hochgewachsene Patrizier gehörte zu einer Generation, die nach heutigen Begriffen betont cool und chic auftrat. Die modebewussten Männer entwickelten spezielle Gesten, etwa sich mit einem einzelnen Finger zu kratzen. Sie stylten sich aufwendig die Haare und trugen zur Empörung der konservativen Kreise ihre Gewänder »locker gegürtet«. Caesar zählte selbstredend zu den extravagantesten Mitgliedern der Society. Der schlanke Charmeur kleidete sich nicht nur besonders leger und auffällig, sondern gab trotz seiner Schulden hemmungslos Geld aus. So ließ er sich auf dem Land eine Villa bauen, und als sie fertig war, wieder abreißen – weil sie seinem Geschmack doch nicht entspreche. Ausschweifend war auch das Liebesleben des bisexuellen Playboys, der sich angeblich nicht nur das Gesicht gründlich rasierte, sondern auch den Körper – »was ihm manche Leute zum Vorwurf machten«, wie der antike Biograph Sueton anmerkt. Bei seinen zahlreichen Affären soll Caesar nicht wählerisch gewesen sein. Böse Stimmen behaupteten, er sei »ein Mann für jede Frau, und eine Frau für jeden Mann«. Doch einige Zeitgenossen bemerkten auch, dass der Lebemann kaum Alkohol trank, also selbst bei ausschweifenden Feiern einen kühlen Kopf behielt.

Der charismatische Politiker suchte offenbar bei jeder Gelegenheit seinen Vorteil. Wenn er besonders freigebig erschien, war es für ihn eine Investition in die Zukunft. Den Einsatz trieb Caesar auf eine vorläufige Spitze, als er 65 v. Chr. das Amt des Ädils bekleidete. Zu seinen Aufgaben zählte es, für das Volk

Steckbrief Gaius Iulius Caesar
geb. 13. Juli 100 v. Chr.,
ermordet 15. März 44 v. Chr.

Karriere:
Zum obersten Priester (Pontifex Maximus) wird Caesar 63 v. Chr. gewählt. 59 v. Chr. ist er erstmals Konsul. 58 bis 51 v. Chr. erobert er Gallien. 49 v. Chr. beginnt Caesar den Bürgerkrieg und besiegt 48 v. Chr. bei Pharsalos das Heer des Pompeius. Er lässt sich 46 v. Chr. zum Diktator für zehn Jahre ernennen, im Februar 44 v. Chr. zum Diktator auf Lebenszeit – die dann nur noch einige Woche dauert.

Familie:
Caesar heiratet dreimal. Aus erster Ehe stammt seine einzige Tochter Iulia, die bereits 54 v. Chr. stirbt. Einer Affäre mit Kleopatra entspringt sein Sohn Caesarion. Caesars Großneffe und Adoptivsohn Octavian (später Augustus) lässt diesen 30 v. Chr. als unliebsamen Konkurrenten töten.

Besondere Merkmale:
In seiner Jugend erregt Caesar Anstoß durch lässige Kleidung (»locker gegürtet«), später durch ausschweifende Bisexualität und dadurch, dass er sich am ganzen Körper rasiert. Er leidet an Epilepsie – und an Haarausfall, den er laut Sueton zu kaschieren versucht, indem er »seine spärlichen Haare vom Hinterkopf über den Scheitel nach vorne kämmt«.

Spiele auszurichten. Der Staat steuerte dazu nur einen relativ geringen Betrag bei, so dass ein Ädil tief in die Privatschatulle greifen musste, um dem Publikum eine gute Show zu bieten. Caesar tat dies exzessiv. Seine Schulden stiegen rasant an und erreichten am Ende des Amtsjahres beängstigende Ausmaße.

Dafür gewann der Ehrgeizling enorm an Popularität, und die nutzte er für einen überraschenden Coup. 63 v. Chr. wurde das oberste Priesteramt in Rom frei, ein höchst prestigeträchtiger Posten, der durch Volkswahl auf Lebenszeit vergeben wurde. Die Bewerber waren traditionell altehrwürdige Männer, und auch diesmal traten zwei angesehene ehemalige Konsuln an – sowie als dritte Person Caesar. Schon die Kandidatur des 36-Jährigen, der nur die unteren Ämter durchlaufen hatte, war ein Skandal. Doch Frechheit siegte, und der junge Politiker durfte sich fortan oberster Priester nennen, »Pontifex Maximus«. Diesen Titel übernahmen später die Kaiser und dann die Päpste, bis zum heutigen Tag. Caesar setzte sich danach noch bei der Wahl zum Prätor durch, was bedeutete, dass er im Jahr 62 für die Gerichte und die Rechtsprechung zuständig war.

Mit dem zweithöchsten weltlichen Amt eröffnete sich für den Aufsteiger endlich die Aussicht, seine horrenden Ausgaben zu amortisieren: Die jährlich acht Prätoren und zwei Konsuln gingen nach Ende ihres Dienstjahres üblicherweise als Statthalter in eine Provinz des Reichs. Dort konnten sie eigene Einnahmen generieren, sprich: die Provinzbewohner ausbeuten. In der Regel hatten sie dafür nur ein Jahr Zeit – dann kam der Nachfolger, um seinerseits so viel Gewinn wie möglich abzuschöpfen. Anreize für ein langfristig sinnvolles Wirtschaften gab es nicht. Die Menschen in den unterworfenen Gebieten zahlten letztlich die Zeche für die ruinös teuren Wahlkämpfe in der Hauptstadt. Die Staatsform Republik war für die römischen Bürger ein ausgesprochen freiheitliches System, für die übrige Bevölkerung im Reich aber ein perfide effektiver Unterdrückungsapparat.

Caesar bekam nach der Prätur Südspanien zugelost, das er offenbar sehr geschickt ausnahm. Zudem führte er noch im heutigen Portugal einen kleinen Krieg – und konnte so zusätzliche Gewinne einfahren, indem er dort die Städte plünderte. 60 v. Chr. kehrte der Statthalter als sanierter Mann nach Rom zurück. Kaum angelangt, kandidierte er für das Konsulat, das er erwartungsgemäß gewann.

Als Konsul durfte Caesar Gesetzesvorschläge einreichen, und diese Kompetenz nutzte er, um populäre Anliegen wie die Landvergabe an Veteranen und verarmte Stadtbewohner vorzubringen. Der aristokratische Senat lehnte dies ab, woraufhin Caesar eine Volksversammlung einberief und seine Opponenten vom Platz prügeln ließ. Damit brach er effektiv die Verfassung und demütigte die politische Führungsklasse, aber er gewann die Mehrheit der Bevölkerung für sich. Im weiteren Verlauf seines Konsuljahres gelangte Caesar in solch eine Machtposition, dass er sich für die Zeit danach die Statthalterschaft gleich mehrerer Provinzen sicherte: der Gallia cisalpina südlich der Alpen, des Illyricums etwa im Gebiet des heutigen Kroatien und der Gallia Narbonensis im heutigen Südfrankreich. Diese grenzte direkt an das freie Gallien, den Hauptwohnsitz der Kelten, deren Kulturraum sich zeitweise von Italien bis nach Britannien und vom heutigen Portugal bis ans Schwarze Meer erstreckte.

Zudem erreichte Caesar, dass seine Amtszeit in den Provinzen nicht wie üblich ein Jahr betrug, sondern fünf Jahre (aus denen später sogar zehn wurden). Aber der erfahrene Politiker wusste, dass seine gedemütigten Gegner im Senat nur darauf warteten, ihn danach wegen diverser Verfassungsverstöße vor Gericht zu bringen. Um dies zu verhindern, blieb ihm nur ein Weg: durch Kriege so viel Geld, Macht und Prestige anzuhäufen, dass er sich gegen alle zukünftigen Attacken wehren konnte.

Eine Hürde gab es noch, bevor Caesar losschlagen konnte: Ein unprovozierter Angriffskrieg gilt nicht erst heute als verbrecherisch. Auch in der römischen Republik sah man es als verwerflich an, aus reiner Eroberungslust oder Habgier über eine fremde Bevölkerung herzufallen. Die Römer betrachteten sich nicht nur als das mächtigste Volk der Welt, sondern auch als das moralisch höchststehende. Für die Unterworfenen mag es wie blanker Zynismus geklungen haben, aber die Bürger der Hauptstadt waren überzeugt, dass sie ihr Reich in reiner Selbstverteidigung gewonnen hatten. Caesar musste also warten, bis er eine Bedrohung von außen zumindest glaubhaft konstruieren konnte.

Die Gelegenheit ergab sich für ihn erfreulich schnell. Die Helvetier im Gebiet der heutigen Schweiz hatten genug von ihrem Leben in den Alpen. Der komplette keltische Stamm sowie einige verbündete Völker verbrannten ihre Dörfer und Städte und zogen als langer Treck gen Westen. Caesar zufolge brachen insgesamt 368 000 Menschen auf. Dies war aus Listen ersichtlich: Die helvetischen Anführer hatten die Namen all derer, die mitkamen, in griechischer Schrift niederlegen lassen, getrennt nach Waffenfähigen, Knaben, Frauen und Greisen. Hier war keine wilde Barbarenhorde unterwegs, sondern ein gut organisiertes Stammeswesen.

Die Nachricht von der Völkerwanderung weckte in Rom sofort angstvolle Assoziationen an die Züge der Kimbern und Teutonen. Der neuerliche Treck bewegte sich zwar um Caesars Provinz Gallia Narbonensis herum in Richtung Atlantik, also weg vom Römischen Reich, aber die Gelegenheit zum Krieg wollte sich der Ehrgeizling nicht entgehen lassen. Mit etwa 30 000 Legionären und 4000 Reitern verfolgte Caesar den Zug. In einem ersten Streich attackierte er die Helvetier an einem Flussübergang. Ein Viertel des Stammes hatte noch nicht übergesetzt, und über diesen Teil fielen der Feldherr und seine Truppen um Mitternacht her. »Er griff die Ahnungslosen und durch ihr Gepäck Behinderten an und tötete eine große Anzahl von ihnen«, berichtet Caesar (der über sich in der dritten Person schrieb). »Die Übrigen ergriffen die Flucht und versteckten sich in den Wäldern.« Den Soldaten war offenbar ein Massaker an schlaftrunkenen Menschen gelungen, die zu keiner ernsthaften Gegenwehr mehr fähig waren.

Nach dieser wenig heldenhaften, aber alptraumhaft effizienten Nachtoperation ließ Caesar den Rest der Helvetier verfolgen. Diese stellten sich den Römern bei Bibracte, das vom heutigen Genf aus gesehen knapp auf dem halben Weg Richtung Paris liegt. In einer siebenstündigen Schlacht gelang es den Legionären, die Stammeskrieger bis zu ihrem Wagentross zurückzudrängen und diesen schließlich einzunehmen. Nach dem blutigen Tag lebten Caesar zufolge nur noch 130 000 der ursprünglich 368 000 Männer, Frauen und Kinder. Die römischen Soldaten hatten fast zwei Drittel der Bevölkerung niedergemetzelt, es war eine Tragödie unvorstellbaren Ausmaßes.

Den Überlebenden gelang zunächst die Flucht. Die Truppen Caesars nahmen nicht sofort die Verfolgung auf, sondern konzentrierten sich drei Tage lang darauf, die eigenen Verwundeten zu versorgen und die Gefallenen zu begraben. Sowenig den Römern das Leben eines Barbaren bedeutete, so sehr sorgten sie für die eigenen Leute. Jede Legion besaß einen ganzen Stab aus geschulten Ärzten und medizinischem Hilfspersonal. Auch die offizielle Armeeideologie betonte den Wert des Einzelnen: Die höchste militärische Auszeichnung, die Bürgerkrone, erhielt ein Soldat dafür, dass er in der Schlacht das Leben eines Mitbürgers rettete. Keine tapfere Tat war bedeutsamer, gleich welches Ziel die Führung verfolgte. Hier zeigte sich erneut die Idee der Republik als Zusammenschluss freier Menschen, die mehr waren als bloße Untertanen: Auch die einfachen Legionäre galten zumindest offiziell nicht als wertlose Verfügungsmasse eines Feldherrn, sondern als Bürger in Uniform.

Trotz des dreitägigen Vorsprungs kamen die geschlagenen Helvetier nicht weit. Der schwerfällige Völkerzug hatte keine Chance, den gedrillten Soldaten Caesars zu entrinnen. Die Fliehenden erkannten bald die Hoffnungslosigkeit ihrer Lage und kapitulierten. Der Sieger zeigte sich nun erstaunlich milde: Er ließ die Überlebenden nicht töten oder versklaven, sondern sandte sie in die heutige Schweiz zurück.

Mit diesem Erfolg war Caesars Feldzug streng genommen beendet. Doch der Heerführer dachte nicht daran, seine Truppen aus Gallien zurückzuziehen. Ein neuer Kriegsgrund musste her – und der Machtmensch fand wieder ein Ziel: den Germanenführer Ariovist, der mit seinem Gefolge dreizehn Jahre zuvor den Rhein von Ost nach West überquert hatte und nun zunehmend Land in Gallien für sich gewann. Lange Zeit störte dies niemanden in Rom, im Gegenteil: Es war erst ein Jahr her, dass der Senat Ariovist offiziell zu einem »Freund des römischen Volkes« ernannt hatte, mit Unterstützung des damaligen Konsuls Caesar. Nun zählte die Freundschaft plötzlich nichts mehr, und der Ex-Konsul gibt sich in seinem Bericht *Der Gallische Krieg* erkennbar Mühe, die Kehrtwendung zu begründen. Caesar erzählt, dass er zu einer gesamtgallischen Versammlung gerufen wurde, bei der die führenden Männer der Stämme »sich ihm alle weinend zu Füßen warfen«. Ein bedeutender Gallier namens Diviacus ergriff angeblich das Wort und berichtete, dass immer mehr Germanen über den Rhein kämen, Ariovist schon die fruchtbarsten Gebiete Galliens besetzt halte, aber noch mehr fordere. Der Eindringling regiere »selbstherrlich und grausam« und sei ein »jähzorniger und unberechenbarer Barbar«. Wie Caesar weiter schildert, kulminierte die Rede darin, dass »alle Anwesenden begannen, ihn [Caesar] unter vielen Tränen um Hilfe zu bitten«. Denn nur er sei in der Lage, »ganz Gallien vor den Verbrechen Ariovists zu schützen«.

Das bewegende Rührstück mit weinerlichen Galliern klingt wenig glaubhaft. Zu offensichtlich ist die Intention Caesars, den neuerlichen Feldzug vor der römischen Leserschaft zu rechtfertigen: Der brillante Selbstdarsteller wirft sich in die Pose eines edlen Retters, der hilflose Gallier vor Immigrantenmassen aus dem Osten beschützt. Und der so auch die Republik vor drohendem Unheil bewahrt: »Wenn sie [die Germanen] ganz Gallien besetzt haben«, dachte Caesar nach eigenem Bekunden, »dann hält diese wilden und barbarischen Menschen nichts davon ab, wie früher die Kimbern und Teutonen in die Provinz einzufallen und von dort nach Italien weiterzumarschieren.« Die Gefahr für das Reich, die der Kriegstreiber hier beschwört, mag aus heutiger Sicht weit hergeholt erscheinen. Für seine Zeitgenossen aber war es ein naheliegendes Argument. Die Bürger Roms besaßen praktisch keine Kenntnisse über die Landschaften und Völker östlich des Rheins, und dieses Unwissen verstärkte nur ihre hysterische Furcht vor einer Invasion aus dem Norden: Jederzeit konnten aus den Nebeln dieser Terra incognita gewaltige Barbarenhorden auftauchen, gleichsam ausgespuckt aus einer fremdartigen Welt, so wie die Kimbern und Teutonen. Deren Zug lag erst ein halbes Jahrhundert zurück, war also ein Trauma der jüngsten Geschichte und manch Älterem noch in lebendiger Erinnerung. Caesar spielte geschickt auf der Klaviatur dieser Bedrohungsgefühle, um seine Kriegspläne propagandistisch zu rechtfertigen.

Der römische Politiker beschreibt dazu als erster uns bekannter Autor die Germanen als ein Volk, das klar von den Galliern (also Kelten) unterschieden ist. Die Chronisten zuvor kannten großteils wohl nicht einmal den Begriff »Germane«. Dieser taucht nach heutiger Kenntnis erst im Jahr 80 v. Chr. in der Literatur auf, in einem Werk des Griechen Poseidonios, das verschollen ist. Der vielgereiste Schriftsteller soll späteren Quellen zufolge berichtet haben, dass »die Germanen zur Mittagszeit gliedweise gebratenes Fleisch auftragen, und Milch und ungemischten Wein dazu trinken«. Viel mehr als diese wenig erhellende Information ist auch in den kommenden Jahrzehnten nicht über diese Mitteleuropäer zu erfahren – bis sie im *Gallischen Krieg* eine zentrale Rolle erhalten.

Caesar kreiert in seinem Tatenbericht ein Bild von primitiven und kriegerischen Barbaren, das bis heute nachwirkt. »Die Germanen leben jetzt noch unter denselben dürftigen, ärmlichen und entbehrungsreichen Verhältnissen wie früher«, schreibt er etwa. »Ihr ganzes Leben verbringen sie mit Jagd und militärischen Übungen.« Diesem abgehärteten Naturvolk stünden die zivilisierteren, aber verweichlichten Kelten gegenüber: »Den Galliern hat die Nähe zur römischen Provinz und die Kenntnis von Ländern jenseits des Meeres viel an Luxus und Kultur gebracht – so dass sie sich allmählich daran gewöhnten, von den Germanen besiegt zu werden.«

Die Kelten hatten in der Tat einen höheren Entwicklungsstand erreicht als ihre östlichen Nachbarn. Die Menschen im heutigen Frankreich besaßen zwar ebenfalls keinen gemeinsamen Staat und waren in eine Vielzahl von Stämmen zersplittert, dennoch war ihr technisches und wirtschaftliches Niveau beachtlich, wie archäologische Funde zeigen. Sie errichteten befestigte Städte mit mehreren tausend Bewohnern und zahlten mit Münzen. Die Germanen dagegen verharrten in Dörfern mit maximal dreihundert Einwohnern und kannten noch keine Geldwirtschaft, trieben also Tauschhandel.

Anders als Caesar insinuiert, kupferten die Kelten nicht nur von den Römern ab: Sie waren weithin gefragte Meister der Eisenschmiedekunst, erfanden den Bergbau in Mitteleuropa, gewannen Salz mit Hilfe großer Salinen, und sie errichteten Manufakturen, in denen sie Geschmeide und Werkzeuge produzierten. Der technische Stand der Germanen nahm sich vergleichsweise bescheiden aus. Zwar erzeugten auch sie Eisenwaren, bunte Kleidung und feinverarbeitete Holzmöbel, aber von einer vorindustriellen Produktion waren die Stämme östlich des Rheins noch weit entfernt.

Auch in Bezug auf jenseitige Dinge hatten die Kelten das ausgefeiltere System entwickelt. Anders als die Germanen besaßen sie einen eigenen Priesterstand, die Druiden, die eine bis zu zwanzig Jahre dauernde Ausbildung durchliefen. »Wie es heißt, lernen sie eine große Zahl an Versen auswendig«, berichtet Caesar. »Sie halten es für einen Frevel, diese niederzuschreiben, obwohl sie in fast allen öffentlichen und privaten Angelegenheiten die griechische Schrift benutzen.« Ein bedauerlicher Nebeneffekt dieses religiösen Tabus ist, dass wir heute so gut wie nichts über die Druidenlehre wissen, obwohl diese ein großes, stämmeübergreifendes Glaubenssystem bildete. Es gab einen obersten Priester, ein jährliches Druidentreffen im Zentrum Galliens und sogar einen Studientourismus: »Diejenigen, die tiefer in ihre Lehre eindringen wollen, gehen gewöhnlich nach Britannien«, erzählt Caesar. Dort sei angeblich der Ursprungsort des Druidensystems, das den Glauben an die Reinkarnation beinhalte. »Der Kern ihrer Lehre ist, dass die Seele nicht stirbt, sondern nach dem Tod von einem Körper in den anderen wandert.« Verschiedene Autoren betonen zudem, dass die keltischen Priester hochgebildete Philosophen waren. Caesar etwa berichtet: »Sie stellen viele Erörterungen an über die Sterne und ihre Bahnen, über die Größe der Welt und unserer Erde, über die Natur der Dinge, über die Macht und Majestät der unsterblichen Götter, und sie vermitteln dies alles der Jugend.«

In scharfem Kontrast zu dieser gelehrten Religion schildert der Feldherr das Glaubenssystem der Germanen. Diese hätten keine Druiden, legten keinen großen Wert auf Opfer und seien derart primitiv, dass sie nur drei Götter anbeteten: Sonne, Mond und Vulkan. »Die übrigen kennen sie nicht einmal vom Hörensagen«, schließt Caesar verächtlich. Hier war der überzeugte Polytheist falsch informiert – oder er hatte bewusst die Wahrheit verbogen, um seine These von den unzivilisierten Barbaren im Osten zu untermauern. Der Historiker Tacitus etwa berichtet gut 150 Jahre später von einem reichen germanischen Pantheon, an dessen Spitze Merkur, Herkules und Mars stünden. Er beschrieb damit für den römischen Leser den germanischen Hauptgott Wodan, den Donnergott Donar und den Kriegsgott Ziu, die in mittelalterlichen skandinavischen Texten Odin, Thor und Tyr heißen. Heute noch sind nach diesen Göttern Wochentage benannt: So kommen der deutsche Dienstag und englische Tuesday von Ziu (Tyr), der Donnerstag beziehungsweise Thursday von Donar (Thor) und der Wednesday von Wodan (Odin). (Der Freitag leitet sich ab von Frija (Frigg), der Gattin Wodans, Sonntag und Montag von Sonne und Mond, der Samstag vom jüdischen Sabbat.)

Auch wenn die Kelten im Gegensatz zu den Germanen eine intellektuell-philosophische Priesterschicht besaßen, bedeutete dies nicht, dass ihre Religion humaner gewesen wäre. Beide Völkerschaften brachten Menschenopfer dar, zur Entrüstung der Römer, die solch eine Kultpraxis ablehnten. Wie im vorhergehenden Kapitel beschrieben, ist von den Germanen überliefert, dass sie nach Schlachten bisweilen alle ihre Gefangenen zu den Göttern beförderten. Auch in Friedenszeiten töteten sie Menschen für die höheren Mächte. Die Archäologie kennt zahlreiche Moorleichen wie den »Mann von Dätgen« in Schleswig-Holstein, den seine Zeitgenossen aufwendig umbrachten: Sie stachen dem Dreißigjährigen ins Herz, schlugen ihm den Kopf ab, entmannten ihn und versenkten ihn im Sumpf. Das Motiv ist hier wie bei jedem anderen Fund unklar: War es ein Geschenk an die Götter, ein bestialischer Mord, eine besonders gründliche Hinrichtung? Vieles spricht dafür, dass mindestens ein Teil der Moorleichen geopfert wurde: An einigen wurden komplizierte Rituale vollzogen, und es befinden sich auch Kinder unter den Getöteten. So erschütternd jeder Einzelfall ist, er war zumindest selten. An den Fundstellen liegen meist nur sehr wenige Individuen. Zu den Ausnahmen zählt das Opfermoor im thüringischen Oberdorla, das die Anwohner ab dem 6. Jahrhundert v. Chr. ein Jahrtausend lang als zentrale Kultstätte nutzten. Dort entdeckten Archäologen neben Altären, Holzfiguren und Speiseopfern die Knochen von mehr als 300 Tieren und gut 40 Personen. Im Rückschluss bedeutet dies aber auch: Wenn sich selbst an einem wichtigen Heiligtum über 1000 Jahre hinweg nur etwa 40 mögliche Menschenopfer nachweisen lassen – also im Schnitt eines in 25 Jahren –, kann solch eine Opferung nicht Teil des normalen Kultbetriebs gewesen sein, sondern bildete eine extreme Ausnahme.

Die fortschrittlicheren Kelten verzichteten ebenso wenig auf grausame Rituale – im Gegenteil. Bei ihnen verschmolzen technische Fertigkeit, wirtschaftliche Entwicklung und blutrünstige Religiosität zu einer seltsamen Melange, wie wir sie sonst nur von den Azteken und Mayas kennen. Ausgerechnet die Druiden, die gebildetsten Mitteleuropäer ihrer Zeit, scheinen einen mörderischen Kult angetrieben zu haben, wenn nicht gar eine regelrechte Menschenopferindustrie. Eine Reihe antiker Autoren schildert grauenvolle Praktiken. Der Grieche Poseidonios, der um 90 v. Chr. Gallien bereiste, erwähnt riesige Scheiterhaufen, auf denen die Kelten Übeltäter und Kriegsgefangene zu Ehren der Götter verbrannten. Caesar berichtet, dass einige Stämme gigantische Standbilder bauten, die innen hohl waren. »Sie füllen diese Figuren mit lebenden Menschen«, erzählt er, »und stecken sie in Brand, so dass die Menschen in den Flammen umkommen.« Verbrecher würden dabei bevorzugt, »wenn es jedoch an solchen fehlt, opfern sie sogar Unschuldige.«

Handelt es sich hier um Tatsachenberichte oder um Gräuelpropaganda? Wir wissen es nicht mit Gewissheit, aber archäologische Funde belegen auf jeden Fall einen eigenartigen Todeskult. Der zeigte sich schon in einem Faible für menschliche Schädel, die überall anzutreffen waren: Sie prangten an Dorfeingängen und an wichtigen Gebäude, lagerten als Trophäen von erschlagenen Feinden in den Häusern und dienten sogar als Trinkgefäße. Noch schauriger waren religiöse Anlagen wie im nordfranzösischen Ribemont-sur-Ancre. Am Rand des ovalen Kultplatzes, der fast so groß ist wie vier Fußballfelder, entdeckten Archäologen die Überreste einer gruseligen Totenarmee: Auf einem überdachten Podest standen zirka 100 Männerleichen, die wie Schaufensterpuppen aufgestellt waren, volle Bewaffnung trugen – aber alle keinen Kopf hatten. Es muss bestialisch gestunken haben: Als der Aufbau schließlich einstürzte, waren die Muskeln der kopflosen Krieger verwest, nur Haut und Sehnen umgaben noch die Skelette.

Im Inneren des Heiligtums befanden sich kunstvolle Knochenbauten. Die Priester hatten Tausende menschlicher Gebeine zu hüfthohen Umzäunungen gestapelt, in deren Mitte verbranntes Leichenmaterial lagerte. Die obligatorischen Schädel an den Eingangspforten verstärkten nur den morbiden Eindruck, den der Kultbezirk ausgestrahlt haben muss. Die Wissenschaftler sind sich heute uneins, ob die Knochenberge in Ribemont-sur-Ancre von Menschenopfern stammen oder nur Resultat makabrer Bestattungsformen sind. Klar ist aber: Die höchst gelehrten Druiden gingen mit menschlichen Körpern auf eine Weise um, die heute erschaudern lässt. Über das ökopazifistische Gedankengut, das ihnen moderne Esoteriker bisweilen andichten, hätten die blutrünstigen Priester wohl nur kalt gelächelt.

Insgesamt aber waren sich Germanen und Kelten ähnlicher, als Caesar behauptet. Das lag nicht nur am Aussehen: Hüben wie drüben hatten die Männer lange Haare und in der Regel Bärte, wobei sich die Gallier gern einen buschigen Schnauzer wachsen ließen. Beiderseits trug man Hosen, ein fremdartiges Kleidungsstück für die Römer, die zudem eine glatte Rasur und einen Kurzhaarschnitt bevorzugten. Der Lebensstil beider Stammesgesellschaften muss relativ kompatibel gewesen sein, denn es kam immer wieder vor, dass sich germanische Gruppen einer keltischen Gemeinschaft anschlossen und umgekehrt. Größere Integrationsprobleme scheint es nicht gegeben zu haben, trotz der unterschiedlichen Sprache. Es gab weder »die Kelten« noch »die Germanen«, sondern auf beiden Seiten eine Vielzahl verschiedener Stämme, die Bündnisse schlossen und Kriege anzettelten, ohne Rücksicht auf die Sprachgrenze zu nehmen. Der Rhein bildete eine Orientierungsmarke zwischen den beiden Kulturräumen, aber keine scharfe Trennlinie. Auch östlich des Stroms finden sich Spuren keltischer Besiedlung. Und westlich ließen sich immer wieder germanische Gruppen nieder, die sich meist binnen weniger Generationen vollständig in die weiter entwickelte keltische Zivilisation eingliederten und von den Einheimischen nicht mehr zu unterscheiden waren. Die Belger in Nordgallien etwa stammten angeblich von den Germanen ab.

Caesars designierter Kriegsgegner Ariovist verstand es beispielhaft, sich in beiden Kulturen zu bewegen. Der germanische Anführer von der Stammesgruppe der Sueben beherrschte neben seiner eigenen Sprache auch das Keltische, und er hatte passenderweise zwei Ehefrauen: eine Germanin und eine Keltin. Die römische Denkweise war ihm offenbar weniger vertraut, sonst wäre es nicht zu einem für ihn fatalen Missverständnis gekommen: Als der Senat den Suebenfürsten offiziell zum »Freund des römischen Volkes« ernannte, glaubte der Geehrte wohl, es handle sich um eine Freundschaftsbeziehung auf Augenhöhe. Aus Sicht Roms aber hatte sich Ariovist in ein Klientelverhältnis zur Republik begeben – und Caesar spielte nun unverhohlen darauf an. Über Gesandte erinnerte er den Barbaren daran, dass er Rom Dank für die erhaltenen Auszeichnungen schulde. Ariovist solle von nun an keine weiteren Germanen mehr über den Rhein bringen, seine keltischen Nachbarn nicht mehr angreifen und die gestellten Geiseln zurückgeben.

Der Angeschriebene gehorchte nicht, sondern beharrte darauf, als unabhängiger Heerführer zu handeln. Auf diese Unbotmäßigkeit konnte es aus römischer Sicht nur eine Antwort geben: Caesar zog mit sechs Legionen gegen Ariovist, der sich im Elsass unweit des heutigen deutsch-französisch-schweizerischen Dreiländerecks aufhielt.

Vor Ort folgte noch eine fruchtlose Verhandlung zwischen den beiden Feldherren, dann ließ Caesar seine Truppen zur Schlacht ausrücken. Ariovist hielt das Gros seines Heeres im befestigten Lager zurück und beschränkte sich zunächst auf Reitergefechte. Seine Germanen bedienten sich dabei einer eigenwilligen Technik: Jeweils ein Krieger zu Fuß begleitete einen berittenen Kämpfer. Bei Vorstößen und Rückzügen klammerten sich die Fußsoldaten an den Tieren fest, um schneller voranzukommen. »Auf Grund ihrer ständigen Übung erreichten sie solch eine Geschwindigkeit«, berichtet Caesar anerkennend, »dass sie, an den Mähnen der Pferde hängend, ebenso schnell liefen wie die Pferde selbst.«

Nach einigen Tagen erfuhren die Römer von Gefangenen, weshalb Ariovist den Entscheidungskampf hinauszögerte: Nach germanischem Brauch, so Caesar, hatten Frauen durch Weissagungen den günstigsten Zeitpunkt für die Schlacht bestimmt – und der sei erst nach Neumond. Dass Wahrsagerinnen bei den Stämmen eine bedeutende Rolle spielten, berichten auch andere antike Autoren. »Die Germanen glauben sogar, den Frauen wohne etwas Heiliges und Seherisches inne«, mokierte sich etwa der zivilisierte Macho Tacitus. »Deshalb achten sie auf ihren Rat und hören auf ihren Bescheid.«

Caesar beendete schließlich die Warterei, indem er sein Heer direkt zum Lager Ariovists führte. Die Stammeskrieger stellten sich der Schlacht und stürmten den Legionären so rasch entgegen, dass diese nicht dazu kamen, die gewohnte Kampftaktik einzusetzen. Üblicherweise schleudern die römischen Frontsoldaten zuerst ihre schweren Wurfspieße *(pila)* gemeinsam aus zehn bis zwanzig Schritt Distanz in die feindlichen Reihen, erzeugen so dort ein kurzfristiges Chaos und attackieren dann sofort mit gezücktem Schwert. Nun aber blieb keine Zeit mehr für die Speersalve, und die Legionäre gingen direkt in den Nahkampf über.

Auf spektakuläre Fechtduelle à la Hollywood ließen sich die Profis nicht ein: »Die Soldaten lernten, mit ihren Schwertern nicht zu schlagen, sondern zu stechen«, erklärt der spätantike Historiker Vegetius. »Die Römer haben diejenigen, die beim Kämpfen zuschlugen, nicht nur leicht besiegt, sondern sogar verlacht.« Der Militärexperte nennt dafür zwei Gründe. Erstens: »Ein Hieb mit der Klinge, selbst kraftvoll geführt, tötet selten, da die lebenswichtigen Organe durch Knochen und Rüstung geschützt sind. Ein Stich dagegen, auch wenn er nur fünf Zentimeter tief dringt, ist in der Regel tödlich.« Zweitens: »Beim Zuschlagen lässt es sich nicht vermeiden, den rechten Arm und die Seite zu entblößen; dagegen bleibt der Körper beim Zustechen geschützt [durch den Schild], und der Feind kassiert den Treffer, bevor er das Schwert sieht.« Durch unablässigen Drill an Holzpfählen als Dummy-Gegner erzielten die Legionäre dabei eine schreckliche Präzision.

Trotzdem kamen die römischen Soldaten gegen die Germanen zunächst nicht voran. Anders als in zahllosen Filmen und

Büchern suggeriert, kämpften die Barbaren nicht wild und ungeordnet. Die Stammeskrieger formten schnell eine geschlossene Front und fingen den römischen Angriff ab. Dadurch brachten sie die Legionäre offenbar in schwere Bedrängnis, denn Caesar schildert geradezu selbstmörderische Heldentaten: »Einige unserer Soldaten drangen in die Phalanx ein, rissen die Schilde mit den Händen weg und verwundeten die Feinde von oben herab.« Schließlich setzte sich doch wie gewohnt die Profiarmee durch: »Die gesamten Feinde kehrten uns den Rücken und hielten in ihrer Flucht nicht inne, bis sie den Rhein erreichten, etwa acht Kilometer vom Schlachtfeld entfernt.« Einige Krieger versuchten verzweifelt, den Strom zu durchschwimmen, während Ariovist und wenige andere Boote fanden, mit denen sie sich in Sicherheit brachten. »Die Übrigen holte unsere Reiterei ein und tötete sie«, schildert Caesar beängstigend lapidar – ein vieltausendfacher Massenmord, abgehandelt in einem Satz. Dem Historiker Plutarch zufolge erschlugen die Römer an dem Tag 80 000 Menschen. Ob sie auch Gefangene nahmen, ist unklar. Caesar nennt nur einen Fall: eine der beiden Töchter Ariovists. Das andere Mädchen brachten die Soldaten um, ebenso dessen zwei Ehefrauen. Der geflohene Heerführer selbst lebte nicht mehr lange. Er starb während der folgenden vier Jahre, ohne dass wir die Umstände seines Todes kennen.

Die erste kriegerische Auseinandersetzung zwischen Römern und Germanen seit den Zügen der Kimbern und Teutonen endete somit in einem totalen Sieg der Mittelmeermacht. Caesar hatte alle offiziellen Kriegsziele erreicht: Der selbsternannte Beschützer Galliens und Italiens hatte die keltischen Gebiete blutig-effektiv von der Herrschaft Ariovists befreit und die Immigration der Germanen gestoppt. Doch wie nach dem Sieg über die Helvetier dachte der vorgeblich edle Retter nicht daran, seine Truppen in die römische Provinz zurückzuziehen. Stattdessen ließ er sein Heer im freien Gallien überwintern – und zeigte damit erstmals offen, dass er plante, sich dort festzusetzen. Spätestens nun muss den Kelten klargeworden sein, welch gefährlichen Feind sie im Land hatten. Der Keim für den nächsten Kriegsakt war gelegt.

3. Caesar erobert Gallien

57 v. Chr.	Caesar setzt Gallischen Krieg im Norden fort
55 v. Chr.	Völkermord an germanischen Usipetern und Tenkterern (angeblich ca. 400 000 Tote) Caesar fällt in das rechtsrheinische Germanien ein
53 v. Chr.	Zweite Rheinüberquerung Caesars
52 v. Chr.	Galliens Freiheitskampf unter Vercingetorix scheitert bei Alesia
51 v. Chr.	Ende des Gallischen Kriegs: Der Rhein wird zur Grenze zwischen Rom und den freien Germanen

Passenderweise will Caesar im Winter von einer gallischen Verschwörung gehört haben: Angeblich stellten die Belgerstämme im Norden des Landes ein Heer gegen die Römer auf. »Sie fürchteten«, erklärt Caesar einfühlsam, »dass nach der Unterwerfung des gesamten übrigen Galliens unsere Armee gegen sie geführt würde.« Auch wenn der Feldherr hier ein gewisses Verständnis für die Sorgen der Barbaren zeigt – aus seiner Sicht war nun der Grund für einen weiteren Präventivschlag gegeben. Flugs rekrutierte er in seinen Provinzen zwei neue Legionen, zusätzlich zu den sechs bestehenden, und marschierte zu Sommerbeginn mit rund 50 000 Soldaten los.

Damit begann Caesar eine mehrjährige Tour des Schreckens: Er zog mit seinen Truppen quer durch Nord- und Westgallien, sandte zudem Legionen in den Süden und griff etappenweise einen Stamm nach dem anderen an. Die attackierte Bevölkerung flüchtete meist in die befestigten Städte *(oppida)* – und saß in der Falle. Denn die Römer konnten dort ein ums andere Mal ihre überlegene Belagerungstechnik ausspielen. Sie schlossen die Orte mit ringförmigen Wällen ein und legten überdachte Laufgänge an, unter deren Schutz sich die Legionäre den Verteidigern näherten. Dann rückten die Soldaten mit mehrstöckigen Belagerungstürmen, Rammböcken und anderem schweren Gerät gegen die feindlichen Mauern an. Stadt um Stadt kapitulierte.

Wenn sich die Bevölkerung ergab, schonte Caesar sie meist – aber nicht immer. Manche Stämme ließ er nahezu komplett ausrotten oder in die Sklaverei verkaufen, andere behandelte er betont gnädig. Seine Beschlüsse wirken dabei oft willkürlich, seine Begründungen konstruiert und wenig glaubhaft. Sicherlich spielten Motive eine Rolle, über die er nicht spricht. Sich milde und rücksichtsvoll zu geben konnte propagandistisch wirksam sein: einerseits, um die Nachbarstämme zur kampflosen Kapitulation zu bewegen, anderseits, um sich den Bürgern Roms gegenüber als gutherziger Mensch zu präsentieren. Einen Stamm vollständig zu beseitigen nutzte hingegen der Kriegskasse: Ein durchschnittlicher Sklave kostete mehrere Jahresgehälter eines Legionärs, und so brachte ein Massenverkauf an Menschen enormen Profit.

Besonders skrupellos zeigte sich Caesar gegenüber den Barbaren aus dem vorgeblich wilden Germanien, und seine Begegnung mit den Usipetern und Tenkterern ist die wohl grausamste Episode des Gallischen Kriegs. Die beiden Germanenstämme, die angeblich mehr als 400 000 Menschen umfassten, erregten ungewollt die Aufmerksamkeit des Römers: Sie waren von den benachbarten Sueben aus ihrer Heimat vertrieben worden und flohen im Winter 56/55 v. Chr. im Gebiet der heutigen Niederlande über den Rhein nach Gallien. Dort angekommen, verjagten sie die ansässige Bevölkerung, zogen in die eroberten Gehöfte und lebten den Rest der kalten Jahreszeit von den geraubten Vorräten.

Caesar blickte zu der Zeit auf drei Jahre Krieg im heutigen Frankreich zurück. Der Armeeführer hatte auf seiner Tour erst im Osten, dann im Norden und schließlich im Westen einen Stamm nach dem anderen besiegt, eine breite Spur der Verwüstung durch das Land gezogen und nach eigenen Angaben ganz Gallien unterworfen – bis auf eine Region im Nordosten, in die nun die Usipeter und Tenkterer eingedrungen waren. Ahnten die Immigranten, dass sie damit in das Blickfeld Caesars gerieten, ähnlich wie Ariovist und seine Leute zweieinhalb Jahre zuvor? Der Kriegstreiber aus Rom jedenfalls sah sofort die Gelegenheit zu einem neuerlichen Präventivschlag gegen potentielle Störenfriede aus Germanien. Rasch setzte er seine Truppen in Marsch.

Als die Usipeter und Tenkterer das Kommen der Legionen bemerkten, versuchten sie, eine Auseinandersetzung zu vermeiden. Über Gesandte teilten sie mit, dass sie nützliche Freunde der Römer sein könnten, wenn sie das okkupierte Territorium behalten dürften oder ein anderes zugewiesen bekämen. Caesar antwortete, dass die Einwanderer nicht in Gallien bleiben dürften, aber sich im Gebiet der Ubier niederlassen könnten. Dieser germanische Stamm am östlichen Rheinufer pflegte enge Beziehungen zu Rom und konnte Verstärkung gebrauchen, denn er befand sich im Dauerkonflikt mit den Sueben – wie die Usipeter und Tenkterer auch. Die stimmten Caesars Vorschlag zu und vereinbarten mit ihm eine Waffenruhe, um entsprechende Verhandlungen mit den Ubiern zu führen. Es sah fast danach aus, als ob es in dieser brutalen Epoche tatsächlich einmal zu einer friedlichen Konfliktlösung käme.

Doch dann traf die 5000 Mann starke römische Reiterei, die die Vorhut bildete, auf 800 berittene Usipeter und Tenkterer – und die Germanen, so Caesar, attackierten trotz des Waffenstillstands sofort. »Die Feinde sprangen auf die Füße, stachen von unten auf unsere Pferde ein, warfen viele unserer Reiter ab und jagten die übrigen in die Flucht«, schildert der Feldherr. »Unsere Soldaten hielten in ihrer Panik nicht inne, bis sie in Sichtweite unseres Heeres gelangten.« Es war eine schmachvolle Niederlage für die zahlenmäßig sechsfach überlegenen Römer, aber keine strategisch bedeutsame. 74 ihrer Soldaten starben bei dem Gefecht.

Wie sich der Zwischenfall aus Sicht der Gegenseite darstellte, ist leider unbekannt. Niemand weiß, ob die Germanen tatsächlich unprovoziert angriffen oder ob es die Römer nur nachträglich behaupteten. Für Caesar jedenfalls war der Fall klar: Die anderen hatten angefangen, also durfte er jetzt hemmungslos zuschlagen, zumal nach dem Reiterdebakel der eigene Ruf bedroht war. Nichts ist für einen Eroberer gefährlicher, als den Nimbus der Unbesiegbarkeit zu verlieren – und Caesar setzte jetzt alles daran, den Makel mit Blut reinzuwaschen.

Die Germanen hingegen hofften noch auf ein friedliches Ende.

Am nächsten Tag begaben sich alle ihre Anführer und Stammesältesten in das Römerlager, um sich für den Zwischenfall zu rechtfertigen und die Waffenruhe zu bewahren. Das Gefecht, so erklärte die hohe Gesandtschaft, sei gegen ihren Willen zustande gekommen. Vielleicht hatte tatsächlich ein übereifriger germanischer Unterführer den Kampf begonnen, und nun versuchten die Stammeschefs, zu retten, was zu retten war. Dass sie sich geschlossen in die Hände der Römer begaben, lässt sich nur als vertrauensbildendes Signal interpretieren, das an Stärke kaum zu überbieten ist. Den Barbaren war offenbar nicht klar, mit was für einem Feind sie es zu tun hatten.

Caesar dachte nicht daran, sich von seinem Kriegskurs abbringen zu lassen. Er ließ die germanischen Gesandten festsetzen und schickte seine Legionen gegen die Stämme los, die zwölf Kilometer entfernt lagerten und nichtsahnend auf die Rückkehr ihrer Häuptlinge warteten. »Die Germanen gerieten plötzlich in große Panik, weil wir so rasch anrückten, ihre Führer abwesend waren und sie weder die Zeit hatten, sich zu beraten, noch zu den Waffen zu greifen«, erzählt Caesar ungerührt. Offensichtlich hatten die Barbaren auf die Waffenruhe vertraut – und sie erkannten nun mit Entsetzen, dass die zivilisierte Großmacht keine Konventionen achtete. »Während sich ihre Bestürzung noch darin zeigte, dass sie schrien und durcheinanderliefen, stürmten unsere Soldaten das Lager«, fährt Caesar fort. Diejenigen Germanen, die sich noch schnell bewaffnen konnten, leisteten Widerstand. »Die übrige Menge aber, die aus Frauen und Kindern bestand«, so der Feldherr, »flüchtete sofort in alle Richtungen. Um sie einzuholen, sandte Caesar die Reiterei hinterher.«

Die berittenen römischen Soldaten begannen, Tausende und Abertausende der Fliehenden niederzumetzeln. Die restlichen Stammeskrieger im Lager gaben nun den Widerstand auf und versuchten verzweifelt, ihre Lieben zu retten. »Sobald die Germanen das Geschrei hinter sich hörten und sahen, wie die Ihren erschlagen wurden, warfen sie ihre Waffen weg, verließen ihre Feldzeichen und stürzten aus dem Lager«, erzählt Caesar, der das grausame Gemetzel offenbar als klugen Schachzug ansah. »Als sie am Zusammenfluss der Maas und des Rheins ankamen, sahen sie keine Fluchtmöglichkeit mehr, und da sehr viele von ihnen bereits getötet worden waren, warfen sich die Übrigen in den Fluss. Von Furcht, Erschöpfung und der reißenden Strömung überwältigt, starben auch sie. Unsere Soldaten blieben alle am Leben, und nur sehr wenige waren verwundet.«

Mit ein paar lapidaren Sätzen schildert Caesar hier ein Verbrechen von ungeheurer Dimension. Er selbst spricht von 430 000 Feinden – Frauen und Kinder sind hier eingeschlossen –, und die Römer töteten praktisch alle. Auch wenn diese Zahlenangabe sicherlich übertrieben ist, beschreibt sie einen Massenmord von einem Ausmaß, wie es ihn in der Menschheitsgeschichte nur selten gab. Die meisten Opfer waren wehrlos, und dass die Römer fast keine Verluste hatten, belegt dies nur eindrucksvoll. Abgesehen von den Mongolenzügen im 13. Jahrhundert, als die Reiterhorden angeblich ganze Millionenstädte in Asien auslöschten, gibt es wenige Ereignisse, bei denen Menschen an einem Tag so viele Mitmenschen massakrierten. Welches Entsetzen muss die umliegenden Stämme ergriffen haben, als sie davon hörten, dass eine fremde Armee aus eisern gepanzerten Kämpfern an einem Tag Zehn- bis Hunderttausende Usipeter und Tenkterer vernichtete! Die Römer kamen den Galliern und Germanen wahrscheinlich so grausam vor wie die Mongolen zu ihrer Zeit den Chinesen und Europäern.

Die Menschen des Mittelalters allerdings besaßen Chronisten, die den Terror beschrieben und so unser Bild von den blutrünstigen asiatischen Reiterhorden prägten. Die Gallier und Germanen hingegen überlieferten uns nichts über die Gräueltaten des römischen Heeres. Mangels Schriftkultur hielten sie nicht für die Nachwelt fest, wie die Legionäre kleine Kinder vor den Augen ihrer Mütter abschlachteten und dann die weinenden Frauen vergewaltigten und töteten, oder wie sie schreiende Babys, Schwangere und Greise wie Vieh abstachen. Erhalten ist nur die Schilderung Caesars, der zwar frappierend offen den Massenmord nennt, sich aber über die unschönen Details ausschweigt – so dass die Vernichtung der Usipeter und Tenkterer auf den ersten Blick nicht wie eine entsetzliche Schlachtorgie wirkt, sondern wie ein chirurgisch sauberer Eingriff.

Diese subtile Form der Propaganda wirkt bis heute nach. Einige moderne Caesar-Biographien beurteilen den Massenmord zwar als »unmenschliches Verbrechen« oder »fraglos grausamste Tat, der sich je ein zivilisierter Mensch schuldig gemacht hat«, doch sehr viele Geschichtsbücher übernehmen unkritisch die Tätersicht der Römer. Oder sie verniedlichen das Massaker sogar, wie etwa ein vielverkaufter historischer Atlas, der den Genozid mit dem harmlos klingenden Satz abhandelt: »Die germ. Stämme der Usipeter und Tenkterer werden zurückgetrieben.« Der hunderttausendfache Mord spielt in den meisten Darstellungen der Person Caesars eine untergeordnete bis gar keine Rolle – als ob dieses Verbrechen weniger bedeutend wäre als etwa seine Affäre mit der ägyptischen Königin Kleopatra. Und so zählt der skrupellose Römer für gewöhnlich zu den großen Staatsmännern statt zu den großen Völkermördern. Es mutet wie Ironie an, dass ausgerechnet der Tatenbericht *Der Gallische Krieg* dieses Menschenschlächters zur Standardlektüre schlechthin wurde, um bis heute Generationen von Lateinschülern eine humanistische Bildung zu vermitteln. Welches Bild hätten wir wohl von Caesar und seinen Legionen, wenn unter den Usipetern und Tenkterern Schriftkundige gewesen wären, die überlebt und uns die Geschehnisse überliefert hätten?

Zu berücksichtigen ist allerdings, dass die Menschen in der Antike Moralvorstellungen besaßen, die wir heute zum Teil schwer oder gar nicht nachvollziehen können. Mitleid etwa galt in Rom nicht als Tugend, sondern als Schwäche. Systematische Massaker an fremden Völkern waren in den Augen der Bürger nicht automatisch Kriegsverbrechen, sondern gehörten zum normalen Repertoire eines Feldherrn. Daher erwähnt Caesar in seinem *Gallischen Krieg* die Massentötungen so irritierend offen und beiläufig, während moderne Völkermörder in der Regel versuchen, ihre Taten ideologisch zu verbrämen oder vor der Öffentlichkeit zu vertuschen. Doch auch wenn der Genozid heute generell geächtet ist – allzu überheblich dürfen wir nicht auf die Antike zurückblicken. Noch im 18. und in Teilen des 19. Jahrhunderts war den europäischen Kolonisatoren in Amerika das Leben eines Indianers nicht mehr wert als den Römern das eines

Barbaren. Und die Verbrechen unter Hitler, Stalin und Mao im 20. Jahrhundert sprengten ohnehin alle gekannten Dimensionen.

Zudem erlaubte selbst die kaltherzige römische Moral nicht jedes Vorgehen gegen andere Völker, zumindest nicht ohne einen allgemein akzeptierten Anlass. Einige Kreise in der Hauptstadt reagierten daher empört auf den hunderttausendfachen Mord an den Germanen und die offenkundig fadenscheinige Begründung dafür. Cato der Jüngere, ein führender Politiker und Verfechter traditioneller republikanischer Werte, forderte gar, Caesar an die attackierten Stämme auszuliefern: Nur so könne man den Bruch des Waffenstillstands sühnen, den der Feldherr im Namen Roms beging, und die Götter davon abhalten, die Stadt wegen dieser Untat zu verfluchen. Der Vorstoß Catos scheiterte erwartungsgemäß im Senat, und es ist fraglich, ob er wirklich humanitär motiviert war oder nur ein Mittel im innenpolitischen Kampf. »Die Forderung zeigt immerhin«, urteilt der moderne Caesar-Biograph Luciano Canfora, »dass die Ungeheuerlichkeit des Verbrechens durchaus gesehen wurde.«

Der beschuldigte Feldherr war naturgemäß anderer Ansicht. Ihn störten die unzähligen Opfer nicht, im Gegenteil. Nach dem Genozid an den Usipetern und Tenkterern ging Caesar sofort daran, den Vernichtungsfeldzug nach Osten auszuweiten. Statt wie bisher nur die germanischen Einwanderer in Gallien zu massakrieren, plante er nun, den Krieg in das freie Germanien zu tragen. Sein erklärtes Ziel war es, Terror unter den Barbaren zu verbreiten. »Da er sah, wie leicht sich die Germanen verleiten ließen, in Gallien einzufallen«, beschreibt Caesar seinen Gedankengang, »wurde sein Vorhaben am meisten durch die Absicht gerechtfertigt, ihnen Furcht um ihren eigenen Besitz einzuflößen.« Die gefährlichen Wilden sollten lernen, sich in Zukunft von allem Römischen fernzuhalten. Und noch ein Motiv spornte den Armeeführer an, so der antike Caesar-Biograph Plutarch: »Die Triebfeder war hauptsächlich seine Ruhmsucht, denn er wollte als erster Mensch mit einem Heer den Rhein überschreiten.«

Einen offiziellen Anlass für den Feldzug fand der Ehrgeizling natürlich auch. Die meisten Reiterkrieger der Usipeter und Tenkterer lebten noch, denn als Caesar angriff, waren sie gerade fern des Geschehens auf Beutezug unterwegs. Die so dem Massaker Entronnenen flohen zu den Sugambrern, einem rechtsrheinischen germanischen Stamm, der etwa zwischen dem heutigen Ruhrgebiet und Bonn wohnte. Caesar forderte die Auslieferung der flüchtigen Usipeter und Tenkterer, erhielt aber eine Absage – angeblich mit der Begründung, die Herrschaft Roms ende am Rhein. Aus Sicht der Großmacht war damit klar: Solch eine barbarische Respektlosigkeit musste bestraft werden.

Die Legionen hätten nun relativ einfach den Strom überqueren können: Die Ubier, südliche Nachbarn der Sugambrer und offizielle Freunde der Republik, boten dafür ihre Schiffe an. Doch Caesar lehnte das Angebot seiner germanischen Verbündeten ab. Solch ein Transport, erklärte der Feldherr, »entspreche nicht seinem Ansehen und dem des römische Volkes«. Stattdessen ließ er eine komplette Holzbrücke über den Rhein errichten, und zwar binnen zehn Tagen, eine Meisterleistung der Konstrukteurskunst.

Das Statussymbol überlegener römischer Technik verfehlte seine propagandistische Wirkung nicht. Die germanischen Kundschafter auf der anderen Uferseite müssen den raschen Baufortschritt mit einer Mischung aus Ehrfurcht und Entsetzen beobachtet haben. Gleich mehrere Stämme flehten um Frieden, nachdem Caesar den Strom überschritten hatte, und der Eindringling kam nach eigenen Angaben »ihrer Bitte großzügig entgegen«. Die Sugambrer aber riskierten keine Begegnung – ihnen war das Schicksal ihrer Gäste, der überlebenden Usipeter und Tenkterer, wohl ein mahnendes Beispiel. Die Stammesmitglieder taten das einzig Vernünftige: Sie lieferten sich weder Caesars Willkür aus, noch spielten sie die Helden, sondern evakuierten ihre Wohnsitze. »Sie nahmen ihren gesamten Besitz mit und versteckten sich in der Einsamkeit der Wälder«, schildert der frustrierte Invasor, dem die Opfer abhanden gekommen waren. »Caesar blieb wenige Tage in ihrem Territorium, um alle Dörfer und Gehöfte in Brand zu setzen und das Getreide auf den Feldern abzuschneiden, und zog sich dann in das Gebiet der Ubier zurück.«

Dort angekommen, erfuhr der Feldherr, dass die benachbarten Sueben ebenfalls ihre Frauen, Kinder sowie Besitztümer in den Wäldern verborgen hatten und im Hinterland mit einem Heer auf die Römer warteten. Caesar hatte nun genug von den germanischen Habenichtsen, bei denen weder wertvolle Güter noch viele Sklaven zu holen waren, und ließ sich auf kein militärisches Abenteuer mehr ein. Nach nur 18 Tagen Aufenthalt rechts des Rheins zog sich der Aggressor wieder nach Gallien zurück. Die Brücke ließ er abreißen, so dass nichts zurückblieb außer verbrannter Erde. Es ist anzunehmen, dass den Germanen die Tage des römischen Terrors lange im Gedächtnis haften blieben.

Obwohl der Ausflug in den wilden Osten keinen Profit einbrachte, hatte Caesar Geschmack daran gefunden, als großer Entdecker aufzutreten. Er genehmigte sich nun zwei Abstecher über den Ärmelkanal nach Britannien, das in Rom noch ein weißer Fleck auf der Landkarte war. Abgesehen von unzähligen Kriegstoten und enormen Kosten lieferten auch diese Feldzüge keine konkreten Resultate. Die Insel blieb noch fast ein Jahrhundert unabhängig, bis das Imperium ab 43 n. Chr. ihren südlichen Teil eroberte.

Zwei Jahre nach der ersten Rheinüberquerung, im nunmehr sechsten Jahr des Gallischen Krieges, fiel Caesar erneut ins freie Germanien ein. Wieder ließ er eine Brücke bauen, wieder zogen sich die Sueben in die Wälder zurück, und wieder verzichtete der erfahrene Stratege darauf, eine Schlacht zu riskieren.

Für die Römer waren die Gebiete östlich des Rheins noch ein fremdes, wildes Land. Und Caesar wusste Merkwürdiges von dort zu berichten. Unter anderem beschreibt er seltsame Tiere, Elche genannt, die etwas größer seien als Ziegen, verkrümmte Hörner hätten und Beine, die weder Knöchel noch Gelenke besitzen. »Wenn sie durch ein Missgeschick umfallen, können sie daher nicht wieder aufstehen«, erklärt er. »Ihnen dienen deshalb Bäume als Ruhestätten; daran lehnen sie sich an, so dass sie etwas zur Seite geneigt schlafen können.« Die Germanen nutzten dies aus, indem sie die Wurzeln der Bäume lockerten oder die Stämme unmerklich ansägten. »Wenn sich die Tiere wie gewohnt dort anlehnen, bringen sie durch ihr Gewicht die Bäume zu Fall und stürzen mit ihnen um« – so dass die Jäger ihre Beute nur noch einzusammeln brauchten.

Woher Caesar die Geschichte von den umfallenden Elchen hat, ist ungeklärt. Vielleicht hat sich hier ein germanischer Gesandter einen Scherz erlaubt, und man kann sich ausmalen, wie der Witzbold bei einem Umtrunk den großen Feldherrn zum Narren hielt. Manche Philologen glauben allerdings an einen prosaischeren Ursprung dieses frühen Jägerlateins. Danach stammen die Informationen aus einem älteren griechischen Text, der Caesar fehlerhaft vorlag und den er ungeprüft übernahm.

Nach der zweiten Rückkehr aus dem freien Germanien ließ Caesar – anders als beim ersten Mal – die errichtete Brücke nur zur Hälfte abreißen. Vom gallischen Ufer aus ragte das Bauwerk weiterhin tief in den Strom hinein und endete dort in einem vierstöckigen Turm, der schwer bewacht war. Das Mahnmal sollte die Germanen daran erinnern, dass der lange Arm Roms sie jederzeit erreichen konnte.

Caesar sah die Barbaren aus dem Osten aber nicht nur als Feinde. Er rekrutierte sie auch als Söldner, insbesondere im siebten Kriegsjahr, als es dem Gallier Vercingetorix vom Stamm der Averner gelang, eine große antirömische Koalition zu schmieden. Diese fügte den Legionen bei Gergovia in Zentralfrankreich eine Niederlage zu. Die Römer gerieten in die Defensive, benötigten dringend frische Truppen, und so schickte Caesar Gesandte über den Rhein zu mehreren Germanenstämmen. »Er ließ von ihnen Reiter und leichtbewaffnete Fußsoldaten kommen«, erzählt der Feldherr.

Die neu rekrutierten Krieger erwiesen sich in der Tat als rettende Verstärkung. Das Heer des Vercingetorix griff die römische Armee wenig später auf dem Marsch an und brachte die Legionen an den Rand der Niederlage. Doch den Germanen gelang es, einen gallisch besetzten Gebirgskamm zu erobern, die fliehenden Kelten bis zu deren Hauptstützpunkt zu verfolgen, mehrere zu töten und so eine Massenflucht auszulösen. Vercingetorix zog sich daraufhin nach Alesia unweit des heutigen Dijon in Ostfrankreich zurück, wo es zur Entscheidungsschlacht um Gallien kam.

Nach Caesars Angaben verschanzte sich der Avernerhäuptling mit 80 000 Mann in der Stadt, die auf einem gut zu verteidigenden Hügel lag. Die Römer errichteten rings um die Festung einen gewaltigen Belagerungsring, der heute noch archäologisch nachweisbar ist. Das Bauwerk enthielt einen heimtückischen Hindernisparcours, den die eingekesselten Stammeskrieger bei Ausbruchsversuchen überwinden mussten: »Als die Gallier näher kamen«, so Caesar, »spießten sie sich entweder nichtsahnend an den Ochsenstacheln [Pflöcken mit eisernen Widerhaken] auf, oder sie stürzten in die Gruben und wurden durchbohrt« von spitzen Pfählen am Grund. Wer diesen Todesstreifen überwand, stieß auf einen Vorläufer des Stacheldrahtzauns aus verflochtenem Astwerk, dann auf zwei tiefe Gräben und schließlich auf einen Erdwall mit Holzmauern und Türmen. Dort warteten die Legionäre und sandten ihre Wurfgeschosse aus.

Der Belagerungsring hatte einen Umfang von 15 Kilometern. Um ihn herum ließ Caesar einen zweiten Abwehrring ziehen, der 21 Kilometer maß und ähnlich aufgebaut war – mit dem Unterschied, dass hier die Bollwerke und der Todesstreifen nicht nach innen gerichtet waren, sondern nach außen. Denn die Römer erwarteten die Ankunft eines großen Keltenheeres. Den gallischen Stämmen war es endlich gelungen, eine nahezu landesweite Koalition für den Freiheitskampf zu schmieden. Angeblich 258 000 Krieger strömten nach Alesia, um die Eingeschlossenen zu befreien und die Invasoren zu vernichten.

Damit ergab sich die kuriose Situation einer doppelten Belagerung: In der Mitte saßen die Truppen des Vercingetorix, darum herum die Römer zwischen ihren beiden Verteidigungsringen und um diese herum das große gallische Entsatzheer. Die rund 50 000 Legionäre und ihre germanischen Hilfstruppen waren eingeschlossen wie eine Zwiebelschale inmitten der umgebenden Schichten. Trotzdem gelang es ihnen zweimal, die zahlenmäßig mehrfach überlegenen Kelten zurückzuschlagen.

Bei ihrem dritten Angriffsversuch warfen die Gallier ihre Truppen konzentriert gegen einen relativ schwachen Punkt des Bollwerks. Sie deckten die Legionäre mit Wurfgeschossen ein, rückten unter dem Schutz von Schilddächern vor, schütteten Erde auf die Wehranlagen und kamen von innen und außen zu den Verteidigern herauf. »Unsere Soldaten hatten mit der Zeit nicht mehr genügend Waffen und Kräfte«, beschreibt Caesar die prekäre Lage seiner Männer, die dem Massenansturm nicht mehr gewachsen waren.

In der aussichtslos scheinenden Situation sandte der Feldherr einen Teil seiner Reiterei hinaus, um die gallischen Truppen zu umgehen und von hinten anzugreifen. Es war die rettende Idee: Als die Kelten die berittenen Soldaten plötzlich in ihrem Rücken entdeckten, gerieten sie in Panik und flohen. »Es gab ein großes Gemetzel«, resümiert Caesar. »Nur wenige aus der riesigen Zahl retteten sich unversehrt in ihr Lager.« Die Kampfmoral der Gallier brach nun komplett zusammen. Die Krieger innerhalb des Rings zogen sich nach Alesia zurück, diejenigen außerhalb flüchteten in ihre Heimat.

Am folgenden Tag ritt Vercingetorix zu Caesars Stützpunkt, warf seine Rüstung weg und setzte sich zu Füßen des Siegers nieder. Die Gallier hatten kapituliert. Caesar hielt den Avernerhäuptling noch sechs Jahre in Haft, um den Widerstandskämpfer bei seinem Triumphzug in Rom vorzuführen und anschließend nach altem Brauch erdrosseln zu lassen.

Mit der Schlacht um Alesia 52 v. Chr. war der große Freiheitskampf der Kelten gescheitert, wie der von so vielen Völkern zuvor, die sich den römischen Besatzern entgegengestellt hatten. Im folgenden Jahr, dem achten und letzten des Krieges, regte sich nur noch lokaler Widerstand. Die letzten Aufständischen verschanzten sich in Uxellodunum, einer Stadt auf einem fast uneinnehmbar steilen Berg. Hier zeigten die Römer noch einmal eindrucksvoll, wie überlegen ihre Belagerungstechnik war: Die Soldaten trieben unter der Festung Stollen zu den Wasseradern vor, lenkten diese um und brachten so die Quellen in der Stadt zum Versiegen. Zahlreiche Verteidiger verdursteten, der Rest ergab sich. Caesar ließ allen gefangenen Kriegern die Hände abhacken, tötete sie aber nicht, »um die Strafe für ihre Schlechtigkeit augenfälliger werden zu lassen«. Die Verstümmelten sollten als Mahnmale weiterleben und die Gallier daran erinnern, wozu Aufruhr gegen das übermächtige Reich führt. Es war das düstere Ende eines düsteren Krieges.

Wie viele Menschenleben der achtjährige Eroberungsfeldzug vernichtete, lässt sich lediglich vermuten. Caesar nennt im *Gallischen Krieg* nur bei wenigen Schlachten konkrete Zahlen, aus denen die Verluste der anderen Seite hervorgehen. Addiert man allein diese Ziffern, kommt man auf mehr als 800 000 Tote. Zwar hat der Feldherr sicher übertrieben – je mehr Feinde, desto grandioser der Sieg –, aber zumindest die Größenordnung dürfte stimmen. Die Mitteilung des antiken Historikers Plutarch, dass die Legionen in dem Krieg insgesamt eine Million Menschen töteten und ebenso viele gefangennahmen, also versklavten, scheint daher nicht völlig übertrieben zu sein. Hinzu kommen noch die ungezählten Opfer, die an Unterernährung zugrunde gingen, weil die Soldaten ihre Ernte vernichteten, das Vieh töteten, die Lebensmittel konfiszierten und die Dörfer anzündeten.

Es war ein furchtbarer Aderlass in einem Land, das geschätzte zehn bis zwanzig Millionen Einwohner zählte. Caesar hinterließ ein ausgeblutetes und ausgeplündertes Gallien, das er kaltblütig aus persönlichem Machtstreben angegriffen hatte, ohne dass eine echte Bedrohung für das Römische Reich bestand. Für den Eroberer hatte sich der Krieg gelohnt: Er verfügte nun über kampferprobte, ihm ergebene Legionen, und er war unglaublich reich. Der einst hochverschuldete Lebemann warf so viel Beutegold aus gallischen Tempeln und Städten auf den Markt, dass der Goldpreis im Reich um ein Viertel fiel.

Seinem Prestige in Rom schadete dies nicht, im Gegenteil. Der Chor des Siegesjubels, den auch nachfolgende Generationen anstimmten, überdeckte nachhaltig die vereinzelten Bedenken wegen des unmenschlichen Vorgehens. Zu den wenigen Kritikern zählt der Naturkundler Plinius der Ältere, der im 1. Jahrhundert n. Chr. angesichts der Unmengen an Toten über Caesar urteilte: »Das aber will ich ihm nicht zum Ruhme anrechnen, dieses so große der Menschheit angefügte Leid.« Hier erklang eine einsame humanitäre Stimme in einer brutalisierten Zeit.

Die keltische Kultur, die sich einst vom heutigen Portugal bis ans Schwarze Meer und von Italien bis nach Schottland erstreckte, war nun dem Untergang geweiht. Die Römer hatten die Stammesvölker bereits aus Italien verdrängt und die Iberische

Halbinsel okkupiert. Erst Caesar aber versetzte der großen Zivilisation den Todesstoß. Denn Gallien bildete das Lebenszentrum der keltischen Welt, und dieser Kern wurde durch die Besetzung und die nachfolgende Romanisierung des Landes zerstört. Das umfangreiche Wissen der Druiden ging mit der Zeit ebenso verloren wie die keltische Sprache, die einst in Mittel- und Westeuropa vorherrschte. Sie überlebte nur in Randgebieten des Kontinents: im nordwestlichen Zipfel Frankreichs als Bretonisch, in Irland als Gälisch sowie in Teilen Britanniens als Schottisch-Gälisch und Walisisch. Die Kelten wurden die großen Verlierer der europäischen Geschichte.

Das hatte auch Folgen für die Stämme in Germanien, insbesondere für diejenigen, die in Rheinnähe wohnten. Sie standen bislang in engem Kontakt zu den Galliern und waren oftmals bereit, die Lebensart ihrer fortschrittlicheren und reicheren Nachbarn zu übernehmen. Die rechtsrheinischen Ubier etwa hatten laut Caesar wegen der Nähe zu den Kelten bereits die gallischen Sitten angenommen. Auch Grabungsfunde zeichnen eher das Bild eines fließenden Übergangs zwischen den beiden Kulturräumen als das einer scharfen Separation. Für Archäologen ist es bisweilen schwer zu unterscheiden, ob sie nun die Spuren einer keltischen oder einer germanischen Siedlung vor sich haben. Ohne den römischen Einmarsch in Gallien könnten wir heute vielleicht gar nicht klar zwischen den beiden Völkergruppen trennen – zumal das wichtigste Unterscheidungsmerkmal, die Sprache, bei schriftlosen Gesellschaften keine Spuren hinterlässt.

Nun aber war die schleichende Keltisierung der Germanen gestoppt. Der Rhein war nicht mehr nur eine informelle Landschaftsmarke, die von Siedlern, Händlern und Kriegern in beiden Richtungen fast nach Belieben überquert wurde. Jetzt bildete der Strom eine harte Grenze: Im Westen befanden sich das Römische Reich und seine Untertanen, im Osten die freien Barbaren.

Die Germanen sahen sich damit einer neuen, bedrohlichen Macht gegenüber. Die Massaker Caesars in Gallien hatten sich weit herumgesprochen, zumal die Sueben unter Ariovist sowie die Usipeter und Tenkterer als germanische Stämme zu den

Hauptopfern zählten. Auch die beiden Vorstöße der Legionen über den Rhein und deren Taktik der verbrannten Erde blieben sicher im Gedächtnis haften. Die halbe Brücke über den Strom, die Caesar bewusst stehenließ, musste den Germanen als ein Menetekel erscheinen, das von zukünftigen Invasionen der gepanzerten Soldaten aus dem fernen Süden kündete.

Andererseits waren viele Stammeskrieger nur allzu willig, als Söldner in den Dienst eben dieser Macht zu treten. Sie fochten nicht nur in Gallien als Hilfssoldaten, sondern auch in den nachfolgenden Bürgerkriegen der Republik an allen Fronten. Was heute für einen Karrieremenschen der Auslandsaufenthalt ist, war für einen damaligen ehrgeizigen Germanen vielleicht der Kriegsdienst in der römischen Armee. Welche Aufstiegschancen bot schon das bäuerliche Leben zu Hause? Wie zu allen Zeiten ließen sich die Männer, denen die Welt daheim zu eng war, verlocken durch die Aussicht auf Abenteuer, Reisen, Ruhm und Reichtum.

Der römische Vormarsch in Gallien wirkte damit in zweifacher Weise darauf hin, die germanischen Stämme zu mobilisieren und zu militarisieren. Erstens mussten diese sich gegen einen potentiellen Angreifer rüsten, dessen gewaltige Tötungsmaschinerie sie existentiell bedrohte. Zweitens traten Tausende Stammesangehörige in den Dienst eben dieses Aggressors, lernten damit das Kriegshandwerk in einer ungeahnten Professionalität kennen und brachten das neue Wissen später nach Hause mit. Der daraus resultierende gesellschaftliche Wandel in Germanien, argumentieren einige Archäologen, sei unter anderem an dem sich nun ausbreitenden Brauch zu erkennen, den Toten Waffen mit ins Grab zu legen. Dies weise auf eine neue Militärideologie hin und damit auf eine wachsende kriegerische Einsatzbereitschaft im großen Stil. Die Schlussfolgerung mag zutreffen oder auch nicht, Tatsache ist: Die Germanen waren gewarnt. Vielleicht hatte Caesar durch seine brutale Terrorstrategie den Grundstein für die spätere römische Niederlage gelegt.

4. Die Republik stirbt

49 v. Chr.	Caesar überschreitet den Rubikon, Beginn des Bürgerkriegs
44 v. Chr.	Ermordung Caesars
39/38 v. Chr.	Agrippa siedelt Ubier von Germanien nach Gallien um
31 v. Chr.	Sieg Octavians über Mark Anton bei Actium
30 v. Chr.	Selbstmord Mark Antons und Kleopatras, Ende des Bürgerkriegs
27 v. Chr.	Octavian nimmt den Namen Augustus an; faktisches Ende der Römischen Republik

Schier unendliche Weiten hatten die Soldaten der 13. Legion durchschritten. Jahrelang waren sie im Gallischen Krieg gegen ein Barbarenheer nach dem anderen angetreten und immer weitermarschiert, um fremde Welten zu entdecken, unbekannte Lebensformen und neue Zivilisationen. Die 13. drang dabei in Gebiete vor, die nie zuvor ein Römer gesehen hatte.

Nun, gut ein Jahr nach Kriegsende, brach die Legion zu einer neuen Grenze auf: einem schmalen Fluss, der den Bergen des Apennin entspringt und durch Norditalien rinnt. Die abgehärtete Truppe hatte schon weit mächtigere Hindernisse überwunden, und doch waren die Männer zutiefst beunruhigt. Sie wussten: Nichts würde mehr so sein wie früher, wenn sie diesen kleinen Wasserlauf überquerten.

Am 10. Januar 49 v. Chr., tief in der Nacht, standen die Legionäre vor dem träge dahinfließenden Gewässer, in ihrem Rücken die gallischen Provinzen, vor ihnen Italien. Ein paar Schritte weiter, und sie würden den unverzeihlichen Gesetzesbruch begehen, in das entmilitarisierte Kerngebiet des Reichs einzudringen. Die Soldaten waren bereit, doch ihr Oberbefehlshaber zögerte. Schreckte er vor seinem waghalsigen Plan zurück? Momente der Unsicherheit folgten. Dann sprach Caesar die schicksalhaften Worte »Der Würfel ist geworfen!« (»Alea iacta est«) und begann ein tödliches Spiel um die Macht in Rom. Trompeten gaben in der Dunkelheit das Signal zum Aufbruch. Die 13. Legion setzte sich in Bewegung, folgte ihrem Anführer und überschritt den sprichwörtlich gewordenen Rubikon. Damit löste sie einen langjährigen Bürgerkrieg aus, der Hunderttausende das Leben kostete und den Untergang der Republik einläutete.

Was zu der Zeit am Rhein geschah, entzieht sich unserer Kenntnis. Aus den 40er Jahren v. Chr. liegen so gut wie keine Nachrichten über das Grenzgebiet zu Germanien vor. Vielleicht blieb es dort ruhig, weil Caesars Terror- und Abschreckungspolitik gewirkt hatte, die Stämme zu kriegsmüde waren, um die Schwächephase des sich selbst zerfleischenden Reichs auszunutzen. Möglicherweise hinterließen uns die antiken Chronisten aber auch deshalb kaum Informationen, weil es Wichtigeres für sie zu berichten gab. Wen in Italien interessierten schon die Barbarenhorden im fernen Norden, wenn in der gesamten Mittelmeerwelt Römer gegen Römer kämpften und der Staat unterzugehen drohte?

Caesar begann den Bürgerkrieg unverhohlen aus rein persönlichen Gründen. Sein zehnjähriges Mandat als Statthalter in Gallien lief aus, und seine Gegner in Rom warteten nur darauf, ihn wegen der zahlreichen Verfassungsverstöße während seines Konsulats 59 v. Chr. vor Gericht zu bringen. Der Heimkehrer benötigte daher ein öffentliches Amt, das Immunität vor Strafverfolgung mit sich brachte, und zwar unmittelbar im Anschluss an seine Statthalterschaft.

Hinter der Bühne liefen fieberhafte Verhandlungen. Caesar bot Kompromisse an, doch seine Gegner stellten sich stur. Sie verfügten über die Mehrheit im Senat und forderten den Eroberer Galliens ultimativ auf, sein Amt niederzulegen und sein Heer zu entlassen. Andernfalls werde er als Hochverräter behandelt. Damit blieb Caesar nur die Wahl, seinen Sturz zu akzeptieren oder einen Bürgerkrieg zu entfachen. Der Egomane entschied sich, um alles oder nichts zu spielen, ohne Rücksicht auf Verluste.

Caesar gelang ein rascher Vormarsch durch Italien bis nach Rom. Sein Gegenspieler Pompeius und der Großteil des Senats flohen nach Griechenland, wo es 48 v. Chr. bei Pharsalos zur Entscheidungsschlacht kam. Die Truppen Caesars waren zahlenmäßig klar unterlegen, aber enorm kriegserfahren, und triumphierten in dem blutigen Aufeinandertreffen über ihre Landsleute. Danach zeigte sich der siegreiche Feldherr versöhnlich: Er nahm die meisten gefangenen Soldaten in seine Legionen auf und begnadigte fast alle politischen Feinde, die sich ergaben – ein höchst ungewöhnlicher Schritt, denkt man an das Vorgehen anderer Massenmörder und Diktatoren in ähnlicher Situation. Der intelligente Populist konnte so sein Ansehen enorm steigern, und Biographen priesen fortan seine Milde.

Einige Schlachten musste Caesar noch schlagen, bis er 45 v. Chr. endgültig den Bürgerkrieg für sich entschied. Im Jahr davor hatte er sich bereits zum Diktator für zehn Jahre ernennen lassen, im Februar 44 v. Chr. trat er offiziell die Diktatur auf Lebenszeit an – und überspannte den Bogen damit. Caesar konnte seinen neuen Titel nur wenige Wochen genießen, dann taten sich 60 Senatoren zusammen, um die Freiheit zu retten. Am 15. März, Iden des März genannt, töteten sie den Alleinherrscher zu Beginn einer Senatssitzung mit 23 Dolchstichen. Dass er noch zum Mitverschwörer Brutus, dem Spross seiner Langzeitgeliebten Servilia, den berühmten Satz »Auch du, mein Sohn« sprach, ist wahrscheinlich nur ein Gerücht. Das jedenfalls legt der antike Caesar-Biograph Sueton nahe. Der große Populist starb wohl stumm.

Anders als die Republikaner erwarteten, jubelte das Volk nicht über den Tod des Diktators. Die Menschen waren durch den langen Bürgerkrieg zermürbt, sie sehnten sich nach Stabilität und Ordnung, und so konnte ein äußerst ehrgeiziger junger Mann die politische Bühne erobern: Octavian, der spätere Augustus, der den Großangriff auf Germanien befehlen sollte.

Der 18-Jährige war ein Großneffe und damit einer der nächsten legitimen männlichen Verwandten des toten Diktators. (Dessen Sohn mit Kleopatra galt nicht als offizieller Nachkomme.) Caesar hatte Octavian per Testament zu seinem Adoptivsohn und Haupterben gemacht, und der setzte nun alles daran, die vakante Macht im Staat zu erobern. Der schmächtig gebaute

Steckbrief Octavian/Augustus

geb. 23. Sept. 63 v. Chr.,
gest. 19. Aug. 14 n. Chr.

Karriere:
Sein Aufstieg beginnt 44 v. Chr., als er zum Haupterben Caesars wird. Ab 43 v. Chr. regiert Octavian im Triumvirat mit Mark Anton und Lepidus. 36 v. Chr. entmachtet er Lepidus und beherrscht nun alleine den Westen, Mark Anton den Osten. 31 v. Chr. siegt er in der Seeschlacht bei Actium über Mark Anton. Fortan ist Octavian Alleinherrscher über das Reich, das offiziell eine Republik bleibt. Ab 27 v. Chr. trägt er den Ehrennamen Augustus (»der Erhabene«) und regiert als Princeps (»erster Bürger«).

Familie:
Octavian ist ein Großneffe Caesars und wird erst per Testament dessen Adoptivsohn. Er heiratet dreimal, sein einziges leibliches Kind Iulia entstammt der zweiten Ehe. Mit seiner dritten Gattin Livia Drusilla bleibt er 51 Jahre lang bis zu seinem Tod vermählt. Deren Söhne aus früherer Ehe, Tiberius und Drusus, werden seine Stiefsöhne. 4 n. Chr. adoptiert er Tiberius.

Besondere Merkmale:
Der kleingewachsene Augustus hat dunkelblonde Locken und kariöse, weit auseinanderstehende Zähne. Er leidet an Harnsteinen, Migräne und Blähungen. Seine Haut ist von Muttermalen und flechtenartigen Schwielen übersät.

Lockenkopf, der laut Sueton von schöner Gestalt war, aber schlechte Zähne hatte, stellte eine zunächst illegale Privatarmee auf. Damit nahm er an den Kämpfen zwischen den Anhängern und Gegnern des verstorbenen Caesar teil, wobei er je nach Machtlage die Fronten wechselte. 43 v. Chr. verbündete er sich schließlich mit Mark Anton und Marcus Aemilius Lepidus, den beiden mächtigsten Gefolgsleuten Caesars, die über ein starkes Heer verfügten.

Die drei Männer schlossen sich zum sogenannten Triumvirat zusammen, ließen Tausende politische Gegner ermorden, besiegten die Armeen der Republikaner und teilten das Reich unter sich auf, als ob sie feudalistische Herrscher wären: Octavian eignete sich den Westen an, Mark Anton den Osten, Lepidus die Provinz Africa.

Aus den folgenden Jahren relativer Ruhe überliefern uns die Chronisten vereinzelte Nachrichten vom Rheingebiet. 39 oder 38 v. Chr. organisierte der römische Statthalter in Gallien, Marcus Vipsanius Agrippa, eine Militärexpedition in das freie Germanien. Der enge Freund Octavians ließ wie Caesar eine Brücke über den Rhein bauen und war damit der zweite Feldherr, der eine römische Armee über den Strom führte. Die Details der Kampagne liegen im Dunkeln, am Ende zog sich das Heer wieder zurück.

Eine nachhaltigere Wirkung zeigten zwei weitere Maßnahmen Agrippas – wobei nicht klar ist, ob er diese ebenfalls 39/38 v. Chr. abschloss oder erst 19 Jahre später während seiner zweiten Statthalterschaft in der Region. Zum einen siedelte Agrippa einen kompletten Stamm vom freien Germanien nach Gallien um: die Ubier, die bereits mit Caesar kooperiert hatten. Die langjährigen Verbündeten Roms führten in ihrer Heimat einen zermürbenden Dauerkrieg gegen die benachbarten Sueben und bevorzugten es nun offenbar, unter fremder Herrschaft in einem einigermaßen gesicherten Frieden zu leben. Genug Platz war vorhanden: Die Germanen zogen in das Gebiet der Eburonen, eines linksrheinischen Stammes, den Caesar wie manch anderen nahezu ausgerottet hatte. Die Römer hießen die Ubier als neue, loyale Untertanen willkommen und legten sogar eine Stadt für sie an: Oppidum Ubiorum, das archäologischen Untersuchungen zufolge etwa um die Zeitenwende entstand. Die am Reißbrett entworfene Siedlung mit schachbrettartigem Straßennetz muss den dörflichen Immigranten sehr ungewohnt vorgekommen sein. Dennoch entwickelte sich das römisch-germanische Musterstädtchen prächtig und existiert heute noch – als Großstadt mit Namen Köln.

Die zweite tiefgreifende Maßnahme Agrippas war, vom heutigen ostfranzösischen Lyon aus ein Straßennetz quer durch Gallien anzulegen. Der weitsichtige Stratege schuf dadurch erstmals die Infrastruktur, die schnelle Truppenbewegungen bis an die Grenzen der Provinz ermöglichte. Eine der Fernstraßen führte über Trier und Köln an den Rhein und bildete damit das logistische Rückgrat für den späteren Großangriff auf das freie Germanien.

In den Jahren 39 und 38 v. Chr. stand eine umfassende Invasion im Norden aber noch nicht auf der Tagesordnung. Die Führer des Reichs waren zu sehr mit dem Machtkampf untereinander beschäftigt. 36 v. Chr. gelang Octavian ein erster Schlag: Er setzte den Mit-Triumvirn Lepidus in einem unblutigen Coup ab und verbannte ihn für den Rest seines Lebens, das noch 24 Jahre dauerte, in eine Villa zwischen Rom und Neapel.

Damit blieben zwei annähernd gleich mächtige Despoten übrig: im Westen der knapp 27-jährige Octavian, im Osten der 47-jährige Mark Anton. Die Verbündeten wurden zu Kontrahenten und stellten gewaltige Armeen auf, die 31 v. Chr. bei Actium an der Westküste Griechenlands aufeinandertrafen. Dutzende Legionen marschierten an den gegenüberliegenden Seiten eines Meeresarms auf, und Hunderte Kriegsschiffe bewegten sich in der Nähe. Am Ende siegte Octavians Armada in einer großen Seeschlacht. Mark Anton und seine Geliebte, die ägyptische Königin Kleopatra, flohen zu deren Hauptstadt Alexandria. Das zurückgelassene Landheer ergab sich kampflos. Im Jahr darauf folgte der finale Schlag: Octavian landete mit einer Armee vor Alexandria und belagerte die Metropole, woraufhin Mark Anton und Kleopatra Selbstmord begingen.

Der Sieger annektierte Ägypten, dessen Bewohner er betont rücksichtsvoll behandelte: »Wenn es sicher war, einem fremden Volk zu vergeben, schonte ich es lieber, als es auszulöschen«, rühmt sich Octavian in seinem späteren Tatenbericht *Res gestae* seiner Milde. Ihm war wohl bewusst, dass ein reiches und fruchtbares Land wie das am Nil auf Dauer mehr Gewinn abwarf, wenn es intakt blieb, als wenn es zerstört und ausgeblutet wurde.

Damit zeigten sich schon in Alexandria die Konturen einer

neuen, langfristig angelegten römischen Außenpolitik. Während in der früheren Republik die bestimmenden Amtsträger Jahr für Jahr wechselten und allzu oft nur den schnellen Profit im Blick hatten, dachte Octavian nun als unumschränkter Herrscher in anderen Zeiträumen. Das bedeutete auch, dass er eine viel systematischere Eroberungspolitik führte. War das Reichsgebiet bislang eher planlos vergrößert worden – selbst Caesar hatte Gallien anfangs nicht zielgerichtet erobert, zumal er kein Mandat dafür besaß, sondern war nur von einer Kriegsgelegenheit zur nächsten gehetzt –, konnten Octavian und seine Leute jetzt generalstabsmäßig vorgehen. Das sollten unter anderem die Germanen zu spüren bekommen.

Im ersten Jahrzehnt nach dem Bürgerkrieg blieb es aber an der Rheingrenze noch ruhig, abgesehen von einigen Scharmützeln. Um 29 v. Chr. überschritten verschiedene germanische Gruppen den Grenzstrom nach Gallien, wurden aber von den Truppen Roms geschlagen. Vier Jahre später unternahmen Legionseinheiten eine Strafexpedition in das freie Germanien, weil Stammesbewohner dort römische Geschäftsleute getötet hatten. Offenbar existierten also zu der Zeit bereits Handelsbeziehungen zwischen dem Reich und den Barbaren östlich des Rheins. Insgesamt scheinen die friedlichen Kontakte sogar überwogen zu haben, denn mehr kriegerische Auseinandersetzungen sind aus dieser Dekade nicht überliefert.

Octavian stand derweil in Rom vor einem Dilemma: Er hatte endlich die Alleinherrschaft errungen, kannte aber auch die tiefverwurzelten Ressentiments der Römer gegen jede Form der Monarchie. Wenn er diese zu offen anstrebte, drohte ihm mehr oder weniger versteckter Widerstand, schlimmstenfalls ein Ende wie Caesar. Was also tun? Dem jungen Potentaten gelang ein propagandistisch genialer Schachzug: Er festigte seine Macht, indem er sie abgab.

Im Januar 27 v. Chr. trat der 35-jährige Octavian vor den Senat und verkündete feierlich, dass der Staat befriedet und seine Mission erfüllt sei. Daher lege er alle seine herrschaftlichen Befugnisse nieder und gebe die Staatsgewalt dem Senat und Volk von Rom zurück. Die Republik sei damit vollständig wiederhergestellt. Auf den sorgfältig inszenierten Auftritt hin erfolgte aufgeregtes Gemurmel unter den Zuhörern. Einige Abgeordnete, die vorab informiert worden waren, standen auf und protestierten lautstark: Octavian dürfe die Bevölkerung nicht im Stich lassen! Ohne ihn drohten erneut Chaos und Anarchie! Das abgekartete Spiel endete damit, dass sich Octavian überreden ließ, sich wenigstens um die Provinzen zu kümmern, die noch nicht vollständig befriedet waren. Vorgeblich selbstlos übernahm er das Kommando über Ägypten, Zypern, Syrien, Kilikien (in der heutigen Türkei), Spanien und Gallien. Damit verfügte er nicht nur über einen beträchtlichen Teil des Reichs, sondern – was noch wichtiger war – über fast alle Legionen, denn die waren überwiegend in diesen potentiellen Krisenregionen stationiert.

Zu der festen militärischen Machtbasis kam eine Reihe weiterer Titel und Befugnisse hinzu. Octavian ließ sich in der Anfangszeit jedes Jahr zum Konsul wählen, später nur noch gelegentlich, denn er hatte den Staat auch so im Griff. Er verfügte über eine eigene Leibgarde, Prätorianer genannt, besaß auf Lebenszeit die Amtsgewalt eines Tribuns, die das Vetorecht gegen alle Senatsbeschlüsse beinhaltete, und bekam schließlich das Privileg zugeteilt, sich nicht an die Gesetze halten zu müssen. Denn der Potentat, so befand der willfährige Senat, stehe über dem geltenden Recht.

Die Sonderstellung Octavians demonstrierte auch ein neuer Beiname, den es so noch nicht gab: Augustus, »der Erhabene«. Schon vor der Machtübernahme hatte sich der Gewalthaber nach seinem Adoptivvater Caesar benannt und sich mit dem Titel Imperator geschmückt, der siegreichen Feldherren verliehen wurde. Damit hieß Octavian fortan »Imperator Caesar Augustus«, und seine Nachfolger übernahmen die Namensbestandteile, die sich so im Lauf der Zeit zum Inbegriff monarchischer Macht wandelten – zumal sich auch die späteren Titel Kaiser und Zar von Caesar ableiten.

Trotzdem ist es missverständlich, von einem »Kaiser Augustus« zu sprechen, wie es regelmäßig geschieht. Ein Kaiser im heute gebräuchlichen Sinn des Wortes war der Machthaber nicht, und Rom offiziell noch keine Monarchie, sondern eine Republik.

Augustus begründete seinen Herrschaftsanspruch nicht auf eine göttliche Gnade wie mittelalter- und neuzeitliche Monarchen bis hin zum Deutschen Kaiser Wilhelm II. im 20. Jahrhundert, sondern auf den Consensus universorum, die »Übereinstimmung der Allgemeinheit«. Er war Princeps, »erster Bürger«, also in die moderne Sprache übersetzt eine Art Präsident. Die Römer konnten sich daher lange der Illusion hingeben, seine absolutistische Alleinherrschaft sei nur ein vorübergehender Zustand auf dem Weg zu einer erneuerten Republik, und eines Tages würden sie wieder selbstbestimmte Menschen sein.

Tatsächlich vergingen mehr als eineinhalb Jahrtausende, bis wieder ein größeres Staatswesen entstand, das sich als Zusammenschluss freier Bürger definierte und nicht als System von Herrschern und Untertanen. Die Republik Rom kann zwar unter anderem wegen der Sklaverei und mangelnder Frauenrechte nicht als Demokratie im modernen Sinn gelten, aber das Bürgerrecht war 89 v. Chr. immerhin auf fast ganz Italien ausgedehnt worden, und wer es besaß, sah sich nicht als Lakai eines fremden Herrn. Die männlichen Staatsangehörigen waren Personen mit festen Rechten, die sich frei äußern konnten und denen zumindest theoretisch der Weg bis hinauf zur Staatsspitze offenstand. Dies war in den Augen der Römer kein Luxus, sondern die Basis für ihren Erfolg, für den Aufstieg vom Stadtstaat zur Weltmacht. »Es ist fast unglaublich, was die Republik erreichte«, schreibt etwa Sallust, »als das Volk die Freiheit errungen hatte, die das Verlangen nach Ruhm so sehr im Herzen jedes Mannes zu entfachen vermag.« Unter Augustus und seinen Nachfolgern gingen die alten Ideale langsam verloren, und sie gewannen erst mit der neuzeitlichen Aufklärung und der Formulierung der Menschenrechte wieder Gewicht. Wenn uns heute nach einigen Jahrzehnten Demokratie unsere Rechte und Freiheiten als etwas Selbstverständliches erscheinen, sollte uns das Ende der jahrhundertealten Römischen Republik ein mahnendes Beispiel sein.

5. Der eiserne Vorhang

16 v. Chr.	Niederlage des Lollius gegen Sugambrer, Usipeter und Tenkterer
15 v. Chr.	Drusus und Tiberius erobern Alpen und Voralpenland bis zur Donau

Keinem der vielen Stämme in den Alpen war es gelungen, die Invasoren aus dem Süden aufzuhalten. Dennoch wagten es Dorfbewohner am Nordrand des Gebirges, den Angreifern Widerstand zu leisten. Die ansässigen Männer griffen zu den Waffen, sammelten sich und traten dem fremden Heer nahe dem heutigen Oberammergau in Bayern entgegen. Es sollte ein verzweifelter Abwehrkampf werden. Schon von weitem flogen den Einheimischen tödliche Pfeilgeschosse entgegen, die von hölzernen Maschinen wuchtvoll über das Schlachtfeld katapultiert wurden. Dann kamen die Salven der feindlichen Bogenschützen, und schließlich sahen sich die Ureinwohner Oberbayerns mit einer geschlossenen Formation schwergepanzerter Soldaten konfrontiert. Jede Gegenwehr war vergebens. Die Truppen Roms siegten wie gewohnt und marschierten weiter voran.

Nach der Schlacht sammelten Anwohner die zurückgebliebenen römischen Waffen auf und brachten sie in einer Weihestätte den Göttern dar. Anfang der 1990er Jahre wurden die Gaben entdeckt: unter anderem drei Dolche, 350 Pfeilspitzen und 20 massive Katapultgeschossspitzen. Die Fundstücke zählen zu den wenigen Spuren des Alpenfeldzugs der Römer aus dem Jahr 15 v. Chr. Das Imperium eroberte dabei weite Teile des Gebirges und das heutige Süddeutschland bis zur Donau – während es gleichzeitig in Gallien begann, die Großinvasion auf das angrenzende Germanien vorzubereiten.

Den römischen Sturm auf die Berge führten die beiden Stiefsöhne des Augustus an, Drusus und Tiberius, die später als Feldherren im heutigen Deutschland bis zur Elbe vordrangen. Die Brüder verdankten ihre herausgehobene Stellung im Reich der

Tatsache, dass ihre Mutter Livia Drusilla seit mehr als zwei Jahrzehnten die Gattin des Herrschers war. Die Patrizierin und Augustus alias Octavian hatten sich um 39 v. Chr. kennengelernt, zu einem Zeitpunkt, als sie beide anderweitig verheiratet waren. Der offenkundig schwerverliebte Octavian ließ sich daraufhin rasch scheiden. Gleichzeitig überredete – oder zwang – er den Gatten Livias, das Gleiche zu tun, obwohl das Ehepaar gerade sein zweites Kind erwartete. Den guten Sitten gemäß hätte der Machthaber warten müssen: Auch wenn es in Roms Oberschicht gang und gäbe war, den Ehepartner zu wechseln, bedeutete es doch einen Tabubruch, eine Frau zu heiraten, die noch von einem anderen schwanger war. Octavian aber fehlte die Geduld. Er und seine sichtlich gerundete Braut feierten Hochzeit, und nicht wenige in der Hauptstadt sprachen von einem Skandal.

Drei Monate später brachte Livia einen Jungen zur Welt: Drusus. Dieser wuchs wie sein dreieinhalb Jahre älterer Bruder Tiberius zunächst beim leiblichen Vater auf, und als der einige Zeit später starb, kamen die Buben zu Octavian und Livia. Die Mutter förderte ihre Söhne nach Kräften, so dass die beiden Prinzen bereits im Alter von 23 und 26 Jahren gemeinsam den großen Feldzug in den Alpen leiten durften.

Die Brüder führten ihre Armeen in einem Zangenangriff über die Berge in das heutige Süddeutschland. Das Heer des Drusus drang von Oberitalien aus nach Norden vor, in mehreren getrennten Kolonnen, die parallel vorrückend Gebirgstal um Gebirgstal einnahmen. Der rasche Vormarsch an vielen Stellen gleichzeitig ließ den attackierten Alpenstämmen keine Zeit für eine koordinierte Gegenwehr. Jedes Tal sah sich direkt in der Angriffslinie und war außerstande, den Nachbarn zu helfen. »Diejenigen, die Widerstand leisteten, wurden mit Leichtigkeit vernichtet, da sie sich nicht zusammenschlossen«, erläutert Cassius Dio. Das scheint auch im eingangs erwähnten Oberammergau passiert zu sein. Dass dort die Invasoren siegten, zeigt sich an der Zusammensetzung des Fundes: Die meisten römischen Objekte sind Geschosse, während etwa am Ort der Varusniederlage ganz andere Gegenstände dominieren. Drei der Oberammergauer Katapultgeschossspitzen tragen den Stempel LEG XIX (Leg. 19), belegen also, dass dort ein Teil der 19. Legion kämpfte. Diese sollte 23 Jahre später ein brutales Ende erfahren: Sie gehörte zu jenen drei Legionen, die mit Varus ins Verderben liefen.

Während Drusus nordwärts vorstieß, startete Tiberius wahrscheinlich von Gallien aus. Einheiten seiner Armee lagerten beim heutigen Dangstetten an der deutsch-schweizerischen Grenze, wo 1967 die Reste eines römischen Militärstützpunkts entdeckt wurden. Ein Etikett sowie zwei Bleimarken belegen, dass sich dort wie in Oberammergau Soldaten der 19. Legion aufhielten. Diese zogen zum nahe gelegenen Bodensee und weiter gen Osten, wobei die Armee des Tiberius wie das Heer des Drusus in parallelen Kolonnen vorrückten.

Im Alpenvorland konnten die Legionäre verschnaufen. Schon einige Jahrzehnte vor ihrer Ankunft, um 50 v. Chr., war es dort zu einem drastischen Bevölkerungsrückgang gekommen. Die Städte waren verödet, so das Oppidum beim heutigen Manching in Südbayern, das in seiner Blütezeit fünf- bis zehntausend Einwohner zählte. Kriegsspuren sind aus dem Fundmaterial nicht ersichtlich, und es ist bis heute mysteriös, weshalb die keltische Zivilisation dort zusammenbrach. Den römischen Soldaten war das wohl nur recht. Sie okkupierten das weiträumig entleerte Gebiet, ohne auf großen Widerstand zu treffen. Tiberius und Drusus war damit ein antiker Blitzkrieg gelungen: Durch den simultanen Vorstoß von verschiedenen Orten aus hatten sie in nur einem Sommer den Großteil des riesigen, schwer zugänglichen Keltengebiets zwischen Norditalien und Südgermanien erobert.

Die Situation am Rhein entwickelte sich in den Jahren um den Alpenfeldzug herum für die Römer weniger erfreulich. Drei germanische Stämme bereiteten Probleme: die Usipeter und Tenkterer, deren Angehörige von Caesars Legionen massakriert worden waren, sowie die Sugambrer, deren Gebiet von denselben Truppen systematisch verwüstet worden war (Kapitel I.3). Diese Ereignisse lagen nun vier Jahrzehnte zurück, als sich römische Bürger 16 v. Chr. in das Gebiet dieser Stämme vorwagten. Die Gründe sind uns nicht bekannt, aber die Folgen: Die Germanen ergriffen die Besucher und kreuzigten sie, wie antike Autoren vermelden. Sind die Berichte korrekt, würde es bedeuten, dass die Usipeter, Tenkterer und Sugambrer keine germanische, sondern eine typisch römische Hinrichtungsart anwandten. Diese war dahingehend perfektioniert, das Opfer möglichst qualvoll und demütigend umzubringen. Die Henker banden oder nagelten die Arme des nackten Delinquenten an einen Querbalken, den sie an einem Baum oder Pfahl aufhängten. Unter den Füßen oder dem Gesäß des Verurteilten befestigten sie ein kleines Brettchen, so dass er die Arme entlasten konnte. Das war das eigentlich Perfide an der Exekutionsart: Sie tötete einen Menschen nicht zielgerichtet, sondern ließ ihn in schmerzhafter Haltung langsam krepieren, bis er nach Stunden oder Tagen des Todeskampfes wahrscheinlich an Kreislaufversagen starb. Dem Leidenden die Beine zu brechen, so dass er sich nicht mehr abstützen konnte und unter seinem Gewicht langsam erstickte, galt bereits als Gnadenerweis. Die Römer kreuzigten vorzugsweise Sklaven, später zunehmend auch andere Nichtrömer, per Gesetz aber nicht die eigenen Staatsbürger. Genau dies taten nun die Germanen wie zum Hohn, was darauf hindeutet, dass die scheinbaren Hinterwäldler mit den Gepflogenheiten im Reich durchaus vertraut waren.

Danach überquerten die Usipeter, Tenkterer und Sugambrer den Rhein, plünderten in Gallien und kämpften erfolgreich gegen die dort stationierte Besatzungsmacht. »Als die römische Reiterei sich näherte, geriet sie in einen überraschenden Hinterhalt und wurde in die Flucht geschlagen«, berichtet Cassius Dio. »Bei der Verfolgung stießen sie [die Stämme] unerwartet auf Lollius, den Statthalter der Provinz, und besiegten ihn auch.« Das Imperium hatte erstmals seit den Zügen der Kimbern und Teutonen eine bedeutende Schlacht gegen Germanen verloren, und das Ereignis ging als Clades Lolliana (»Niederlage des Lollius«) in die Geschichte ein. Der geschlagene Feldherr entkam, aber die Stämme erbeuteten den Legionsadler, die heilige Standarte einer Legion, die von den Römern kultisch verehrt wurde. Der Verlust des Greifvogels aus massivem Silber oder Bronze bedeutete eine ungeheuerliche Schande. Augustus erklärte jetzt die Angelegenheit zur Chefsache: Der Princeps eilte persönlich nach Gallien, um die infamen Barbaren zu vernichten.

Auf eine Konfrontation in solch einer Größenordnung wollten es die Usipeter, Tenkterer und Sugambrer nicht ankommen lassen. Zu gut kannten sie wohl die grauenhaften Folgen der Begegnung einst mit Caesar, und sie waren klug genug, den Heldentod zu vermeiden. Die Germanen zogen sich rasch hinter den Rhein zurück, schlossen mit den Römern Frieden und stellten ihnen Geiseln. (Was mit dem Legionsadler geschah, ist nicht überliefert.) Der Konflikt endete damit ausnahmsweise ohne weiteres Blutvergießen, und der antike Biograph Sueton konnte die Folgen der verlorenen Schlacht mit wenigen Worten zusammenfassen: »Die Schmach war schlimmer als der Schaden.«

Trotzdem hatte die Episode weitreichende Konsequenzen. Augustus kam nach seiner Ankunft in Gallien zu der Ansicht, er müsse die Verhältnisse dort grundlegend neu ordnen, und blieb von 16 bis 13 v. Chr. in der Provinz. In den drei Jahren reorganisierte er die Verwaltung und verlegte die römischen Besatzungstruppen aus dem Inneren des Landes direkt an den Rhein. An der Grenze zum freien Germanien entstand eine Kette von Garnisonen, die von Nijmegen in den Niederlanden über Xanten und Neuss (nahe Düsseldorf) bis Mainz reichte – all diese Städte gehen auf Legionslager zurück. Augustus hatte damit das neue Konzept einer linearen Vorneverteidigung erschaffen: Die großen römischen Militärstützpunkte formten nicht mehr ein Netz über die Provinz, sondern einen mächtigen Riegel am Rhein. Das Bollwerk aus Soldaten schien geeignet, die freien Germanen fortan am Grenzübertritt nach Gallien zu hindern. Ein eiserner Vorhang quer durch Mitteleuropa war entstanden.

Aus Sicht der rechtsrheinischen Stämme bedeutete dies eine höchst bedrohliche Entwicklung, nachdem es jahrzehntelang nur wenige Auseinandersetzungen mit dem Reich gegeben hatte. Rom war seit der Jahrhundertmitte vor allem mit sich selbst beschäftigt gewesen, bedingt durch die Bürgerkriege und den Umbruch zur quasi-monarchischen Herrschaft des Augustus. Der usipetrisch-tenkterisch-sugambrische Sieg über das Lollius-Heer 16 v. Chr. beendete die Phase der relativ friedlichen Koexistenz, und in den drei Folgejahren verschärfte sich für die Germanen die Sicherheitslage dramatisch, zumal in diese Zeit auch der römische Alpenfeldzug fiel. Die Stämme sahen sich jetzt von zwei Seiten durch das Imperium bedrängt. Im Süden war das Gebirge als natürliches Bollwerk und Puffer weggefallen, und römische Soldaten bewegten sich bis zur Donau heran. Noch prekärer aber war für die germanischen Völker die Lage im Westen. Allen war wohl klar, dass die Legionen am Rhein nicht nur der Grenzverteidigung dienten. Von ihren neuen Stützpunkten aus waren die imperialen Truppen jederzeit in der Lage, blitzschnell und in massiver Stärke tief in das heutige Deutschland vorzustoßen.

Die Bühne für den großen Krieg um Germanien war bereitet.

EXKURS

Westliche Kriegskultur gegen germanische Guerilla

Angenommen, ein Spielfilm über den Vietnamkrieg um 1968 startet mit folgender Schlachtszene: Tausende US-Soldaten formieren sich mit Blick auf den nahen Dschungel, während die Massen des Vietcong aus dem Baumdickicht hervorquellen. Die beiden Armeen stehen sich kurz in Sichtweite gegenüber, dann rennen die Asiaten brüllend und ihre Gewehre schwenkend über das freie Schlachtfeld. Auf halbem Weg treffen sie auf die entgegenkommenden Amerikaner und vermengen sich mit ihnen zu einem riesigen Haufen. Freund und Feind laufen kreuz und quer durcheinander, so dass sich die Heere völlig vermischen. Jetzt beginnt der große Kampf: Jeder Soldat schießt und schlägt mit seinem Gewehr in alle Richtungen wild um sich, bis die Erde mit Leichen bedeckt ist.

Für wie glaubwürdig würden Kritik und Publikum solch einen kollektiven Amoklauf halten, bei dem sich die Fronten und Truppen völlig aufgelöst haben? Die Kommentare wären wahrscheinlich vernichtend. Derart hirn- und planlos verhält sich keine Armee, kein vernünftiger Mensch – außer in der Antike, so scheint es, wenn man die Spielfilme über jene Zeit betrachtet. Wir müssen in der oben geschilderten Szene nur die Akteure durch Römer, Griechen oder Barbaren ersetzen sowie die Gewehre durch Schwerter, und schon haben wir eine Kurzfassung des Standarddrehbuchs, nach dem sich mit Ortsanpassungen und leichten Variationen so gut wie jeder Antikenfilm richtet.

Wie aber kann man sich die Kämpfe vorstellen, die Römer und Germanen im großen Krieg um das heutige Deutschland austrugen? Die Realität unterschied sich drastisch von so berühmten Darstellungen wie der Eingangsszene des Historienepos »Gladiator«, das 2000 in die Kinos kam und mit fünf Oscars ausgezeichnet wurde. Ridley Scott inszenierte hier einen großen römischen Angriff in Germanien 180 n. Chr. entsprechend dem bewährten Muster: Tausende Legionäre formieren sich mit Blick auf den Waldrand, während die Massen der Barbaren aus dem Baumdickicht hervorquellen. Die beiden Heere stehen sich kurz in Sichtweite gegenüber, dann schleudern die Römer Brandgeschosse, und die Germanen rennen brüllend und ihre Waffen schwenkend über das freie Schlachtfeld. Unterwegs treffen sie auf die entgegenkommenden Legionäre sowie die von hinten anrückende Kavallerie und vermengen sich mit ihnen zu einem riesigen Haufen. Freund und Feind laufen kreuz und quer durcheinander, so dass sich die Heere völlig vermischen. Jetzt beginnt der große Endkampf: Jeder Soldat schlägt mit seinem Schwert, jeder Krieger mit seiner Waffe wild um sich, bis die Erde mit Leichen bedeckt ist.

Warum stört sich fast niemand an dieser Darstellung? Vielleicht sind wir es schon so gewohnt, antike Schlachten als selbstmörderisch-chaotische Metzeleien zu sehen, dass wir derart absurde Szenen kritiklos hinnehmen – oder sogar für glaubhaft erachten. Doch welcher Mensch erträgt eine Situation, in der jeden Moment ein tödlicher Stich nicht nur von vorn, sondern auch von hinten droht? In der Realität würden die Kämpfer sofort versuchen, sich dem Geschehen zu entziehen oder sich so mit Kameraden zusammenzuschließen, dass zumindest der Rücken gedeckt ist. Damals wie heute war es für die allermeisten Schlachtteilnehmer das Wichtigste, einigermaßen unbeschadet zu überleben. Doch was geschieht in Filmen wie »Gladiator«? Römer wie Germanen fechten inmitten unzähliger Feinde unverdrossen Zweikämpfe aus und nehmen es offenbar sorglos in Kauf, von hinten erschlagen zu werden – so als ob die Menschen damals weder Verstand noch Selbsterhaltungstrieb besaßen.

Hinzu kommen weitere beliebte Filmfehler: etwa die optisch eindrucksvollen Brandgeschosse, die wie Napalmbomben einschlagen und von Wolken aus Feuerpfeilen begleitet werden. Bombengeschosse existierten damals nicht, und Brandpfeile kamen nur im Belagerungskrieg und bei Seeschlachten zum Einsatz. Welchen Sinn hätten sie gegen menschliche Ziele gehabt? »In antiken Feldschlachten spielte das Feuer so gut wie gar keine Rolle«, weiß der Militärhistoriker und Experimentalarchäologe Marcus Junkelmann. »Da sich der moderne Mensch aber eine Schlacht ohne Feuer und Rauch kaum vorstellen kann, entwickeln die Filmemacher große Phantasie, um diesem Bedürfnis entgegenzukommen.«

Von den Konfrontationen aus jener Zeit sind zwar kaum Details überliefert, aber die grundsätzliche Kampfweise der Legionen lässt sich anhand antiker Berichte und archäologischer Funde recht gut rekonstruieren. Wie die Germanen sich wehrten, ist zumindest in Ansätzen nachvollziehbar. Dabei zeichnet sich ein Bild ab, das sich drastisch von den populären Darstellungen unterscheidet und in diesem Exkurs skizziert werden soll.

Entwickelt hat sich die römische Kampfformation aus der griechischen Phalanx. Diese bestand aus schwergepanzerten Männern, den Hopliten, die einen kompakten Block formten. Jeweils acht Krieger standen direkt hintereinander und zugleich so dicht neben ihrem rechten und linken Nachbarn, dass sich die 90 Zentimeter breiten Rundschilde überlappten. In der Schlacht bewegten sich zwei feindliche Phalangen im Laufschritt aufeinander zu. Den Kämpfern vorne blieb ein kurzer Augenblick, einen Gegner mit der Lanze an einer der wenigen ungepanzerten Stellen zu treffen. Dann krachten die feindlichen Hopliten der ersten Reihe mit ihren Körpern gegeneinander wie moderne American-Football-Spieler, und sie kamen abrupt zum Halt. Die Männer der zweiten bis achten Reihe schoben nach, indem sie ihren Schild in den Rücken des jeweiligen Vordermanns pressten und diesen mit aller Gewalt nach vorne drückten. Beide Phalangen drängten so gegeneinander, und die Frontkämpfer waren in der Mitte eingequetscht, Brust an Brust mit ihren Feinden, deren Atem sie im Gesicht spürten. Sie wurden zum Spielball der enormen Druckkräfte von hinten und vorne und konnten sich kaum mehr bewegen, geschweige denn mit dem Schwert fechten, wie es in Filmen gerne gezeigt wird. Stattdessen muss man sich einen extrem dichten Pulk an schiebenden und schwitzenden Körpern vorstellen, und irgendwann gab eine Seite an einer entscheidenden Stelle nach. Es bildete sich eine Bresche in der Schlachtreihe, in die mehr und mehr Feinde hineindrängten, so dass die Lücke größer und größer wurde. Schließlich brach die ganze Formation zusammen, und die Hopliten darin wandten sich zur Flucht. Die Männer warfen ihre Waffen weg und rannten um ihr Leben, verfolgt von den Reitern und Leichtbewaffneten, die das siegreiche Hauptheer begleiteten. In dieser chaotischen Situation starben die meisten Krieger der unterlegenen Seite, deren Verluste insgesamt auf ein Siebtel geschätzt werden.

Mit den Phalangen kreierten die Griechen im 8. oder 7. Jahrhundert v. Chr. eine völlig neue Art der Kriegsführung, wie es der britische Militärhistoriker John Keegan in seinem brillanten Buch *Die Kultur des Krieges* darlegt. Bei den sogenannten primitiven Gesellschaften sind derartige Gemetzel noch weitgehend unbekannt. Die Naturvölker führten fortwährend Kleinkriege mit begrenzten Kämpfen, bei denen es immer wieder einige Tote gab, aber sie verzichteten auf Entscheidungsschlachten und damit auf das Risiko, vernichtet zu werden. Die ersten großen Zivilisationen kannten dann zwar umfangreiche Schlachten, wandten aber eine zurückhaltende Taktik an, die der natürlichen Furcht des Menschen vor einer tödlichen Konfrontation entgegenkam. »Man kämpfte vorsichtig und am liebsten auf Distanz, verließ sich auf Wurfgeschosse und vermied den Nahkampf, bis man sich des Sieges sicher glaubte«, so Keegan. »Die Griechen gingen stattdessen zum Kampf Mann gegen Mann auf Leben und Tod über.« Die Hellenen überwanden die natürliche Hemmung davor, sich aus nächster Nähe gegenseitig abzuschlachten, indem sie als geschlossene Gruppe Schulter an Schulter vorwärtsdrängten. Damit konzentrierten sie die Schlacht auf eine kurze, grauenhafte Begegnung, die ungleich brutaler und furchteinflößender war als der Beschuss aus der Distanz – selbst wenn für das Opfer das Ergebnis das Gleiche war.

Im 6. Jahrhundert stritten die griechischen Stadtstaaten noch weitgehend unter sich. Dann kamen sie in Konflikt mit dem Perserreich, und ihre revolutionäre Art der Kriegsführung prallte erstmals massiv auf die vorsichtigere Kampfweise anderer Völker. 490 v. Chr. sandte der persische Großkönig Dareios eine Invasionsflotte aus, die mit einer eindrucksvollen Streitmacht an Bord in Griechenland landete. Rund 10 000 Hopliten aus Athen eilten den Angreifern entgegen, unterstützt durch ein kleines Kontingent Verbündeter. In der Ebene von Marathon trafen sie auf das zahlenmäßig mehrfach überlegene Perserheer. Nach einigen Tagen gegenseitigen Belauerns bereiteten sich die Griechen im Morgengrauen auf die Schlacht vor. Sie legten ihre schweren Bronzerüstungen an, die Trompeten erschallten, und die Hopliten marschierten in geschlossener Phalanx über die Ebene. Als sie in Reichweite der persischen Bogenschützen kamen, stoppten sie nicht wie erwartet angesichts des tödlichen Pfeilhagels, sondern verdoppelten ihr Tempo und brachen mit gesenkten Lanzen direkt in die feindlichen Linien hinein. Am Ende flohen die Perser panisch zu ihren Schiffen.

Sie ließen angeblich 6400 Tote zurück und beklagten sich, die Griechen habe ein »zerstörerischer Wahnsinn« erfasst.

Die Athener verloren nur 192 Mann. Die Hopliten wurden als Helden gefeiert, und später entstand die Legende, der Überbringer der Siegesnachricht sei so schnell in die Stadt zurückgelaufen, dass er nach dem Ausruf »Wir haben gesiegt!« tot zusammenbrach. Der Geschichte verdanken wir den Marathonlauf, aber entscheidender war, dass die brutale, direkte Kampfweise der Griechen gegenüber der zurückhaltenden des Orients triumphiert hatte. Dies bestätigte sich ein Jahrzehnt später, als eine noch größere persische Invasion unter Dareios' Nachfolger Xerxes scheiterte. Der grauenhafte Massennahkampf Mann gegen Mann sollte fortan zum Charakteristikum der europäischen Kriegsführung werden, bis zu den Ritterheeren im Mittelalter hinein, und selbst nach Erfindung der Feuerwaffen konnten sich die westlichen Militärs einen Krieg nicht mehr anders vorstellen als im direkten Aufeinanderprall zweier Armeen – mit entsprechend entsetzlichen Verlusten. Nach außen hin aber war der blutrünstige Kampfstil des Westens höchst erfolgreich. Dies demonstrierte bereits Alexander der Große, als er von 334 bis 325 v. Chr. mit seiner makedonischen Phalanx und gepanzerten Reitern das riesige Persische Reich eroberte und bis nach Nordindien vorstieß. In der Neuzeit unterwarfen dann die Europäer weite Teile der Welt, und dies lag nicht nur an der überlegenen Waffentechnik. Die vorsichtiger kämpfenden Völker fanden meist kein Gegenmittel, wenn ein westliches Heer in Tradition der Griechen ohne jede Zurückhaltung attackierte und die unmittelbare Entscheidung nach dem Motto »Sieg oder Tod« suchte.

Wie effektiv der Massennahkampf war, lernten die Römer früh. Bereits im 6. Jahrhundert v. Chr. hatten sie die Kampftaktik der Hellenen übernommen. Sie erkannten dann aber die Nachteile der starren Phalanx, als sie es in Italien mit beweglichen Gegnern zu tun bekamen, die wirkungsvoll Ausweich- und Umgehungsmanöver praktizierten. Daher setzte die aufstrebende Republik ab dem 4. Jahrhundert v. Chr. auf eine fortentwickelte Taktik, bei der das Heer nicht einen geschlossenen Block bildete, sondern einzelne Truppenverbände sich unabhängig voneinander dirigieren ließen.

Die Römer ordneten dazu ihre Streitmacht nach einem strikten Baukastensystem, das zum Vorbild der modernen Armeen wurde. Zur Zeit

Germanischer Krieger

der Germanienkriege bildeten je acht Legionäre die kleinste Einheit, das Contubernium. Sie kämpften, wohnten und kochten zusammen und formten so eine eng verschweißte Schicksalsgemeinschaft. Ihre Zahl entspricht genau dem, was moderne Unternehmensberater als ideale Abteilungsgröße empfehlen, um eine bestmögliche Kooperation zu erreichen. Je zehn Acht-Mann-Einheiten bildeten eine Zenturie, zwei Zenturien ein Manipel und drei Manipel eine Kohorte, die folglich 480 Mann umfasste. Zehn Kohorten schließlich ergaben eine Legion, die inklusive einer kleinen Reiterabteilung, dem Offiziersstab, Handwerkern, Medizin- und Verwaltungspersonal sowie den Trossknechten wohl an die 6000 Mann zählte.

Die Kohorten waren die wichtigsten taktischen Kampfeinheiten. Sie formten auf dem Schlachtfeld in sich geschlossene Blöcke, die sich selbständig bewegen konnten. Die Soldaten darin standen nicht mehr so dichtgedrängt wie in der Phalanx, sondern in einer lockeren, schachbrettartigen Formation. Jeder Legionär besetzte dabei ein gedachtes Feld von 90 Zentimetern Breite und 1,80 Metern Tiefe, berichtet der antike Militärhistoriker Vegetius. Die Männer hatten dadurch keinen direkten Körperkontakt zu ihren Neben- und Hinterleuten und konnten sich frei bewegen. Zugleich standen sie eng genug zusammen, dass im Normalfall kein Feind in ihre Reihen eindrang, die Legionäre also nur von vorne angreifbar waren. Diese Schlachtordnung erforderte eine weit größere Disziplin und mehr Übung als die Phalanx, in der man eingezwängt zwischen Hinter-, Nachbar- und Vordermännern meist gar nicht anders konnte, als an seinem Platz zu bleiben. Die römischen Soldaten trainierten daher nicht nur den Gebrauch der Waffen, sondern exerzierten spätestens ab der Zeit der Berufsarmeen laufend Manöver, in denen sie etwa in schnurgerader Reihe, in Dreiecks-, in Vierecksformation oder im Kreis aufmarschierten. »Nichts ist in der Schlacht bekanntlich vorteilhafter, als dass die Soldaten durch ständige Übung exakt ihren Platz in der Formation einhalten«, betont Vegetius. »Denn wenn sie sich zu sehr zusammendrängen, behindern sie sich gegenseitig beim Kämpfen, und wenn sie zu weit auseinandergezogen sind, bieten sie den Feinden Raum zum Durchbruch. Sollte das passieren und der Feind in den Rücken der Kämpfenden gelangen, dann gerät unvermeidbar alles sofort aus Furcht in Verwirrung.« Die in Filmen gezeigten chaotischen Metzeleien sind also genau das, was es nach Ansicht römischer Militärs unbedingt zu vermeiden galt.

Natürlich gab es damals wie heute auch sogenannte Helden, die sich wider jede Taktik bedenkenlos mitten in die feindlichen Reihen stürzten. Aber dieser Typ Mensch bildete zu allen Zeiten eine kleine Minderheit, und wie es solchen Recken üblicherweise erging, erfahren wir bei Plutarch am Beispiel eines Gaius Crassinius, Hauptmann unter Iulius Caesar im Bürgerkrieg. »Er [Crassinius] rief laut: ›Siegen werden wir, und zwar glänzend, Caesar. Mich wirst du heute loben können, lebend oder tot!‹«, erzählt Plutarch in einer seiner Schlachtbeschreibungen. »Mit diesen Worten warf er sich als Erster in vollem Lauf unter die Feinde und riss seine 120 Soldaten mit sich. Er brach durch das erste Glied hindurch und drang unter blutigem Gemetzel gewaltsam vor, bis ihn schließlich ein Schwert so in den Mund traf, dass die Spitze hinten im Nacken wieder herauskam.«

Römischer Legionär

Damit die Verluste im Kampf gering blieben, erhielten selbst die einfachen Legionäre eine umfangreiche Schutzausrüstung. Schon der gewölbte, mehr als ein Meter hohe Turmschild deckte den Großteil des Körpers ab. Hinzu kamen ein massiver Helm mit Wangenklappen und ein zirka zehn Kilogramm schweres Kettenhemd. Das reichte über die Hüfte und war aus rund 30 000 kleinen Eisenringen gefertigt – einen derart aufwendigen Körperschutz leisteten sich im Mittelalter praktisch nur Adelige. Noch kaum in Gebrauch war der leichtere und schneller produzierte Schienenpanzer, den die Legionäre etwa in den Asterix-Comics tragen, also dort schon zu Zeiten Caesars. In der Realität stammen die ältesten bekannten Reste einer solchen Rüstung von der Varusschlacht 9 n. Chr.

Als Angriffswaffen dienten ein Dolch, ein Kurzschwert mit gut 50 Zentimeter langer Klinge und ein Wurfspieß, *pilum* genannt. Dieser bestand aus einem Holzschaft, auf den ein etwas kürzerer Eisenstab montiert war, der in einer gehärteten Spitze endete. Der Stab selbst war aus weichem Metall, so dass er sich beim Aufprall verbog und sich im feindlichen Schild verhakte oder zumindest unbrauchbar wurde. Alles in allem hatte ein Legionär im Kampf rund 30 Kilogramm an Rüstung und Waffen zu schleppen, was seine Beweglichkeit sicher reduzierte.

Die Schlacht eröffneten daher andere Männer im Dienste Roms: Zunächst traten leichtbewaffnete Hilfstruppen vor die eigenen Reihen und deckten die Feinde mit Geschossen ein. Genügte dies nicht, die andere Seite in die Flucht zu schlagen, übernahmen die Legionäre die blutige Arbeit. Sie rückten in geschlossener Formation vor, und für die Gegner muss es ein furchterregender Anblick gewesen sein, wenn eine Wand aus Turmschilden und blinkenden Helmen nahezu lautlos auf sie zukam. Rund 15 Meter vor dem Zusammentreffen holten dann die Soldaten der ersten Reihe mit ihren Wurfspießen aus und schleuderten diese mit einem gellenden Schrei los.

Schon allein der psychologische Effekt muss verheerend gewesen sein. »Es kennzeichnet Unerfahrene oder Feiglinge, schon aus weiter Ferne zu brüllen«, erklärt hierzu Vegetius. »Die Feinde werden mehr erschreckt, wenn erst zum Stoß der Waffen das entsetzliche Geschrei dazukommt.« Entscheidend aber war die furchtbare Wirkung der Speersalve, die zahlreiche Gegner in der vordersten Reihe tötete oder kampfunfähig machte. Und in dieses blutige Chaos hinein stürmten dann die Legionäre mit gezücktem Schwert.

Die römischen Soldaten suchten sofort den Kampf Mann gegen Mann und sprangen ihr Gegenüber regelrecht an, wie Vegetius berichtet. Wahrscheinlich setzten sie auch den Schild als Angriffswaffe ein, indem sie etwa mit einem gezielten Stoß den Kontrahenten aus dem Gleichgewicht brachten, um ihm dann das Schwert in den Unterleib zu rammen. Wie bereits in Kapitel I.2 erwähnt, verzichteten die Profis auf die Fechteinlagen und wuchtigen Schläge, die gerne in Filmen gezeigt werden. Stattdessen stachen sie nur kurz zu – was optisch weniger spektakulär ist, aber von tödlicher Effizienz.

Der unmittelbare Nahkampf muss die Männer psychisch und physisch extrem belastet haben. Man darf sich daher nicht vorstellen, dass eine stundenlange Schlacht ununterbrochen tobte. Vielmehr kam es immer wieder zu Kampfpausen, wie in antiken Berichten zu lesen ist. Die feindlichen Reihen trennten sich in stummer Übereinkunft, die Kämpfer erholten sich kurz, formierten sich neu, wobei wohl frische Soldaten nach vorn und erschöpfte nach hinten kamen – und dann folgte eine neue Attacke. Die gegnerischen Formationen bewegten sich so ein ums andere Mal aufeinander zu und voneinander weg, ohne sich zu vermischen, bis schließlich auf einer Seite die Reihen zusammenbrachen und die Verlierer die Flucht ergriffen.

Die Römer hatten damit die griechische Kampfweise entscheidend modifiziert. Während eine Phalanxschlacht vor allem ein gewaltiges Schieben und Drängen war, in dem der Einzelne zum Spielball der Kräfte um sich herum wurde, konnten sich die Legionäre frei bewegen. Sie kämpften zugleich eins gegen eins und in geschlossener Formation, und dass ihre Gefechte nicht zu chaotischen Metzeleien à la Hollywood degenerierten, verdankten sie dem unablässigen Drill. Das römische Militär hatte es damit in einzigartiger Weise geschafft, die grauenvolle Effizienz des griechischen Massennahkampfs mit der Flexibilität der althergebrachten distanzierten Kriegsführung zu verbinden.

Was konnten die germanischen Stämme dem entgegensetzen? Schon ihre Bewaffnung war deutlich unterlegen. »Nur wenige haben ein Schwert oder eine größere Lanze. Sie tragen Speere oder, wie sie selbst sagen, Framen mit schmaler und kurzer Eisenspitze«, berichtet Tacitus. »Nur die Schilde bemalen sie mit auffallenden Farben. Wenige haben einen Panzer, kaum der eine oder andere einen Helm oder eine Lederkappe.« Die archäologischen Funde bestätigen diese Schilderung weitgehend. Danach trugen allenfalls einige wenige Anführer oder Elitekrieger Körperrüstung und Helm – und ganz gewiss niemand den phantasievollen Kopfschutz mit Flügeln, den man auf vielen Gemälden und dem Hermannsdenkmal bei Detmold bewundern kann. Die allermeisten Kämpfer konnten oder wollten sich eine Rüstung nicht leisten. Ihr einziger Schutz war ein relativ leichter Schild, der aus dünnen verleimten Brettern bestand – sowie ihre Behändigkeit im Vergleich zu den schwergepanzerten Legionären.

Zum Angriff nutzten die Krieger den Fundergebnissen zufolge fast ausschließlich Wurfspeere und Lanzen, die als Schlag- sowie Stichwaffen dienten. Über ein Schwert verfügte nur eine kleine Minderheit, Kampfäxte waren zu der Zeit wohl noch nicht in Gebrauch. Auf Pfeil und Bogen verzichteten die Stämme rätselhafterweise ganz. Zwar waren Kriegsbögen im Norden Europas bis etwa 500 v. Chr. verbreitet und dann wieder ab dem 3. Jahrhundert n. Chr., aber dazwischen verwendeten die Germanen offenbar keine Waffe, die weiter reichte als ein geworfener Speer.

Die Heere bestanden aus einer kleinen Schar an Vollzeitkriegern, die das Gefolge der Stammesführer bildeten, und aus der großen Masse der wehrfähigen Kleinbauern. Diese konnten ein durchaus hohes Niveau im Umgang mit der Waffe erreichen – allerdings nur individuell oder maximal in Kleinstgruppen. Im größeren Verband waren die Germanen den Römern in puncto Kampftaktik und Disziplin zwangsläufig unterlegen. Schon aus logistischen Gründen war es den Bauern in ihren verstreut liegenden Gehöften nicht möglich, auch nur annähernd so oft Schlachtaufstellungen und Manöver zu exerzieren wie die eingespielte römische Berufsarmee. Trotzdem kann man davon ausgehen, dass die Barbaren nicht so chaotisch und blindwütig angriffen, wie es gerne dargestellt wird. Schon Plutarch erwähnt in seinem Bericht über die Züge der Kimbern und Teutonen, dass die mitziehenden germanischen Ambronen in der Schlacht »keineswegs ungeordnet und ohne Überlegung heranstürzten und auch kein unartikuliertes Geschrei erhoben, sondern rhythmisch ihre Waffen gegeneinanderschlugen und gleichmäßig vorrückten«. Iulius Caesar erklärt, dass »die Germanen wie gewohnt schnell eine Phalanx formten« (im Sinn von geschlossener Schlachtreihe), und Tacitus berichtet: »Nicht Zufall und willkürliche Zusammenrottung, sondern Sippen und Geschlechter bilden die Reitertrupps oder die Schlachtkeile.«

Dennoch dominierte schon in der Antike das Bild von den tumben Barbaren, die mit viel Kampfgeist, aber regellos und ohne Ordnung gegen den Feind anrennen. Geprägt wurde es zuerst durch die Vorurteile und Klischees, die von Beginn an in der Mittelmeerwelt über die scheinbar primitiven Völker im Norden kursierten. Hinzu kam das Unverständnis gegenüber der germanischen Kampfweise. Die römischen Autoren mochten es für mangelhafte Organisation oder fehlenden taktischen Verstand halten, wenn sie erfuhren, dass die Stammeskrieger aus dem Dickicht heraus ohne feste Ordnung angriffen und sich dann sofort wieder zurückzogen. Die Einheimischen aber wussten wohl ganz genau, was sie taten. Als die klar schwächere Seite im römisch-germanischen Krieg wichen sie häufig der offenen Schlacht aus. Stattdessen griffen sie guerillaartig die Marschkolonnen und Nachschublinien an. Als Deckung nutzten sie dabei die Wildnis, die für eine geordnete Armee kaum zugänglich war. »Die Sümpfe und Wälder stellen für diese in Krieg und Raubzügen großgewordenen Krieger kein Hindernis dar«, musste bereits Iulius Caesar erkennen. Die Germanen wählten damit über weite Strecken des Krieges eine Taktik, die nicht der klassischen westlichen Kampfweise entsprach, sondern die man heute – je nach Sichtweise – als asymmetrische Kriegsführung, mutigen Widerstandskampf oder feige Anschläge bezeichnen würde.

Auch im offenen Gefecht bevorzugten die Stämme eine flexible Vorgehensweise. »Ein Zurückweichen erachten sie eher für wohlbedacht als für feige, sofern man dann wieder vorrückt«, erklärt Tacitus. Bis zum Tod die Stellung zu halten wäre aus Sicht der damaligen Germanen schlicht dumm gewesen. Und eine mörderische römisch-germanische Schlacht wie im Film »Gladiator« entspricht zwar der westlichen Tradition, Heere frontal gegeneinander anrennen zu lassen, aber in der Realität hätte der Kampf wahrscheinlich nicht einmal begonnen. Im Angesicht der perfekt formierten Legionen und ihrer mächtigen Artillerie wären die germanischen Krieger kaum losgestürmt. Sie hätten sich wohl sang- und klanglos in die Wälder zurückgezogen – und darauf gewartet, dass die Römer weitermarschierten und sich dann eine günstigere Gelegenheit zum Angriff ergäbe.

II. INVASION

1. Das Tor zum Osten

13/12 v. Chr.	Bau eines Kanals vom Rhein zur Nordsee
12 v. Chr.	Erste Feldzüge des Drusus in Germanien; friedliche Unterwerfung der Friesen
11 v. Chr.	Große römische Offensive: Drusus erreicht die Weser, legt den Militärkomplex Oberaden an der Lippe an

Es muss ein peinliches Desaster gewesen sein und für Außenstehende ein komischer Anblick, als die Flotte der Römer buchstäblich auf dem Trockenen saß. Die Armada war an der Nordseeküste entlang in die Gegend des heutigen Bremen gefahren, versetzte dort die Germanen in Schrecken – doch dann unterschätzten die Navigatoren dilettantisch die Gezeiten. Die einsetzende Ebbe zog der Invasionsflotte das Wasser unter den Kielen weg, und die stolzen Kriegsschiffe lagen wie gestrandete Wale auf Grund. Als die Einheimischen dies bemerkten, rüsteten sie sich, die Eindringlinge zu vernichten.

Die Havarie am Ende des ersten Kriegsjahres in Germanien sollte nicht die letzte heikle Situation bleiben, in die der junge Feldherr Drusus seine Armee führte. Der Mittzwanziger war nach dem erfolgreichen Alpenfeldzug nach Gallien gegangen und übernahm dort 13 v. Chr. die Statthalterschaft, stellvertretend für seinen Stiefvater Augustus. Damit hatte er auch das Kommando über die fünf bis sechs Legionen inne, die am Rhein stationiert waren.

Im Jahr darauf musste Drusus schwere Unruhen in Gallien unterdrücken. In der Folge drangen die rechtsrheinischen Su-

Steckbrief Drusus

geb. März/April 38 v. Chr.,
gest. 9 v. Chr. nach Sturz vom Pferd

Karriere:
15 v. Chr. führt er mit Tiberius den Alpenfeldzug an. Ab 13 v. Chr. ist Drusus Statthalter Galliens. In dieser Position leitet er ab 12 v. Chr. die Feldzüge in Germanien.

Familie:
Drusus ist der Sohn von Tiberius Claudius Nero und Livia Drusilla, die sich knapp drei Monate vor seiner Geburt scheiden lässt und Octavian/Augustus heiratet. Damit wird Drusus zum Stiefsohn des Herrschers, ebenso wie sein älterer Bruder Tiberius.
Er heiratet Antonia Minor, eine Nichte des Augustus. Ihre gemeinsamen Kinder sind Livilla, Germanicus und Claudius, der spätere Herrscher über Rom (nach Augustus, Tiberius und Caligula).

Besondere Merkmale:
Drusus ist süchtig nach Kriegsruhm jeder Art; daher kämpft er in Schlachten gelegentlich selbst vorne mit.

gambrer und ihre Verbündeten – vermutlich die Usipeter und Tenkterer – in die römische Provinz ein. Ob die Germanen das vorübergehende Chaos dort für Raubzüge ausnutzen wollten oder ob sie den aufständischen Galliern zu Hilfe eilten, haben uns die Chronisten nicht überliefert. Eines aber war aus Sicht der Römer klar: Die Sugambrer und ihre Bundesgenossen wagten erneut eine Attacke auf das Reichsgebiet, nachdem sie erst vier Jahre zuvor die Legion des Lollius besiegt hatten. Das konnte sich die Supermacht nicht gefallen lassen.

Drusus fing die Eindringlinge ab, schlug sie zurück und gab dann im August oder September 12 v. Chr. selbst den Angriffsbefehl. Mit einer Armee von unbekannter Stärke überquerte er im heutigen Ruhrgebiet den Rhein und zog gen Osten. Der Stiefsohn des Augustus startete damit den großen Krieg im heutigen Deutschland, der erst 27 Jahre später beendet sein sollte und dessen Ausgang die Entwicklung Europas bis in die Neuzeit entscheidend beeinflusste.

Welches Ziel Rom mit der Invasion Germaniens verfolgte, ist bis heute höchst umstritten. Wollte das Imperium zunächst nur die Rheingrenze sichern, indem es die nahe gelegenen Stämme unter Kontrolle brachte? Oder plante es von Anfang an, große Teile Germaniens dem Reich einzuverleiben? Für beide Positionen gibt es kluge Argumente, die letztlich aber nur verschleiern, dass wir die Absichten der Staatsspitze schlicht nicht kennen. Seit der Machtübernahme durch Augustus mangelt es an politischen Informationen, wie schon Cassius Dio beklagt, der unsere mit Abstand wichtigste Schriftquelle für den Germanienkrieg bis zur Varusschlacht ist. »Früher [in der Republik] wurden sämtliche Angelegenheiten dem Senat und dem Volk vorgetragen, selbst wenn sie sich entfernt ereigneten. Dadurch erfuhren alle die Nachrichten, und viele schrieben sie nieder«, bemerkt der antike Historiker. »Dann aber [unter Augustus] begann man, das meiste geheim zu halten und zu verbergen.« Rom war nun eine verbrämte Diktatur auf dem Weg zur Monarchie, und Augustus und sein Beraterstab regierten in konspirativen Zirkeln. Die ausgiebigen, oft kontroversen Senatsdebatten vor Kriegserklärungen und anderen wichtigen Entscheidungen fielen weg. Die Staatsspitze musste ihre Politik nicht mehr vor der Öffentlichkeit rechtfertigen, und sie behielt ihr Herrschaftswissen und ihre Pläne für sich.

Aus dem Starttermin des ersten Feldzugs kann man zumindest schließen, dass Rom für dieses Jahr noch keine weiträumigen Eroberungen beabsichtigte. Andernfalls hätte Drusus viel eher als im Spätsommer losschlagen müssen. Jetzt blieb ihm nicht mehr viel Zeit, da die Armee im Winter üblicherweise eine Kriegspause einlegte. Wegen der widrigen Bedingungen war die kalte Jahreszeit damals in der Tat die friedliche Zeit.

Das Invasionsheer zog vom großen Stützpunkt Vetera beim heutigen Xanten los. Es folgte stromaufwärts der Lippe, bewegte sich also von der Rheinmündung des Flusses aus in östlicher

Richtung durch den Nordteil des heutigen Ruhrgebiets. Die Legionen durchquerten dabei zunächst das Territorium der Usipeter. Dann attackierten sie die Sugambrer, die südlich der Lippe wohl unter anderem um das heutige Dortmund herum siedelten. Drusus ließ das Land des Stammes verwüsten, so wie es auch Iulius Caesar 43 Jahre zuvor getan hatte. Von Schlachten ist nichts überliefert. Vermutlich folgten die Germanen der bewährten Taktik, sich so lange im Hinterland zu verstecken, bis die Legionen nach vollbrachtem Zerstörungswerk wieder abzogen.

Mit dieser Strafaktion wollte sich Drusus nicht zufriedengeben. Obwohl das Jahr bereits weit vorangeschritten war, unternahm der ehrgeizige Feldherr noch eine große Flottenexpedition. Seine Schiffe verließen ihre Stützpunkte am Rhein, fuhren den Strom hinab und bogen in den heutigen Niederlanden in einen neu angelegten Kanal. Die künstliche Wasserstraße namens Fossa Drusiana war ein Meisterwerk römischer Organisationskunst: Sie führte direkt zu der Nordseebucht, die heute ein Seengebiet vor Amsterdam bildet. Die römische Kriegsflotte konnte so auf schnellstem Weg vom Rhein zur Küste des heutigen Deutschland vorstoßen – und damit die germanischen Stämme auch von der Meeresseite her attackieren.

Nach der Fahrt durch den Kanal drang die Armada zunächst in das Gebiet der Friesen ein, die schon damals in der Gegend um Ostfriesland lebten. Wie Cassius Dio berichtet, schloss Drusus mit dem heimatverwurzelten Stamm ein Abkommen. Vertragliche Details sind nicht überliefert, aber in der Regel überließ Rom bei derartigen friedlichen Übereinkünften seinem Gegenüber eine weitgehende Autonomie. Die Stammeshäuptlinge konnten so weiter über ihre Völkerschaft regieren, und sie erhielten als Bonus klangvolle römische Ehrentitel sowie Geld- und Sachgeschenke. Dafür verpflichteten sie sich zu politischem Wohlverhalten und mussten dem Imperium Geiseln sowie Hilfstruppen stellen – wurden also effektiv zu Untergebenen.

Diese römische Version einer privilegierten Partnerschaft war neben der nackten militärischen Gewalt das wichtigste Mittel des Reichs, um die Herrschaft über ein fremdes Land zu gewinnen. Dass die Friesen im Angesicht der imperialen Flotte mehr oder minder freiwillig solch einen Vertrag abschlossen, sich also friedlich unterwarfen, bedeutete für Drusus einen strategisch wichtigen Erfolg. Rom besaß nun die Kontrolle über einen großen Teil der Nordseeküste – und behielt diese auch in den kommenden Jahrzehnten, da der Küstenstamm während des gesamten Germanienkriegs auf der Seite des Imperiums blieb.

Die neue Allianz sollte sich schon bald für Drusus auszahlen. Als er die Fahrt an der Küste nach Osten fortsetzte, begleiteten ihn friesische Fußtruppen. Im Gebiet der Chauken um das heutige Bremen herum strandete dann die Flotte, wie eingangs des Kapitels geschildert. Die mitgezogenen Friesen retteten nun die Römer, berichtet Cassius Dio, der sich leider nicht näher über die Hilfsaktion äußert. Immerhin belegt die Episode, dass sich die Friesen den römischen Invasoren mehr verbunden fühlten als ihren chaukischen Nachbarn. Die Germanen waren zu diesem Zeitpunkt also alles andere als einig. Drusus konnte zu Recht hoffen, die zerstrittenen Stämme peu à peu zu unterwerfen, so wie es Caesar in Gallien getan hatte. Für dieses Jahr aber hatte er genug, zumal bereits der Winter einsetzte. Der 26-Jährige zog sich mit seinen Leuten zu den Ausgangsbasen am Rhein zurück und reiste weiter nach Rom, wo er die kalte Jahreszeit über blieb.

Zu Frühlingsbeginn kehrte Drusus an den Rhein zurück und startete sofort eine große Offensive. 11 v. Chr. war damit endgültig klar, dass Rom nicht mehr nur zu Straf- und Erkundungsexpeditionen in Germanien eindrang, sondern dort systematisch Krieg führte. Der Konflikt hatte eine neue Stufe der Eskalation erreicht.

Drusus schlug zunächst den gleichen Weg wie im Vorjahr ein. Wieder startete er von Vetera (Xanten) aus und zog mit vermutlich rund fünf Legionen entlang der Lippe gen Osten. Die Armee bewegte sich in der Nähe des Flusses und wurde von Transportschiffen begleitet. Das amphibische Vorrücken zu Wasser und zu Land folgte der puren Notwendigkeit, das Heer zu verpflegen.

Anders als etwa in Gallien gab es für die Legionen keine Möglichkeit, sich im Operationsgebiet genügend Nahrung zu beschaffen. In dem dünn besiedelten und unterentwickelten Germanien fehlten die Städte und Zentren, in denen man die benötigten Lebensmittelmengen hätte an sich raffen können. Das Invasionsheer musste also große Vorratsmengen mitnehmen und einen funktionierenden Nachschub organisieren – was auf dem Landweg kaum zu bewerkstelligen war, da es keine befestigten Straßen gab. Es existierten zwar breite Trampelpfade quer durch das heutige Deutschland, aber diese waren bei schlechtem Wetter schwer passierbar und führten immer wieder durch Sumpf- und Waldgebiete. Wenn auf solchen Routen römische Lastkarrenkolonnen schwerfällig dahinrumpelten, behinderten sie entweder den Vormarsch der Armee oder bildeten leichte Ziele für Überfälle. Als einzig praktikable Lösung des Verpflegungsproblems bot sich daher für die Invasoren der Wasserweg an. Schiffe waren nicht nur die konkurrenzlos leistungsfähigsten Transportmittel ihrer Zeit, sondern in dem unwegsamen Land auch die mit Abstand schnellsten. Die Flüsse durch Germanien bildeten so in den Angriffsplänen der Römer die Arterien der Logistik. Sie waren für das Imperium die Einfallspforten in den wilden Osten, wobei die Lippe das wichtigste Tor darstellte.

Die Frühjahrsoffensive entlang des Flusses überrumpelte die Germanen. Drusus' Legionen unterwarfen blitzkriegartig die Usipeter und zogen danach erneut in das südöstlich gelegene Gebiet der Sugambrer. Auch hier glückte den Römern ein Überraschungsangriff – der trotzdem ins Leere lief. Der frustrierte Feldherr und seine Armee fanden wie im Vorjahr nur evakuierte Dörfer vor. Die Sugambrer waren diesmal zwar nicht geflohen, aber zufällig gerade komplett ausgerückt, um anderswo Krieg zu führen. Laut Cassius Dio wollten sie sich an den benachbarten Chatten im heutigen Hessen rächen, weil diese als Einzige in der Region im Vorjahr keine Hilfe gegen das Imperium geleistet hatten.

Offenbar hatten sich mehrere germanische Stämme zu einer großen antirömischen Koalition zusammengeschlossen und fühlten sich nun stark genug, Abweichler wie die Chatten mit Gewalt zu disziplinieren. Drusus scheint diese für ihn bedrohliche Entwicklung nicht bemerkt zu haben, oder er nahm sie nicht ernst. Denn als er im Sugambrergebiet keine Feinde antraf, tat er etwas unfassbar Leichtsinniges: Er marschierte einfach weiter gen Osten, ohne sich darum zu kümmern, dass in seinem Rücken die sugambrische Streitmacht umherzog. Offenbar sah er diese nicht als echte Bedrohung an, wie Historikerin Christine Trzaska-Richter hervorhebt, die eine umfassende Arbeit über das Germanenbild der Römer verfasst hat. »Für Drusus waren die Germanen anscheinend keine ernsthaften Gegner«, folgert sie und zieht zum Vergleich die Vorgehensweise Iulius Caesars im Gallischen Krieg heran. »Sobald Caesar erfahren hatte, wo sich ein feindliches Heer befand, griff er es entweder sofort an oder traf Vorsichtsmaßnahmen, um das Heer später zu besiegen, oder zog sich zurück. Niemals jedoch ließ er wissentlich eine größere feindliche Streitmacht unbeachtet, um weiter vorzudringen.«

Hinzu kam, dass Drusus wohl unbedingt den Ruhm einheimsen wollte, als Erster eine Armee in das tiefe Innere Germaniens geführt zu haben. Dass er dafür elementare Sicherheitsregeln außer Acht ließ, blieb auch im fernen Rom nicht gänzlich verborgen. Der antike Biograph Sueton bescheinigt dem Prinzen Ruhmsucht, und der zeitgenössische Historiker und Offizier Velleius Paterculus bemerkt maliziös: »Ob seine [Drusus'] Begabung eher dem Kriegswesen als den bürgerlichen Künsten genügte, sei dahingestellt.«

Zunächst aber ging für den Heißsporn auf seiner militärischen Entdeckungstour alles glatt, und er stieß unbehelligt immer tiefer nach Germanien vor. Als erster Römer gelangte er bis zur Weser, die in etwa nordwärts fließt und via Bremen sowie Bremerhaven die Nordsee erreicht. Damals strömte der Fluss durch das Gebiet der Cherusker, die damit 11 v. Chr. erstmals eine römische Invasion erlebten. Unter den Betroffenen war auch ein etwa 6-jähriger Junge, dessen Namen wir nicht kennen, nur die Bezeichnung, die ihm später die Römer gaben: Arminius. Zur Zeit des Drusus spielte der Adelsspross noch keine Rolle, die ein Chronist für erwähnenswert hielt.

Von Schlachten gegen die Cherusker ist aus dem Jahr nichts überliefert. Man kann daher vermuten, dass der Stamm in typisch germanischer Manier vor den Invasoren zurückwich und die Angreifer ins Leere laufen ließ. Den Legionen ging nun langsam der Proviant aus, wie Cassius Dio erwähnt, und so machte sich Drusus auf den rund 300 Kilometer langen Rückmarsch. Auf diesem Weg mussten seine Soldaten für den Leichtsinn und die Ruhmsucht ihres Befehlshabers blutig bezahlen.

Die Sugambrer und ihre Verbündeten hatten sich inzwischen gesammelt, und sie waren nicht mehr gewillt, den Eindringlingen freien Durchzug zu gewähren. Zunächst starteten die Germanen aus dem Schutz der Wälder heraus immer wieder Guerillaangriffe auf den kilometerlangen römischen Heereswurm, der langsam westwärts kroch. »Die Feinde setzten ihm [Drusus] überall und besonders aus dem Hinterhalt schwer zu«, schildert Cassius Dio. Die Stämme wagten es schließlich an einer strategisch günstigen Stelle, die römische Armee zur Entscheidungsschlacht zu stellen. »Sie schlossen ihn [Drusus] in einem engen Tal ein«, erzählt Dio, »und hätten ihn fast vernichtet und sein ganzes Heer aufgerieben.«

Drusus hatte offenbar die Feindaufklärung vernachlässigt und war in eine gut vorbereitete Falle der Germanen getappt – so wie es zwei Jahrzehnte später auch Varus tat. Doch 11 v. Chr. waren die Stammesheere, die vor allem aus Bauern bestanden, noch nicht so weit, eine große imperiale Berufsarmee in der Schlacht zu besiegen. »Sie [die Germanen] unterschätzten die Römer«, so Dio, »und gingen ohne feste Ordnung in den Nahkampf über.« Es war ein fataler Fehler. Die ungerüsteten germanischen Teilzeitkrieger verloren im dichtgedrängten Massengefecht die Vorteile, die sie im Guerillakampf besaßen: die Geländekenntnis, die größere Beweglichkeit und das Überraschungsmoment. Die schwergepanzerten römischen Profisoldaten hingegen konnten nun ihre waffentechnische sowie kampftaktische Überlegenheit ausspielen.

Am Ende kam Drusus noch einmal davon. Sein Heer erlitt schwere Verluste, aber es siegte. Die Germanen hatten eine blutige Lektion erhalten, und sie lernten daraus. Für den Rest des Jahres vermieden die Stammeskämpfer eine offene Schlacht. »Sie versuchten nur noch, den Römern im Fernkampf Verluste zuzufügen, ohne sich noch nahe heranzuwagen«, spottet Dio. Drusus sah sich dadurch in seiner überheblichen Haltung gegenüber den Barbaren bestätigt und »schätzte sie nun gering ein«, wie

Dio anmerkt. Auch hier zeigte sich: Der römische Feldherr sah in den Germanen offenbar nicht die furchterregenden Kampfmaschinen, zu denen sie die antike Propaganda machte, sondern lediglich zweitklassige Gegner.

Auf dem weiteren Rückweg ließ Drusus gut 70 Kilometer vor dem Rhein Halt machen. Seine Legionäre mussten viele tausend Bäume fällen, um auf einer leichten Anhöhe etwa zwei Kilometer südlich der Lippe ein gewaltiges Kastell aufzubauen.

Die Überreste finden sich heute in Bergkamen-Oberaden nordöstlich von Dortmund und sind ein besonderer Glücksfall für die Archäologie. Denn in der ehemaligen Wehrmauer entdeckten die Forscher zahlreiche Eichenpfosten, die sie anhand des Musters ihrer Jahresringe exakt datieren konnten. Durch die naturwissenschaftliche Analyse (Dendrochronologie) ergab sich zweifelsfrei, dass der Bau im Spätsommer oder Herbst 11 v. Chr. begann. Dies passt hervorragend zum Bericht von Cassius Dio, nach dem Drusus in eben diesem Jahr auf dem Rückmarsch zum Rhein ein Kastell an der Lippe errichten ließ.

Die ansässige Bevölkerung muss mit einer Mischung aus Fassungslosigkeit und Entsetzen verfolgt haben, wie die Legionäre die riesige Festung aus dem Boden stampften. Die geländebeherrschende, siebeneckige Bastion erstreckte sich über eine Länge von 840 Metern und besaß eine Fläche von 56 Hektar, was rund 80 modernen Fußballfeldern entspricht. Sie bot Platz für zwei Legionen, etwa 12 000 Mann, und war eine der größten Anlagen ihrer Art im gesamten Römischen Imperium. Als äußeren Verteidigungsring schaufelten die Soldaten einen V-förmigen Graben, der 2,7 Kilometer lang, fünf Meter breit und drei Meter tief war. Direkt dahinter errichteten sie eine drei Meter hohe und ebenso breite Holz-Erde-Mauer mit Wehrgang und Zinnen. In dieses Bollwerk integrierten sie alle 25 bis 30 Meter einen kleinen Wehrturm, so dass insgesamt rund 100 Türme aus der Mauer aufragten. Den Zugang in das Innere gewährten vier schwer bewachte Toranlagen, die in jede Himmelsrichtung zeigten.

Versorgt wurde die Bastion auf dem Wasserweg. Um den Nachschub per Schiff zu sichern, errichtete die Armee zusätzlich ein kleines Kastell, das 2,5 Kilometer von der großen Festung entfernt beim heutigen Lünen-Beckinghausen an der Lippe lag. Das ovale Bauwerk thronte an einem steilen Hochufer über dem Fluss, bot einigen hundert Mann Platz und war durch eine Mauer sowie drei Gräben hintereinander geschützt. Hinzu kam sicherlich eine Hafenanlage, die aber noch ihrer archäologischen Entdeckung harrt.

Mit dem gewaltigen Militärkomplex von Oberaden setzte Drusus ein unmissverständliches Zeichen, dass das Imperium rechts des Rheins ab sofort als Besatzungsmacht auftrat. Wenig erfreut darüber waren wohl nicht nur die umliegenden Stämme, sondern auch jene Legionäre, die nun in dem abgelegenen Vorposten mitten im unwirtlichen Feindesland überwintern mussten.

Ihre Bastion formte einen gigantischen Fremdkörper im kleinbäuerlichen Germanien. Wenn heute ein Raumschiff von einem anderen Planeten bei uns landen würde, wäre der zivilisatorische Kontrast wohl kaum größer. Während die Römer in Oberaden eine ganze Militärstadt erschufen, lebten die meisten Germanen zu der Zeit noch nicht einmal in Dörfern, sondern in kleinen Einzelgehöften. Diese waren über die Ackerfluren verstreut und wirtschafteten weitgehend für sich allein, wie umfangreiche archäologische Funde belegen. Die schriftlichen Quellen passen gut dazu. »Die Völker der Germanen besitzen keine Städte und dulden nicht einmal zusammenhängende Siedlungen«, erklärt Tacitus Ende des 1. Jahrhunderts n. Chr. »Sie wohnen abgesondert und einzeln, wie ihnen eine Quelle, ein Feld, ein Wald zusagt.« Erst ab dem zweiten nachchristlichen Jahrhundert, so zeigen die Grabungsfunde, schlossen sich die Bauernfamilien zu dorfähnlichen Gemeinden zusammen.

Wie sich die Siedlungen entwickelten, lässt sich besonders gut in Feddersen Wierde nachvollziehen, einem Küstenort zwischen dem heutigen Bremerhaven und Cuxhaven. Im 1. Jahrhundert v. Chr. wohnten dort die Einheimischen in verstreuten Häusern von ungefähr gleicher Größe. Wie in Germanien üblich, waren die Gebäude langgestreckt mit niedrigen Wänden aus Holz, Flechtwerk und Lehm, und die Menschen lebten mit dem Vieh unter einem Dach. An einem Ende eines Langhauses befanden sich die Boxen für die Nutztiere, am anderen Ende der Wohnbereich mit einer offenen Feuerstelle in der Mitte. Da weder Fenster noch Kamin existierten, war das düstere Heim oft angefüllt mit beißendem Rauch, der sich mit dem Gestank der tierischen Ausscheidungen auf unangenehme Weise vermischte.

In den folgenden 400 Jahren wuchs die Siedlungsdichte beständig – von fünf Häusern um Christi Geburt auf mindestens 23 im 4. Jahrhundert –, und die Sozialstruktur wandelte sich sichtbar. Im 2. Jahrhundert n. Chr. entstanden zwei große Hallenhäuser, die direkt nebeneinander lagen, vom Rest des Ortes durch einen Palisadenzaun abgegrenzt waren und keinen stinkenden Viehstall mehr enthielten. In dem für germanische Verhältnisse luxuriösen Komplex residierte offenbar eine Familie, die sich zum Häuptlingsclan über das Dorf aufgeschwungen hatte. Zudem wurden immer mehr kleine Häuser gebaut, in denen keine Bauern lebten, sondern erstmals Handwerker. Aus der ursprünglich egalitären Siedlungsgemeinschaft war eine arbeitsteilige, hierarchische Gesellschaft geworden.

Der Wandel hin zu strukturierten Dörfern beschränkte sich nicht nur auf Feddersen Wierde, sondern lässt sich großräumig beobachten. Er wird in Büchern und Artikeln allzu oft vernachlässigt, als ob die Stammesgesellschaften stets auf der gleichen Entwicklungsstufe verharrten. Dabei muss man klar zwischen frühen und späten Germanen unterscheiden. In der Völkerwanderungszeit besaßen die Stämme einen weit höheren Organisationsgrad als um Christi Geburt und stellten daher auch militärisch eine ganz andere Gefahr dar.

Drusus jedenfalls traf auf Völkerschaften, in denen es noch keine ausgefeilten politischen Hierarchien gab. Die germanische Lebensweise muss ihm wie die reine Anarchie vorgekommen sein, während er selbst in der Römerfestung von Oberaden eine straff organisierte Militärstadt errichten ließ – mit extrem unterschiedlichen Lebensbedingungen für Befehlshaber und Fußvolk. Für sich selbst ließ der Kommandant ein palastartiges Gebäude errichten, dessen Frontseite stolze 71 Meter maß, also etwa so breit war wie ein heutiges Fußballfeld. Wie die Ausgrabungen zeigen, verfügte es über eigene Innenhöfe, zahlreiche Zimmer und einen Raum, der sich durch einen außen angebrachten Ofen beheizen ließ, so dass man ungestört innen die Wärme genießen konnte.

Auch die hohen Offiziere brauchten im Feindesland nicht auf Komfort verzichten. Für sie standen mindestens fünf Villen zur Verfügung, wobei die größte 1800 Quadratmeter überdeckte. Jedes dieser Luxusanwesen besaß eine eigene Gartenanlage mit Säulengängen und Brunnen. Hier konnten die bedeutenden Herren im Grünen wandeln und dem Armeealltag entfliehen.

Ganz anders sah das Leben für die normalen Soldaten aus. Während die Zenturionen – die Unteroffiziere, die jeweils 80 Mann anführten – immerhin kleine Häuschen bewohnten, mussten die einfachen Legionäre in langen Holzbaracken hausen. Je acht Soldaten teilten sich eine Kammer, die gerade 3,20 auf 4,50 Meter maß. Den Fußtruppen waren damit nicht einmal zwei Quadratmeter pro Mann vergönnt.

Drusus selbst überwinterte nicht in seinem neuen Herrschaftssitz, sondern führte den Großteil der Truppen zum Rhein zurück. Dort angekommen, ließ er im Gebiet der Chatten ein weiteres Kastell errichten, und dieser Festungsbau schloss den Feldzug des Jahres 11 v. Chr. ab. Viel erreicht hatte der junge Armeeführer offenbar nicht. Er war zwar als erster Feldherr Hunderte Kilometer in das Landesinnere Germaniens vorgedrungen, hatte aber vor allem Lufthiebe geführt. Während etwa Caesar auf seinen Vormärschen in Gallien eine Stadt nach der anderen eingenommen und so mit den Zentren auch das Land unter Kontrolle gebracht hatte, glichen die Eroberungsversuche des Drusus eher den Bemühungen, einen Pudding an die Wand zu nageln. Die germanischen Stämme waren schwer fassbar, da es eben keine Zentren gab und die Einheimischen sich oft in die tiefen Wälder zurückzogen. Und sobald die Invasionsarmee vorbeimarschiert war, kehrten die Flüchtlinge zurück und bauten ihre zerstörten Häuser neu auf. Selbst wenn ein Stamm sich unterwarf, konnte dessen Loyalität schnell wechseln, nachdem Drusus mit seiner Armee wieder nach Gallien zurückgekehrt war. Fest im Griff hatte Rom lediglich die beiden Flecken Land, auf denen es seine neuen Offensivbasen errichtete: in Oberaden an der Lippe und im Chattengebiet am Rhein.

Drusus schätzte seine Leistungen selbstverständlich anders ein, und er versandte offenbar stark geschönte bis maßlos übertriebene Erfolgsmeldungen. Diese wurden in Rom gerne geglaubt, denn sie passten der augusteischen Propaganda bestens ins Konzept. Entsprechend wurde der scheinbare Sieg über die Germanen gefeiert: Drusus erhielt die Triumphalabzeichen überreicht, die unter Augustus an Feldherren verliehen wurden, deren Kriegszug erfolgreich abgeschlossen war. Die vorherrschende Supermacht erklärte damit einen Feind für geschlagen, der die Invasoren in der Tat nicht stoppen konnte – der aber trotzdem nicht besiegt war, sondern auf den Guerillakampf auswich. Solch einen Irrtum einzugestehen fällt den Mächtigen zu allen Zeiten schwer. Ein Rückzug ohne Gesichtsverlust war nun kaum mehr möglich.

2. Die Neue Welt

10 v. Chr.	Feldzug gegen die Chatten im heutigen Hessen
9 v. Chr.	Drusus dringt bis zur Elbe vor, stirbt auf dem Rückweg
8 v. Chr.	Tiberius führt Kriegszüge in Germanien fort, siedelt 40 000 Sugambrer nach Gallien um
7 v. Chr.	Abschließender Feldzug des Tiberius

Der gefeierte Friede in Germanien hielt nicht lange an. Schon wenige Monate später, im Jahr 10 v. Chr., ging Drusus wieder auf Kriegszug. Als Ziel wählte er die Chatten, von denen die heutigen Hessen ihren Namen ableiten und die laut Tacitus »kräftigere Körper, straffe Glieder, einen drohenden Blick und eine größere geistige Kraft« besaßen als die anderen Germanen. Sie waren bis dato auf Seiten des Imperiums gestanden, hatten sich aber nun mit den Sugambrern zusammengetan, also ihren Vorjahres-Kriegsgegnern und zugleich den bedeutendsten Feinden Roms.

Über den Feldzug ist kaum etwas überliefert. Cassius Dio erwähnt lediglich, dass die Römer den Chatten »teils schweren Schaden zufügten, teils sie unterwarfen«. Viel Erfolg war den Invasoren offenbar nicht beschieden, denn schon im Jahr darauf griff Drusus den Stamm erneut an.

Der Kriegszug 9 v. Chr. startete am großen römischen Rheinstützpunkt Mogontiacum, aus dem das jetzige Mainz hervorging. Die Legionen nutzten den Main als Einfallstor in das heutige Hessen, attackierten die Chatten und zogen dann weiter zu den in der Mainregion siedelnden Sueben. Dabei kam es zu schweren Kämpfen, bei denen offenbar außergewöhnlich viele Römer starben, da Cassius Dio betont: »Drusus unterwarf das im Marschbereich liegende Gebiet unter erheblichen Anstrengungen und besiegte die Feinde nicht ohne eigene Verluste.« Ähnlich äußert sich der spätantike Historiker Orosius, der die Drususfeldzüge einen »auch für die eigenen Leute bitteren Krieg« nannte.

Derartige Hinweise sind insofern außergewöhnlich, als das römische Heer bei siegreichen Kriegszügen normalerweise nur wenige Gefallene beklagte, wenn man den Überlieferungen glauben kann. Wahrscheinlich blieben die Todesziffern tatsächlich vergleichsweise niedrig – solange die Armee keine Niederlage erlitt –, da die Legionäre wie erwähnt umfangreiche Rüstungen besaßen, intensiv geschult waren und dank der Militärärzte und Feldlazarette eine für damalige Zeit exzellente medizinische Versorgung erhielten. Hinzu kam, dass im alten Rom der Sicherheit und dem Leben der Soldaten eine deutlich höhere Priorität eingeräumt wurde als etwa in den modernen Weltkriegen, in denen die Befehlshaber oft bedenkenlos ganze Einheiten verheizten. Vor 2000 Jahren sah man in einem Vordringen ohne Rücksicht auf Verluste nichts Ruhmvolles, im Gegenteil: »Vorsicht ist für einen Heerführer besser als Verwegenheit«, lautete ein griechischer Vers, den Augustus seinen Militärs häufig vortrug – ebenso wie das Bonmot »Eile mit Weile«. Wer für einen kleinen Zugewinn viel riskiere, fügte der Herrscher gerne hinzu, »gleicht jenen, die mit einem goldenen Angelhaken angeln – reißt dieser ab, so ist der Verlust durch keinen Fang zu ersetzen«. Einen Krieg oder eine Schlacht dürfe man daher ausschließlich in dem Fall beginnen, dass der zu erwartende Gewinn größer sei als der drohende Schaden. Doch Drusus schlug derartige Ermahnungen in den Wind und riskierte bedenkenlos das Leben der eigenen Leute, um rasch voranzukommen und so den eigenen Ruhm zu mehren.

Trotz der hohen Verluste während seines Feldzugs 9 v. Chr. blieb die römische Armee den Germanen überlegen. Ein bedeutender Teilstamm der Sueben, die Markomannen, fasste daraufhin einen so pragmatischen wie folgenreichen Entschluss. Die Mainanwohner wollten sich weder unterwerfen noch tumbheldenhaft untergehen oder einen zermürbenden Guerillakrieg führen und entzogen sich komplett dem Zugriff der Legionen. Sie verließen ihre Heimat und wanderten in das heutige Böhmen in Tschechien aus, wo ihr Anführer Marbod zahlreiche weitere Flüchtlinge sowie benachbarte Stämme um sich scharen konnte. Der Markomannenherrscher schwang sich in der Folgezeit zum König auf und errichtete nach römischem Vorbild das erste einigermaßen straff organisierte germanische Reich. Dieses sollte in den kommenden eineinhalb Jahrzehnten so mächtig werden, dass die Römer darin eine echte Bedrohung für ihr Imperium sahen.

Während des Drususfeldzugs war diese Entwicklung natürlich noch nicht abzusehen. Die Legionen befassten sich nicht weiter mit den scheinbar geschlagenen Markomannen, sondern verließen die Mainregion Richtung Nordosten und zogen in das Cheruskergebiet an der Weser. Spuren des Vormarsches finden sich heute in Hedemünden im Dreiländereck von Niedersachsen, Hessen und Thüringen, wo Archäologen vor wenigen Jahren einen Komplex aus zwei bis vier Römerlagern entdeckten. Unter den Funden befinden sich rund tausend Metallobjekte wie Lanzenspitzen, Katapultgeschosse, Äxte und ein Amulett in Form eines erigierten Penis.

Die Cherusker zogen sich in gewohnter Weise vor den Römern zurück. Drusus verfolgte sie und hinterließ in ebenso gewohnter Weise verbrannte Erde, wie Cassius Dio berichtet: »Nach Überschreiten der Weser zog er alles verwüstend bis zur Elbe.« Der ehrgeizige Feldherr hatte damit eine neue bedeutende

Landmarke erreicht. Der heute via Dresden, Magdeburg und Hamburg in die Nordsee fließende Strom erhielt später eine herausgehobene Stellung, als Augustus ihn zur nordöstlichen Grenzlinie seiner Eroberungspolitik machte. Zur Zeit der Drususfeldzüge aber galt die Elbe ebenso wie die Weser nur als prestigeträchtiges Etappenziel. Denn nicht sie bildete nach römischem Verständnis die Ostgrenze Germaniens, sondern die Weichsel, die im heutigen Polen durch Krakau und Warschau in die Danziger Bucht fließt. Die West-Ost-Distanz vom Rhein zur Weichsel schätzte man vor Drusus' Kriegszügen auf gut 900 Kilometer – was deutlich weniger ist als in der Realität. Germanien wäre danach kleiner als Gallien gewesen, so dass eine Eroberung des kompletten Gebiets nach damaligem römischem Wissensstand durchaus machbar erschien.

Drusus wollte sich dementsprechend nicht damit begnügen, als erster Römer nach der Weser auch die Elbe erreicht zu haben, sondern noch weiter in unbekanntes Territorium vordringen. Dies jedenfalls berichten sowohl Sueton als auch Cassius Dio, und sie nennen einen originellen Grund, weshalb der ehrgeizige Feldherr dann doch umkehrte: Eine barbarische Frau von übermenschlicher Größe sei dem Prinzen an der Elbe entgegengetreten. Laut Dio sprach sie die düsteren Worte: »Wohin willst du eigentlich noch ziehen, unersättlicher Drusus? Es ist dir nicht vom Schicksal bestimmt, dies alles hier zu sehen. Ziehe von dannen! Denn das Ende deiner Taten und deines Lebens ist nahe.«

Die Begegnung mit der Riesin gehört offensichtlich ins Reich der Legenden, doch was auch immer die wahren Gründe für die Umkehr an der Elbe waren: Drusus zog nicht unverrichteter Dinge ab, sondern ließ dort ein Siegesdenkmal errichten. Nach den Feierlichkeiten machte sich der selbsternannte Sieger mit den Truppen auf den weiten Weg zurück, ohne sich darum zu kümmern, wie lange die Germanen wohl das einsame Monument ihres Todfeindes stehen ließen. Spuren davon hat jedenfalls bis heute niemand entdeckt.

Irgendwo zwischen dem Elb-Nebenfluss Saale und dem Rhein strauchelte dann das Pferd, auf dem Drusus ritt. Das Tier stürzte, begrub den Unterschenkel des Feldherrn unter sich und brach ihm derart die Knochen, dass der 29-Jährige vermutlich an einer Infektion zu siechen begann. Alle ärztliche Kunst half nichts, und der Zustand des Prinzen verschlechterte sich zusehends. Boten benachrichtigten Augustus, und der sandte sofort seinen älteren Stiefsohn Tiberius nach Germanien. Der Beauftragte eilte nach Norden, überquerte den Rhein und traf tief im Landesinneren Drusus noch lebend an. Doch der schwer Gezeichnete verschied bald darauf »in den Armen und unter den Küssen« seines Bruders Tiberius, wie Seneca schildert.

Die anrührende Sterbeszene mag literarisch überhöht sein, aber die beiden Geschwister standen sich wohl tatsächlich sehr nahe. Sie wetteiferten um die Gunst ihres Stiefvaters Augustus, führten aber keinen erbitterten Konkurrenzkampf. Denn weder Drusus noch Tiberius konnten sich Hoffnungen machen, einmal selbst Princeps (»erster Bürger«) zu werden – dafür standen sie zu weit hinten in der Thronfolge, die natürlich inoffiziell war, da Rom formell noch als Republik galt. Zunächst hatte Augustus seinen Neffen Marcellus faktisch zum Nachfolger gekürt und ihm sein einziges leibliches Kind Iulia zur Frau gegeben. Marcellus starb 23 v. Chr., und daraufhin beförderte Augustus seinen Jugendfreund und wichtigsten Helfer Agrippa zur Nummer zwei im Staat. Agrippa musste sich dafür von seiner Frau scheiden lassen und die verwitwete Iulia ehelichen. Das zwangsverheiratete Ehepaar bekam fünf Kinder, Augustus adoptierte die beiden ältesten Buben Gaius und Lucius, und damit schien die Nachfolgefrage zur allgemeinen Zufriedenheit gelöst zu sein: Agrippas Söhne waren zugleich Augustus' Enkel und die designierten Herren über das Imperium.

12 v. Chr. erkrankte dann Agrippa und starb überraschend. Die Enkel des Potentaten waren noch unmündige Kinder, und so rückten Tiberius und Drusus in der Hierarchie unverhofft nach vorne. Im Gegenzug musste Tiberius – wie die verstorbenen Marcellus und Agrippa zuvor – die Herrschertochter Iulia heiraten. Dass es für diese nun schon die dritte Zwangsheirat war, störte Augustus ebenso wenig wie der Umstand, dass der erwählte Schwiegersohn bereits eine glückliche Ehe führte, die er nur auf Befehl auflöste. »Nach der Scheidung empfand Tibe-

rius heftigen Schmerz darüber, Agrippina [seine Frau] verstoßen zu haben«, erzählt der antike Biograph Sueton. »Das einzige Mal, als er sie später bei einer zufälligen Begegnung erblickte, schaute er ihr tränenden Auges unverwandt nach. Seitdem wachte man ängstlich darüber, dass sie ihn nie wieder zu Gesicht bekam.« Es verwundert wenig, dass die Ehe zwischen Tiberius und Iulia keinen glücklichen Verlauf nahm, wovon noch die Rede sein wird.

Drusus' Tod 9 v. Chr. bedeutete dann für Augustus den erneuten Verlust eines Angehörigen, zumal er den Verstorbenen persönlich mehr geschätzt haben soll als Tiberius. Der Herrscher ließ dem Toten alle erdenklichen Ehren zuteilwerden, unter anderem ein gewaltiges Denkmal bei Mainz. Die mutmaßlichen Reste sind heute auf dem idyllischen Gelände der städtischen Zitadelle zu besichtigen, in Form eines 20 Meter hoch aufragenden Rundbaus, der passenderweise Drusustein genannt wird. Hinzu kamen in Rom Statuen, ein Triumphbogen, der posthum verliehene Siegesbeiname Germanicus, den auch Drusus' Nachkommen tragen durften, sowie unzählige Lobpreisungen. »Und er sah Flüsse und Berge und große Namen von Stätten/und was sonst bewundert wird in der Neuen Welt«, heißt es etwa in einem Trostgedicht für Drusus' Mutter Livia, in dem der Tote auch als Entdecker gefeiert wird.

Für die Römer jener Zeit waren die nördlichen Landmassen jenseits von Rhein und Donau ähnlich fremd wie für die Europäer des 16. Jahrhunderts Amerika. Und wenn dieser Kontinent seither als »Neue Welt« identifiziert wird, so zeigen die obigen Zeilen, dass Germanien den Titel schon eineinhalb Jahrtausende früher erhielt.

Die Drususfeldzüge hatten den Bürgern des Reichs immerhin den Blick bis zur Elbe eröffnet, auch wenn die Gebiete dahinter Terra incognita blieben, eine fremdartige Wildnis unerforschter Dimensionen, die man nur vom Hörensagen kannte. Wie wenig die Mittelmeeranrainer über den nordöstlichen Teil Mitteleuropas wussten, belegt unter anderem eine Notiz von Tacitus, der zufolge an der Ostgrenze Germaniens Völker leben sollten, »die Köpfe und Gesichter von Menschen, aber Körper und Glieder von Tieren haben«. Wobei der Autor klug anmerkt: »Das lasse ich als unverbürgt auf sich beruhen.«

In die einst finsteren Gebiete zwischen Rhein und Elbe aber, so glaubten die Römer selbstzufrieden, hatten sie das Licht der Zivilisation getragen. Die Siegesnachrichten waren so überschwänglich, dass der antike Autor Florus gar eine bessere Welt im Norden heraufziehen sah. »Schließlich herrschte in Germanien ein solcher Friede«, preist er das Ergebnis der Drususfeldzüge, »dass die Menschen wie verwandelt, das Land verändert und selbst das Klima milder und angenehmer als gewöhnlich erschien.«

Die Realität sah anders aus. Schon im Jahr darauf bereitete das Reich einen neuen Kriegszug vor. Zwar schickten die germanischen Stämme Gesandte zu Augustus, um Friedensgespräche zu führen, doch der Imperator verweigerte einen Waffenstillstand. Stattdessen beauftragte er Tiberius, die blutige Arbeit seines Bruders fortzusetzen. Für den Erwählten war es das vierte große Kommando nach einem Einsatz in Armenien, dem Alpenfeldzug gemeinsam mit Drusus und einem Eroberungskrieg in Pannonien, das sich über Teile des heutigen Österreich, Ungarn sowie Ex-Jugoslawien erstreckte. Tiberius hatte sich dabei den Ruf eines hervorragenden Feldherrn erworben, und auch in Germanien errang er 8 v. Chr. bedeutsame Erfolge. »Er durchzog als Sieger alle Gebiete Germaniens ohne jeden Verlust in dem ihm anvertrauten Heer, was diesem Feldherrn stets besonders am Herzen lag«, applaudiert Velleius Paterculus, der als Armeeoffizier persönlich an späteren Germanienfeldzügen des Tiberius teilnahm. Der Geschichtsschreiber übertreibt hier natürlich schamlos, und auch in seinem übrigen Werk tut er sich als geradezu schleimerischer Lobhudler des Augustus-Stiefsohns hervor. Trotzdem steckt in dem Jubelbericht ein wahrer Kern. Tiberius agierte viel vorsichtiger und überlegter als der hitzköpfige Drusus, und es gelang ihm im Gegensatz zu seinem Bruder, die Armee in Germanien vor prekären Situationen und verlustreichen Schlachten zu bewahren.

Zudem glückte es ihm, den germanischen Widerstand entscheidend zu schwächen, und das anscheinend ohne den sonst üblichen Völkermord. Tiberius zerschlug den Stammesverband der Sugambrer, der den harten Kern der antirömischen Koalition gebildet hatte, und führte 40 000 Stammesangehörige über den Rhein nach Gallien. Ob die Betroffenen zwangsweise deportiert wurden oder sich freiwillig in fruchtbarere Regionen umsiedeln ließen, ist nicht klar, aber es sind keine Unruhen in den neuen Wohngebieten bekannt. Aus den Erzfeinden Roms wurden brave Untertanen, die das Hinterland von Vetera (Xanten) bewirtschafteten – und so dazu beitrugen, die zuvor bekämpften Legionen mit Lebensmitteln zu versorgen. Der Krieg im Osten ging diese Menschen nun nichts mehr an, und sie verspürten wohl wenig Solidarität mit den zurückgebliebenen Widerstandskämpfern. Die Siedler gaben sogar ihre alte Stammesbezeichnung auf und sind vermutlich wiederzufinden in den Cugernern, den »Kuhreichen« oder »Kuhgierigen«. Die rechts des Rheins verbliebenen Sugambrer verschmolzen mit anderen Völkerschaften und verschwanden ebenfalls aus der Geschichte. Ein Teil der Männer wurde von der römischen Armee rekrutiert, und ironischerweise überlebte genau dort ihr Stammesname: in den sogenannten Sugambrerkohorten, die noch im 2. Jahrhundert n. Chr. belegt sind.

Parallel zur Umsiedlungsaktion oder bald danach knüpfte Tiberius das Netz an rechtsrheinischen Militärstützpunkten neu – was nicht aus den Schriftquellen bekannt ist, sondern allein aus dem archäologischen Befund. Danach schlossen die Römer 8 oder 7 v. Chr. die gewaltige Festung von Oberaden, die erst 11 v. Chr. im Sugambrergebiet an der Lippe angelegt worden war. Nach Abzug des Stammes benötigte die Armee das Kastell offenbar nicht mehr, und um es für potentielle Feinde unbrauchbar zu machen, brannten die römischen Soldaten es nieder. Zusätzlich warfen sie Tierkadaver in die Brunnen, um diese zu vergiften, und sie defäkierten in diese hinein – was heute daran zu erkennen ist, dass sich in dem Kot die Überbleibsel mediterraner Früchte wie Feigen, Oliven und Koriander nachweisen lassen. Die Forscher fanden in den Fäkalienresten sogar das Luxusgewürz Pfeffer, das einen weiten Weg von Indien in das tiefe Germanien hinter sich hatte.

Gleichzeitig mit Oberaden räumte das Imperium mindestens das nahe gelegene Uferkastell, ein Versorgungslager im hessischen Bad Nauheim (Ortsteil Rödgen) sowie die Anlage Dangstetten an der deutsch-schweizerischen Grenze. Zum Ausgleich errichtete die Armee in den Folgejahren eine Kette neuer Stützpunkte, wobei im heutigen Haltern an der Lippe nördlich von Bochum ein Zentrum der römischen Militärherrschaft entstehen sollte.

Tiberius selbst kehrte Ende 8 v. Chr. nach Rom zurück und wurde dort mit noch größeren Siegesehrungen überhäuft als Drusus zu seinen Lebzeiten. Er durfte am 1. Januar 7 v. Chr. einen Triumphzug abhalten, wie ihn Rom seit zwölf Jahren nicht mehr gesehen hatte. Am gleichen Tag trat er zum zweiten Mal das Konsulat an, also das nominell höchste Staatsamt. Und er durfte sich wie Augustus selbst mit dem Titel Imperator schmücken, was der Herrscher gut drei Jahre zuvor Drusus noch explizit verboten hatte. Das Reich prägte zudem neue Münzen, die einen Germanen zeigen, der sich Augustus unterwirft, und es erweiterte die sakrale Stadtgrenze Roms – was ein Symbol dafür war, dass sich das Imperium erfolgreich ausgedehnt hatte.

All diese Zeremonien und die Münzpropaganda beinhalteten zwei unmissverständliche Botschaften an das Volk: Tiberius war jetzt nach Augustus der mit Abstand wichtigste Mann im Staat – jedenfalls so lange, bis dessen Enkel erwachsen waren –, und dank des ebenso sieg- wie segensreichen Wirkens der Herrscherfamilie besaß Rom nun die Hoheit über das gefährliche Germanien. Die Staatsspitze hatte sich damit in aller Öffentlichkeit darauf festgelegt, das Land zwischen Rhein und Elbe besetzt zu halten, mehr noch als zur Zeit der Drususfeldzüge. Ein Rückzug war jetzt aus politischer Sicht vollkommen unmöglich geworden. Er hätte das Eingeständnis bedeutet, die Bevölkerung systematisch mit Siegesmeldungen belogen zu haben, was einer Bankrotterklärung des Regimes gleichgekommen wäre.

Als dann im Lauf des Jahres 7 v. Chr. wieder Unruhen in Germanien ausbrachen, reagierte Tiberius prompt. Er reiste aus Rom ab, startete einen neuen Feldzug, und es gelang ihm offenbar, die Situation rasch in den Griff zu bekommen. Es wurde so ruhig und still an der ganzen Front, dass der Historikerbericht sich nur auf den Satz beschränkt, im Norden sei nichts Neues zu melden.

»In Germanien ist nicht Nennenswertes geschehen«, vermerkt Cassius Dio lapidar, und viel mehr erfahren wir auch aus den darauffolgenden Jahren nicht. Tiberius hatte wohl tatsächlich Erfolge gehabt, das Land schien befriedet, die Kolonisation konnte beginnen, und die römischen Chronisten wandten ihre Aufmerksamkeit anderen Dingen zu.

3. Kolonisation

bis 4 v. Chr.	Gründung der Römerstadt Waldgirmes im heutigen Hessen
ca. 1 v. Chr.	Römische Truppen überqueren die Elbe
ab 1 n. Chr.	Aufstand in Germanien

Die Trauergemeinde verließ das Römerkastell im heutigen Haltern nördlich von Bochum und trug die Totenbahre über die nahe gelegene Heeresstraße, eine 40 Meter breite Piste, die dem Flusslauf der Lippe nach Westen folgte. Nach einem halben Kilometer Fußweg erreichte der Leichenzug die Nekropole, einen offenen Friedhof, der sich über Hunderte Meter hinweg direkt an der Hauptstraße entlangzog, wie es den Gepflogenheiten im Römischen Reich entsprach. Die Menschen versammelten sich dort um einen großen Scheiterhaufen, auf den sie das Totenbett stellten, das kunstvoll verziert war mit Gesichtern und vergoldeten Pflanzen. Obenauf lag der Verstorbene in seiner Toga, und um ihn herum plazierten die Trauernden Salbölfläschchen und Amphoren. Ein Angehöriger zündete den Holzstapel an, wobei er pietätvoll den Blick abwandte, und die Flammen fraßen das kostbare Bett, den Leichnam sowie die Beigaben.

Später sammelten Bestatter die unverbrannten Knochenstücke aus der Asche auf und setzten diese in einer Urne bei, die am Brandplatz verblieb. Schließlich errichteten Arbeiter um diesen Ort der letzten Ruhe herum einen Mauerring, der einen Durchmesser von 15 Metern besaß und so mit Erde aufgefüllt wurde, dass ein übermannshoher Hügel das Grab bedeckte. Es war ein mächtiges Bauwerk, eines der größten in diesem Friedhof und für die Vorbeireisenden nicht zu übersehen.

Den Namen des Bestatteten kennen wir nicht, aber die Ausmaße des 2006 entdeckten Grabes wie auch mehrerer benachbarter Ruhestätten zeigen, dass sich hier hochrangige Bürger des Reiches monumentale Gedenkorte für die Nachwelt errichten ließen. Das ergab allein dann Sinn, wenn das Imperium den Stützpunkt Haltern nicht nur vorübergehend okkupierte, sondern auf Dauer besetzt hielt. Rom war gekommen, um zu bleiben.

Wir wissen nur sehr wenig über die Ereignisse in Germanien zwischen 7 v. Chr. und 3 n. Chr., aber archäologische Funde wie das Gräberfeld von Haltern zeigen uns, dass das Reich in dieser dunklen Phase der Überlieferung seinen Herrschaftsbereich systematisch ausbaute – zwar nicht im ganzen Land zwischen Rhein und Elbe, aber entlang der zwei Haupteinfallschneisen: der Lippe im heutigen Ruhrgebiet und der Mainregion im jetzigen Hessen. Dabei weisen die Grabungsresultate darauf hin, dass das Imperium in den beiden Besatzungszonen den Einheimischen gegenüber ganz unterschiedlich auftrat: im Norden an der Lippe als fremdes Militärregime, im Süden um den Main herum als eher integrativ wirkende Kolonialmacht.

Ein bedeutender Standort für Südgermanien befand sich im heutigen Waldgirmes 50 Kilometer nördlich von Frankfurt am Main. Die Anlage enthielt nicht nur Militärunterkünfte, sondern die vermutlich erste zivile Römerstadt rechts des Rheins. An der Hauptstraße buhlten Tavernen um Gäste, boten Geschäfte ihre Waren feil und wurden Märkte abgehalten, auf denen die Zuwanderer aus dem Reich mit den Einheimischen friedlich handelten. Dies jedenfalls schließen Archäologen aus den Funden und Gebäuderesten in der 250 auf 300 Meter großen Ansiedlung, die spätestens 4 v. Chr. gegründet wurde, wie eine Datierung anhand der Jahresringmuster im Bauholz zeigt.

Im Ortsbild dominierte das Forum, ein 2200 Quadratmeter großer Gebäudekomplex mit weitem Innenhof und einer lebensgroßen vergoldeten Reiterstatue, die eigens aus dem Reich importiert worden war und wahrscheinlich Augustus darstellte. Hier war der Mittelpunkt des römischen Stadtlebens. In dem Zentralkomplex befanden sich die Verwaltung, das Gericht, die Versammlungshalle und um den Innenhof herum ein überdachter Gehweg, der den Bürgern als Treffpunkt diente, um Geschäfte abzuschließen oder sich gemeinsam die Zeit zu vertreiben. Das Gebäude ruhte auf massiven Kalksteinfundamenten – und damit den ersten Steinmauern, die sich in Germanien rechts des Rheins überhaupt nachweisen lassen, während überall sonst in der Region die Bauten aus Holz bestanden. Das Imperium plante hier offenbar langfristig, und viele freie Flächen in der Stadt deuten darauf hin, dass Waldgirmes auf Wachstum angelegt war. Wahrscheinlich sollte diese Kolonie in der Neuen Welt weitere Reichsbürger anlocken und so zu einem Kristallisationspunkt für die Besiedlung Germaniens werden, zumal sie verkehrstechnisch günstig an der Lahn lag, einem Fluss, der heute nahe Koblenz in den Rhein mündet. Hätte sich alles planmäßig entwickelt, dann wäre aus dem Stützpunkt im jetzigen Hessen vielleicht einmal eine Römerstadt ähnlich Trier geworden.

Die Kolonisten verstanden es dabei offenbar, die ansässige Bevölkerung in ihr Besiedlungsprojekt einzubinden. Germanen gingen in Waldgirmes ein und aus, trieben dort Handel, und einige wohnten wahrscheinlich sogar dort. Das schließen Forscher aus der überraschend großen Menge germanischer Handwerkserzeugnisse: Ein Fünftel des Fundguts war von Einheimischen hergestelltes Alltagsgeschirr, das stets gemischt mit römischen Produkten auftrat. Vermutlich profitierten beide Seiten von der wirtschaftlichen Verflechtung, und alles deutet darauf hin, dass Römer und Germanen hier so friedlich zusammenlebten, wie es Cassius Dio beschreibt: »Die Truppen überwinterten dort [in Germanien] und gründeten Städte, und die Barbaren passten sich der römischen Lebensweise an: Sie besuchten die Marktplätze und trafen sich in friedlichen Versammlungen.«

Ganz anders stellt sich die Situation im Norden an der Lippe dar. In Haltern liegt der Anteil germanischer Ware im Promillebereich, was darauf hinweist, dass die Römer dort streng separiert von den umliegenden Bewohnern lebten, mithin als fremde Herrscher auftraten. Das hinderte sie aber nicht daran, Geschäfte zu machen: Um das Militärlager herum bildete sich ein ziviler Siedlungsgürtel, in dem etwa Händler, Handwerker und Prostituierte aus dem Reich lebten. Ein eigener Töpfereibezirk mit mindestens zehn großen Öfen belegt, dass die Römer dort beinahe im industriellen Maßstab Geschirr, Lampen und Figuren herstellten. Ein Produzent verkaufte seine mit P. FLOS signierte Ware in der ganzen Region: Sie taucht unter anderem in Neuss, Köln, Andernach, Mainz und Wiesbaden auf.

Der Transport erfolgte wie erwähnt in erster Linie auf dem Wasser, und um diese Verkehrsader zu sichern, befand sich nahe Haltern ein eigener Flottenstützpunkt. Zuletzt besaß diese Marinebasis sogar eine eigene Werft mit einer großen überdachten Halle, die Platz bot, um acht Schiffe gleichzeitig an Land zu reparieren, zu warten und den Winter über geschützt unterzubringen.

Aus alledem formt sich das Bild, dass entlang der Lippetrasse unter der römischen Besatzung Infrastruktur und Wirtschaft kräftig erblühten – nur hatten die Einheimischen nichts davon. Sie blieben ähnlich ausgesperrt wie die Indianer von den Kolonialstädten der Weißen im sogenannten Wilden Westen.

Weshalb das Imperium – überspitzt formuliert – im Norden Germaniens ein militärisches Apartheidsregime errichtete und im Süden auf friedliches Multikulti setzte, lässt sich nur vermuten. Wahrscheinlich stießen die Kolonisten in der Mainregion auf weniger Widerstand als an der Lippe, und vielleicht hielten sie auch die Urhessen für zivilisierter und damit integrationsfähiger als die Nordlichter. Den Germanen um das hessische Waldgirmes herum waren größere Orte jedenfalls nicht völlig fremd: In der Region lebte noch der Rest einer keltischen Bevölkerung, die auf dem wenige Kilometer entfernten Dünsberg eine mächtige, jahrhundertealte Stadt bewohnt hatte. Erst um 20 v. Chr. gaben die Ansässigen dieses Oppidum auf, aus Gründen, die uns nicht bekannt sind. Bei Ankunft der Römer war das bedeutende keltische Zentrum also erst seit wenigen Jahren verwaist und das zugehörige Straßen- und Wegenetz sicherlich noch nicht ganz verfallen. Die römischen Kolonisten fanden damit eine Infrastruktur vor, die sie für ihre Zwecke nutzen konnten, während es für sie im weniger entwickelten Norden Germaniens ungleich mühsamer war, das Land zivilisatorisch zu erschließen und damit zu beherrschen.

Von all diesen Entwicklungen erfahren wir in den antiken Chroniken so gut wie nichts. Der Mangel an schriftlichen Informationen hat wohl zwei Hauptursachen: Zum einen waren die antiken Historiker an kriegerischen Ereignissen wesentlich interessierter als an friedlichen Entwicklungen, und zum anderen war in den Jahren nach 7 v. Chr. kein Mitglied von Augustus' Familie in Germanien aktiv. Damit fehlte der Promifaktor, der damals wie heute sehr stark über den Grad an medialer Aufmerksamkeit entschied. Wir wissen nicht einmal, wer 6 v. Chr. Statthalter in Gallien und Germanien wurde, also Nachfolger des Tiberius.

Der Stiefsohn des Augustus war zu Beginn jenes Jahres noch die Nummer zwei im Staat, doch die Enkel und designierten Nachfolger des Herrschers näherten sich dem Alter, ab dem sie als erwachsen galten. Tiberius ging einem möglichen Konkurrenzkampf aus dem Weg und zog sich unerwartet nach Rhodos in ein selbstgewähltes Exil zurück. »Dort führte er ein ganz einfaches bürgerliches Leben«, berichtet Sueton, »und besuchte fleißig die Vorträge und Hörsäle der Professoren.« Der erfolgreiche Feldherr und bis dato zweitmächtigste Mann Europas hielt sich fortan von jeglicher Politik und vom Militär fern – und auch von seiner in Rom verbliebenen Zwangsehefrau Iulia. Die lebenslustige Tochter des Augustus und der schweigsame, menschenscheue, von schwerer Akne gezeichnete Tiberius hatten sich derart auseinandergelebt, dass das böse Gerücht umging, der große Kriegsherr sei in Wahrheit vor seiner Gattin nach Griechenland geflohen.

In den Folgejahren trieb Rom sein Kolonisationsprojekt in Germanien wohl weitgehend geräuschlos voran. Nachrichten aus der Region erreichen uns erst wieder ein halbes Jahrzehnt später. Um das Jahr 1 v. Chr. herum drang ein gewisser Domitius Ahenobarbus als erster römischer Feldherr über die Elbe nach Osten vor. Er stieß dabei auf keinerlei Widerstand, so Cassius Dio, und schloss mit den Stämmen in der Gegend einen Freundschaftsvertrag ab. Sprich: Die Einheimischen unterwarfen sich, ohne dass Rom Gewalt anwenden musste. Der lange Arm des Imperiums reichte damit sogar über den großen Strom hinaus, der heute durch Dresden, Magdeburg und Hamburg fließt.

Trotzdem war Germanien noch nicht wirklich unter Kontrolle. Das belegt eine Notiz Cassius Dios, der zufolge es dem Elbüberquerer Ahenobarbus nicht gelang, einen internen Zwist bei den Cheruskern beizulegen – also bei dem Stamm, dem der inzwischen etwa 17-jährige Arminius angehörte. Ein Teil des cheruskischen Adels war vertrieben worden und flehte das Imperium um Hilfe an. Ahenobarbus versuchte zu vermittelten, stieß aber nicht auf Gehör. Offenbar glaubten die Stammeshäuptlinge, Roms Wünsche ignorieren zu können, »und das Resultat war«, so Cassius Dio, »dass die Autorität der Römer auch bei den anderen Barbaren in Frage gestellt war«.

Trotz der Herausforderung verzichtete das Imperium ausnahmsweise auf eine militärische Intervention, da im Osten des Reichs Krieg drohte. Ahenobarbus wurde in den kleinasiatischen Krisenherd abkommandiert, und in Germanien entstand dadurch offenbar ein auffallendes Machtvakuum. Denn nun wagten die Stammesverbände rechts des Rheins den offenen Aufstand.

Das Jahr 0 …

… existiert nicht. Auf das Jahr 1 vor Christus folgt direkt das Jahr 1 nach Christus. Das bedeutet zum Beispiel, dass vom 1. 1. 10 v. Chr. bis zum 1. 1. 10 n. Chr. nur 19 Jahre vergangen sind, nicht 20, wie man intuitiv annehmen möchte. Viele Autoren übersehen diesen Jahresausfall und verrechnen sich systematisch um ein Jahr, wenn sie das Alter oder die Lebensdaten der Personen angeben, die um die Zeitenwende herum lebten.

Leider wissen wir so gut wie nichts über diese erste große germanische Rebellion nach der Zeitenwende. Der römische Historiker Velleius Paterculus spricht von einem »gewaltigen Krieg« (»immensum bellum«), der ab 1 n. Chr. tobte. In den drei folgenden Jahren gelang es dem neuen Statthalter Marcus Vinicius nicht, die Situation in den Griff zu bekommen. Augustus sah die Angelegenheit schließlich als so bedrohlich an, dass er sie zur Chefsache erklärte und seinen besten Kriegsherrn reaktivierte: den nach Rhodos geflohenen Tiberius.

Dieser war inzwischen von seiner Zwangsehefrau Iulia geschieden, auf Betreiben ihres Vaters Augustus, der seine Tochter wegen angeblich unsittlichen Lebenswandels verbannt hatte. Entscheidend für die Rückkehr des Tiberius waren allerdings weder die heimlich ersehnte Scheidung noch die aufsässigen Germanen, sondern zwei unerwartete Todesfälle: 2 n. Chr. starb der zweitälteste männliche Augustusenkel Lucius mit gerade 18 Jahren an einer Krankheit. Und 4 n. Chr. verschied sein großer Bruder Gaius als 23-Jähriger an den Spätfolgen einer Verwundung, die er sich auf einer Militärmission in Armenien zugezogen hatte. Für Augustus war es politisch und persönlich ein verheerender Schlag, der seine Zukunftspläne zerstörte: Mit seinen beiden ältesten männlichen Enkeln hatte er wieder einmal seine designierten Nachfolger verloren, nachdem er zuvor schon seinen Neffen Marcellus und seinen Jugendfreund Agrippa zu Grabe tragen musste.

Tiberius hingegen konnte sich in modernen Worten wie nach einem Sechser im Lotto fühlen. Bislang war er nur das stille, wenig geliebte Mitbringsel der Herrschergattin gewesen, das trotz zwischenzeitlicher Ehrungen das hässliche Entlein der Familie geblieben war. »Mit seiner nächsten Umgebung sprach er [Tiberius] entweder gar nicht oder nur sehr selten, und dann äußerst bedächtig, mit einer gewissen gezierten Bewegung der Finger – alles Eigenheiten, die schon Augustus als unangenehm getadelt hatte«, schildert Sueton. Dem antiken Biographen zufolge kursierten Berichte, »dass Augustus ganz offen und rückhaltlos sein Missfallen über den menschenfeindlichen Charakter des Tiberius zu erkennen gab, und zwar sogar dadurch, dass er zuweilen ein heiteres und ungezwungenes Gespräch bei Tiberius' Eintritt plötzlich abbrach.« Doch nun sah sich der zuletzt extrem geschnittene Stiefsohn plötzlich in der Rolle des designierten Herrn über das Imperium. Nur ein Konkurrent war ihm verblieben: Agrippa Postumus, der dritte und jüngste männliche Augustusenkel, der wegen seiner jähzornigen Ausfälle allerdings beim Potentaten in Ungnade gefallen war.

Doch Augustus hatte nun keine Wahl mehr, wollte er die Herrschaft über das Reich in der Sippschaft behalten. 4 n. Chr. adoptierte er nolens volens den 15-jährigen Agrippa Postumus und den mittlerweile 44-jährigen Tiberius und beförderte die beiden so zu seinen potentiellen Nachfolgern. Der Favorit war zu dem Zeitpunkt Tiberius, der im selben Jahr das Kommando über Germanien erhielt.

Damit war ein Mitglied der Herrscherfamilie in die Region zwischen Rhein und Elbe zurückgekehrt. Das steigerte die Aufmerksamkeit der Chronisten genügend, dass sie nun wieder über die entlegenen Gebiete im Norden berichteten, die sie zuletzt weitgehend ignoriert hatten. Das dunkle Jahrzehnt war vorbei, die Geschichtsschreibung über Germanien setzte effektiv wieder ein. Und wir verfügen sogar über den Bericht eines Augenzeugen: des Historikers Velleius Paterculus, der unter Tiberius als Befehlshaber der Reiterei diente und seinem Feldherrn in das heutige Deutschland folgte.

4. Blitzkrieg

4 n. Chr.	Neuerlicher Germanienfeldzug des Tiberius
4/5 n. Chr.	Gründung des Römerkastells Anreppen im heutigen Kreis Paderborn
5 n. Chr.	Tiberius leitet amphibische Zangenoperation an der Elbe Ende der Unruhen in Germanien

»Caesar [Tiberius] rückte sogleich in Germanien ein und besiegte die Canninefaten, Attuarier sowie Brukterer«, umreißt Paterculus den Beginn des Feldzugs 4 n. Chr. »Zudem nahm er die Cherusker in die Obhut des römischen Volkes auf.« Wie solch eine Aufnahmezeremonie ablief, schildert unser Augenzeuge anschaulich am Beispiel eines anderen Germanenstammes, der Chauken: »Die gesamten jungen Krieger gaben ihre Waffen ab«, so Paterculus. »Sie alle fielen zusammen mit ihren Führern vor dem Tribunal des Feldherrn auf die Knie, umgeben von einem waffenblitzenden Ring unserer Soldaten.«

Die Inobhutnahme war also nichts anderes als der römische Euphemismus für eine unblutige Unterjochung, und man kann erahnen, was in einem bis dato freien Germanen vor sich ging, wenn er vor einem Spalier fremder Soldaten zu Kreuze kriechen musste. Welchen Tiefschlag bedeutete die Unterwerfungsprozedur wohl für das kollektive Selbstwertgefühl des Stammes? Vermutlich brannte ein großer Teil der Bevölkerung innerlich darauf, es den Invasoren heimzuzahlen, auch wenn es kaum jemand wagte, dies offen zu zeigen.

Ob der mittlerweile 20-jährige Arminius unter den knienden Cheruskern war, erfahren wir leider nicht. Wir wissen noch nicht einmal, ob der Fürstensohn zu der Zeit noch bei seinem Stamm wohnte, da über seine Jugend ähnlich wenig Informationen existieren wie über die seines Zeitgenossen Jesus Christus. Die antiken Biographen zeigten für diesen Lebensabschnitt geringes Interesse, und so ist die heute vielfach verbreitete Behauptung, Arminius sei zeitweise in Rom aufgewachsen, nichts als pure Spekulation. Falls der Adelsspross 4 n. Chr. noch unter seinen Stammesgenossen lebte, ist es wahrscheinlich, dass er spätestens jetzt in die römische Armee eintrat. Das Imperium zog oft die jungen Männer eines gerade unterworfenen Volkes massenhaft zum Militär ein, also den potentiell aufsässigsten Teil der Bevölkerung, um Widerstand im Keim zu ersticken.

Nach der Kapitulation der Cherusker »überschritt Tiberius die Weser und drang weiter ins Landesinnere vor«, fährt Paterculus fort. »Der Sommerfeldzug wurde bis in den Dezember ausgedehnt und brachte uns den Vorteil weiterer Siege.« Die Rö-

Steckbrief Tiberius

geb. 16. Nov. 42 v. Chr.,
gest. 16. März 37 n. Chr.

Karriere:
Tiberius ist der erfolgreichste Feldherr seiner Zeit: Er führt 20 v. Chr. ein Heer nach Armenien, 15 v. Chr. mit Drusus den Alpenfeldzug, 12 bis 9 v. Chr. den Eroberungsfeldzug in Pannonien und bis 7 v. Chr. Kriegszüge in Germanien. 4 n. Chr. wird er von Augustus adoptiert. Bis 5 n. Chr. unternimmt Tiberius neuerliche Feldzüge in Germanien. 6 bis 9 n. Chr. wirft er den Pannonischen Aufstand nieder, dann leitet er bis 12 n. Chr. wieder Militäraktionen gegen Germanien. 14 n. Chr. wird er Nachfolger des Augustus und herrscht damit als zweiter Princeps über das Imperium.

Familie:
Durch die Hochzeit seiner Mutter Livia Drusilla mit Octavian/Augustus wird Tiberius ein Stiefsohn des Herrschers, später dessen Adoptivsohn. Aus erster Ehe hat er einen Sohn namens Drusus, der 23 n. Chr. stirbt. 12 v. Chr. lässt sich Tiberius auf Befehl des Augustus scheiden und heiratet dessen Tochter Iulia. Die Ehe verläuft unglücklich, 2 v. Chr. folgt die Scheidung. Tiberius vermählt sich nie wieder.

Besondere Merkmale:
Tiberius ist überdurchschnittlich groß, kräftig gebaut und von schwerer Akne gezeichnet. Seine schweigsame, introvertierte und melancholische Art bringt ihm den Beinamen »der Traurigste unter den Menschen« (»tristissimus hominum«) ein. In späten Jahren wandelt er sich zu einem pädophilen Lustgreis und Tyrannen, der zahlreiche Hinrichtungen befiehlt.

mer fühlten sich nun so sicher, dass die Armee »mitten im Landesinneren an den Quellen der Lippe überwinterte« – höchstwahrscheinlich im heutigen Anreppen nahe Paderborn im Osten Nordrhein-Westfalens. Dort entdeckten Archäologen die Reste eines großen Kastells, bei dem nicht nur die Örtlichkeit sehr gut zum Bericht des Paterculus passt, sondern auch das Alter: Das Gründungsjahr lässt sich anhand des Jahresringmusters im Bauholz auf spätestens 5 n. Chr. datieren.

Der Wintersitz erstreckte sich über 23 Hektar und besaß einen herausragenden Zentralbau: Das Kommandeursgebäude maß 71 auf 47,5 Meter, was etwa einem halben modernen Fußballfeld entspricht. Ein derart gigantischer Wohnsitz sprengte selbst für römische Verhältnisse die üblichen Dimensionen und war für einen normalen Befehlshaber eindeutig zu protzig. Man kann daher annehmen, dass sich hier Tiberius als Statthalter über Germanien und designierter Nachfolger des Augustus einen prachtvollen Herrschaftssitz errichten ließ. Zur Ausstattung gehörten Laubengänge und Gartenanlagen in abgeschotteten Innenhöfen, wie es auch von Luxusgebäuden anderer Militärlager bekannt ist. Roms Führungsschicht war offenbar selbst im tiefsten Germanien nicht bereit, auf den gewohnten Komfort und mediterranen Lebensstil zu verzichten.

Nördlich des Kommandeurspalastes befand sich eine große Badeanlage, die mindestens zwei Räume besaß, unter denen man heiße Luft hindurchleiten konnte. Von dieser Fußbodenheizung und den warmen Bädern machten die Römer im kalten germanischen Winter offenbar regen Gebrauch: Sie überbeanspruchten die Ofenanlage derart, dass diese mehrfach ersetzt werden musste.

Tiberius selbst blieb nicht in seinem neuen Herrschaftssitz. Er überquerte zum Jahreswechsel die Alpen, machte Augustus seine Aufwartung und kehrte im Frühjahr 5 n. Chr. zu seiner Truppe zurück. Kaum angekommen, startete er einen weiteren Kriegszug, bei dem er die Germanen von Land und See her buchstäblich in die Zange nahm.

»Ihr guten Götter, wie viele Bücher könnte man damit füllen, was wir im folgenden Sommer unter Führung des Tiberius alles vollbracht haben«, brüstet sich Reiteroffizier Paterculus. »Unsere Heere durchzogen ganz Germanien, Völker wurden besiegt, die kaum vom Namen her bekannt sind, und die Chauken wurden in die Obhut des römischen Volkes aufgenommen.« Wie unser Augenzeuge die zugehörige Unterwerfungszeremonie schildert, wurde bereits anfangs des Kapitels zitiert.

Von den Chauken aus, die um das heutige Bremen herum lebten, zogen die Truppen des Imperiums weiter gen Osten, besiegten die Langobarden und marschierten in Richtung Elbe. Dasselbe Ziel steuerte auch eine große römische Flotte an: Die Armada verließ ihre Ausgangsbasen am Rhein, fuhr den Strom hinab und durch den Kanal, den Drusus in den heutigen Niederlanden angelegt hatte. Die Schiffe gelangten so in die Nordsee, fuhren an der Küste entlang ostwärts, erreichten die Mündung der Elbe beim heutigen Cuxhaven und bewegten sich schließlich stromaufwärts auf das jetzige Hamburg zu.

Der Konvoi beeindruckte mehr durch die Zahl der Boote als durch deren Größe. Die Kriegsschiffe waren keine schwimmenden Festungen, sondern schnelle, leichte Fahrzeuge, die als Frachter, Mannschaftstransporter, Patrouillenboote und Geleitschutz dienten.

Schnellboote des Imperiums

Lautlos taucht aus dem Dunst ein Vierecksegel auf. Dann zeigt sich der schlanke Rumpf des Schiffes, das auf den ersten Blick an ein Wikingerboot erinnert. Angetrieben von einer Handvoll Ruderer, kommt das schnittige Gefährt rasch näher und wendet in nur gut 20 Sekunden auf der Stelle. Am Ende der beeindruckenden Demonstration im Frühjahr 2008 legt das Boot am Ufer des Ratzeburger Sees an.

Rund 2000 Jahre zuvor patrouillierten solche Kriegsschiffe auf den römisch-germanischen Grenzflüssen Rhein und Donau. »Das waren Hightech-Geräte der Antike«, betont Christoph Schäfer, Professor für Alte Geschichte an der Universität Hamburg. Unter seiner Leitung haben Bootsbauer und Studenten das Römerschiff originalgetreu rekonstruiert. Als Vorlage dienten die beiden Wracks aus der Zeit um 100 n. Chr., die 1986 in Oberstimm bei Ingolstadt entdeckt wurden.

Der Nachbau ist 16 Meter lang, 2,8 Meter breit, 3,6 Tonnen schwer und bietet Platz für 20 Ruderer plus Steuermann und Schiffsführer – aber nicht für nennenswertes Gepäck. Das Boot ist offenbar ganz auf Tempo getrimmt: Bei Tests auf dem Ratzeburger See erreichten die Forscher auch ohne Segel eine Geschwindigkeit von knapp elf Kilometern pro Stunde. »Die damaligen Besatzungen legten sicher noch bessere Werte vor«, betont Schäfer.

Die antiken Schnellboote dienten wohl als Patrouillen- und Kommunikationsfahrzeuge sowie als Begleitschutz von Transportern. Wahrscheinlich wirkten sie auch bei der römischen Invasion in Germanien mit. Darauf jedenfalls deuten Werfthallen hin, die zur Zeit des Tiberius bei Haltern an der Lippe standen und genau die passende Größe besaßen.

Inzwischen ist der Nachbau weit herumgekommen. Um für die Ausstellungen zum 2000. Jahrestag der Varusschlacht zu werben, befuhr das rekonstruierte Schiff unter anderem Rhein, Ems, Weser und Elbe – und sollte damit an Orten Sympathiepunkte sammeln, an denen die Originale einst die Anwohner in Furcht und Schrecken versetzten.

Angetrieben wurden die Wasserfahrzeuge durch Segel und Ruderer. Diese arbeiteten unter ganz anderen Bedingungen, als es in Kinofilmen wie »Ben Hur« von 1959 gerne dargestellt wird. Charlton Heston spielt in dem elffach oscarprämierten Monumentalwerk einen Juden, der zu Lebzeiten des Tiberius von den Römern unschuldig zum Dienst auf der Galeere verurteilt wird. Drei Jahre lang muss er unter grauenhaften Umständen in einem großen Kriegsschiff rudern, bevor er Freiheit und Reichtum wiedererlangt und schließlich Zeuge der Kreuzigung von Jesus Christus wird. Zu den herausragenden Szenen des Films gehört es, wie die Galeerensklaven vor der Seeschlacht angekettet werden, um im Fall einer Niederlage mit dem Schiff unterzugehen – und so eindrucksvoll diese Sequenz gelungen ist, so historisch falsch ist sie. Die römischen Militärs sandten keine Sträflinge auf die Ruderbänke, sondern freie Männer, die als spezialisierte Soldaten in der Marine Dienst taten und regulär bezahlt wurden. Unabhängig von allen menschlichen Erwägungen ergab das absolut Sinn: Durchtrainierte Profis treiben ein Schiff besser an als halbtote Verurteilte, und anders als angekettete Galeerensklaven können sie im Notfall zur Waffe greifen und das Schiff mitverteidigen. Hier wie im Landkrieg zeigten die Handelnden der Antike deutlich mehr praktischen Verstand, als es immer wieder in Filmen und historischen Romanen dargestellt wird.

Zum Repertoire der antiken Militärs gehörte auch die Kombination von Land- und Seemanövern. Hier gelang den Römern unter Tiberius 5 n. Chr. eine eindrucksvolle amphibische Zangenoperation: Das im Landesinneren ostwärts marschierende Heer und die elbaufwärts fahrende Flotte vereinigten sich im Herzen Germaniens – was bei den beschränkten Kommunikationsmöglichkeiten der damaligen Zeit auf eine meisterhafte Planung schließen lässt. Damit hatte Tiberius nicht nur die Stämme der Region in einer frühen Blitzkriegtaktik von zwei Seiten zugleich attackiert und unterworfen, sondern auch das Versorgungsproblem gelöst, das fünfzehn Jahre zuvor Drusus zur Umkehr an der Weser zwang. Denn die Schiffe »brachten außer Siegen über zahlreiche Volksstämme auch eine reiche Fülle von Lebensmitteln aller Art mit«, wie Paterculus berichtet.

»Ich kann es mir nicht versagen, diesen höchst bedeutsamen Ereignissen das folgende Erlebnis beizufügen«, fährt unser Augenzeuge fort, um eine Begegnung der besonderen Art zu schildern. »Wir hatten das diesseitige [westliche] Ufer des besagten Flusses [Elbe] mit unseren Lagern besetzt, auf dem jenseitigen aber blitzten die Waffen der feindlichen Krieger, die bei jeder Bewegung unserer Schiffe sofort zurückwichen« – es also nicht auf eine Schlacht ankommen ließen, sondern die bewährte Guerillataktik verfolgten. »Ein schon älterer Barbar aber, der von stattlicher Größe und hohem Rang war«, so Paterculus, »bestieg einen Kahn aus einem ausgehöhlten Baumstamm und ruderte allein bis zur Mitte des Flusses.« Von dort aus bat der Mann um freies Geleit für eine Audienz bei Tiberius, was ihm die Römer gewährten. Der alte Germane legte am westlichen Ufer an, betrachtete Tiberius lange schweigend und sagte dann laut Paterculus: »Unsere jungen Leute sind nicht bei Sinnen; sie verehren euch, wenn ihr nicht da seid – und wenn ihr da seid, fürchten sie lieber eure Waffen, als sich in euren Schutz zu begeben. Ich aber habe dank deiner gütigen Erlaubnis, Caesar [Tiberius], heute die Götter gesehen, von denen ich vorher nur hörte, und habe in meinem Leben keinen glücklicheren Tag herbeigewünscht oder erlebt.« Danach gab der Besucher Tiberius die Hand und kehrte zu den Seinen zurück, wobei »er sich unaufhörlich zu Caesar [Tiberius] umblickte«.

Die Römer mit ihrer gewaltigen Flotte und dem schwergerüsteten Heer müssen dem Elbgermanen wohl in der Tat wie Wesen aus einer anderen Welt vorgekommen sein. Ob er sie nun tatsächlich für göttergleich hielt, sei dahingestellt. Vielleicht hatte der betagte Mann die Invasoren nur besänftigen wollen, weil er befürchtete, die Jungkrieger seines Stammes könnten die übermächtigen Fremden zum Kampf provozieren. Wenn es sein Ziel war, ein Gefecht zu verhindern, dann hatte sich der alte Germane diplomatisch äußerst geschickt verhalten. Es ist nicht bekannt, dass Tiberius den Strom überschritt, obwohl dies mit der eigenen Flotte im Rücken sicher kein Problem für ihn gewesen wäre. Stattdessen führte der Feldherr »die Legionen in das Winterlager zurück«, so Paterculus. »Sein Heer blieb dabei wohlbehalten und unverletzt und hatte nur einmal eine Kraftprobe zu bestehen – durch einen Hinterhalt der Feinde, was diesen aber schwere Verluste einbrachte.«

Der Überfall, den Paterculus hier im Nebensatz erwähnt, blieb auf Jahre hinaus der letzte Versuch der Germanen, die römische Besatzung abzuschütteln. Bis zur Varusschlacht hören wir von keinen weiteren Kämpfen mehr. Die blitzkriegartige Kampagne des Tiberius 5 n. Chr. war offenbar sehr erfolgreich verlaufen, und die Stämme fügten sich nun in ihr Schicksal, nachdem über 16 Jahre hinweg jeder Aufstand gegen das Imperium fehlgeschlagen war. Dabei hatte sich Tiberius im Vergleich zu anderen Kriegsherren sehr umsichtig und vorsichtig verhalten: Er hatte unnötiges Blutvergießen derart effizient vermieden, dass der Historiker Cassius Dio den gesamten Feldzug mit der verächtlichen Bemerkung abtat, es sei »nichts Erinnerungswürdiges vollbracht worden«.

Komplett besiegt waren die Germanen bei aller scheinbaren Ruhe aber noch nicht. Einige Stämme hatten sich nicht unterworfen, sondern waren über die Elbe geflohen. Dort endete Roms Operationsgebiet, denn Augustus verbot seinen Feldherren fortan, diesen Strom zu überschreiten – wohl um einer schrankenlosen Expansion und drohenden Überdehnung des Imperiums einen Riegel vorzuschieben. Der Princeps erhob damit die Elbe von einem Fluss unter vielen zur designierten Grenze des Römischen Reiches.

Dass Augustus genau diesen Strom auswählte, hatte wohl rein geographische Gründe. Wahrscheinlich erkannten die Römer während der Flottenexpedition unter Tiberius, dass die Elbe die östlichste Einfallsschneise nach Germanien bildete, die mit vertretbarem Aufwand und Risiko vom Meer aus zu erreichen war. Dahinter bildeten das heutige Schleswig-Holstein und Dänemark ein formidables Hindernis für alle Schiffe, die weiter ostwärts vordringen wollten.

Auch wenn die logistischen Erwägungen für die Elbe als Expansionsziel sprachen, »blieb diese Grenze höchst problematisch«, wie der moderne Althistoriker Dieter Timpe in einem vielzitierten Aufsatz betont. Der Strom floss durch das bei weitem größte geschlossene Siedlungsgebiet des Landes, und die Anwohner zählten zur großen Stammesgruppe der Sueben. »Die römische Okkupation bis zur Elbe«, folgert Timpe, »machte an einer geopolitisch unmöglichen Grenze halt, die durch das suebische Siedlungszentrum mitten hindurch ging und deshalb mehr Probleme erzeugte als löste.«

Man kann darüber spekulieren, ob sich Rom bei einer erfolgreichen Besatzungspolitik auf lange Sicht wirklich mit der Elbe zufriedengegeben hätte – zumal nach damaliger Vorstellung die Weichsel im heutigen Polen die Ostgrenze Germaniens bildete. Hinzu kam, dass das Imperium weiterhin auf jede echte oder vermeintliche Bedrohung von außen hypernervös reagierte, wie es schon im folgenden Jahr unter Beweis stellte.

5. Königreich der Germanen

6 n. Chr.	Römischer Großangriff auf das Germanenreich des Marbod im heutigen Tschechien; Tiberius bricht Feldzug ab
6–9 n. Chr.	Aufstand in Pannonien und Dalmatien gegen Rom

Die beiden römischen Heereswürmer wälzten sich von Süden und Westen her schier unaufhaltsam auf Marbods Reich im heutigen Tschechien zu. Nur noch fünf Tagesmärsche waren die gewaltigen Truppenverbände von ihrem Ziel entfernt, und schon bald sollten sie sich vereinigen zu einer rund 100 000 Mann starken Armee, um das erste germanische Staatsgebilde der Geschichte zu vernichten.

Marbod sah dem sicheren Untergang entgegen, und man kann sich ausmalen, welche Panikstimmung in seinem Vielstämmestaat herrschte. Ein Gutteil der Bewohner war Jahre zuvor aus Germanien geflohen, um den anrückenden Legionen zu entkommen (siehe Kapitel II.2), und es war den Flüchtlingen sicherlich bekannt, welch grauenhafte Massaker die Soldaten des Imperiums anrichteten. Es schien nur noch eine Frage von Tagen zu sein, bis die Menschen den gefürchteten Truppen Roms zum Opfer fielen.

Geahnt hatte Marbod die Gefahr für sein Reich wohl schon lange, denn der germanische König hatte die Denkweise der Römer bestens kennen gelernt. »Er war als junger Mensch dort [in Rom] und wurde von Augustus begünstigt«, berichtet Strabon, ohne weiter ins Detail zu gehen. Vermutlich wuchs Marbod als privilegierte Geisel in der Hauptstadt des Imperiums auf, wo er eine mehr oder weniger umfangreiche Bildung erhielt. Der Adelsspross vom Stamm der Markomannen lernte dabei so eifrig von seinen römischen Lehrmeistern, dass ihm sein Zeitgenosse Paterculus beschied, er sei zwar von seiner Abstammung her ein Barbar, denke aber nicht als solcher.

Steckbrief Marbod (keine zeitgenössische Abbildung vorhanden)

geb. vermutlich um 30 v. Chr.,
gest. 37 n. Chr.

Karriere:
Der adlige Markomanne lebt in seiner Jugend in Rom. Er avanciert danach in Germanien zum Stammesherrscher und führt sein Volk um 8 v. Chr. in das heutige Tschechien. Dort unterwirft er seine Nachbarn, gründet das erste germanische Reich und regiert als König. 17 n. Chr. verliert Marbod eine große Schlacht gegen Arminius. 19 n. Chr. wird er gestürzt und geht nach Italien ins Exil.

Familie:
unbekannt

Besondere Merkmale:
Der kräftig gebaute Marbod »ist eher durch seine Volkszugehörigkeit als von seinem Denken her ein Barbar«, lobt der römische Zeitgenosse Paterculus.

In einem nicht näher spezifizierten Jahr kehrte Marbod in seine Heimat am Main zurück und schwang sich zum Stammeshäuptling auf. Als dann die römische Armee immer weiter vorrückte, wusste er wohl besser als jeder andere, was da auf sein Volk zukam – und handelte ebenso konsequent wie klug: Um 9 oder 8 v. Chr. bewegte er die Markomannen dazu, die eigenen Siedlungen zu verlassen und nach Osten auszuwandern. Damit gelang Marbod eine bewundernswerte politische Leistung, denn es ist anzunehmen, dass die meisten seiner Stammesgenossen nur ungern Haus und Hof aufgaben. Sehr viele plädierten vermutlich dafür, lieber tapfer die Heimat zu verteidigen, als scheinbar schmählich vor den Angreifern zu fliehen, und man kann sich ausmalen, welch hitzige Diskussionen Marbod überstehen musste. Letztlich siegte aber die Stimme der Vernunft, und ein gewaltiger Treck zog von der Maingegend nach Osten in die Bergwälder des heutigen Tschechien, »weit von den Römern fort«, wie Paterculus schreibt.

»Nachdem Marbod vor den mächtigeren Waffen [der Römer] zurückgewichen war, konnte er seine eigenen zur höchsten Macht entfalten«, fährt der zeitgenössische Historiker fort. »Er besetzte die erwähnten Gegenden und bezwang seine Nachbarn völlig im Kriege oder machte sie durch Verträge rechtlich abhängig.« Marbod kopierte damit das alte Erfolgsrezept der Römer, die umliegenden Völker mal durch brutale Eroberungsfeldzüge, mal durch relativ großzügige Vertragsabschlüsse peu à peu in den eigenen Einflussbereich einzugliedern. Und er hatte seine Lektion in Machtpolitik offensichtlich gut gelernt. Der Historiker Strabon nennt allein sieben Stämme beim Namen, über die Marbod neben seinen Markomannen herrschte.

Auch in punkto Staatsorganisation eiferte Marbod dem römischen Vorbild nach. Ähnlich wie Augustus machte er sich selbst zum quasi-absolutistischen Regenten. Die freie Gesellschaftsordnung, die sonst für die Germanen der Zeit typisch war, hatte er effektiv abgeschafft – so wie Augustus in Rom die freiheitliche Republik. Auch am Stadtleben hatte der markomannische König offenbar Gefallen gefunden: Der Herrscher bezog eine Königsburg neben einer Festung, die vermutlich eine alte keltische Stadt war. Wir kennen den Ort nicht, aber dass es sich um einen größeren Marktplatz handelte, geht aus einer Bemerkung des Historikers Tacitus hervor. Danach lebten dort »Marketender und Kaufleute aus unseren [römischen] Provinzen, die erst das Recht, Handel zu treiben, dann das Verlangen, ihr Geld zu vermehren, und schließlich ihre Vaterlandsvergessenheit von ihren jeweiligen Wohnsitzen in das feindliche Land verschlagen hatte.« In Marbods Hauptstadt muss es also ein solch blühendes Wirtschaftsleben gegeben haben, dass Geschäftsleute aus dem Römischen Reich mit ihrem Vermögen zu ihm ins Ausland abwanderten.

Diese antike Form der Kapitalflucht mag den einen oder anderen Römer verärgert haben, war aber für das Imperium von vernachlässigbarem Ausmaß. Wenn nicht mehr vorgefallen wäre, hätte die Staatsspitze um Augustus vielleicht sogar den Aufstieg ihres ehemaligen Lehrlings Marbod toleriert und sich ein anderes Kriegsziel ausgesucht. Aber dem Markomannen war sein Erfolg möglicherweise zu Kopf gestiegen. Trotz intimer Kenntnis der römischen Befindlichkeiten zeigte er gegenüber der reizbaren Supermacht nicht die Unterwürfigkeit, die diese wie selbstverständlich erwartete. Stattdessen fuhr er einen diplomatischen Schlingerkurs, den Paterculus wie folgt beschreibt: »Die Gesandten, die er an die Caesaren [Augustus und Tiberius] schickte, empfahlen ihn manchmal wie einen demütig Bittenden, ein anderes Mal redeten sie wie für einen Gleichgestellten.« Letzteres war aus Sicht der Römer natürlich eine Unverschämtheit.

»Und überhaupt verbarg Marbod nur schlecht sein Benehmen als Rivale«, fügt Paterculus an. Der Markomanne habe ein Heer von 70 000 Fußsoldaten und 4000 Reitern befehligt und seine Truppe »durch beständige Übung fast auf den Stand römischer Disziplin gebracht«. Letzteres mag Augustus und seine Berater in der Tat beunruhigt haben. Marbod hatte ja in Rom gelebt und viel gelernt, und wenn er nun ernsthaft daranging, die Legionen mit ihrer herausragenden Ausbildung und Kampftaktik zu kopieren, könnte dies den militärtechnischen Vorsprung der Römer gefährden.

Eine unmittelbare Bedrohung für das Imperium bestand damit aber noch keineswegs, selbst wenn Marbod tatsächlich ein 74 000-Mann-Heer befehligte – was zu bezweifeln ist. Wie hätten die Germanen solch eine Streitmacht auf Dauer unterhalten können, produzierten die Bauern doch mit ihrer primitiven Wirtschaftsweise gerade genug für den Eigenbedarf? Wahrscheinlich handelte es sich bei Marbods Armee nicht um ein stehendes Heer, sondern um einen harten Kern von guttrainierten Vollzeitkriegern, der bei Bedarf ergänzt wurde durch eine große Zahl an Wehrpflichtigen, die im Alltag als Handwerker und Landwirte lebten.

Augustus hingegen verfügte über 28 Legionen, also rund 140 000 gedrillte römische Berufssoldaten. Hinzu kamen ähnlich umfangreiche Auxiliartruppen, also professionelle Soldaten, die kein Bürgerrecht besaßen, es aber am Ende ihrer langjährigen Dienstzeit für sich und ihren Nachwuchs erhielten. Weitere Bestandteile der Armee waren die 4500 Mann starke Prätorianergarde, die vor allem als Leibwache des Augustus fungierte, sowie die Marine, in der spezialisierte Rudersoldaten und Seekampftruppen dienten, deren Zahl aber unbekannt ist. Insgesamt hatte das Imperium damit ständig gut 300 000 Mann unter Waffen – und besaß so die größte Berufsarmee, die die Welt bis tief in das 20. Jahrhundert hinein sah.

Das Besondere war dabei nicht die Menge der Kampfbereiten, sondern dass es sich zu hundert Prozent um Profis handelte. Im Verhältnis zur Gesamtbevölkerung besaß das Römische Reich nicht einmal besonders viele Soldaten, wie etwa ein Vergleich mit der Bundesrepublik Deutschland im Kalten Krieg zeigt – auch wenn Gegenüberstellungen von Antike und Moderne natürlich nur sehr beschränkt aussagekräftig sind. Im gesamten Imperium lebten gegen Ende der augusteischen Herrschaft laut Schätzungen gut 60 Millionen Menschen, also etwa so viele wie in der Bundesrepublik vor der Wiedervereinigung 1990. Gleichwohl standen in Westdeutschland erheblich mehr Menschen unter Waffen: Die Friedensstärke der Bundeswehr betrug 495 000 Mann – und war damit um mehr als die Hälfte höher als die der römischen Armee. Man kann also keinesfalls davon sprechen, dass das Imperium ein durchmilitarisierter Staat war. Auch wenn nur annähernd fünf Millionen Männer das Bürgerrecht besaßen, hatte das Reich ein riesiges Reservoir an wehrfähigen Zivilisten, die es im Notfall rekrutieren konnte. Rom war Marbod sowohl in Bezug auf die präsente militärische Macht als auch auf das verfügbare Potential derart überlegen, dass die Idee geradezu absurd erscheint, der germanische König könnte einen Großangriff planen.

Trotzdem bereitete sich das Imperium wie so oft auf einen Präventivkrieg vor, und es schien sich niemand die Mühe zu geben, einen Anlass dafür zumindest zu konstruieren. Hier zeigte sich nochmals deutlich der Politikwechsel, der mit dem Übergang von der Republik zur augusteischen Alleinherrschaft einherging. Während es früher im Senat oft zu hitzigen Diskussionen pro und kontra Krieg kam, bevor ein Feldzug beginnen durfte, fiel nun der Zwang zur Rechtfertigung weg. Mangels politischer Opposition genügte der einsame Beschluss des Princeps Augustus, ein fremdes Territorium zu überfallen – und der Herrscher fasste den Beschluss auffallend oft. Der vielgerühmte Augusteische Friede (»Pax Augusta«) hatte nichts mit Frieden im heutigen Sinn zu tun, sondern bedeutete lediglich Waffenruhe im Inneren des Reichs, also die Abwesenheit von Bürgerkrieg. An den Außengrenzen zettelte der Princeps immer wieder militärische Auseinandersetzungen an – und er benötigte diese auch, um seine Alleinherrschaft ideologisch abzusichern. Laut offizieller Propaganda war Augustus ja kein Monarch oder Diktator, sondern der Bewahrer der freiheitlichen Republik, der sich selbstlos um diejenigen Provinzen kümmerte, die wegen äußerer Feinde oder drohender Revolten einer starken Hand bedurften. Ohne echte oder drohende Kriege wäre also auf Dauer die Begründung für seine faktisch unumschränkte Macht weggefallen.

Im Jahr 6 n. Chr. formierten sich an Rhein und Donau zwei riesige Armeen des Imperiums. In Carnuntum östlich des heutigen Wien versammelte Tiberius sechs Legionen, die Rom aus seinen Provinzen auf dem Balkan abgezogen hatte. Mit diesem Heer aus rund 30 000 Legionären plus Hilfstruppen zog der erfahrene Kriegsherr nordwärts auf das heutige Tschechien zu. Gleichzeitig hatte sein Unterfeldherr Sentius Saturninus die ebenso starke Rheinarmee zusammengezogen und marschierte wahrscheinlich von Mainz aus ostwärts gegen dasselbe Ziel. Das Imperium hatte damit zwölf Legionen plus Auxiliartruppen in Bewegung gesetzt, alles in allem grob geschätzt 100 000 Mann, um durch einen gewaltigen Angriff von zwei Seiten das Reich des Marbod zu vernichten.

Für Tiberius war es schon die dritte große Zangenoperation nach dem Alpenfeldzug mit Drusus 15 v. Chr. und dem amphibischen Germanienfeldzug des Vorjahres, und beide Male war diese antike Form des Blitzkriegs erfolgreich gewesen. Trotz der enormen Herausforderung, unter den damaligen Kommunikationsbedingungen zwei getrennte Armeen zu koordinieren, schien zunächst alles glattzugehen. Die beiden Heereswürmer wälzten sich weitgehend ungestört auf das heutige Tschechien zu, wobei die Truppen des Saturninus es zunächst leichter hatten, da sie sich im heutigen Süddeutschland durch unterworfenes Gebiet bewegten. Rund 140 Kilometer Luftlinie östlich von Mainz – und etwa die doppelte Distanz, wenn man dem geschlängelten Weg des Mains folgt – konnten die Rheinlegionen sogar in einem großen Kastell nächtigen: in dem 750 auf 500 Meter messenden Römerlager auf dem Kapellenberg hoch über dem heutigen Städtchen Marktbreit. Die Anlage wurde Mitte der 80er Jahre entdeckt und stellt den östlichsten Stützpunkt des Imperiums dar, den wir derzeit in Germanien kennen. Die Archäologen gehen davon aus, dass das 37 Hektar große Kastell vor dem Feldzug gegen Marbod errichtet wurde. Wahrscheinlich bauten es die Römer in Erwartung des kommenden Sieges, um von diesem Stützpunkt aus die neu eroberten Gebiete zu kontrollieren.

Als die beiden römischen Heere bis auf fünf Tagesmärsche an das Zielgebiet in Böhmen herangerückt waren, schien nichts mehr ihren Angriff aufzuhalten. Wie eingangs erwähnt, sollten sich die Armeen in wenigen Tagen an einem vorgegebenen Ort vereinigen, um dann gemeinsam das erste germanische Reich von der Landkarte zu tilgen. Doch nun ereignete sich etwas, das den bedrohten Menschen in Marbods Vielstämmestaat wie ein Wunder erschienen sein muss: Die gefürchteten Römer stoppten plötzlich ihren Vormarsch, sandten Emissäre aus – und diese forderten nicht die Kapitulation, sondern unterbreiteten ein großzügiges Friedensangebot, das dem Königreich die Unabhängigkeit beließ. Marbod willigte rasch ein, und die Legionen zogen ab, als ob nichts geschehen wäre. Fortan lebten Rom und das erste germanische Staatsgebilde miteinander in Frieden.

Die Geschichte klingt fast zu schön, um wahr zu sein. Dass den Menschen in Böhmen Tod und Zerstörung erspart blieben, hatte allerdings nichts mit einem pazifistischen Sinneswandel der Invasoren zu tun. Vielmehr brach der Feldherr Tiberius den Angriff aus kalter Kalkulation ab. Er benötigte seine Truppen dringend andernorts, denn es rächte sich jetzt, dass Rom für den Angriff auf Marbod seine Armeen vom Balkan abgezogen hatte. Die Menschen dort wagten nun den Aufstand gegen das Imperium, gemeinsam mit den Bewohnern des nördlich anschließenden Pannonien, das seit eineinhalb Jahrzehnten römisch besetzt war. Die Supermacht sah sich damit einem gewaltigen Flächenbrand gegenüber, der vom heutigen Wien bis Nordalbanien reichte.

Ein Teil der angeblich fast 200 000 Aufständischen besetzte das südlich angrenzende Makedonien, ein weiterer Teil sicherte das eigene Territorium, ein dritter zog Richtung Italien – und versetzte damit Rom in Panik. Augustus und Tiberius zeigten daraufhin ein Lehrstück in Sachen Realpolitik und »opferten den Ruhm der Notwendigkeit«, wie Paterculus es ausdrückt. Sie bliesen den laufenden Angriff auf Marbod ab, schlossen mit dem bis dato angeblich so gefährlichen Markomannen Frieden und hatten damit schlagartig zwölf Legionen zur freien Verfügung. Einen Großteil führte Tiberius umgehend ostwärts in das Aufstandsgebiet, wo Auxiliareinheiten und neu ausgehobene Truppen hinzukamen, so dass mehr als ein Drittel der gesamten römischen Armee dort kämpfte.

Trotzdem gelang es nicht, den Aufstand rasch niederzuschlagen, der sich laut Sueton zum »schwersten auswärtigen Krieg« seit den Schlachten gegen Hannibal mehr als 200 Jahre zuvor entwickelte. Die militärischen Kräfte des Imperiums waren bis zum Äußersten beansprucht, und hätte Marbod einen Angriff gegen das Reich erwogen, wäre jetzt der ideale Zeitpunkt gewesen. Aber wir hören nichts davon. Der Markomannenkönig war offenbar nur froh, dass der Koloss Rom ihn nicht mehr beachtete – und auch die Germanen in den römisch besetzten Gebieten zwischen Rhein und Elbe blieben ruhig.

Dorthin berief Augustus 6 oder 7 n. Chr. einen ausgesprochen erfahrenen Mann, der sich bereits in schwierigen Regionen bewährt hatte, unter anderem in Judäa in der Zeit um Jesu Geburt herum: Publius Quinctilius Varus. Sein Leben ist so bewegend wie beispielhaft für die kosmopolitische Gesellschaft jener Zeit, und sein Verhalten von so entscheidender Bedeutung für die weitere Geschichte Germaniens, dass im folgenden Kapitel näher auf seine Biographie eingegangen wird.

III. ARMINIUS VS. VARUS

1. Der Herr von Jerusalem (Varus, Teil I)

6 v. Chr.	Varus wird Statthalter in Syrien
5 v. Chr.	Varus trifft König Herodes
4 v. Chr.	Varus schlägt Aufstand in Judäa nieder

Der Gefangene versuchte so verzweifelt wie vergeblich, sich zu wehren. Die Schergen ergriffen in geübter Manier seine Arme, befestigten sie seitwärts ausgestreckt an einem Balken und zogen den Holzträger in die Höhe. Der Körper des Mannes sackte herab, und er brüllte vor Angst und Schmerz. Doch seine Leidensrufe waren kaum zu hören. Sie gingen unter in einer schrecklichen Geräuschkulisse, dem Stöhnen und Schreien der vielen anderen in seiner Nähe, die zur gleichen Zeit ans Kreuz geschlagen wurden. Schließlich stand ein grauenhafter Wald aus Holz und geschundenen Menschenleibern vor Jerusalem, bestehend aus 2000 Gekreuzigten, die auf Befehl von Publius Quinctilius Varus qualvoll zugrunde gingen.

Die Massenhinrichtung war der grausame Höhepunkt des Feldzugs, den Varus im Jahr 4 v. Chr. wegen eines Aufstands in Judäa führte. Der Statthalter Roms in der Region zeigte dabei nicht nur brutale Härte, sondern bei mancher Gelegenheit auch überraschende Milde, und es gelang ihm, den Flächenbrand rasch wieder zu unterdrücken. Der 42-Jährige hatte damit aus römischer Sicht konsequent, maßvoll und vor allem erfolgreich agiert und so nicht nur seine bisherige steile Karriere gerechtfertigt, sondern sich auch für zukünftige Missionen in schwierigem Terrain empfohlen.

Dass Varus einmal in solch eine Spitzenposition gelangen würde, war zu Beginn seines Lebens nicht abzusehen, auch wenn er aus einem alten Adelsgeschlecht stammte. Sein Vater kämpfte im römischen Bürgerkrieg auf Seiten der Republikaner gegen Octavian und Mark Anton, und nach der entscheidenden republikanischen Niederlage in der Schlacht von Philippi 42 v. Chr. »verschmähte er es, an das Mitleid des Gegners zu appellieren«, wie der Historiker Paterculus berichtet. »Im Schmuck seiner Rang- und Ehrenzeichen wurde er auf eigenen Befehl von einem Freigelassenen getötet.« Der für einen Römer ehrenvolle Freitod machte den gerade erst vierjährigen Publius Quinctilius Varus zum Halbwaisen, und es war nicht zu erwarten, dass der Bub einmal in der Gunst der neuen Herrscher stehen würde.

Steckbrief Publius Quinctilius Varus

geb. 47/46 v. Chr.,
gest. in der Varusschlacht 9 n. Chr.

Karriere:
13 v. Chr. amtiert Varus als Konsul. Um 7 v. Chr. wird er Statthalter der Provinz Africa, 6 v. Chr. der Provinz Syrien. In dieser Position schlägt er 4 v. Chr. Unruhen in Judäa nieder. Ab 6 oder 7 n. Chr. ist er Statthalter in Germanien und befiehlt über die Rheinarmee.

Familie:
Varus heiratet Claudia Pulchra, eine Großnichte des Augustus, und bekommt mindestens einen Sohn. Sein Großvater und Vater starben durch Selbstmord – wie er selbst schließlich auch.

Besondere Merkmale:
Antike Autoren beschreiben ihn als geldgierig und behäbig – was üble Nachrede sein kann, da Varus nach der Niederlage 9 n. Chr. zum Sündenbock gestempelt wird.

Mehr wissen wir über die Kindheit des Varus nicht, aber man kann davon ausgehen, dass er bei Verwandten aufwuchs und eine gute Bildung erhielt. Bereits mit Mitte zwanzig – dem Mindestalter – wurde er Quästor und erreichte damit die erste Stufe der römischen Ämterlaufbahn. Inschriften aus Griechenland und Kleinasien belegen, dass sich Varus in dieser Zeit im Osten des Reichs aufhielt. Anscheinend begleitete er den Feind seines Vaters und nunmehrigen Alleinherrscher Octavian alias Augustus, als dieser 22 bis 19 v. Chr. den Orient bereiste. Offenbar genoss der junge Quästor trotz der familiären Vorbelastung das Vertrauen des Potentaten, und er stieg schnell weiter auf. Von den weiteren Karriereschritten – üblicherweise Ädilat und Prätur – ist uns nichts überliefert, aber schon mit 33 Jahren gelangte Varus in das höchste Amt: Am 1. Januar 13 v. Chr. trat er das Konsulat an, gemeinsam mit einem der bedeutendsten Prominenten des Reichs, Augustus' Stiefsohn Tiberius. Die beiden späteren Germanienfeldherren bildeten nun für ein Jahr die nominelle Doppelspitze des Staates. (Rom war ja wie erwähnt auch unter Princeps Augustus offiziell eine Republik, die von zwei Konsuln angeführt wurde.)

Zu einem nicht näher bekannten Zeitpunkt gelang Varus ein weiterer Karrieresprung, diesmal nicht auf politischer, sondern auf familiärer Ebene. Die beiden Bereiche hatten sich in Rom schon immer vermischt, und seit dem augusteischen Machtantritt verschmolzen sie fast zu einer Einheit: Die wirklich lukrativen und machtvollen Posten, nämlich die Statthalterschaften in den bedeutenden Provinzen, waren weitgehend den Mitgliedern des Herrscherclans vorbehalten. Varus gelangte in den erlesenen Kreis, indem er die gut zwanzig Jahre jüngere Claudia Pulchra heiratete, eine Enkelin von Octavia, der Schwester des Augustus.

Um 7 v. Chr. übernahm der Aufsteiger die Provinz Africa, die sich in etwa über das heutige Tunesien und weite Teile der Mittelmeerküste Libyens erstreckte. Es war eine reiche Region und so friedlich, dass die Chronisten die Statthalterschaft des Varus mit keinem Wort erwähnen. Unsere einzige Informationsquelle sind diverse Kupfermünzen aus der Region, die seinen Namen sowie sein Konterfei zeigen. Es handelt sich zugleich um die einzigen Porträts, die wir von Varus besitzen – und die leider wenig aussagekräftig sind, da die lokalen Münzproduzenten offenbar schlampig gearbeitet haben: Die Gesichtszüge sind so krude gezeichnet und weichen von Prägeserie zu Prägeserie derart stark voneinander ab, dass es unmöglich ist, aus den Münzbildern auf das tatsächliche Aussehen des Statthalters zu schließen. Wenn die Porträts einen Befund zulassen, dann allenfalls den, dass der Dargestellte kein drahtiger Typ war, sondern recht beleibt. Dazu passt auch eine Beschreibung des zeitgenössischen Historikers Paterculus, der Varus höchstwahrscheinlich persönlich kannte: »Er war von milder Gemütsart, ruhigem Temperament, etwas unbeweglich an Körper und Geist, mehr an müßiges Lagerleben als an den Felddienst gewöhnt.«

Nachdem Varus seine wohl einjährige Amtszeit in Africa beendet hatte, ging er als Statthalter in die Provinz Syrien und damit in eine heikle Grenzregion: Östlich schloss sich das Partherreich an, eine konkurrierende Großmacht, die sich in etwa über den heutigen Irak und Iran erstreckte. Südlich seiner Provinz lag Judäa, das schon damals ein Krisenherd ersten Ranges war, geschüttelt von Unruhen und bevölkert von religiösen Fanatikern – so jedenfalls die Sicht der Römer, die den strengen Glauben der Juden aber auch für ihre Zwecke zu nutzen wussten. Ein prominentes Beispiel ist Pompeius, der 63 v. Chr. vorübergehend Jerusalem besetzte und am Tempel auf so heftigen Widerstand stieß, dass er das stark umwehrte Heiligtum belagern musste. Mit der Zeit erkannte der Feldherr, dass die Verteidiger selbst in dieser Situation strikt die Sabbatruhe befolgten – also von Freitag- bis Samstagabend sich aller Arbeit enthielten und nur dann zur Waffe griffen, wenn sie persönlich attackiert wurden. Die Römer ließen daraufhin an jedem Sabbat die Schwerter ruhen und schaufelten nur ganz friedlich den gegnerischen Abwehrgraben immer weiter zu, während die Belagerten ebenso friedlich zusahen. Nach einigen Wochen war dann der Graben so weit gefüllt, dass die Legionäre in den Tempel eindringen und in gewohnter Manier die Menschen darin abschlachten konnten.

Auch nach Abzug der Römer kam Judäa nicht zur Ruhe: Das Land wurde immer wieder von blutigen Machtkämpfen zerrissen, bis es 37 v. Chr. dem regionalen Anführer Herodes gelang, seine Rivalen zu beseitigen und sich zum König über den jüdischen Staat aufzuschwingen. Der neue Herrscher hatte dabei tatkräftige römische Unterstützung erhalten, und er dankte es nun seinen Förderern, indem er sich zu einem Bilderbuch-Klientelkönig entwickelte: Herodes ließ seine Kinder in Rom ausbilden, benannte neue Prachtbauten und ganze Städte nach prominenten Römern, und er ließ nach Augustus' Machtübernahme dessen Statuen im ganzen Land aufstellen sowie eine Reihe von Tempeln für den Princeps errichten. Bei der römischen Staatsspitze machte er sich damit beliebt, bei seinem Volk verhasst. Zusätzlich zeigte der jüdische König mit den Jahren immer mehr Anzeichen von Paranoia. Unter anderem beschuldigte er 5 v. Chr. seinen ältesten Sohn, einen Giftmordanschlag zu planen. Varus weilte zu dem Zeitpunkt gerade zu Besuch bei Herodes, und so erscheint er wieder in der Geschichtsschreibung, zum ersten Mal seit seinem Konsulat 13 v. Chr.

Der römische Statthalter nahm auf Bitten seines Gastgebers an dem Prozess gegen den Prinzen teil, hielt sich aber weitgehend zurück. Am Ende ließ Herodes seinen Erstgeborenen einsperren und im Jahr darauf hinrichten – fünf Tage vor seinem eigenen Tod durch schwere Krankheit. Der 70-jährige König litt laut Josephus unter anderem an Atembeschwerden, Krämpfen, unerträglichem Juckreiz und einem fauligen Geschwür im Schambereich, das Würmer erzeugte. All das machte ihn sicherlich nicht menschenfreundlicher.

Fraglich ist indes, ob Herodes tatsächlich den Kindermord zu Bethlehem befahl, wie es Matthäus im Neuen Testament beschreibt. Das Verbrechen findet sich in keiner anderen Schriftquelle und wurde dem Herrscher vermutlich nachträglich angedichtet – was zeigt, wie verhasst der Rom-Günstling in der Bevölkerung war. Zudem legt die Geschichte nahe, dass Jesus von Nazareth noch zu Lebzeiten des Königs geboren wurde – und damit während der Statthalterschaft des Varus in Syrien.

Herodes erhielt nach seinem Tod ein prunkvolles Begräbnis, und in dem Leichenzug marschierten auch Soldaten aus fremden Ländern mit, unter anderem Germanen in voller Bewaffnung.

Die Männer hatte es offenbar als Söldner an den Hof von Jerusalem verschlagen, was beispielhaft zeigt, wie kosmopolitisch die Gesellschaft zu jener Zeit war. Nicht nur hochgestellte Persönlichkeiten wie Varus bereisten die drei bekannten Kontinente Europa, Afrika und Asien, auch das einfache Volk konnte weit herumkommen. So verdingten sich nicht nur Germanen im Nahen Osten, sondern umgekehrt zum Beispiel Seeleute aus dem Orient am Rhein. Von einem gewissen Lucius Octavius Elaites etwa wissen wir anhand einer Inschrift aus dem 1. Jahrhundert, dass er aus der heutigen Türkei stammte, 34 Jahre als Steuermann in der Flotte tätig war und wohl in Köln bestattet wurde.

Die zunehmende Verflechtung bedeutete allerdings nicht automatisch mehr Frieden. Der Nahe Osten als Schnittstelle der verschiedenen Kulturen bildete weiterhin einen stetig brodelnden Krisenherd, und nach dem Tod des Herodes 4 v. Chr. brachen erneut Unruhen aus.

In dieser brenzligen Situation verschärfte ein Römer die Spannungen zusätzlich: Der Finanzverwalter für Syrien, Sabinus, zog eigenmächtig nach Judäa, um die gesamten Schätze des verstorbenen Herodes zu beschlagnahmen. Der designierte jüdische König Archelaos war entsetzt und wandte sich hilfesuchend an Varus. Dieser war als Statthalter Syriens der Vorgesetzte von Sabinus, und er reagierte ausgesprochen vernünftig: Varus setzte auf Deeskalation, und Sabinus musste versprechen, vorerst nichts zu unternehmen. Augustus selbst sollte über das Erbe entscheiden, zumal Herodes diesen zu seinem Testamentsvollstrecker ernannt hatte.

Archelaos schiffte sich nun zum Antrittsbesuch nach Rom ein. Um in dieser heiklen Phase keine neuen Ausschreitungen aufkommen zu lassen, rückte Varus derweil in Jerusalem ein, begleitet von den drei Legionen, über die er in Syrien verfügte. Als es in Judäa ruhig blieb, kehrte der 42-Jährige mit dem Großteil seiner Armee wieder in seine Provinz zurück. Eine Legion beließ er vorsichtshalber als Ordnungsmacht in der jüdischen Hauptstadt. Die Lage schien stabil.

Finanzverwalter Sabinus aber dachte gar nicht daran, sein Versprechen zu halten. Kaum war sein Vorgesetzter Varus abgereist, sah er die Gelegenheit gekommen, die Schätze des Herodes an sich zu raffen. »Er brach unverzüglich nach Jerusalem auf und bemächtigte sich des Königspalastes«, berichtet der antike Historiker Flavius Josephus. »Er erzwang die Übergabe der Festung und durchsuchte diese streng nach den Schätzen des Königs. Dazu benutzte er nicht nur die von Varus zurückgelassenen Soldaten, sondern auch die große Menge seiner eigenen Sklaven, die er bewaffnet hatte und als Werkzeuge seiner Habgier missbrauchte.«

Wie fast vorherzusehen war, reagierte die jüdische Bevölkerung mit offenem Widerstand. Dieser verstärkte sich noch dadurch, dass gerade ein hoher Festtag war und aus diesem Anlass sich Menschenmassen aus dem ganzen Land in Jerusalem versammelten. Die Menge teilte sich in drei Haufen, so Josephus, »umzingelte die Römer und begann diese regelrecht zu belagern«. Die Legion war nun mitten in der Stadt in dem Königspalast eingeschlossen, und den bislang so forschen Sabinus verließ angesichts der prekären Situation der Mut. Anstatt weiter eigenmächtig die Anweisungen des Varus zu unterlaufen, wandte er sich nun kleinlaut an seinen Vorgesetzten. »Sabinus schickte einen Boten nach dem anderen mit der Bitte um schleunige Hilfe an Varus und ließ ihm mitteilen, wenn er zögere, werde die Legion zusammengehauen«, berichtet Josephus.

Derweil wagten die belagerten römischen Soldaten einen Ausfall aus dem Palast. Sie eröffneten eine blutige Straßenschlacht mit zahlreichen Todesopfern auf beiden Seiten, zündeten die umliegenden Gebäude an und drangen zum Tempel vor, dem Allerheiligsten der Juden. Dort plünderten sie die gelagerten Schätze und zogen sich anschließend wieder in den Königspalast zurück.

Die Situation eskalierte nun vollends. Mehr und mehr jüdische Krieger belagerten den Palast, und auch an vielen anderen Orten des Landes kam es zu Unruhen. Die ganze Region drohte im Chaos zu versinken.

Ob Varus einen Wutanfall bekam, als er hörte, was Sabinus angerichtet hatte, wissen wir nicht. Aber eines war klar: Die in Jerusalem eingeschlossene Legion unterlag seiner Verantwortung, also durfte er sie nicht im Stich lassen. Der beleibte Statthalter reagierte prompt und entschlossen. Mit seinen beiden verbliebenen Legionen sowie rund 2000 berittenen Auxiliarsoldaten zog Varus schnellstmöglich von seiner Provinz Syrien in das Krisengebiet. Unterwegs verstärkte er sich noch durch jüdische und arabische Hilfstruppen. Dann sandte er einen Teil des Heeres nach Sepphoris, einem Zentrum der Unruhen, nördlich von Nazareth gelegen. Die Soldaten eroberten die Stadt, steckten sie in Brand und verkauften die Einwohner in die Sklaverei. Rom hatte damit ein brutales Zeichen gesetzt, wie es auch in einem offiziell befreundeten Land auf Widerstand reagierte.

Varus selbst zog derweil mit dem Gros des Heeres Richtung Jerusalem, um der eingeschlossenen Legion zu helfen. Als er vor der Hauptstadt ankam, reagierten die jüdischen Widerstandskämpfer sofort: Sie gaben die innerstädtische Belagerung der römischen Soldaten auf und flohen, so schnell sie konnten, landeinwärts. Die verbliebenen Stadtbewohner öffneten die Tore, und die befreite Legion zog ihrem Retter entgegen – mit einer Ausnahme, wie Josephus süffisant anmerkt: »Sabinus hatte nicht das Herz, Varus unter die Augen zu treten, und war deshalb vorher aus der Stadt zur Meeresküste gereist.«

Die Einwohner Jerusalems versuchten nun, jegliche Verantwortung für die Unruhen von sich abzuwälzen. Den Aufstand hätten nicht sie angezettelt, so verteidigten sie sich, sondern allein diejenigen, die anlässlich des Festtages von außerhalb in die Hauptstadt geströmt waren. Sie selbst, versicherten die Jerusalemer treuherzig, seien im Grunde ebenso wie die Römer Belagerte gewesen. Varus glaubte den Beteuerungen – oder er tat so als ob, um keine weiteren Unruhen in der Stadt auszulösen – und sandte einen Teil seines Heeres aus, um das Land zu durchkämmen und alle Rebellen aufzugreifen. Die Soldaten gingen dabei nicht wählerisch vor und nahmen Tausende gefangen. »Die weniger Unruhigen unter ihnen ließ er einkerkern«, berichtet Josephus, »die Schuldigsten aber, gegen 2000 Mann, ans Kreuz schlagen.«

Der lapidare Satz des jüdischen Historikers beschreibt die eingangs geschilderte monströse Massenhinrichtung, genauer gesagt Massenmarterung, denn die Kreuzigung war nicht darauf angelegt, das Opfer gezielt zu töten, sondern es möglichst langsam und qualvoll im Wortsinn verrecken zu lassen (siehe auch Kapitel I.5). Offen bleibt die Frage, wie die Soldaten des Varus die sogenannten Unruhestifter identifizierten und wie sie herausfanden, wer die Schuldigsten waren. Die ungeheuerliche Zahl von 2000 Todesurteilen machte es praktisch unmöglich, in jedem einzelnen Fall auch nur ein halbwegs faires Verfahren durchzuführen. Viele der zu Tode Gemarterten hatten vermutlich nichts anderes verbrochen, als einem Trupp römischer Legionäre über den Weg zu laufen, der seine Sollzahl an Gefangenen noch nicht erreicht hatte.

Von Beschwerden der Juden gegen die Massenkreuzigung lesen wir in den Berichten des Josephus allerdings nichts. Vielleicht hat der jüdische Autor, der die römische Staatsbürgerschaft besaß und seine Werke im späten 1. Jahrhundert n. Chr. verfasste, die Proteste übergangen. Vielleicht aber waren die Bewohner Jerusalems nur froh, dass der Kelch an ihnen vorübergegangen war – und um sich nicht verdächtig zu machen, zeigten sie keinerlei Solidarität mit ihren unglücklichen Landsleuten aus der Umgebung. Varus jedenfalls hatte es geschafft, durch eine Kombination aus Milde gegenüber den Hauptstädtern und skrupellosem Terror gegen die Menschen auf dem Land die Region schlagartig zu beruhigen.

Nur im Süden Judäas tummelten sich noch 10 000 bewaffnete Widerstandskämpfer. Als Varus davon erfuhr, handelte er wiederum rasch und entschlossen. Mit seinen Legionen rückte er in Eilmärschen den Rebellen entgegen, worauf diese sich kampflos ergaben. Der Statthalter befand sich jetzt in gnädiger Stimmung, und mit Ausnahme weniger Anführer »gewährte er der großen Masse Verzeihung«, wie Josephus berichtet.

Das Land war nun befriedet, was Varus als bedeutenden Erfolg für sich verbuchen konnte. Auch wenn er keine großen Schlachten geschlagen hatte, war es ihm durch tatkräftigen Einsatz gelungen, sämtliche Unruhen schnell zu unterdrücken. Er veranlasste noch, dass eine Legion weiterhin in Jerusalem stationiert blieb, und kehrte dann mit der restlichen Armee nach Syrien zurück.

Damit endet Josephus' Schilderung der Zeit des Varus in Judäa. Der Bericht ist im Zusammenhang mit den späteren Ereignissen in Germanien vor allem aus zwei Gründen interessant: Zum einen bilden Varus' Erfahrungen im Nahen Osten den Hintergrund für dessen Vorgehensweise zwischen Rhein und Elbe, zum anderen sind die Texte des Josephus eine unverzichtbare Quelle, um die Persönlichkeit des Statthalters einzuschätzen. Dieser erscheint hier in einem ganz anderen Licht als in den Darstellungen, die sich mit der Schlacht im Teutoburger Wald befassen.

Im Alten Rom war es üblich, nach schweren militärischen Niederlagen die alleinige Schuld beim Feldherrn vor Ort zu suchen. Varus musste also in den Berichten über das Desaster in Germanien zwangsläufig als inkompetenter Staatsmann und Armeeführer erscheinen. Die Schilderungen des Josephus sind hier ein entscheidendes Korrektiv.

Das gilt auch in Bezug auf den Charakter des Varus. Da die Römer der Ansicht waren, dass sie die umliegenden Völker nicht nur dank ihres starken Militärs besiegt hatten, sondern auch dank ihrer ethisch-moralischen Überlegenheit, bedeutete im Umkehrschluss eine Niederlage, dass der Verantwortliche die hehren römischen Prinzipien verraten hatte.

Der Vorwurf egoistischer Gewinnsucht etwa findet sich so oft bei glücklosen Feldherren, dass er geradezu klischeehaft wirkt. Auch Varus trifft dieser Tadel, den niemand so pointiert ausdrückte wie unser Zeitzeuge Paterculus: »Dass er das Geld nicht verachtete, beweist seine Statthalterschaft in Syrien«, so der Historiker. »Arm betrat er ein reiches Land, reich verließ er ein armes Land.«

Vernichtender kann man das Urteil über eine Amtszeit kaum fällen, als es Paterculus hier mit wenigen Worten voll beißendem Spott tut. In der Tat gehörte es zu den traurigen Gepflogenheiten des Römischen Reichs, dass Statthalter die Provinzen auspressten, um die eigenen Taschen zu füllen. Varus bildete hier wohl keine Ausnahme, aber trotz der bösen Schelte ist zu vermuten, dass er keineswegs unrühmlich hervorstach. Zu dem Bild des skrupellosen Geldraffers passt es jedenfalls nicht, dass

Varus seinen Untergebenen Sabinus daran hindern wollte, das Vermögen des verstorbenen Herodes zu beschlagnahmen. Wäre er so raffsüchtig gewesen, wie kolportiert wird, hätte er sicherlich versucht, bei der Gelegenheit selbst einen Teil der Schätze zu kassieren. Offenbar achtete Varus zumindest darauf, sich nicht in ungesetzlicher Weise zu bereichern – was damals alles andere als eine Selbstverständlichkeit war.

Wann die Zeit des Varus in Syrien endete, ist nicht bekannt. Unterrichtet sind wir nur über die weiteren Vorgänge in Judäa. Der Haupterbe des Herodes, Archelaos, herrschte angeblich derart grausam, dass ganze Abordnungen seiner Untertanen nach Rom reisten, um sich bei Augustus zu beklagen. Dieser reagierte auf die Beschwerden, indem er 6 n. Chr. Archelaos absetzte und die Krisenregion direkt unter seine Verwaltung stellte, also zu einer römischen Provinz machte. Einer der späteren Statthalter war dann Pontius Pilatus, der um 30 n. Chr. das wahrscheinlich folgenreichste Todesurteil der Weltgeschichte fällte – ohne dies im Mindesten zu ahnen. Aus Sicht des Römers war die Kreuzigung Jesu wohl nur eine Hinrichtung unter vielen.

Die Spur des Varus verliert sich nach dessen Einsatz im Orient. Ein knappes Jahrzehnt lang erfahren wir nichts über ihn – bis Augustus um 7 n. Chr. einen erfahrenen Militär und Verwaltungsfachmann benötigte, der in der Lage war, in Germanien Frieden und Ordnung im römischen Sinn aufrechtzuerhalten.

Kaum jemand war wohl besser qualifiziert für diese Aufgabe als der Mann, der bereits im Krisenherd Naher Osten seine Fähigkeiten bewiesen hatte. Wem es dort gelingt, alle Unruhen rasch zu unterdrücken, so dachte vielleicht Augustus, dem gelingt es in Germanien allemal.

2. Ein Jurist unter Barbaren (Varus, Teil II)

6/7 n. Chr.	Varus wird Statthalter in Germanien

Die Menschen in Rom hungerten, Brände wüteten in der Stadt, Kriege tobten in den Provinzen, und der Staat stand kurz vor dem Bankrott. Es herrschte eine beinahe apokalyptische Stimmung im Zentrum der Weltmacht, als Varus Ende 6 oder Anfang 7 n. Chr. nach Germanien aufbrach – und damit in eine befriedete Region, deren Bewohner aus römischer Sicht fast kostenlos den Schutz der immens teuren Legionen genossen. Aber das würde er ändern, nahm sich Varus vor. Die Phase des Laisser-faire gegenüber den Barbaren hatte lang genug gedauert. Nun war es an der Zeit, dass auch die Wilden Steuern zahlten und so ihren Teil dazu beitrugen, die große Krise des Reichs zu bewältigen. Imperator Caesar Augustus würde sehr zufrieden sein, wenn er von den neuen, dringend benötigten Einnahmen erfuhr.

Natürlich kennen wir die Gedankengänge des Varus nicht, aber dass dem gut 50-Jährigen Ähnliches durch den Kopf ging, legen die antiken Berichte über seine Amtsführung und die damaligen Zustände in Rom nahe. Der sogenannte Augusteische Friede (Pax Augusta) war danach keineswegs das Goldene Zeitalter, als das er gerne dargestellt wird. Zu Beginn der Augustusherrschaft blühte zwar die Volkswirtschaft vorübergehend auf, aber schon vor der Zeitenwende zeichnete sich eine schwere Wirtschaftskrise ab, die sich in den folgenden Jahren zunehmend verschärfte. Zu den Gründen zählten die vielen Feldzüge in Germanien seit 12 v. Chr. und der große Aufstand in Pannonien ab 6 n. Chr. Beide Kriege kosteten gewaltige Summen, brachten aber kaum Beute ein, so dass das Reich in eine anhaltende Finanzkrise geriet.

Augustus reagierte auf die staatliche Geldnot in ähnlicher Weise, wie es moderne Regierungen tun: Er setzte erstens eine

Kommission ein, die den Staatshaushalt auf Einsparmöglichkeiten durchforstete, und zweitens drehte er an der Steuerschraube. Das tat er nicht nur in den Provinzen, sondern auch in Italien selbst, zum Entsetzen der Römer. Die Inhaber des Bürgerrechts mussten bis dato keine regelmäßigen Steuern entrichten, und sie waren daher schockiert, als Augustus 6 n. Chr. verfügte, dass der Staat fortan bei Erbschaften und Vermächtnissen einen Anteil von fünf Prozent kassierte (mit Ausnahme von Hinterlassenschaften an die nächsten Verwandten und an die Ärmsten). Hinzu kamen eine einprozentige Warenumsatzsteuer und ab 7 n. Chr. eine Abgabe von zwei Prozent bei Sklavenverkäufen. Diese Steuersätze mögen nach modernen Maßstäben sehr gering erscheinen, aber man muss sich vor Augen führen, dass in der Antike generell weitaus niedrigere Abgabensätze üblich waren als heute. Schon über die Umsatzsteuer von einem Prozent beklagten sich die Bürger immer wieder, wie bei Tacitus belegt ist. Wie hätten sie dann wohl auf eine 19-prozentige Mehrwertsteuer reagiert? Die Abgabenlast, die wir gewohnt sind, wäre den damaligen Menschen ungeheuerlich vorgekommen.

Mehr noch als vom Fiskus sah sich die Bevölkerung Roms von einer Hungersnot bedroht, die aus schweren Missernten resultierte. Der Nahrungsmangel war 6 n. Chr. so gravierend, dass das Getreide rationiert werden musste und Augustus ganze Bevölkerungsteile aus Rom ausweisen ließ, um die Zahl der hungrigen Mäuler zu reduzieren. Die Stadt verlassen mussten die Gladiatoren, die zum Verkauf stehenden Sklaven sowie alle Ausländer – mit Ausnahme der Lehrer und Ärzte, die als qualifizierte Gastarbeiter schon damals privilegiert waren. Die Getreideknappheit hielt auch im Folgejahr an und legte sich erst wieder 8 n. Chr.

Geplagt wurde Rom in jener Zeit schließlich noch durch außergewöhnlich heftige Brände, die vielleicht aus Unruhen wegen der Hungersnot resultierten und ganze Stadtviertel zerstörten. »Die Massen waren wegen des Hungers, der Steuern und Verluste durch das Feuer so verzweifelt«, schreibt Cassius Dio, »dass sie nicht nur offen zahlreiche Pläne für eine Revolution schmiedeten, sondern nachts noch mehr derartige Aufrufe [an Gebäuden] anbrachten.«

Die Stimmung in der Hauptstadt war damit auf einem Tiefpunkt. Für Augustus dürfte es in dieser heiklen Lage wichtiger gewesen sein, die Laune des eigenen Volkes zu bessern, als Rücksicht auf die Barbaren im fernen Germanien zu nehmen – zumal diese anscheinend keine echten Gegner mehr für die Legionen darstellten. Die Feldzugsberichte jedenfalls belegten seit 12 v. Chr. immer wieder überzeugende römische Siege. Trotzdem zahlten nur wenige Stämme Tribut, und vielleicht verlor der Princeps angesichts der Finanznot des Reichs nun die Geduld. Es ist gut denkbar, dass er nach dem fast zwei Jahrzehnte andauernden und immens teuren Engagement in Germanien jetzt erwartete, dass endlich nicht nur militärischer Ruhm abfiel, sondern auch wirtschaftlich zählbare Resultate kamen.

Dabei ist zu berücksichtigen, dass Augustus keineswegs ein getreues Abbild der Realitäten im Norden besaß, sondern sich auf die Mitteilungen seiner Feldherren und Gewährsleute vor Ort verlassen musste. Und dass diese lieber ihre militärischen Erfolge als die Fehlschläge herausstrichen, versteht sich von selbst. Wie geschönt die Berichte an die Zentrale in Rom waren, zeigten bereits die verfrühten Siegesfeiern während und nach den Kriegszügen des Drusus (Kapitel II.1 und II.2). Die Folge war wohl, dass Augustus und sein Stab die Lage in Germanien falsch einschätzten und Varus ungeeignete Anweisungen mit auf den Weg gaben.

Trotz der optimistisch verzerrten Sichtweise war der römischen Staatsspitze aber bewusst, dass man dem Frieden in Germanien noch nicht trauen konnte. Als Gefahrenquelle dürfte man allerdings weniger die Stämme zwischen Rhein und Elbe angesehen haben als die Völker außerhalb dieses Gebiets: Erstens konnten die freien Germanen östlich der Elbe jederzeit in die besetzten Gebiete einfallen und ihre Stammesbrüder dort aufwiegeln. Zweitens bildete das Reich des Marbod in Böhmen (Kapitel II.5) weiterhin einen ebenso großen wie unkalkulierbaren Machtfaktor. Und drittens bestand die Gefahr, dass der große Aufstand in Pannonien sich unkontrolliert ausweitete – war es doch von dieser Provinz, deren Nordwesten im heutigen Österreich lag, kein weiter Weg nach Germanien. Angesichts dieser prekären außenpolitischen Konstellation hatte Varus wahrscheinlich nicht nur den Auftrag, die Grundlagen für ein Tributsystem zu schaffen, sondern auch Unruhen unter allen Umständen zu verhindern. An den Grenzen sollte er wahrscheinlich eine »wachsame Defensive« wahren, wie es der moderne Historiker Dieter Timpe ausdrückt.

Inwieweit Varus diese mutmaßlichen Anweisungen in die Tat umsetzte, lässt sich nur erahnen. Über seine Aktivitäten in Germanien existieren leider nur sehr wenige schriftliche Informationen. Allein der Historiker Cassius Dio beschreibt uns überhaupt die Situation, die der Statthalter bei seiner Ankunft im heutigen Deutschland vorfand. »Die Römer hatten das Gebiet [Germanien] nicht als geschlossenes Territorium in ihrem Besitz«, beginnt Dio die Schilderung, »sondern beherrschten nur Teile, wie diese gerade unterworfen waren.« Diese Aussage passt zu den archäologischen Forschungsergebnissen, denen zufolge das Imperium rechts des Rheins nur zwei Zonen militärisch besetzt hielt: einen Korridor entlang der Lippe im heutigen Ruhrgebiet und die Mainregion im jetzigen Hessen (siehe Kapitel II.3).

»Die Truppen überwinterten dort und gründeten Städte«, fährt Dio fort, »und die Barbaren passten sich der römischen Lebensweise an: Sie besuchten die Marktplätze und trafen sich in friedlichen Versammlungen.« Auch dieser Textabschnitt wird von den Funden gestützt: Mindestens im hessischen Waldgirmes errichteten die Römer eine zivil geprägte Stadt, in der Kolonisten und Einheimische friedlich zusammenlebten (siehe ebenfalls Kapitel II.3).

Bis hierhin erweist sich Dio als im Großen und Ganzen verlässlicher Autor. Seine weiteren Ausführungen sind nicht mehr archäologisch überprüfbar: »Sie [die Germanen] waren nicht empört über die Veränderung ihres Lebens und bemerkten den Wandel kaum, solange sie nur allmählich und nach einem behutsamen Verfahren ihre alten Gewohnheiten verlernten«, erklärt der Historiker. »Als aber Quinctilius Varus das Kommando in Germanien übernommen hatte und die Verhältnisse bei ihnen aufgrund seiner Amtsgewalt zu ordnen suchte, war er bestrebt, sie schneller umzuformen: Er gab ihnen generell

Befehle, als ob sie schon in Knechtschaft lebten, und trieb von ihnen Tribute ein, wie dies gegenüber Untertanen üblich ist.«

Varus packte seine Aufgabe anscheinend so energisch an, wie er es im Nahen Osten mit Erfolg getan hatte. Vielleicht beging er dabei den Fehler, seine Erfahrungen von dort auf Germanien übertragen zu wollen, trotz der sehr verschiedenen Verhältnisse und Mentalitäten. Der Orient war geprägt von uralten Zivilisationen, verfügte über großen Reichtum, und die Menschen waren gewohnt an despotische Herrscher. Das nördliche Mitteleuropa hingegen war zivilisatorisch rückständig, die Bevölkerung arm, und praktisch keine germanische Gemeinschaft hatte einen absolutistisch regierenden Alleinherrscher – die im Wortsinn große Ausnahme war das Reich des Marbod in Böhmen. Die höchste Instanz des Stammes bildete in der Regel die Versammlung der freien Männer, eine Art Volksparlament, wie Tacitus Ende des 1. Jahrhunderts darlegt: »Über geringere Angelegenheiten entscheiden die Stammeshäupter, über wichtigere die Gesamtheit«, so der Historiker. »Dabei kommt es mehr auf die Überzeugungskraft an als auf die Befehlsgewalt: Missfällt ein Vorschlag, so weist man ihn durch Murren ab; findet er jedoch Beifall, so schlägt man die Framen [Speere] aneinander.« Die erwachsenen Männer waren also persönliche Freiheiten und Mitsprachrechte gewohnt. Entsprechend empfindlich reagierten sie vermutlich, wenn Varus im Kommandostil Erlasse diktierte – was er tun musste, wenn er die Gesellschaft rasch in seinem Sinn zivilisieren wollte.

Erschwerend kam hinzu, dass es den Menschen in Germanien eher fremd war, regelmäßige Abgaben zu entrichten – eine staatliche Obrigkeit, die diese einforderte, existierte ja ebenso wenig wie eine Geldwirtschaft. Wenn Varus sich nun daranmachte, systematisch Tribute zu erheben, bedeutete dies einen weiteren Kulturschock für die Betroffenen. Der gefühlte Freiheitsverlust potenzierte sich dadurch, zumal er für den Einzelnen jetzt auch materiell spürbar wurde. Und da die meisten Germanen Kleinbauern waren, die gerade genug für den Eigenbedarf erwirtschafteten – und in schlechten Zeiten nicht einmal das –, bedeutete für sie jede noch so kleine Abgabe einen schmerzlichen

Verlust. Es fehlte schlicht die ökonomische Basis für eine Besteuerung: die Produktion von Überschüssen, die man abführen konnte.

Einen dritten Kulturschock löste schließlich die Art und Weise aus, wie Varus versuchte, Frieden und Ordnung im Land aufrechtzuerhalten. Konnten die Stämme bislang ihre internen Streitigkeiten weitgehend selbst regeln – sofern keine Interessen des Imperiums betroffen waren –, forcierte der Statthalter nun eine neue Form der Konfliktlösung: die römische Jurisprudenz. Dem Historiker Paterculus zufolge glaubte Varus, dass die Germanen, »die sich nicht durch das Schwert bändigen lassen, durch das römische Recht gezähmt werden können«. Der Statthalter habe zu diesem Zweck das Landesinnere bereist und »die Zeit des Sommerfeldzugs damit zugebracht, von seinem Richterstuhl aus Recht zu sprechen sowie Prozessformalitäten abzuhandeln«. Das Ziel war sicherlich, gewalttätige Konflikte bereits im Keim zu ersticken, um Unruhen vorzubeugen und so die Zivilisierung des Landes weiter voranzutreiben. Varus leitete dabei wohl nur die wichtigsten Verhandlungen und delegierte die minder bedeutsamen an spezialisierte Juristen.

Für die Germanen, die nur das Gewohnheitsrecht innerhalb ihres Stammes kannten, müssen die Gerichtsverfahren kafkaeske Erlebnisse gewesen sein: Weder verstanden sie die Sprache der Richter und Anwälte – die natürlich Latein war – noch das komplizierte Prozedere, noch konnten sie als Mitglieder einer analphabetischen Gesellschaft den Schriftstücken einen Sinn zuordnen. Bei Zivilprozessen war dies vielleicht noch zu ertragen, aber schrecklich müssen für die Betroffenen die Strafverfahren gewesen sein – konnte man sich mangels römischer Rechtskenntnis doch nie sicher sein, welches Urteil letztlich drohte. Und dass Varus als oberster Jurist nicht gerade feinfühlig vorging, legt folgender Kommentar des Paterculus nahe: »Er bildete sich ein, dass die Menschen dort außer Stimme und Körperbau nichts Menschliches an sich hätten.« Einige moderne Historiker meinen zwar, dass Paterculus dem Statthalter diese überhebliche Haltung nur angedichtet hat, aber man kann auf jeden Fall annehmen, dass Varus nicht zögerte, die Todesstrafe zu verhängen – das hatte er bereits bei der Massenkreuzigung vor Jerusalem bewiesen. Zudem schreibt der Historiker Tacitus, dass Arminius in späteren Reden explizit zwei Begleiterscheinungen der römischen Herrschaft über Germanien anprangerte: die Steuern und die Hinrichtungen.

Wozu der neue Regierungsstil unter Varus führte, fasst Cassius Dio so zusammen: »Sie [die Germanen] ertrugen die Behandlung nicht länger: Die Stammesführer wollten ihre frühere Machtstellung zurückgewinnen, die breite Masse schätzte den altgewohnten Zustand höher als die Fremdherrschaft.« Trotzdem brodelte es jahrelang nur unter der Oberfläche. »Sie lehnten sich nicht offen auf«, so der antike Historiker, »da sie sahen, dass viele Römer am Rhein stationiert waren und zahlreiche weitere in ihrem eigenen Land standen.« Nach all den vergeblichen Aufständen der vergangenen zwanzig Jahre hatten die Barbaren scheinbar endlich die Lektion gelernt, dass Widerstand gegen das übermächtige Imperium sinnlos war. »Sie empfingen Varus, als ob sie alle Befehle ausführen würden«, schildert Dio. Und als ob das nicht genügte, »verkehrten sie mit ihm überaus friedfertig und freundschaftlich«.

Im Geheimen aber formte sich eine Widerstandsbewegung, an deren Spitze ausgerechnet ein römischer Ritter stand. Die Stunde des Arminius war gekommen.

3. Abkehr von Rom (Arminius)

Auf der Anhöhe stehend, stützt der bärtige Krieger seinen linken Arm auf den Schild, der von Bauchhöhe aus schmal nach unten zulaufend zum Boden reicht. Mit der rechten Hand umklammert der Kämpfer ein mächtiges Schwert und streckt die Waffe so hoch empor, dass die Spitze direkt in den Himmel zeigt. Sein Blick richtet sich dabei auf den umliegenden Teutoburger Wald, unbehindert trotz des Helms, aus dem zwei Flügel wie bei einem losfliegenden Vogel herausragen.

Das gut 53 Meter hohe Hermannsdenkmal nahe dem nordrhein-westfälischen Detmold ist nicht nur die berühmteste Darstellung des Arminius, sondern auch ein ungewolltes Sinnbild dafür, wie sich in dieser Person Fakten und Fiktionen vermengt haben. Fast nichts an dem 1875 eingeweihten Monument entspricht der historischen Realität: Der längliche, nach unten zu schmaler werdende Schild passt eher zu einem mittelalterlichen Ritter als zu einem Römer oder Germanen. Was die Riesenfigur am Körper trägt, ist weder typisch für einen Offizier Roms – dazu fehlt die Rüstung – noch für einen germanischen Krieger – dazu fehlt die Hose. Völlig absurd ist der Kopfschutz: Flügel besaßen zwar die Helme einiger mythologischer Figuren, etwa des griechischen Götterboten Hermes, aber es gibt keinerlei Hinweis, dass die irdischen Kämpfer jener Zeit dieses sinnlose Accessoire trugen. Doch wie die Hörner auf den Wikingerhelmen, die es ebenfalls nie gab, bilden die Vogelschwingen eine derart hartnäckige Legende, dass noch im späten 19. Jahrhundert *Meyers Konversationslexikon* unter dem Stichwort »Flügelhelm« erklärte: »Ein an den Seiten mit Adlerflügeln versehener Helm, der vorzugsweise bei den alten germanischen Völkerschaften und den Galliern in Gebrauch war.« Und so kann man die Phantasiehelme bis heute immer wieder entdecken, zum Beispiel auf dem Kopf der Comicfigur Asterix.

Nicht einmal der Name des Denkmals besitzt einen Bezug zur realen Person. Im 16. Jahrhundert meinten reformatorische Kreise hierzulande, dass ein deutscher Nationalheld auch einen deutschen Namen tragen müsse, und Martin Luther taufte den verehrten Arminius flugs in Hermann um – dieser sei ja schließlich ein »Heer«-Mann gewesen. Mit dem tatsächlichen Namen des cheruskischen Fürstensohns hat dieses Wortkonstrukt indes nichts zu tun.

Die antiken Autoren haben uns leider nicht überliefert, wie der junge Mann ursprünglich hieß. Als er später das römische Bürgerrecht erhielt, musste er vorschriftsgemäß auch einen römischen Namen annehmen, und der lautete in seinem Fall eben Arminius. Ob es sich dabei um die latinisierte Form seines germanischen Rufnamens handelte oder ob der junge Cherusker

Steckbrief Arminius
(keine zeitgenössische Abbildung vorhanden)

geb. ca. 18 v. Chr.,
gest. 19 oder 21 n. Chr. im Alter von 37 Jahren

Karriere:
Der Cherusker dient in der römischen Armee als Führer einer Hilfstruppeneinheit. Er wird ausgezeichnet mit dem Bürgerrecht und der Aufnahme in den römischen Adel – was von keinem anderen Germanen seiner Zeit bekannt ist. Trotzdem führt Arminius 9 n. Chr. die Aufständischen an, die drei Legionen unter Varus vernichten. 15 und 16 n. Chr. kämpft er an der Spitze einer Stammeskoalition gegen die Invasionsarmee des Germanicus. Arminius versucht danach, sich zum Stammes- oder Regionalherrscher aufzuschwingen, wird aber von den eigenen Verwandten ermordet.

Familie:
Seine Sippe zerstritten zu nennen wäre untertrieben. Arminius, Sohn des Cheruskerfürsten Sigimer, kämpft in diversen Kriegen unter anderem gegen seinen Bruder Flavus, seinen Onkel Inguiomerus und seinen Schwiegervater Segestes. Der liefert die eigene Tochter und Frau des Arminius, Thusnelda, an die Römer aus. Seinen in Gefangenschaft geborenen Sohn Thumelikus bekommt Arminius nie zu Gesicht.

Besondere Merkmale:
»Er war tüchtig im Kampf und rasch in seinem Denken, ein beweglicherer Geist, als es die Barbaren gewöhnlich sind«, schildert der Römer Paterculus, der Arminius vermutlich persönlich kannte. »Das Feuer seines Geistes verriet sich schon im Blick seiner Augen.«

den Namen von einem römischen Gönner übernommen hat – was durchaus üblich war –, ob die Bezeichnung auf die Augenfarbe anspielt – Armenium bedeutet Bergblau – oder ob es gar einen Bezug zu dem Land Armenien gibt oder ob vielleicht eine ganz andere Erklärung zutrifft, ist seit Jahrhunderten Gegenstand verschiedenster Forschungsarbeiten. Das Resultat lautet schlicht: Wir wissen es nicht. Wie Arminius von seinen Eltern gerufen wurde, wird uns wohl für immer verborgen bleiben.

Für die damaligen Historiker war diese Frage offenbar uninteressant, wie auch der Verlauf seiner Jugend. Erst ab der Varusschlacht richtet sich das Interesse der römischen Medien auf diesen Mann, so dass wir über seine nachfolgenden Aktivitäten und sein bewegtes persönliches Schicksal relativ gut informiert sind. Bis zu der Schlacht allerdings verfügen wir nur über äußerst spärliche Angaben, zum Leidwesen der neuzeitlichen Biographen. Viele Autoren haben die Wissenslücken durch Spekulationen gefüllt, was andere wiederum abschrieben, so dass man ohne Kenntnis der antiken Originalquellen oft nicht mehr die Fakten von den Fiktionen unterscheiden kann. Bevor wir uns im nächsten Kapitel der Varusschlacht selbst zuwenden, soll daher zusammenfassend rekonstruiert werden, wie Leben und Wirken des Arminius zu diesem folgenreichen Ereignis hinführten – mit klarer Trennung, was tatsächlich aus den Quellen bekannt ist und was nicht.

Zur Welt kam der Cherusker zwischen Ende 20 und 17 v. Chr. Das ergibt sich aus den Annalen des Tacitus, die neben dem Tod des Arminius auch vermelden, wie alt er wurde und wie viele Jahre er die Germanen anführte. Als wahrscheinlichstes Geburtsjahr wird üblicherweise 18 oder 17 v. Chr. angesehen, und auf dieser Annahme beruhen auch die folgenden Altersangaben. Ein Fehler von ein bis zwei Jahren ist also nicht auszuschließen.

Laut Paterculus stammt Arminius »aus einem vornehmen Geschlecht«: Sein Vater hieß Sigimer und war »ein Fürst jenes Stammes«. Durch Tacitus erfahren wir zudem von einem Onkel namens Inguiomerus – der noch eine bedeutende Rolle spielen wird – sowie von einem Bruder, der später wie Arminius in die römische Armee eintrat und dort Flavus (»der Blonde«) genannt wurde.

Diese verwandtschaftlichen Angaben sind alles, was wir über die Kindheit und Jugend des Fürstensohnes tatsächlich wissen. Einige Informationen erhalten wir noch über die Cherusker, woraus manche Forscher gewagte Schlüsse gezogen haben. 11 v. Chr., als Arminius etwa 6 Jahre alt war, erlebte sein Stamm erstmals eine römische Invasion. Wie Cassius Dio berichtet, drang Drusus in jenem Jahr »ins Cheruskerland bis zur Weser vor«. Von Kampfhandlungen ist indes nichts überliefert. Vermutlich zog sich die Bevölkerung zurück und ließ die Angreifer ins Leere laufen (Kapitel II.1).

Zwei Jahre später, 9 v. Chr., kam Drusus wieder. »Er marschierte ins Cheruskerland, überschritt die Weser und zog bis zur Elbe, indem er alles verwüstete«, erzählt Dio. Anscheinend gelang es den Invasoren erneut nicht, die Bewohner zu stellen, und so verlegten sie sich auf die Taktik der verbrannten Erde (Kapitel II.2). Auf dem Rückweg fiel Drusus dann vom Pferd und starb.

Die nächste Nachricht von dem Stamm erhalten wir erst wieder für das Jahr 1 n. Chr. Der amtierende römische Statthalter Domitius Ahenobarbus versuchte, »einige vertriebene Cherusker durch Vermittlung anderer [Germanen] wieder in ihre Heimat zu führen«, berichtet Cassius Dio. »Er erzielte aber keinen Erfolg.« Offenbar hatte es innerhalb des Stammes eine heftige Auseinandersetzung gegeben, die derart eskalierte, dass die unterlegene Fraktion floh und sich in ihrer Not an das Imperium wandte. Daraus lässt sich zum einen ableiten, dass die Cherusker schon vor der Varusschlacht durch interne Fehden zerrissen waren. Zum anderen zeigt die erfolglose Intervention des Statthalters Ahenobarbus, dass Rom im Jahr 1 n. Chr. noch keine wirkliche Macht über das Cheruskerland ausübte. Sonst hätte es die siegreiche Fraktion dort kaum gewagt, die römischen Vermittlungsversuche zu ignorieren (Kapitel II.3).

Welche Rolle Arminius in dem Stammeszwist spielte, ist nicht überliefert. Es wäre interessant, zu erfahren, ob er zur siegreichen antirömischen Fraktion gehörte, neutral blieb oder vielleicht unter denjenigen war, die zum Statthalter flohen. Doch wir wissen nicht einmal, ob der etwa 17-Jährige zu jener Zeit überhaupt noch unter den Cheruskern lebte – oder etwa in Rom, wie bisweilen behauptet wird.

Frühere Biographen haben des Öfteren versucht, aus den vorliegenden Informationen abzuleiten, dass Arminius wahrscheinlich als Geisel im Zentrum des Weltreichs aufwuchs. Die Hypothese gewann große Beliebtheit, gab sie doch dem Lebenslauf des Cheruskers eine weitere besondere Note: Man konnte ihn noch besser als den edlen Wilden stilisieren, der die lasterhafte römische Zivilisation von innen heraus kennen lernte und sie schließlich ablehnte. In manchen Darstellungen erscheint die Geschichte von der Jugend in Rom sogar wie eine Tatsache. Dabei gibt es keinerlei Belege dafür – aber auch nicht dagegen. Wir wissen einfach nicht, wo Arminius seine Kindheit und Jugend verbrachte, und alle Spekulationen zu dem Thema sind haltlos.

Sehr oft liest man auch, dass Arminius fließend Latein sprach – was dann wiederum als Stütze für die Behauptung verwendet wird, er sei in Rom aufgewachsen. Bei näherem Hinsehen bricht auch dieses Konstrukt zusammen. Tacitus merkt einmal an, dass der Cherusker bei einem späteren Streitgespräch mit seinem Bruder »sehr viele lateinische Ausdrücke gebrauchte, da er ja im römischen Feldlager als Führer seiner Stammesgenossen gedient hatte«. Mehr ist zu den Lateinkenntnissen des Arminius nicht überliefert.

Die Schriftquellen verraten damit nicht, ob der Häuptlingssohn die Sprache seiner Arbeitgeber perfekt beherrschte. Und es ist durchaus möglich, dass er das Lateinische eben nicht in Rom lernte, sondern nur durch Kontakt mit anderen Militärs. Vielleicht erhielt er auch Sprachunterricht, etwa in einer Provinzstadt nahe einem Truppenstützpunkt, zum Beispiel Köln. Im Grunde sind alle Möglichkeiten offen.

Trotz des eklatanten Informationsmangels ist zu vermuten, dass sich Arminius zumindest gut verständlich auf Latein ausdrücken konnte. Wie wäre ihm sonst die außergewöhnliche Karriere im Reich gelungen, von der noch die Rede sein wird? Und wie sonst hätte er die Römer so mit seiner Intelligenz beeindrucken können, dass ihm Paterculus bescheinigte: »Er war tüchtig im Kampf und rasch in seinem Denken, ein beweglicherer Geist, als es die Barbaren gewöhnlich sind.« Zudem scheint der Cherusker Temperament besessen zu haben, denn der zeitgenössische Historiker fügt an: »Das Feuer seines Geistes verriet sich schon im Blick seiner Augen.«

Die Schilderung ist insofern glaubhaft, als Paterculus den Häuptlingssohn wahrscheinlich persönlich kannte, da er gemeinsam mit ihm als Offizier unter Tiberius diente. »Im letzten Feldzug hatte er [Arminius] beständig auf unserer Seite gekämpft«, erklärt der Geschichtsschreiber, leider ohne zu spezifizieren, ob er damit den Kriegszug in Germanien 4 bis 5 n. Chr., den in Pannonien 6 bis 9 n. Chr. oder beide meinte.

Die meisten Wissenschaftler nehmen an, dass Arminius spätestens 4 n. Chr. in römische Dienste trat. In jenem Jahr unterwarf sich sein Stamm kampflos den anrückenden Legionen unter Tiberius, oder wie Paterculus es euphemistisch ausdrückt: »Er [Tiberius] nahm die Cherusker in die Obhut des römischen Volkes auf.« (Kapitel II.4) Diese offiziell fürsorgliche Aufnahme war im Prinzip nichts anderes als eine antike Form der Schutzgelderpressung, wobei Rom dem Gegenüber in erster Linie Schutz vor den eigenen Attacken bot. Der Preis, den die Völker zahlten, war unter anderem politische Willfährigkeit und das Stellen von Hilfstruppen. Sollte der damals etwa 20-jährige Arminius also noch nicht in der römischen Armee gedient haben, so trat er ihr wahrscheinlich jetzt mit einem cheruskischen Truppenkontingent bei. Wie oben erwähnt nannte ihn ja Tacitus einen »Führer seiner Stammesgenossen im römischen Feldlager«.

Irgendwann im Laufe seines Militärdienstes zeichnete sich Arminius so aus, dass er laut Paterculus »mit dem römischen Bürgerrecht auch den Rang eines Ritters erlangte«. Der junge Cherusker zählte nun nicht mehr zu den Unterworfenen, sondern zu den Edlen des römischen Herrschervolks, eine unerhört steile Karriere: Zwar war es nicht unüblich, dass Rom einem verdienten oder hochstehenden Barbaren das Bürgerrecht verlieh, aber ein Aufstieg bis in den Ritterstand ist zur Zeit des Augustus und seines Nachfolgers Tiberius von keinem anderen Germanen bekannt. Arminius war jetzt Mitglied eines erlauchten Adelskreises, der in der gesellschaftlichen Rangfolge des Reichs direkt hinter dem Senatorenstand kam und der an den Rändern des Imperiums eine besondere Elite bildete. »Die Exklusivität des

Ritterstandes im rechtsrheinischen Germanien muss eigens hervorgehoben werden«, betont Ralf Jahn in der 2001 erschienen Dissertation »Der Römisch-Germanische Krieg 9–16 n. Chr.«. »In der Varusschlacht kommandierte Varus maximal 24 Angehörige des Ritterstandes.« Insgesamt gab es rechts des Rheins zu jener Zeit nicht mehr als 30 Mitglieder dieses Adelskreises, schätzt Jahn. Arminius gehörte damit zum engeren Führungszirkel um den Statthalter, und Cassius Dio berichtet von ihm und einem weiteren Germanen namens Segimer, dass die beiden »stets in Varus' Nähe waren und oft zu seinen Gästen zählten«. Im Lauf der Zeit entwickelte sich daraus offenbar ein persönliches Vertrauensverhältnis – glaubte jedenfalls der Statthalter.

Mehr lässt sich über das Leben des Arminius vor den Ereignissen rund um die Varusschlacht anhand der Quellen nicht aussagen. Die bisher aufgeführten Zitate zu seiner Person sind alles, was uns die antiken Chronisten dazu überliefert haben. Wo der Cherusker die letzten Jahre vor der Schlacht verbrachte, ist wie so vieles andere Gegenstand der Spekulation.

Manche Forscher vermuten, Arminius sei ab 4 n. Chr. ununterbrochen in Germanien stationiert gewesen. Danach hätte er Varus schon zu dessen Amtsantritt 7 n. Chr. kennengelernt. Die Mehrheit der Wissenschaftler aber glaubt, dass der Cherusker 6 n. Chr. mit Tiberius und Paterculus gegen das aufständische Pannonien in den Krieg zog. Dafür spricht vor allem, dass die Römer dort sehr viele Hilfstruppen einsetzten: mehr als 80 Auxiliareinheiten à rund 500 Mann, also etwa 40 000 nichtrömische Soldaten. Arminius könnte einer der gut 80 Hilfstruppenführer gewesen sein, zumal Germanien nicht weit entfernt lag von Pannonien, das Teile des heutigen Österreich, Ungarn und Ex-Jugoslawien überdeckte. Der Krieg bot ihm zudem Gelegenheit, sich die Meriten zu erwerben, die seinen rasanten Aufstieg ermöglichten. Und er erlaubte es dem jungen Mann, zu studieren, wie die Rebellen dort erfolgreich Widerstand leisteten. »Sie ließen sich auf keine Feldschlacht ein, als sich Tiberius ihnen näherte«, erklärt Cassius Dio, »sondern bewegten sich ständig von einem Ort zum nächsten und verursachten große Zerstörungen.« Die Aufständischen verwendeten also eine ähnliche Guerillataktik wie die Germanen, und das Imperium benötigte drei lange Jahre, bis es 9 n. Chr. die Revolte endgültig niederschlug – etwa zum gleichen Zeitpunkt, an dem sich die Varusschlacht ereignete. Das bedeutet auch: Sollte Arminius in Pannonien gekämpft haben, müsste er schon deutlich vor dem Kriegsende nach Germanien zurückversetzt worden sein.

In seiner Heimat konnte der junge Cherusker einer glänzenden Zukunft entgegensehen. Obwohl er als Mittzwanziger in der internen Hierarchie seines Stammes wohl noch einige ältere Männer über sich hatte, befand er sich nun in einer herausragenden Position – dank der Besatzer. »Mit der Verleihung der Ritterwürde hatten ihn die Römer sowohl unter den Germanenfürsten wie unter den Angehörigen der cheruskischen Königssippe in bisher unbekannter Weise hervorgehoben«, betont der moderne Historiker Wolfram Herwig. Folglich »hatten Arminius und die Seinen bei der Errichtung einer Provinz Germanien eher zu gewinnen als zu verlieren«. Weshalb also sollte ausgerechnet der Mann zum Feind Roms werden, der jahrelang tapfer für das Reich gekämpft hatte, der es als Musterbarbar zum römischen Adligen gebracht hatte, der allein dem Imperium seine überragende Stellung unter den Germanen verdankte und der wusste, dass die Supermacht dank ihrer einzigartigen Stärke bislang jeden Widerstand zerschmettert hatte? Was mag Arminius dazu bewogen haben, gleichsam Russisches Roulette zu spielen – mit wenig Chancen auf Gewinn, aber der Aussicht, alles zu verlieren?

Die vielen Erklärungsversuche, die geboten wurden, sagen oft mehr über den jeweiligen Zeitgeist aus als über die mutmaßliche Persönlichkeit des jungen Cheruskers. Galt dieser im nationalen Überschwang vergangener Jahrhunderte als idealistischer Freiheitsheld und Vorkämpfer für ein einiges Vaterland, schlug das Pendel nach dem Zweiten Weltkrieg in die entgegengesetzte Richtung aus. Plötzlich sah man Arminius nur noch als kalten Karrieristen, der den Aufstand gegen Rom bloß deshalb angezettelt hatte, um sich zum König unter den Germanen aufzuschwingen, also um eine ähnliche Machtstellung zu erringen, wie sie Marbod in Böhmen innehatte. Die historische Wahrheit kennen wir natürlich nicht, aber wahrscheinlich lag sie wie so oft zwischen den beiden Extrempositionen. Es ist ein geradezu typisches Merkmal von Schlüsselfiguren der Geschichte, dass eine Mischung aus persönlichen und ideellen Motiven den Antrieb für ihre außergewöhnlichen Taten bildete – und es spricht einiges dafür, dass dies auch bei Arminius der Fall war.

Der junge Cherusker stieg zwar zum römischen Ritter auf, aber man kann davon ausgehen, dass die Adelskreise des Imperiums ihn nicht als vollwertiges Mitglied akzeptierten. Zum einen blicken solche Zirkel grundsätzlich und zu allen Zeiten auf Emporkömmlinge herab, und es gibt genügend Belege, dass dies auch in Rom der Fall war; zum anderen war Arminius nicht einmal gebürtiger Römer, sondern ein Barbar, der das Lateinische mindestens mit starkem Akzent sprach, vielleicht auch nur stockend. Und wenn man bedenkt, wie verbreitet heute noch Alltagsdiskriminierungen gegen Ausländer sind, dann kann man sich ausmalen, wie es einem eingebürgerten Germanen in der römischen Gesellschaft ergangen sein mag. Zumal die offizielle Ideologie im Reich alles andere als antirassistisch war. So berichtet Sueton über die Politik des Augustus: »Er hielt es für wichtig, das Volk von jeder Blutsvermischung mit Angehörigen fremder Völker oder Sklaven rein und unverdorben zu erhalten.« Die praktischen Konsequenzen waren, dass Augustus Einbürgerungen zum Teil verhinderte und er die Freilassung von Sklaven durch zusätzliche rechtliche Hürden erschwerte. Arminius war davon zwar nicht betroffen, wohl aber von der gesellschaftlichen Mentalität, die aus solch einer Haltung erwuchs. Sein Vorgesetzter Varus mochte ihn schätzen und ihm vertrauen, aber die römischen Ritter sahen es vermutlich nicht gerne, dass ein minderwertiger Barbar nun ihnen gleichgestellt sein sollte – zumal es sich auch noch um einen Germanen handelte, also um einen Typ Mensch, der als besonders wild und primitiv galt. In den feinen Kreisen stieß der junge Cherusker daher aller Wahrscheinlichkeit nach auf Ablehnung, wenn nicht auf Verachtung. Ob diese sich nur versteckt äußerte oder offen gezeigt wurde, wissen wir nicht, aber man kann davon ausgehen, dass ein intelligenter Mensch wie Arminius sie deutlich registrierte.

Auch die cheruskischen Soldaten in seiner Armeeeinheit bekamen sicherlich signalisiert – und das nicht nur anhand des Solds –, dass sie als Germanen keineswegs auf einer Stufe mit den Legionären standen. Unsere Vorfahren vor 2000 Jahren waren diejenigen, die als Menschen zweiter Klasse galten, auf die von oben herabgesehen wurde. Möglicherweise hat sich Arminius innerlich von der römischen Zivilisation abgewandt, als er diese Grundhaltung immer wieder zu spüren bekam. Persönliche Kränkungen und Solidarität mit seinen diskriminierten Stammesgenossen haben dabei vermutlich zusammengewirkt und sich im Effekt gegenseitig verstärkt.

Solch eine innere Abkehr von der Gesellschaft ist für Außenstehende oft schwer zu verstehen – bis heute. Moderne Autoren erklären das Verhalten des Arminius daher gerne mit einem Motiv, das der westliche Zivilisationsmensch leichter begreift: persönliches Karrierestreben. Der Häuptlingssohn habe die Königsherrschaft über die Cherusker und die umliegenden Stämme angestrebt, so die Argumentation, und dieses Ziel wollte er durch eine Tat erreichen, die ihn weit über alle anderen Stammesführer emporhob: einen Sieg über die Römer.

Auch wenn man diese These nicht widerlegen kann, zumal niemand die tatsächlichen Absichten des Arminius kennt, so sind zumindest Zweifel daran angebracht. Zwar lassen spätere Ereignisse in der Tat erkennen, dass der Cherusker auf eine monarchische Stellung zusteuerte, aber ob er dieses Ziel bereits vor der Varusschlacht verfolgte, ist zu hinterfragen. Oft ändern sich ja die Pläne der Menschen im Lauf der Jahre, oder sie entstehen erst unter neuen Bedingungen, die das Vorhaben realisierbar erscheinen lassen. Anfang 9 n. Chr. jedenfalls war für Arminius ein eigenes Königreich an der Weser noch schier unendlich weit entfernt, wollte er es durch eine Revolte gegen die Weltmacht Rom erreichen: Zunächst musste er die Stämme unter seiner Führung vereinen, ohne dass die Besatzer etwas davon merkten. Dann einen Sieg über die Legionen erreichen, den es rechts des Rheins so noch nie gegeben hatte. Dann die Germanen überzeugen, ihn entgegen aller Tradition zum König zu ernennen – waren doch die Menschen in seiner Region Freiheit und Mitbestimmungsrechte gewohnt, also das Gegenteil einer Monarchie. Und selbst wenn Arminius all dies glücken würde, dann, so musste ihm klar sein, würde das Imperium dem nicht tatenlos zusehen. Der junge Cherusker hatte vielleicht in Pannonien selbst miterlebt, mit welcher Macht die Römer gegen Revolten vorgingen. Und davor hatte er wahrscheinlich an dem abgebrochenen Feldzug gegen Marbod teilgenommen, und falls nicht, dann hatte er auf jeden Fall davon erfahren. Als römischer Ritter wusste er, dass Augustus zwölf Legionen plus Hilfstruppen aufgeboten hatte, um das Germanenreich in Böhmen zu vernichten – allein aus dem Grund, dass es zu mächtig geworden war. Und wenn das Imperium solch ein gewaltiges Heer gegen einen König Marbod aussandte, der sich nichts gegen Rom hatte zuschulden kommen lassen, wie würde es dann wohl auf einen König Arminius reagieren, wenn der seine Macht durch Verrat und Krieg gegen Rom gewonnen hatte? Der Cherusker dürfte intelligent genug gewesen sein, sich auszurechnen, welche Überlebenschance ein von ihm geführtes Königreich hatte, wenn er es auf eine Revolte gegen das benachbarte Weltreich gründete.

Es ist daher nicht völlig abwegig, anzunehmen, dass Arminius zunächst einmal nicht mehr plante, als die römischen Besatzer aus Germanien zu vertreiben – und es natürlich billigend in Kauf nahm, dann als großer Kriegsherr und Freiheitsheld verehrt zu werden. Dabei hatte er nicht nur seinen Stamm vor Augen, sondern die ganze Region oder gar das ganze Land. Die weiteren Ereignisse zeigen, dass der Häuptlingssohn in wesentlich größeren Kategorien dachte als der einfache Germane, der noch im reinen Stammesdenken verhaftet war. Wie in Kapitel I.1 erwähnt, kannten die Menschen im nördlichen Mitteleuropa ursprünglich keinerlei übergeordnete Identität, sondern fühlten sich ausschließlich zum Beispiel als Friesen, Chatten oder Cherusker, nicht aber als Germanen. Erst durch Kontakt mit den Römern ab Caesar erfuhren sie überhaupt von der Bedeutung des Begriffs, und man kann annehmen, dass dem einfachen Bauern abseits der römischen Militärstützpunkte auch 9 n. Chr. noch das Wort Germane fremd vorkam. Arminius aber war nicht nur Stammesmitglied, sondern auch ein Offizier und Adliger des Imperiums, und so lernte er die römische Sichtweise auf das Land und dessen Bewohner kennen.

Die Römer erst hatten also den jungen Cherusker mit dem notwendigen geistigen Rüstzeug ausgestattet, um eine große germanische Revolte zu organisieren. Und sie hatten ihm durch die beispiellose Beförderung zum Ritter eine einmalige Stellung unter den Stammesmenschen verschafft. Ohne diese tatkräftige Unterstützung wäre Arminius wohl nie in die Position gekommen, der Anführer des historischen Freiheitskampfes zu werden.

Auffallende Parallelen finden sich beispielsweise in den Kolonialkriegen des 20. Jahrhunderts: Viele Führer der Unabhängigkeitsbewegungen in Asien und Afrika waren europäisch gebildet – und wandten ihr Wissen schließlich gegen die Kolonialherren an. Es ist im Grunde immer wieder der gleiche Treppenwitz der Geschichte: Eine technisch-organisatorisch höher entwickelte Macht unterwirft eine fremde Bevölkerung, sucht dann unter den Einheimischen nach Stützen ihrer Herrschaft, gewährt diesen Privilegien und eine höhere Bildung – und zieht sich damit versehentlich auch ihre bedeutendsten Feinde heran.

Ungeklärt ist, wie es Arminius gelang, die verschiedenen germanischen Völker und zerstrittenen Häuptlinge hinter sich zu vereinen. Die Schwierigkeit dieser Aufgabe kann man gar nicht hoch genug einschätzen. Der Cherusker und seine Mitverschwörer mussten die Stammesfürsten nicht nur dafür gewinnen, sich dem Aufstand anzuschließen, sondern sie auch dazu bringen, sich zu einem gewissen Grad dem jungen Aufsteiger unterzuordnen – wozu sicher diplomatisches Fingerspitzengefühl nötig war. Zusätzlich galt es, die breite Masse für die Rebellion zu begeistern. Ein germanischer Heerführer verfügte nicht wie ein römischer Feldherr über eine straff organisierte Armee, die auf Befehl losmarschierte. Vielmehr mussten die verschiedenen Stämme ihre Volksarmeen zusammentrommeln, also die Bauern auf den Einzelgehöften. Zwar übten die Stammesgesellschaften sicherlich einen hohen Druck auf ihre Mitglieder aus, der Wehrpflicht Folge zu leisten, aber der Einzelne hatte ganz andere Möglichkeiten als ein römischer Legionär, sich zu entziehen – indem er etwa auf dem Weg zur Sammelstelle bummelte, sich krank stellte, eine Verletzung beim Holzhacken vortäuschte etc. Und wenn ein Stammesführer oder eine Volksversammlung sich verweigerte, konnte Arminius niemanden zum Mitmachen zwingen, solange die Römer an der Macht waren. Der ganze Aufstand basierte sehr stark auf dem Element der Freiwilligkeit – und Arminius muss über ein enormes Charisma verfügt haben, um Stammesführer und Volk für das Vorhaben zu gewinnen, für das viele tausend Kämpfer nötig waren.

Was aber mochte den normalen Germanen motiviert haben, gegen die Besatzer in den Krieg zu ziehen? Diese Frage wird nur selten gestellt, obwohl sie mindestens so bedeutsam ist wie die nach den Beweggründen des Arminius. Versuchen wir, uns zumindest näherungsweise in die Situation eines einfachen Stammesmenschen hineinzuversetzen. Wenn er nicht gerade nahe der Rheingrenze oder bei einem großen römischen Militärstützpunkt wohnte, kannte er vermutlich nur seine überschaubare kleinbäuerliche Welt. Er lebte auf einem Einzelgehöft mit wenigen Nachbarn in der Umgebung, hatte noch nie ein Schriftstück gesehen, noch nie mit Geld bezahlt, war noch nie in einer Stadt gewesen und empfand ein Dorf mit einigen hundert Bewohnern schon als riesige Ansiedlung. Wenn solch ein Mensch mit Eindringlingen konfrontiert wird, die gewaltige Festungen bauen mit vielen tausend Männern darin, die gepanzerte Armeen über das Land senden, Flotten aus Hunderten von Schiffen über die Flüsse schicken, die eine unverständliche Sprache benutzen und mit unbegreiflichen Symbolen (der Schrift) hantieren – wie fremdartig und unheimlich müssen ihm diese selbsternannten neuen Gebieter vorgekommen sein? Und wenn diese nicht freundlich auftraten, sondern herrisch und arrogant, und wenn sie begannen, ihm regelmäßig von seinem wenigen Hab und Gut wegzunehmen – also Tribut einforderten –, wird das sein Unbehagen enorm gesteigert haben. Und wenn der germanische Bauer zudem gerüchteweise hörte, dass die Invasoren reihenweise Stammesmitglieder aus nichtigen Gründen hingerichtet hätten, und dass niemand wüsste, wen es als Nächsten treffe – ist es dann nicht nachvollziehbar, dass der sogenannte kleine Mann sich von den Fremden bedroht fühlte und sich wünschte, wieder Herr in

1 Archäologische Spuren der ersten römischen Eroberungsfeldzüge finden sich heute in Oberaden, Beckinghausen, Hedemünden und Rödgen.

2 Das Kastell Haltern an der Lippe (hier ein Modell) war ein Zentrum der römischen Militärherrschaft in Germanien.

3 An der Straße nach Haltern entstanden aufwendige Grabbauten (Modell). Offenbar lebten und starben dort hochrangige Bürger Roms.

4 Im hessischen Waldgirmes errichtete das Imperium eine zivile Stadt. Das Kolonisationsprojekt endete mit der Varusschlacht.

5 Die Germanen jener Zeit lebten als Kleinbauern in Einzelgehöften und Weilern. Animation einer typischen Siedlung.

6 Auf dem Marsch trug ein Legionär rund fünfzig Kilogramm Ausrüstung und Gepäck mit sich. Je acht Mann teilten sich ein Zelt, das ein Maultier transportierte.

7 Am Ende jedes Marschtages befestigten die Soldaten ihr Zeltlager durch Graben, Wall und Holzpfähle. Sicherheit ging in Roms Armee über alles.

8 Zenturie im Gefecht: Die jeweils achtzig Legionäre waren darauf gedrillt, sich exakt in Formation zu bewegen, damit kein Feind in die Reihen eindrang.

9 Im Chaos der Varusschlacht wehren sich ein Zenturio – erkennbar am quer stehenden Helmbusch – und Veteranen gegen ungerüstete Germanen.

10 Zwei römische Soldaten beim Angriff: Der vordere ist bereit, mit dem Schwert zuzustechen (Relief aus Mainz).

11 Klischeedarstellungen wie die »Germanische Ansiedlung« von 1892 prägen bis heute unser Bild von den Germanen.

12 Auf dem Höhepunkt seiner Macht in Germanien unterhielt das Imperium eine Reihe von Stützpunkten entlang der Lippe und in der Mainregion.

13 Kriegsgräuel: Eine Germanin umklammert ihr Kind, während Soldaten Roms ihr Dorf zerstören (Relief auf der Marcussäule in Rom, um 180 n. Chr.).

14 Römische Reiter überwachen die Hinrichtung gefangener Germanen (ebenfalls Marcussäule).

15 Die Legionen des Varus zogen wahrscheinlich am Rand des Wiehengebirges nördlich des heutigen Teutoburger Waldes in den Untergang.

16 Die eiserne Maske war mit Silber überzogen und Teil eines römischen Reiterhelms, vergleichbar der Abbildung auf dem Buchcover.

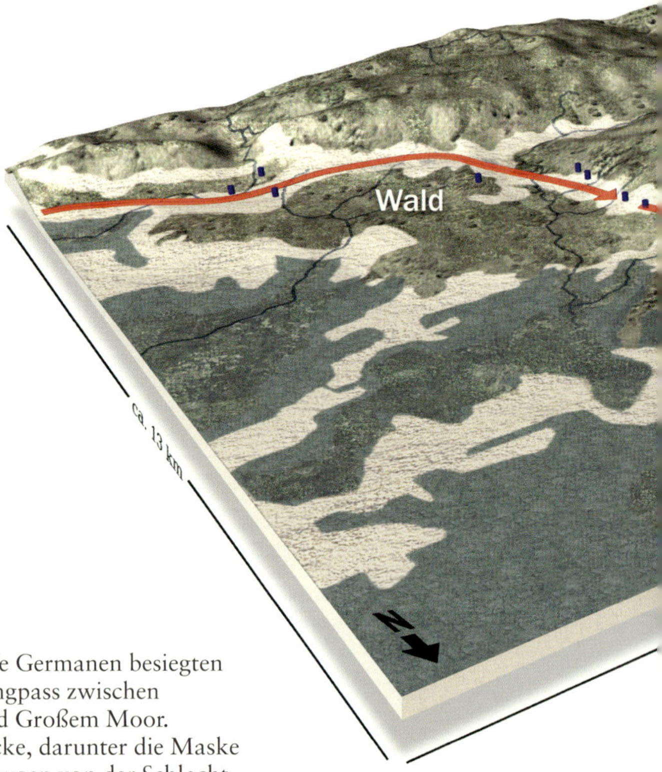

17 In der Falle: Die Germanen besiegten Roms Armee im Engpass zwischen Kalkrieser Berg und Großem Moor. Tausende Fundstücke, darunter die Maske und der Schädel, zeugen von der Schlacht.

18 Das Loch im Schädel entstand durch einen tödlichen Hieb auf den Hinterkopf, wie zu Beginn des Kapitels III.4 beschrieben.

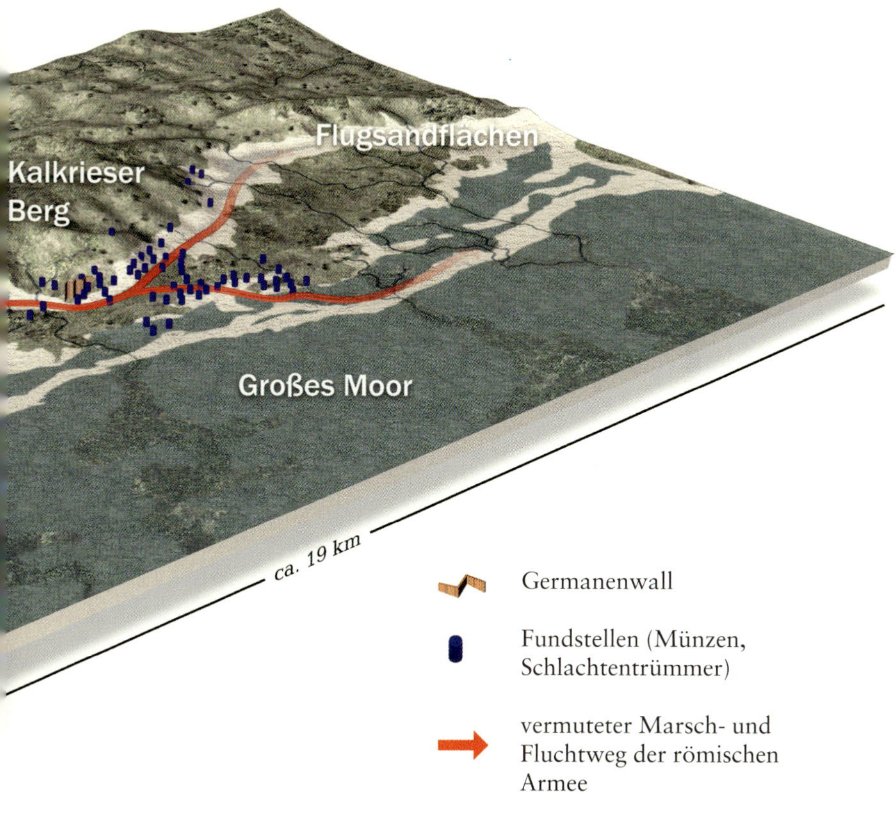

19 Rekonstruktion des Walls, den die Germanen am Fuß des Kalkrieser Bergs errichteten. Zu sehen ist hier die Rückseite. Rechts der Turm des Varusschlacht-Museums.

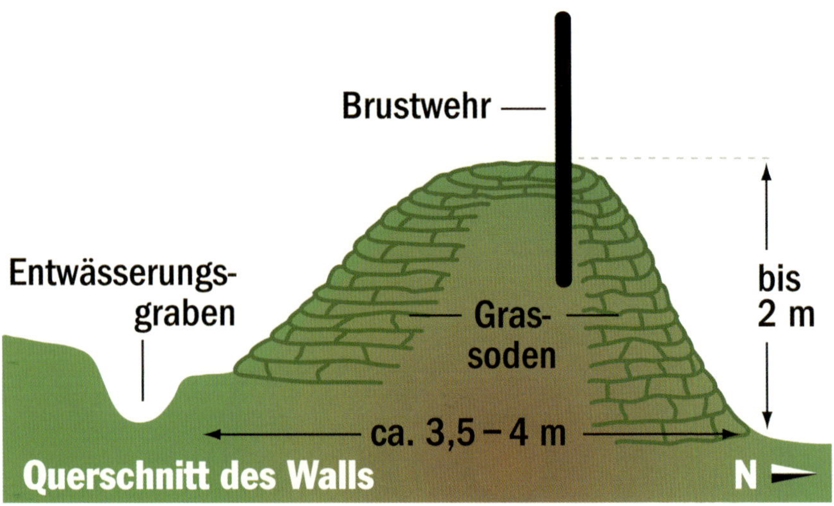

20 Der 400 Meter lange Wall bot den Germanen Deckung, um das nördlich vorbeiziehende Heer der Römer guerillaartig zu attackieren.

21 Schlachtfeldfunde in Kalkriese: Römische Lanzen- und Geschossspitzen, bronzene Gürtelschnalle, Zügelkette eines Maultiergespanns, Münze mit Porträt des Augustus.

22 Das Gemälde »Die Hermannsschlacht« von Friedrich Gunkel ist in seiner Opulenz typisch für die Darstellungen des 19. Jahrhunderts.

23 Immer wieder Flügelhelme: Den Phantasie-Kopfschutz trägt hier Arminius nach dem Sieg über Varus (von A. Tholey, 19. Jh.).

24 Das gut 53 Meter hohe Hermannsdenkmal steht bei Detmold im Teutoburger Wald. Einige Lokalpatrioten behaupten noch heute, dass sich dort die Varusschlacht ereignete.

25 Mit den verlustreichen Feldzügen des Germanicus endete 16 n. Chr. der fast dreißigjährige Krieg um Germanien.

seiner Welt zu sein? Zumal er die zivilisatorischen Errungenschaften der Eindringlinge wie Schrift, Gerichtswesen und staatliche Verwaltungsstrukturen erstens nicht verstand und zweitens durch sie nur Nachteile erfuhr.

Die Abwehrhaltung mag manchem Gegenwartsbürger hinterwäldlerisch erscheinen, aber wir brauchen nicht auf die scheinbar primitiven Germanen herabzublicken. Auch wir würden es vermutlich nicht schätzen, wenn eine höher entwickelte Zivilisation über uns bestimmen wollte. Vermutlich gibt es so etwas wie eine universale Abneigung gegen Fremdherrschaft, die zu allen Zeiten und in allen Kulturen zu beobachten ist und die so tief in uns sitzt, dass viele Menschen lieber große Risiken in Kauf nehmen – bis hin zum eigenen Tod –, als eine fremde Besatzungsmacht zu akzeptieren. In der jüngeren Vergangenheit machten diese Erfahrung etwa die Sowjetunion in Afghanistan und die USA im Irak – und es erstaunt eigentlich nur, dass die Invasoren regelmäßig über die Heftigkeit des Widerstands erstaunt sind.

Wie hoch die Motivation ist, gegen Okkupanten vorzugehen, zeigt auch die Geschichte des Römischen Reiches. In vielen besetzten Gebieten wagten die Bewohner die Rebellion, unter anderem in Spanien, Gallien, Pannonien, Kleinasien und Judäa. Doch die Legionen unterdrückten die Revolten regelmäßig mit solch brutaler Gewalt, dass die ausgebluteten Völker sich danach meist der militärischen Übermacht fügten. Warum sollte es in Germanien anders sein? So dachte man vermutlich in Rom, nachdem Tiberius den großen Aufstand dort im Jahr 5 n. Chr. niedergeschlagen hatte.

Arminius aber gelang das unwahrscheinliche Kunststück, die Überlebenden schon wenige Jahre nach dieser blutigen Lektion davon zu überzeugen, dass man diesmal das Imperium tatsächlich besiegen könne. Er und seine Mitverschwörer gewannen Tausende von Mitkämpfern unter den Germanen – was aber auch bedeutete, Tausende von Mitwissern zu haben. Und damit ging wohl das größte Problem für Arminius einher: die Vorbereitungen vor den Besatzern geheim zu halten. Die Gefahr, dass etwa rivalisierende Stammesführer oder Romsympathisanten die

Pläne verrieten, muss ständig präsent gewesen sein. Und was die wenig zimperlichen Römer dann mit den Aufrührern getan hätten, kann man sich ausmalen. Arminius stand damit unter einer extremen Anspannung. Permanent schwebte er in Lebensgefahr, denn er wusste nie, was Varus bereits wusste. Trotzdem besuchte er den Statthalter regelmäßig, offenbar ohne sich etwas anmerken zu lassen. Der junge Mann muss die sprichwörtlichen Nerven wie Drahtseile gehabt haben.

Was den Verschwörern half, war vielleicht der Umstand, dass sie überwiegend nicht im südlichen Germanien wohnten, wo Römer und Germanen eng zusammenlebten. Sie organisierten die Revolte vielmehr im Bereich der nördlichen Besatzungszone, wo das Imperium eine Art Apartheidsregime errichtet hatte (siehe Kapitel II.3). Die römisch-germanischen Kontakte waren dort offenbar auf ein Minimum beschränkt – und damit auch die Gefahr, dass Einheimische gegenüber den Besatzern zu viel plauderten. Die Sprachbarriere tat ein Weiteres, Germanen und Römer zu separieren.

Hundertprozentig gelang die Geheimhaltung allerdings nicht. Ausgerechnet ein Stammesgenosse des Arminius verriet Varus die Pläne. Der Denunziant namens Segestes gehörte zum cheruskischen Adel, und ihn trieben nicht nur politische Motive, sondern auch eine tiefgehende persönliche Kränkung. Segestes hatte seine Tochter Thusnelda einem uns unbekannten Mann versprochen, aber Arminius verliebte sich wohl Hals über Kopf in sie und heiratete sie gegen den erklärten Willen ihres Vaters. Tacitus zufolge bezeichnete Segestes später Arminius als »Räuber meiner Tochter«, aber das war wohl nur die Sicht eines Patriarchen, der Frau und Kinder als sein Eigentum betrachtete – so wie es damals in Rom und Germanien üblich war. Thusnelda selbst, so erzählt Tacitus, »stand mit dem Herzen mehr auf der Seite ihres Gatten als ihres Vaters«. Und wir erfahren auch, dass Segestes ihr Gewalt antun musste, als er sie einmal von Arminius zu sich zurückholen wollte – worauf in einem späteren Kapitel noch eingegangen wird. All diese Schilderungen deuten darauf hin, dass Arminius und Thusnelda tiefe gegenseitige Zuneigung empfanden und mit ihrer Hochzeit heftigen Widerständen trotzten. Die beiden formten wohl das erste uns bekannte Liebespaar zwischen Rhein und Elbe.

Für Segestes bedeutete die Ehe gegen seinen Willen offenbar einen herben Gesichtsverlust, und so verfolgte er die unbotmäßige Tochter und deren Mann mit abgrundtiefem Hass. Tacitus fasst die Gefühlslage des Gekränkten so zusammen: »Der Schwiegersohn war ihm verhasst, die Schwiegereltern verfeindet; und was bei Einträchtigen ein Band der Liebe ist [die Ehe zwischen zwei Sippen], wurde zum Stachel des Zorns bei den sich feindlich Gesinnten.« Nicht zu klären ist dabei, ob Segestes und Arminius schon vor dem privaten Zerwürfnis gegnerischen Lagern angehörten oder ob erst der persönliche Groll zu dem politischen Konflikt führte.

Segestes jedenfalls schlug sich vor der Varusschlacht auf die Seite der Römer und zeigte seinen Schwiegersohn an, wie mehrere antike Autoren berichten. »Arminius war der Unruhestifter Germaniens; Segestes dagegen hatte Varus mehrfach und noch beim letzten Gastmahl vor dem Waffengang [der Varusschlacht] enthüllt, dass man einen Aufstand vorbereite«, erzählt Tacitus. »Er riet, ihn selbst, Arminius und die übrigen Häuptlinge gefangen zu nehmen: Das Volk werde nichts wagen, wenn man ihm die Fürsten weggenommen habe, und Varus werde Zeit gewinnen, um die Verbrecher von den Unschuldigen zu unterscheiden.«

Der römische Statthalter war damit gewarnt. Er hatte jetzt die einmalige Chance, die Verschwörung noch rechtzeitig zu unterdrücken. Der gesamte Aufstand – und damit auch die weitere Entwicklung Europas – stand an einem entscheidenden Wendepunkt. Alles hing davon ab, ob Varus dem Rat des Segestes folgte oder nicht. Es war einer jener historischen Momente, in denen die Geschichte gleichsam den Atem anhält, eine jener Weltstunden, die der Schriftsteller Stefan Zweig so unnachahmlich beschreibt: »Ereignet sich eine solche Weltstunde, so schafft sie Entscheidungen für Jahrzehnte und Jahrhunderte. Wie in der Spitze eines Blitzableiters die Elektrizität der ganzen Atmosphäre, ist dann eine unermessliche Fülle von Geschehnissen zusammengedrängt in die engste Spanne Zeit. Was ansonsten gemächlich nacheinander und nebeneinander abläuft, komprimiert sich in einen einzigen Augenblick, der alles bestimmt und alles entscheidet: ein einziges Ja, ein einziges Nein, ein Zufrüh oder ein Zuspät macht diese Stunde unwiderruflich für hundert Geschlechter und bestimmt das Leben eines Einzelnen, eines Volkes und sogar den Schicksalslauf der ganzen Menschheit.« Und in diesem Fall war es das »Nein« des Varus. Der Statthalter glaubte Segestes nicht, und die Ereignisse konnten sich entfalten.

Weshalb wählte Varus nicht die scheinbar sicherere Lösung, die Beschuldigten zumindest vorläufig festnehmen zu lassen? Die antiken Autoren erklären es damit, dass der 54-Jährige zu vertrauensselig war, und zeichnen so das Bild eines einfältigen Mannes, das sich bis heute erhalten hat. Dabei hatte der Statthalter wohl eine Reihe guter Gründe, nicht auf Segestes zu hören.

Erstens war ihm sicherlich bekannt, dass die cheruskischen Adelssippen derart untereinander verfeindet waren, dass sie vor nichts zurückschreckten. Einige Jahre vor seinem Dienstantritt, im Jahr 1 n. Chr., war ja eine ganze Fraktion vor den eigenen Stammesgenossen zu den Römern geflohen (siehe weiter vorne in diesem Kapitel). Vermutlich wusste Varus zudem von dem persönlichen Groll, den Segestes gegen Arminius hegte. Es lag damit auf der Hand, dass hier nur ein verbitterter alter Germane seinen verhassten Schwiegersohn anschwärzen wollte.

Zweitens gab es für den Statthalter keinen Anlass, an einem Mann zu zweifeln, der sich seit Jahren als Offizier in der Armee bewährt hatte, Römer geworden war und sogar dem Ritterstand angehörte. Segestes hatte zwar auch das Bürgerrecht erhalten, aber nicht mehr. Mit seiner Aussage gegen Arminius stand also das Wort eines einfachen römischen Bürgers gegen das eines Ritters. Varus neigte im Zweifelsfall vermutlich eher dazu, dem Höhergestellten zu trauen.

Drittens war dem weltgereisten Statthalter wohl bewusst, dass er Vertrauensleute in der einheimischen Elite benötigte, um erfolgreich zu regieren. Die Festnahme von Arminius und allen Stammesführern, wie Segestes es forderte, hätte jegliche Vertrauensbasis zerstört, und sie hätte das römisch-germanische Verhältnis schwer belastet.

Viertens konnte sich Varus relativ sicher fühlen, selbst wenn tatsächlich ein Aufstand geplant war. Von den fünf Legionen, die unter seinem Kommando am Rhein standen, hatte er drei für seine Sommertour durch Germanien mitgenommen. Hinzu kamen noch die üblichen Hilfstruppen, so dass ihn insgesamt rund 20 000 Berufssoldaten begleiteten. Wie sollten Rebellen solch eine Armee bezwingen? Zumal die Römer seit Jahrzehnten jede Schlacht gegen die Stammeskrieger gewonnen hatten. Der letzte nennenswerte germanische Erfolg lag bereits ein knappes Vierteljahrhundert zurück, und damals – 16 v. Chr. – war eine ganze Stammeskoalition gegen eine einzige Legion angetreten (siehe Kapitel I.5). Was also hatte der Statthalter mit drei Legionen quasi als Leibgarde zu befürchten?

Fünftens schließlich sah Varus keine Anzeichen dafür, dass überhaupt ein Aufstand drohte. Die Germanen hatten allem Anschein nach endlich aus den vielen Niederlagen gelernt und das Unvermeidliche akzeptiert: die römische Herrschaft. »Sie empfingen Varus, als ob sie alle Befehle ausführen würden, und lockten ihn so vom Rhein fort ins Cheruskerland und zur Weser«, erzählt Cassius Dio. »Auch dort verkehrten sie überaus friedfertig und freundschaftlich mit ihm und bestärkten ihn so in dem Glauben, sie würden sich auch ohne die Militärpräsenz der Römer wie Unterworfene fügen.«

Ähnliches erfahren wir von unserem Zeitzeugen Paterculus. Danach heuchelten die Germanen Dankbarkeit dafür, dass nun endlich römische Gerechtigkeit herrsche statt des früher üblichen Faustrechts. »Sie wiegten Quinctilius Varus in größter Sorglosigkeit, ja, er fühlte sich eher als Stadtprätor [Gerichtsvorsitzender] auf dem Römischen Forum denn als Oberbefehlshaber einer Armee im tiefen Germanien«, behauptet Paterculus. Das ist sicherlich überspitzt – so naiv wird Varus kaum gewesen sein –, könnte aber die Wahrheit zumindest im Kern treffen. Die weiteren Ereignisse jedenfalls sprechen dafür, dass der Heereskommandant nichts Böses ahnte. »Varus konzentrierte seine Legionen nicht, wie es im Feindesland richtig gewesen wäre«, kritisiert Dio. »Stattdessen stellte er viele Soldaten zu denjenigen ab, die ihn hierum baten, weil sie selbst zu schwach seien: etwa um Plätze zu bewachen, um Räuber zu ergreifen oder um

Proviantkolonnen zu sichern.« Die römischen Truppen dienten 9 n. Chr. also nicht als reine Kampfeinheiten, sondern auch als Polizei – um so das staatliche Gewaltmonopol durchzusetzen, wie es in den friedlichen Provinzen des Reichs üblich war.

Wenn man den antiken Autoren glauben kann, täuschten also die Germanen dem Statthalter kollektiv eine Idylle vor, und dieser fiel darauf herein. Dass tatsächlich das ganze Volk schauspielerte, ist kaum zu glauben, aber offenbar gelang es den Verschwörern um Arminius, Varus in Sicherheit zu wiegen. Währenddessen zogen sie unbemerkt viele tausend Mann zusammen: von den Cheruskern an der Weser, den Brukterern nördlich des heutigen Ruhrgebiets, den Marsern im Ruhrgebiet, den Chatten im jetzigen Hessen und wohl einigen weiteren Stämmen. Dies war wie gesagt eine erstaunliche Leistung – und aus Sicht der Römer natürlich ein niederträchtiger Verrat.

Unser Zeitzeuge Paterculus kommt daher zu keiner besonders schmeichelhaften Einschätzung unserer Vorfahren: »Jene sind – wie kaum einer glaubt, der sie nicht kennt – bei all ihrer Wildheit äußerst schlau und ein zur Lüge geborener Menschenschlag.« Das Zitat findet sich nur selten in Geschichtsbüchern, und es passt so gar nicht in das Bild vom tumb-heroischen Germanen, das Romantiker und deutsche Nationalisten jahrhundertelang verbreiteten. Dabei stammt das Urteil aus erster Hand, denn Paterculus war ja 4 und 5 n. Chr. als Offizier in Germanien, hat also die Menschen dort selbst kennengelernt, was er mit dem Beisatz »wie kaum einer glaubt, der sie nicht kennt« auch eigens betont.

Natürlich überspitzt und verallgemeinert unser Augenzeuge hier, aber sein Bild vom schlauen und verschlagenen Germanen ist wohl mehr als nur eine leere Floskel: Genau diesen Eindruck dürfte in der Tat ein römischer Soldat gewonnen haben, wenn die gegnerischen Stammeskrieger in typisch germanischer Guerillamanier vorgingen, also nur aus dem Hinterhalt angriffen, sich im Zweifelsfall rasch zurückzogen und sich keiner Feldschlacht stellten – also aus römischer Sicht nicht offen und ehrlich kämpften, sondern hinterlistig handelten. Das Paterculus-Zitat ist hier ein guter Ansatz, das überkommene dumpfromantische Geschichtsbild zu revidieren. Die Bewohner des heutigen Deutschland waren sicherlich keine nibelungentreuen, todesverachtenden, hirnlosen Superarier. Viel eher können wir uns die Germanen als typische Landbevölkerung vorstellen, die mit einer guten Portion Bauernschläue zu Werke ging.

Und in der Tat setzten die germanischen Verschwörer entgegen allen Klischees mehr auf ihren Grips als auf ihre Muskeln, mehr auf raffinierte Planung als auf ungestümen Kampfesmut, um den übermächtigen Römern eine Falle zu stellen, die in der Geschichte ihresgleichen sucht.

4. Die Varusschlacht: Der Angriff

9 n. Chr.	Varusschlacht oder Schlacht im Teutoburger Wald: Eine germanische Stammeskoalition um den Cherusker Arminius vernichtet drei Legionen unter Varus

Der kräftig gebaute Soldat in Roms Diensten hatte keine Chance, trotz der vielen Kampferfahrung, die er in seinen 35 Lebensjahren gesammelt hatte. Ein wuchtig geführter Schwert- oder Lanzenhieb traf den 1,71 Meter großen Mann von hinten auf den Kopf, und kein Helm bremste den Aufprall. Die Klinge drang durch den Knochen bis zum Gehirn vor, mit solcher Gewalt, dass ein handtellergroßes Stück der Schädeldecke abplatzte. Das Hirngewebe lag offen da, Blut schoss in Strömen aus dem Hinterkopf. Der Getroffene brach zusammen und starb binnen kürzester Zeit, als eines von Tausenden Opfern auf dem Schlachtfeld von Kalkriese.

Einige Teile seines Skeletts haben die vergangenen 2000 Jahre überstanden. Sie ruhen nun in Kisten verpackt an der Universität Göttingen, wo die Anthropologin Birgit Großkopf die menschlichen Überreste in Detektivarbeit untersucht hat. Die Größe des

Mannes ermittelte sie anhand des Oberschenkel- und Schienbeinknochens, das Alter an den Zuwachsringen im Zahnzement. Die Todesursache war in diesem Fall offensichtlich: Der Totenschädel hat ein scharfkantiges Loch, dessen unterer Rand glatt verläuft – hier schnitt die Klinge hinein – und dessen oberer Rand gezackt ist – hier brach das Schädelstück heraus.

Insgesamt Hunderte an Knochenstücken hat Großkopf analysiert. Die Fragmente zeugen zusammen mit Tausenden von Schlachtentrümmern von der Brutalität der Kämpfe an dem Platz, der nach Überzeugung der meisten Fachwissenschaftler höchstwahrscheinlich der Ort der Varusschlacht ist. Unter anderem folgende Befunde stützen diese Ansicht: Einige der zirka 1000 entdeckten Münzen tragen den Gegenstempel VAR des Varus, und alle stammen aus Prägeserien, die vor der Schlacht in Umlauf kamen. Die Masse an Fundstücken belegt, dass hier nicht nur eine Kampfeinheit unterwegs war, sondern ein kompletter Heereszug mit Tross. Die Plünderungsspuren an den römischen Rüstungsteilen lassen erkennen, dass die Germanen diese Schlacht gewannen – denn hätten die Römer gesiegt, hätten sie ihre Toten bestattet und sie nicht gefleddert. Hinzu kommen noch Gruben mit Knochen, deren ungewöhnliche Anordnung ausgesprochen gut zur literarischen Überlieferung passt (Näheres dazu in Kapitel IV.3).

Die nachfolgende Darstellung des Schlachtgeschehens, die den archäologischen Befund mit den antiken Berichten verknüpft, beruht auf der Annahme, dass die Varusarmee nahe Kalkriese unterging. Damit folgt sie dem Urteil der Archäologen vor Ort und des Großteils der Fachwelt. Der Geschichtsprofessor an der Universität Osnabrück und Herausgeber mehrerer Bücher zu dem Thema, Rainer Wiegels, hat den derzeitigen Wissensstand so zusammengefasst: »Wir haben zwar keinen sicheren Beweis, dass sich die Varusschlacht oder ein Teil davon in Kalkriese abspielte, aber wir haben eine Indizienkette, die sehr stark dafür spricht.«

Die Schlacht um die Schlacht

Ob Varus und seine Legionen tatsächlich bei Kalkriese in den Untergang marschierten, hat in den vergangenen Jahren nicht nur die Fachwissenschaftler beschäftigt, sondern auch Laienforscher, Lokalpatrioten und die Medien. »Verwirrung um die Varusschlacht«, »Wo zum Teufel liegt der Teutoburger Wald?« und »Streit um Hermann« heißen nur einige von vielen Artikeln, die insbesondere 2006 und 2007 in den überregionalen Zeitungen und Magazinen dazu erschienen sind.

Die meisten Altertumswissenschaftler sind zwar der Ansicht, dass die vorhandenen Indizien ausreichen, um Kalkriese mit der Varuskatastrophe in Verbindung zu bringen (siehe Haupttext), aber an der Schlussfolgerung entzündet sich Widerspruch aus unterschiedlichsten Lagern.

Reinhard Wolters, Althistoriker an der Universität Tübingen, bezweifelt, dass man anhand der Münzfunde den Kampf in Kalkriese wirklich auf einen engen Zeitraum um 9 n. Chr. datieren kann. »Zudem belegen die antiken Schriften für die Jahre danach mehrere Schlachten, die zum Teil besser in die Landschaft um Kalkriese passen«, erzählt der vermutlich profilierteste Skeptiker. »Wir stehen damit vor einem klassischen Problem: Die literarischen Quellen sprechen eher gegen Kalkriese als Ort der Varusschlacht, der archäologische Befund eher dafür.«

Eine bisweilen vorgebrachte Alternativtheorie ist es, in Kalkriese die »Schlacht an den Langen Brücken« zu verorten, die sich Ende 15 n. Chr. ereignete (Kapitel IV.3). Bei genauerem Hinsehen ergeben sich dabei aber mehr Probleme als Lösungen: Dass sich unter den bislang rund 1000 entdeckten Römermünzen keine einzige aus den Prägeserien ab 10 nach Christus befindet, würde zu dem Zeitpunkt zumindest überraschen. Erklärungsbedürftig wäre auch die Verscharrung der Knochen erst Jahre nach dem Kampf, die hingegen für die Varusschlacht überliefert ist (siehe Kapitel IV.3). Die Wallanlage lässt sich zudem am besten mit einem geplanten Hinterhalt vereinbaren, wie ihn Arminius gegen Varus organisierte.

Die differenzierten Argumentationen gehen oft unter in einem medialen Getöse, das vor allem Hobbyforscher und selbsternannte Experten verursachen. Deren Kritik nimmt bisweilen eine erstaunlich Polemik und Schärfe an: Ein vorgeblicher Varusforscher etwa stellte im März 2007 (erfolglos) Strafanzeige wegen »Subventionsbetrugs« gegen die Verantwortlichen in Kalkriese. Und ein sehr aktiver Verein verkündet kämpferisch über sich selbst: »Sachkundige Bürger aus OWL [Ostwestfalen-Lippe, Anm. d. Autors] vereinigen sich gegen Kalkriese«. Hauptsitz des Clubs ist der Bezirk, in dem das Hermannsdenkmal steht, die bekannteste Touristenattraktion des Gebiets. Um deren Bedeutung fürchten die Lokalpatrioten: Sie hoffen, die Varusschlacht möge sich dort ereignet haben, auch wenn archäologische Beweise dafür fehlen.

Verschärft wird der Streit durch den Umstand, dass Kalkriese in Niedersachsen liegt, das Hermannsdenkmal aber in Nordrhein-Westfalen steht – und sich die Argumente von Experten wie Politikern oft auffallend an der Landesgrenze scheiden.

Der jüngste Beleg gegen Kalkriese besteht in den Augen der Kritiker aus V-förmigen Gräben, die an den Enden der Wallanlage entdeckt wurden. Solche Vertiefungen seien typisch römisch, ergo der Wall nicht von den Germanen, ergo Kalkriese nicht der Ort der Varusschlacht – so lautete die Argumentation, die auch in den Medien verbreitet wurde. »Derartige Gräben gab es schon zu Urzeiten«, entgegnet Günther Moosbauer, verantwortlicher Wissenschaftler für Kalkriese. »Die Diskussion hier ist nicht mehr rational.«

Versöhnend wirken könnte das Ausstellungsprojekt »Imperium Konflikt Mythos« zum 2000. Jahrestag der Varusschlacht. Allen Lokalquerelen zum Trotz haben sich hier die Museen in Kalkriese, in Detmold am Ort des Hermannsdenkmals und in Haltern am See zu einer bundesländerübergreifenden Kooperation zusammengeschlossen.

Entscheidend ist in dem Zusammenhang auch die Frage, wie zuverlässig die antiken Schriftquellen sind. Wir verfügen über vier Berichte, die sich zum Teil gegenseitig widersprechen:

- Der früheste erhaltene Text stammt von Velleius Paterculus, der als Zeitgenosse, Offizier und Germanienkenner eigentlich eine erstrangige Quelle bildet. Aber er vertröstet den Leser in seinem Geschichtswerk: »Den Ablauf dieses schrecklichsten Unglücks«, vermeldet er, »werde ich in einem entsprechenden Buch darzustellen versuchen; hier sei des Ereignisses nur allgemein mit Trauer gedacht.« Leider hat sich Paterculus offenbar nicht mehr die Mühe gemacht, sein Versprechen einzulösen – von dem angekündigten detaillierten Werk jedenfalls fehlt jede Spur.
- Die zweite überlieferte Darstellung verfasste Tacitus im frühen 2. Jahrhundert. Der römische Historiker behandelt die Varusschlacht allerdings nur indirekt: Er beschreibt, wie der Feldherr Germanicus 15 n. Chr. den Ort der Katastrophe aufsuchte – also sechs Jahre nach der Schlacht. Das bringt einige Hinweise zur Örtlichkeit, verrät aber nur wenig über das Geschehen an sich.
- Der dritte Autor ist Florus. Er behauptet im 2. Jahrhundert, die Germanen hätten Varus in seinem Lager überfallen, während der Statthalter Prozesse führte – was nicht zu den Aussagen der anderen antiken Geschichtsschreiber passt. Zudem ist das Werk des Florus generell dafür berüchtigt, voller Fehler zu sein. Fast alle modernen Historiker verwerfen daher seine Darstellung.
- Den vierten erhaltenen Bericht schließlich verfasste Cassius Dio im 3. Jahrhundert. Er schildert uns als Einziger den Ablauf der Ereignisse – und das für römische Verhältnisse sogar relativ ausführlich. Manche Forscher bezweifeln zwar die Richtigkeit, aber insgesamt gilt Dio als zuverlässiger und sorgfältiger Geschichtsschreiber. Gerade was Germanien angeht, haben zudem archäologische Funde immer wieder seine Aussagen bestätigt, selbst wenn diese stark angezweifelt wurden. So sahen es moderne Historiker lange als unglaubhaft

an, dass die Römer rechts des Rheins Städte gegründet hatten, wie Dio es einleitend zur Varusschlacht beschreibt. Damit war auch dessen Schlachtbericht diskreditiert – zu Unrecht, wie dann die Grabungen in Waldgirmes zeigten. Die Funde in Kalkriese passen ebenfalls sehr gut zum Text Dios – von einigen topographischen Details abgesehen –, so dass sich Archäologie und Überlieferung hier gegenseitig zu bestätigen scheinen.

Den Ausgangspunkt für die dramatischen Ereignisse des Jahres 9 n. Chr. bildete das Cheruskerland an der Weser. Varus hielt sich dort mit drei Legionen auf: der 17., 18. und 19. Er leitete Gerichtsverhandlungen und verteilte quer über das Land eine größere Zahl Soldaten, damit diese, wie von den Einheimischen erbeten, Polizeiarbeit verrichteten. Alles war aus seiner Sicht in bester Ordnung, und im September traf er Vorbereitungen, mit dem Gros des Heeres wieder an den Rhein zurückzukehren. Dort war er erstens wieder in der Zivilisation, was die Versorgung der Truppen erleichterte, und zweitens demonstrierte er den Galliern, dass er auch ihr Gebiet weiterhin im Auge behielt – die Rheinlegionen waren ja für Gallien und Germanien gleichermaßen zuständig. Der Rückweg verlief wohl üblicherweise an der Lippe entlang, wo schon eine Kette an Stützpunkten stand und Lastschiffe laufend frischen Proviant bringen konnten.

Doch dann kamen beunruhigende Nachrichten. Erst warnte der cheruskische Adlige Segestes vor einer Verschwörung, aber das nahm Varus nicht ernst, zumal Segestes mit Arminius genau denjenigen denunzierte, der ihm seine Tochter weggenommen hatte. Besorgniserregender fand Varus Berichte, nach denen ein entfernterer Stamm den Aufstand wagte. Der Statthalter reagierte prompt, hatte ihn doch seine Erfahrung im Nahen Osten gelehrt, dass es das Beste war, schnell und entschlossen gegen Revolten vorzugehen. Vor Jerusalem und im Süden Judäas hatte allein das rasche Auftauchen seiner Legionen genügt, den Aufständischen allen Mut zu nehmen und den Widerstand zu zerschlagen. Genau dieses Erfolgsrezept wollte er nun auch anwenden, um den aufsässigen germanischen Stamm zur Räson zu bringen. Besonders praktisch war dabei aus seiner Sicht, dass der Unruheherd fast auf der Heimroute lag. Varus musste mit seinen Truppen nur einen Umweg machen, den Rebellen Angst einjagen, so ihre lächerliche Revolte ersticken, vielleicht zur Mahnung noch eine Anzahl Aufrührer kreuzigen, um dann zum Rhein in die wohlverdiente Winterpause weiterzumarschieren. Es bot sich daher an, gleich das gesamte Hab und Gut mitzunehmen, und zudem die Zivilisten, die das Heer stets begleiteten: Händler, Handwerker, Prostituierte, die Soldatenfrauen und ihre Kinder, die man duldete, auch wenn sie illegitim waren – ein Legionär durfte während seiner gesamten Dienstzeit nicht heiraten. Mit all diesen Personen und den Wertgegenständen im Begleittross, so dachte Varus wohl, musste er nach der Niederwerfung des jämmerlichen Aufstands nicht wieder umständlich zur Weser zurückkehren um alles abzuholen. Stattdessen konnte er gleich westwärts zum Rheinquartier weiterziehen.

Damit fasste Varus genau die Beschlüsse, die sich die Verschwörer gewünscht hatten. Ohne es zu wissen, handelte der Statthalter wie eine Marionette, an der Arminius die Fäden zog. Der cheruskische Häuptlingssohn und die anderen Rädelsführer hatten den fernen Aufstand in Auftrag gegeben, »nach geheimer Absprache«, wie Cassius Dio es formuliert. Damit lockten sie die Römer auf eine andere Route als gewohnt, und dass diese sich noch arglos mit Gepäck und Zivilisten belasteten, erleichterte den Männern um Arminius ihre Arbeit nur. »Sie [die Verschwörer] wollten erreichen, dass Varus auf dem Marsch ins Aufstandsgebiet sich wie bei einem Zug durch befreundetes Land verhielt, so dass er leichter überwältigt werden konnte«, resümiert Dio. »Und genau dies geschah.«

Welchen Weg die Legionen einschlugen, erzählen uns die antiken Autoren nicht. Wenn man aber davon ausgeht, dass die Römer wie beschrieben von der Weser starteten, nicht die bekannte Lippetrasse nahmen, über Kalkriese marschierten und als Endziel das Hauptlager Vetera beim heutigen Xanten anpeilten, so ergibt sich eine logische Route, wie sie etwa der Historiker Ralf Jahn in seiner Dissertation 2001 darlegt. Varus und seine Soldaten begannen danach ihren Marsch um das heutige Minden an der Weser herum, das etwa in der Mitte zwischen Osnabrück und Hannover liegt. Dort begaben sie sich auf den Hellweg vor dem Sandforde, eine uralte Ost-West-Trasse, auf der Händler schon Jahrhunderte vor Christi Geburt entlangzogen. Der Trampelpfad folgt dem Nordrand des Wiehengebirges, einer langgestreckten Mittelgebirgskette, die ab Minden westwärts »wie eine lange Mauer fast geradlinig sich hinzieht und einem Heer den Weg selbst zu zeigen scheint«. So formulierte es der große Historiker Theodor Mommsen, der bereits 1885 die These vertrat, auf jener Route seien die Varuslegionen in den Untergang marschiert. Dazu passen würden auch jüngste Funde: 2008 entdeckten Archäologen in Porta Westfalica bei Minden Bleilote, Sandalennägel und andere Artefakte, die darauf hindeuten, dass dort tatsächlich römisches Militär lagerte.

Heute verläuft entlang des alten Handelsweges von Minden aus gesehen erst die Bundesstraße 65 und dann die Bundesstraße 218 Richtung Bramsche. Wer diese Strecke mit dem Auto abfährt, vollzieht also möglicherweise den letzten Weg der Varusarmee im Zeitraffer nach. Zur Linken sieht man dabei das Wiehengebirge vorüberziehen, das sanft bis auf 320 Meter Höhe ansteigt und von ausgedehnten Bergwäldern bedeckt ist. Zur Rechten erstreckt sich die Norddeutsche Tiefebene, die bis zur Nord- und Ostseeküste reicht. Nach 60 Kilometern Fahrt passiert man dann in sanftem Bogen den keilförmig aus der Gebirgskette vorspringenden Kalkrieser Berg. Heute beansprucht das ab Minden gut eine Stunde Fahrt, damals waren die Legionen tagelang unterwegs: Die Truppen erreichten Cassius Dio zufolge den Ort des Endkampfes am »vierten Tag ihres Marsches«.

Falls die Varuslegionen also auf ihrem Todeszug von Minden nach Kalkriese gezogen sind, legten sie im Schnitt zwischen 15 und 20 Kilometer täglich zurück – was eine realistische Marschleistung darstellt. Dem Experimentalarchäologen Marcus Junkelmann zufolge kam ein römisches Heer im Normalfall etwa 15 bis 25 Kilometer pro Tag voran, je nach Wegbedingungen – und die waren entlang des Wiehengebirges alles andere als günstig. Der Hellweg bildete zwar eine wichtige Verkehrsverbindung durch Germanien, aber er war nicht vergleichbar mit einer Römerstraße, nicht einmal ein trockengelegter Trampelpfad. Der Untergrund war zum Teil torfig und sumpfig, so dass sich bei feuchtem Wetter tiefe Pfützen bildeten, zum Teil war er sandig-tonig, ein sogenannter Kleiboden. Dieser wird bei Nässe weich und glitschig, so dass ein Fußgänger darauf ständig Gefahr läuft auszurutschen. Nach einem stärkeren Regen war der Weg daher nicht nur für Pferde und Wagen, sondern sogar für die Legionäre kaum passierbar.

»Das Gebirge war voller Schluchten und stark zerklüftet, die Bewaldung dicht und überaus hoch«, beschreibt Cassius Dio die Gegend, durch die das Varusheer zog. Die vielen Schluchten waren wohl übertrieben, aber der dichte, hohe Baumbestand passt zum Landschaftsbild, zog sich doch zur Linken des Hellwegs an den Hängen des Wiehengebirges der urwüchsige Bergwald hoch. Dieser bildete schon für die marschierenden Soldaten ein formidables Hindernis, für den Tross mit den Wagen war er praktisch undurchdringlich. Auch zur anderen Seite hin konnte das Heer nicht beliebig weit ausweichen: Rechter Hand erstreckten sich ausgedehnte Sümpfe und Moore, dort, wo heute die trockene Tiefebene beginnt. Einmal auf den Hellweg eingeschwenkt, hatte die Armee des Varus mit ihren vielen Wagen und Zivilisten daher nur die Möglichkeit, immer weiter voranzuziehen – oder komplett umzudrehen und zum Ausgangspunkt zurückzukehren. Der Heereszug begab sich dort gleichsam in einen langen Tunnel, der keinen Seitenausgang besaß.

Das schien Varus nicht zu schrecken, als er an einem Septembermorgen den Abmarsch aus dem Sommerlager an der Weser befahl. Geweckt von Trompeten, krochen die Legionäre in aller Früh aus ihren Schlafstätten: Jeweils acht Mann kamen aus einem nur drei auf drei Meter großen Zelt, das aus rechteckigen Lederstücken zusammengenäht war. Der einzelne Soldat frühstückte vermutlich zuerst, dann stopfte er seine Reservekleidung in einen kleinen Sack, den Proviant für drei Tage in ein Netz, das Geschirr und andere Kleinutensilien in eine rechteckige Ledertasche. Das alles befestigte er an einer kreuzförmigen Tragestange, gemeinsam mit einem Eimer und einem Topf. Auf ein Trompetensignal hin räumte der Legionär dann mit seinen

Schlafgenossen den Zeltplatz: Die Männer zogen die Heringe aus dem Boden, rollten ihr Lederzelt zusammen und steckten es in einen Leinensack. Auf ein weiteres Signal hin packten sie die Zeltrolle sowie schweres Gerät auf ihr Maultier – zu jeder Acht-Mann-Gruppe gehörte ein Vierbeiner plus Trossknecht. Nachdem die Soldaten alles verladen hatten und abmarschbereit waren, zündeten sie die zurückbleibenden Palisaden und Wehrtürme an. Niemand anderes sollte das evakuierte Lager für seine Zwecke nutzen. Und während ringsum die Flammen in die Höhe schlugen, ertönte das dritte Trompetensignal, das den unmittelbar bevorstehenden Abmarsch ankündigte – und die Nachzügler zur höchsten Eile antreiben sollte, wie der antike Historiker Flavius Josephus berichtet, der zahlreiche Märsche selbst miterlebte. Die Trupps reihten sich nun auf, der Feldherr – hier also Varus – trat vor die Mannschaften, und neben ihm baute sich ein Herold auf, der wie ein moderner Motivationstrainer die Männer einpeitschte. »Der rechts neben dem Feldherrn stehende Herold fragt dreimal, ob alles bereit sei zum Kampfe, und jedes Mal antworten die Soldaten mit einem lauten und begeisterten Ja, wobei sie nicht selten der Frage zuvorkommen«, erzählt Josephus. »In kriegerischem Enthusiasmus erheben sie die rechte Hand und geben ein lautes Geschrei von sich. Dann rücken sie aus und marschieren ruhig und in der größten Ordnung.«

Jeder Legionär schleppte dabei eine rund 30 Kilogramm schwere Kampfausrüstung mit sich, bestehend aus einem Kettenhemd oder Schienenpanzer, dem Helm – der beim Marsch nicht auf dem Kopf saß, sondern an der Rüstung hing –, dem Schwert, Dolch, Wurfspeer und dem Schild. Diesen hatte der Soldat in eine lederne Schutzhülle gepackt und mittels eines Tragegurts auf den Rücken geschnallt, so dass dieses mehr als ein Meter hohe Gepäckstück hinter dem Kopf emporragte. Zusätzlich schulterte der Legionär noch die kreuzförmige Tragestange, die mit den daran baumelnden Habseligkeiten wohl gut 18 Kilogramm wog. Insgesamt musste ein Mann also um die 50 Kilogramm mit sich schleppen. »Sie haben beim Marschieren beinahe so viel zu tragen wie die Lasttiere«, merkt Josephus über die Soldaten an. Von ihrer Umgebung sahen die Legionäre kaum etwas, wenn sie mitten in der vier bis sechs Mann breiten Marschkolonne voranzogen – die turmartig aufragenden Schilde der Vorderleute und die Gepäckstangen verdeckten ihnen die Sicht. Ein Gutteil der schwerbeladenen Römer trottete also praktisch blind vor sich hin und musste sich auf Zurufe verlassen, um Weghindernissen rechtzeitig auszuweichen sowie auf eventuelle Angriffe zu reagieren.

Am ersten Marschtag passierte aber anscheinend noch nichts Dramatisches, und Varus und seine Männer kamen unbehelligt voran – so wie sie es erwarteten, wähnten sie sich doch in sicherem Terrain. In welcher Aufreihung die Heereskolonne voranzog, ist nicht überliefert, aber die Vorhut bildeten üblicherweise Hilfstruppen, bestehend aus leichtem Fußvolk und einem Teil der Reiterei. Aufgabe der Berittenen war es, Feindaufklärung zu betreiben und die nachfolgenden Pioniere abzuschirmen. Diese räumten Hindernisse aus dem Weg und schlugen Holz, um damit Bäche zu überbrücken und schwer passierbare Pfade zu befestigen. Das war entlang der Route auch nötig, wie Cassius Dio erzählt: »Die Römer hatten schon vor dem Angriff der Feinde Mühe, Bäume zu fällen, Wege zu bahnen und Brücken zu bauen« – was die gesamte Heereskolonne immer wieder aufhielt.

Den Pionieren schloss sich die erste der drei Legionen an: Vorneweg 120 legionseigene römische Reiter und dann in dichter Kolonne die Infanterie – in Sollstärke 4800 Legionäre, aber Varus hatte eine unbekannte Zahl davon zu Polizeidiensten über das Land verteilt. Wenn die Straßenverhältnisse es zuließen, marschierten jeweils sechs Mann nebeneinander, aber schon eine einzige Engstelle konnte dann zu zermürbenden Staus führen, die sich rasch nach hinten fortsetzten – ähnlich wie heute auf einer vielbefahrenen Autobahn, wenn eine Spur wegen Bauarbeiten gesperrt ist. »Selten dürfte eine Legion Gelegenheit gehabt haben, mit mehr als vier Mann Frontbreite über längere Strecken vorzurücken«, urteilt denn auch der Experimentalarchäologe Marcus Junkelmann – was bedeutet, dass bei 4800 Mann Infanterie die Soldaten 1200 Reihen hintereinander formten. Hinzu kam dann noch der umfangreiche Tross, der den Kampftruppen nachfolgte, so dass eine komplette Legion inklusive Reiterei und Transporttieren sich laut Junkelmann über eine Länge von mindestens 4,2 Kilometern hinzog. Ähnliche Werte kann man auch für die Varuslegionen annehmen: Zwar fehlten viele Soldaten, die andernorts Polizeiarbeit verrichteten, dafür mussten die Männer in größerem Abstand voneinander als üblich marschieren, wollten sie auf dem glitschigen Untergrund Massenstürze vermeiden.

Nach der ersten Legion kam dann die zweite und die dritte, jede mit ihren eigenen Gepäcktieren im Gefolge, solange keine Feinde in der Nähe waren. Drohte allerdings ein Angriff, wurde der Tross aller Einheiten üblicherweise an einem Ort in der Kolonne konzentriert, so dass die davor und dahinter marschierenden Soldaten kompaktere Kampfeinheiten bildeten. Varus unterließ diese Vorsichtsmaßnahme: Als er abmarschierte, bildeten Soldaten, Gepäckwagen und Unbewaffnete eine bunte Mischung, wie Cassius Dio kritisiert – und das wohl zu Recht. Es bleibt jedenfalls rätselhaft, weshalb Varus trotz der Warnungen des Segestes und der prekären Wegverhältnisse offenbar keinerlei militärische Sicherheitsvorkehrungen ergriff. Sein Vertrauen in Arminius oder in die Überlegenheit seiner Armee muss grenzenlos gewesen sein.

Am Ende der Kolonne folgten schließlich wieder Hilfstruppen. Die Nachhut bestand also wie die Vorhut aus Auxiliareinheiten, die in der Varusarmee insgesamt sechs Kohorten (etwa 3000 Fußsoldaten) und drei Alen (etwa 1500 Reiter) umfassten. Diese Kontingente waren zum Teil germanisch, und einige standen sicherlich auf Seiten der Verschwörer. Spitze und Ende des Heereszugs waren also feindlich durchsetzt, ohne dass dies die Römer dazwischen ahnten, die wohl eine mindestens 15 Kilometer lange Kolonne formten – zumal sie wie erwähnt ungewöhnlich viel Gepäck und Scharen an Zivilisten mit sich führten. Der Armeewurm hatte damit eine schier unüberschaubare Länge, als er den Weg zwischen Bergen und Sümpfen entlangkroch. Und wenn man bedenkt, dass die Legionen wie erwähnt normalerweise 15 bis 25 Kilometer am Tag zurücklegten, dann muss die Vorhut schon fast am Tagesetappenziel angekommen sein, als die Nachhut gerade erst aufbrach.

Nachdem die ersten Soldaten am designierten Endpunkt des ersten Tagesmarsches angelangt waren, suchten Spezialisten nach einem geeigneten Übernachtungsplatz: Dieser sollte sich möglichst in der Nähe einer Wasserquelle befinden, aber auf trockenem Grund, und weder in der Nachbarschaft eines höher gelegenen Ortes noch eines Waldgebietes liegen, damit eventuelle Feinde keine Deckung für einen Überraschungsangriff fanden. All diese Anforderungen zu erfüllen war zwischen dem bewaldeten Wiehengebirge und dem Moor schwer möglich, zumal das Areal groß genug sein musste für Tausende Menschen und Gepäcktiere. Die Landvermesser suchten daher wohl nach dem besten Kompromiss. Dann steckten sie das Gelände ab, und die Soldaten gingen verschiedenen Aufgaben nach: Ein Teil stand Wache, die anderen mussten buddeln. Sie zogen um das ganze Areal einen V-förmigen Graben, der etwa einen Meter tief und 1,5 Meter breit war. Die ausgehobene Erde schütteten sie an der Innenseite des Grabens zu einem Wall auf, dessen Außenfront sie mit ausgestochenen Grasstücken bedeckten. In die Wallkrone selbst rammten sie eigens mitgeführte Holzpflöcke, so dass diese eine Palisade bildeten. Die Befestigung war damit auf den ersten Blick wenig spektakulär, aber durchaus effektiv, wie der Experimentalarchäologe Junkelmann und sein Team in Praxistests herausfanden: Ein Angreifer kann demnach zwar problemlos den 1,5 Meter breiten Graben überspringen, doch dann landet er auf dem steil abfallenden, mit lockeren Rasenstücken bedeckten Wall. »Er kommt sogleich ins Rutschen und gleitet auf die Sohle des Grabens ab. Der Verteidiger kann dem mit einem energischen Stoß des Schildes sehr wirkungsvoll nachhelfen«, schildert Junkelmann. »In der Grabensohle befindet sich der Angreifer nun in einer höchst misslichen Situation, während die Geschosse des Gegners auf ihn herabhageln.« Der Forscher schätzt, dass das relativ unscheinbare Bollwerk »die Kampfkraft des Verteidigers zumindest um das Doppelte gesteigert haben dürfte«.

Die Legionäre mussten das Graben-Wall-Palisade-System rings um den Übernachtungsplatz stur nach jedem Marschtag errichten, egal ob Feinde in der Nähe waren oder nicht. Dies war eine strenge Armeevorschrift, aber man kann sich vorstellen, dass es bisweilen zu Unmut führte, wenn die Soldaten nach stundenlangem Schleppen ihrer zentnerschweren Last auch noch die harte Schanzarbeit zu leisten hatten. Insbesondere wenn die Truppen sich in einem vollkommen gefahrlosen Gebiet wähnten, erforderte der Lagerbau sicherlich enorme Disziplin. Zudem schränkte das langwierige Schaufeln Tag für Tag den Aktionsradius des marschierenden Heeres ein und verminderte so bisweilen dessen Schlagkraft, aber dieses Manko musste auch ein ehrgeiziger Feldherr erdulden. Sicherheit ging in der römischen Armee über alles. Auch hier zeigte sich: Das Leben der Soldaten zählte in den Legionen mehr als in vielen modernen Streitkräften bis tief in das 20. Jahrhundert hinein.

Während die Römer so ihr erstes Marschlager befestigten, vermutlich noch immer in dem Glauben, sich in befriedetem Terrain zu bewegen, gingen rund 40 Kilometer weiter westlich ähnliche Grabungsarbeiten vonstatten. Dort allerdings schaufelten die Männer nicht ruhig und routiniert, sondern wohl in fiebriger Aufregung. Auf einer Strecke von mindestens 400 Metern entlang des Fußes des Kalkrieser Bergs häuften sie Sand zu einem Wall auf, stachen Grasstücke aus dem Boden und bedeckten damit mehrlagig den Sand – so dass die Wehranlage an die vier Meter breit und zwei Meter hoch war, also die Menschen um ein gutes Stück überragte. Zudem setzten die Germanen auf die Wallkrone einen Palisadenzaun, der sich heute noch auf einer Strecke von 20 Metern nachweisen lässt und vermutlich viel länger war.

Anders als in einem typischen römischen Lager verlief das Bollwerk nicht schnurgerade, sondern in einer Schlangenlinie, deren Form der Buchstabenfolge »vvv« ähnelte. Die Verteidigungsanlage hatte also in der Mitte zwei Vorsprünge, die vom Berghang weg an den Hellweg heranreichten. An der exponierteren der beiden Stellen errichteten die Männer eine ganze Toranlage. Durch diese konnten sie hinter dem Wall hervorstürmen – und sich dann in typisch germanischer Guerillamanier rasch wieder in Sicherheit bringen. Des Weiteren unterbrachen sie das Bollwerk etwa alle 15 Meter, so dass dort einfache Durchlässe entstanden, durch die man ebenfalls Angriffe starten und sich zurückziehen konnte.

Die beiden Wallenden schmiegten sich jeweils an einen Bach, der ein natürliches Hindernis bildete. Als zusätzlichen Riegel schaufelten die Germanen dort V-förmige Gräben, was sie in den übrigen Bereichen unterließen. Durch das Abstechen der Grasstücke hatten sie bereits einen 20 Meter breiten Streifen vor dem Wall in einen derartigen Acker verwandelt, dass dieses Vorfeld für einen schwer gepanzerten Legionär ohnehin nur mühsam zu passieren war.

Wann die Aufständischen das Bollwerk vollendeten, lässt sich nicht mehr genau angeben. Aber die Forscher schließen aus der uneinheitlichen, oft improvisiert wirkenden Bauweise, dass die Germanen den Wall relativ rasch errichteten. Vermutlich arbeiteten mehrere Bautrupps parallel, und selbst wenn diese zusammen nur einige Hundert Mann umfassten, konnten sie die ganze Anlage innerhalb weniger Tage aufbauen. Man kann also davon ausgehen, dass die Männer erst mit der Arbeit begannen, als klar war, dass Varus tatsächlich den Hellweg um den Kalkrieser Berg herum nahm. Aufs Geratewohl errichtet war das Bollwerk allerdings nicht: Dafür waren Ort und Verlauf zu raffiniert gewählt. Die leitende Archäologin von Kalkriese, Susanne Wilbers-Rost, spricht von »erkennbarer Umsicht und Gründlichkeit der Planung« und von einem »gut durchdachten taktischen Bauwerk«, das »hervorragend Deckung für den Angriff auf ein vorbeiziehendes Heer« bot. Die Aufständischen gingen also mit viel Intelligenz daran, einen ausgeklügelten Hinterhalt vorzubereiten – in scharfem Kontrast zu dem verbreiteten Bild des hirnlosen Germanenkriegers, der in Filmen wie »Gladiator« nur die Taktik kennt, blindwütig vorzustürmen.

Blind waren in jenen Tagen vor allem die Römer – blind für das Unheil, das sich um sie herum zusammenbraute. Am Morgen des zweiten Tages standen die Legionäre wie gewohnt in aller Frühe auf, packten ihre Sachen, rollten die Zelte zusammen, steckten alles in Brand, was sie nicht mitnahmen, und antworteten wie immer auf den dreifachen Ruf des Herolds »Seid ihr alle kampfbereit?« dreimal mit einem donnernden »Ja!«. Dann begannen sie den langen Auszug: Peu à peu marschierte ein Trupp nach dem anderen ab, und die Heereskolonne floss gleichsam aus dem Lagertor heraus wie ein Rinnsal aus dem undichten Damm eines Stausees. Es vergingen Stunden, bis sich das Lager leerte und das Ende der wohl gut 15 Kilometer langen Menschenschlange sich in Bewegung setzte. Arminius und seine Mitverschwörer in der römischen Armee begleiteten den Heereszug noch eine Weile, wie sie es als Auxiliarsoldaten sonst auch taten. Dann verschwanden sie – nicht heimlich, sondern mit offizieller Genehmigung des Varus, so Cassius Dio: »Sie wurden entlassen, um Hilfstruppen zu mobilisieren und schleunigst zur Unterstützung heranzuführen.« Das war natürlich eine blanke Lüge – auf die der römische Statthalter ebenso hereinfiel wie zuvor auf den fingierten Aufstand. Varus blieb weiter ahnungslos, während Arminius und seine Leute die vorbereitete Todesmaschinerie in Gang setzten: Als Erstes signalisierten sie allen beteiligten Stämmen, dass die Römer in die Falle gegangen seien und der Aufstand beginnen könne – mit fatalen Folgen zuerst für diejenigen Legionäre, die, über das Land verteilt, Polizeiarbeit leisteten. »Sie [die Verschwörer] ließen in ihren Heimatgebieten die römischen Soldaten niedermachen, die sie früher von Varus angefordert hatten«, berichtet Dio. Alle kleineren Militärbasen der Besatzer waren damit planmäßig ausgeschaltet.

Das Hauptheer blieb von diesen Vorgängen zunächst unberührt. Es kämpfte vorerst nicht mit den Germanen, sondern mit den Elementen: Zu den schlechten Wegeverhältnissen kam ein veritables Unwetter hinzu, wie man es in Deutschland um die Jahreszeit durchaus erleben kann. »Die Kolonne wurde durch heftigen Regen und Sturmwind weiter auseinandergezogen«, erzählt Dio. »Der Boden war an den Wurzeln und Enden der Stämme ziemlich schlüpfrig geworden, so dass sie [die Römer] immer wieder ausglitten; zudem stürzten vom Sturm zerborstene Baumkronen auf sie nieder und brachten sie in Verwirrung.« Was der antike Historiker hier so anschaulich schildert, passt gut zu dem nach Kalkriese führenden Hellweg: Dessen Kleiboden wurde in der Tat bei Regen so rutschig, dass er praktisch nicht mehr begehbar war (siehe weiter oben in diesem Kapitel). Nur mit den herabfallenden Baumwipfeln mag Dio wohl übertrieben haben.

Die Verschwörer holten unterdessen zum entscheidenden

Schlag aus. »Sie übernahmen ihre schon irgendwo in Bereitschaft stehenden Streitkräfte«, so Dio, »und griffen dann Varus selbst an, als er sich in schwer passierbaren Waldgegenden befand.« Die Textstelle belegt, wie umfassend der Aufstand geplant war: Während ein Teil der Widerstandskämpfer bei Kalkriese den Wall errichtete, lauerte ein anderer Teil schon viele Kilometer weiter vorn dem Heereszug auf, an einer strategisch günstigen Stelle, an der sich die römischen Pioniere abmühen mussten, den Weg frei zu räumen. In der Folge dürfte es dort zu Staus in der Heereskolonne gekommen sein. Die Legionäre standen womöglich gerade gelangweilt herum, durchnässt und schlammverdreckt, schimpfend, dass wieder einmal nichts vorwärtsging, aber nichts Böses ahnend – als sich die Germanen im Schutz der Bäume anschlichen, ähnlich vielleicht wie Indianer in Westernfilmen. »Die Barbaren brachen aus dem dichtesten Gebüsch hervor, da sie ja jeden Pfad kannten, und umstellten die Römer auf allen Seiten«, erzählt Dio. »Die vermeintlichen Untertanen erschienen plötzlich als Feinde und richteten furchtbares Unheil an.«

Die Stammeskrieger – über deren Zahl wir keinerlei Information besitzen – griffen sicherlich nicht sofort die ganze Kolonne an, sondern nur einen Abschnitt. Und sie attackierten nicht im Hurrastil à la Hollywood, sondern zunächst vorsichtig, mit gebotenem Respekt vor der bis dato überlegenen Kampfkraft der Legionäre: »Anfangs warfen sie nur aus der Ferne ihre Speere«, berichtet Dio. »Dann aber, als niemand sie abwehrte und viele Römer schon verwundet waren, gingen sie zum Nahkampf über.« Bedeutende Unterstützung kam dabei von den germanischen Auxiliartruppen in der Vor- und Nachhut, die wahrscheinlich beim ersten Angriff großteils die Fronten wechselten. Wenn diese Verbände ihren bisherigen römischen Kameraden plötzlich in den Rücken fielen, dürfte dies die Panik unter den Legionären potenziert haben. Zudem formten die Auxiliarsoldaten wohl die Eliteeinheiten des Aufstands: Sie waren keine ungerüsteten Bauern wie die meisten Stammeskrieger, sondern römisch gedrillte Berufssoldaten, zum Teil mit römischen Waffen, Kettenhemden und Helmen ausgestattet. Das versetzte sie in die Lage, auch gegen kampfbereit aufgestellte Legionärsgruppen im Nahgefecht effektiv vorzugehen – also die Römer buchstäblich mit ihren eigenen Waffen zu schlagen.

Die Varusarmee war derart überrumpelt worden, dass sie den ganzen Tag über keine wirkungsvolle Gegenwehr zustande brachte. »Da die Römer nicht in einer einigermaßen geordneten Formation vorrückten, sondern die Kolonne mit Wagen und Unbewaffneten bunt gemischt war, konnten sie nicht ohne weiteres dicht aufschließen«, erläutert Dio. »Sie waren daher jeweils zahlenmäßig schwächer als die angreifenden Feinde, und so erlitten sie erhebliche Verluste, ohne den Barbaren etwas anhaben zu können.« Man muss sich dabei stets bewusst machen, dass die Armee keine kompakte Einheit formte, sondern eine dünne lange Schlange, eingezwängt zwischen Bergwäldern links und Sumpfgelände rechts. Das Heereskommando agierte in dieser Situation weitgehend hilflos, wie es der moderne Historiker Ralf Jahn in seiner Dissertation anschaulich beschreibt: »Wie sollte Varus auf dem schmalen Weg, der vollgepfropft war mit Soldaten, Wagen und Pferden, Truppenverschiebungen vornehmen? Wie sollten Verstärkungen an bedrohte Stellen geschickt werden, wo alles feststeckte und jeder sich auf eigene Faust mit einem Gegner, der kaum sichtbar wurde, auseinanderzusetzen hatte? Wie sollten Befehle über größere Strecken weitergegeben werden? Die gesamte Übersicht war verlorengegangen!«

Aber auch in dieser chaotischen Situation bewährten sich der römische Drill und die Kampfroutine. Einige Legionäre packten irgendwann im Lauf des Tages ihre Schaufeln aus, und bewacht von ihren Kameraden begannen sie in bewundernswerter Weise, wie gewohnt Graben, Wall und Palisaden für die Nacht anzulegen. »Sie schlugen dort ihr Lager auf, wo sie einen geeigneten Platz fanden, soweit dies in dem Waldgebirge überhaupt möglich war«, erzählt Dio. Zug um Zug erreichten die Überlebenden den umwehrten Bereich. Bis zum Abend versammelten sich die Soldaten, Zivilisten, Knechte und Zugtiere in dem Hort der Sicherheit, der stark genug befestigt war, dass die Germanen über Nacht keinen Angriff mehr unternahmen. Das Schlimmste war damit scheinbar überstanden. Die Armee des Varus konnte sich neu organisieren und des hinderlichen Trosses entledigen.

Laut Dio verbrannten die Soldaten zahlreiche Wagen und Gepäck und nahmen nur noch das mit, was sie dringend benötigten. Den Barbaren sollte es kein zweites Mal gelingen, sie zu überrumpeln.

5. Die Varusschlacht: In der Falle

So begann der dritte Tag des Marsches von der Weser weg. »Am anderen Morgen zogen die Römer in etwas besserer Ordnung weiter und erlitten zwar erneut blutige Verluste, erreichten aber sogar offenes Gelände«, berichtet Dio. Die Legionen waren nun in der Lage, Kampfformation einzunehmen und den Angreifern eine offene Feldschlacht zu liefern – also das, was sie beherrschten wie niemand sonst. Aber was taten die Krieger des Arminius? Nichts! Entgegen allen Klischees verzichteten die Germanen darauf, heldenhaft-selbstmörderisch zu attackieren, sondern entschieden sich für die intelligentere Lösung: einfach abzuwarten. Die Zeit spielte für die Aufständischen, denn auf kurz oder lang würde den Legionen der Proviant ausgehen. Und wo sollten sie dann hin? Einen Ausweg gab es für sie nicht: Die Truppen des Varus hatten zwar ein freies Feld erreicht, aber keinen Seitenausgang gefunden. Immer noch waren sie zwischen Bergwald und Sümpfen eingesperrt, und ihnen blieb nur die Möglichkeit, weiter voranzumarschieren oder zur Weser zurückzulaufen – die Strecke entlang, an der sie gerade so viele Kameraden verloren hatten.

Varus entschied sich dafür, den eingeschlagenen Weg fortzusetzen – und tat damit erneut genau das, was die Verschwörer sich von ihm wünschten: sich auf den Engpass von Kalkriese zuzubewegen. Die Legionäre mussten auf dem nass-glitschigen Weg wieder eine kilometerlange Kolonne formen und boten damit erneut eine hervorragende Zielscheibe für Guerillaattacken in die Flanke. Zwar versuchten die Soldaten nun, sich effektiver gegen die immer wieder aus dem Unterholz hervorbrechenden Germanen zu wehren, aber das Resultat schildert Dio so: »Die Römer erlitten gerade hier schwere Verluste; denn wenn sie auf engem Raum dicht zusammenrückten, um in geschlossener Formation zugleich mit der Reiterei und schwerbewaffneten Legionssoldaten die Feinde anzugreifen, brachten sie sich in dem Gedränge vielfach gegenseitig zu Fall oder glitten auf den Baumwurzeln aus.« Der antike Historiker hat hier wohl keineswegs übertrieben: Wer einmal versucht hat, mit Ledersandalen, wie sie die Römer trugen, auf rutschigem Untergrund schnelle Schrittbewegungen zu machen, der weiß, wie leicht man dabei den Halt verliert. Die Legionäre mussten zudem nicht nur sich selbst balancieren, während sie mit ihren Gegnern fochten, sondern auch noch 30 Kilogramm an Waffen und Rüstung – und das inmitten eines Pulks von Kameraden, die nervös drängelten, stießen, ihrerseits ausglitten und in ihre Nachbarn hineinrutschten. Bisweilen dürfte es zu regelrechten Dominoeffekten gekommen sein, wenn Fallende panisch versuchten, sich am Nebenmann festzuhalten, diesen aber nur mit sich zu Boden rissen. Und wer mit seiner schweren Ausrüstung in den schlammigen Grund stürzte, der wurde ein leichtes Opfer für die feindlichen Speere.

Trotz aller Verluste kam die Heereskolonne im Lauf des Tages weiter voran auf ihrem Marsch nach Westen. Gegen Abend gelang es den Überlebenden erneut, ein Lager zu errichten. Doch dieses war deutlich kleiner als das vorangegangene, und die Soldaten befestigten es nur noch hastig, ohne die sonst übliche Sorgfalt. Das geht aus einem Bericht des Tacitus hervor, der davon handelt, was sechs Jahre später der römische Feldherr Germanicus am ehemaligen Kampfgelände vorfand. Das Varuslager der Vornacht war danach noch regulär angelegt und erwies sich »durch seinen weiten Umfang und das Ausmaß des Hauptquartiers als das Werk von drei Legionen«. Am neuen Übernachtungsort bot sich dagegen ein anderes Bild: »Ein halb eingestürzter Wall und ein flacher Graben kennzeichneten die Stelle, an der sich die zusammengeschmolzenen Reste niedergelassen hatten.«

Die römischen Soldaten haben in dieser Nacht vom dritten auf den vierten Marschtag wohl nur wenig geschlafen, trotz aller Strapazen. Ausgelaugt, durchnässt und von den Schrecken der beiden vorangegangenen Tage gezeichnet, kauerten die Männer hinter ihren notdürftigen Verschanzungen. Viele Verwundete stöhnten, konnten nur provisorisch behandelt werden, und ringsum lauerten die Feinde. Was würde passieren, wenn die Germanen im Schutz der Dunkelheit einen Großangriff starteten?

Der aber blieb aus. Arminius sah offenbar keinen Anlass, das Leben seiner Leute in unübersichtlichen Nachtgefechten an den zwar kümmerlichen, aber doch vorhandenen römischen Bollwerken zu riskieren. Seine Taktik der beständigen Nadelstiche war bislang erfolgreich, der römische Heereswurm immer mehr ausgeblutet. Warum sollte er diese Vorgehensweise ändern? Der Cherusker hielt nun alle Trümpfe in der Hand, und schon bald würde er sie ausspielen – wenn Varus mit seiner Armee weiter voranmarschierte.

Genau dies tat der römische Statthalter. Welche Alternative hatte er schon? Für eine Umkehr war es zu spät, also suchte Varus das Heil in der Flucht nach vorn. Nur noch ein Tagesmarsch war zu überstehen, dann war die Armee zwischen dem Wiehengebirge und dem Großen Moor hindurch und in offenem Gelände, in dem man endlich den Barbaren effektiv entgegentreten konnte. In der Frühe des vierten Tages packten die Soldaten also wieder ihre Sachen und zogen in langer Kolonne aus dem Lager heraus. Getrieben von Hoffnung oder Verzweiflung, folgten sie ihren Vorderleuten und stapften weiter nach Westen, hin zu einer besseren Umgebung, zu den eigenen Stützpunkten und zu dem Ufer des noch fernen Rheins.

Dann verfinsterte sich die Welt. Über den Köpfen der Männer schoben sich schwarze Wolken vor die Sonne, angetrieben von einem heftigen Wind, beladen mit nasser Fracht, die nun zur Erde zurückstrebte. Der Himmel öffnete gleichsam seine Schleusen, und als ob auch er sich gegen die Varuslegionen verschworen hätte, übergoss er die Marschierenden. »Ein strömender Regen und ein furchtbarer Sturm fielen über die Römer her, so dass diese weder vorwärtskamen noch einen festen Stand fanden«, schildert Cassius Dio. »Ja, sie konnten nicht einmal ihre Waffen richtig einsetzen: Die Bogen [der Hilfstruppen], Wurfspeere und selbst die Schilde waren derart durchnässt, dass sie kaum mehr zu gebrauchen waren. Für die Feinde hingegen war die Nässe kaum ein Hindernis, da sie ja größtenteils leichtbewaffnet waren.«

Auch diese Erklärung Dios trifft nach heutigem Kenntnisstand zu. So war ein römischer Schild üblicherweise vorne mit Leder überzogen, das bei Nässe sehr schwer wurde. Das ohnehin beträchtliche Schildgewicht von rund zehn Kilogramm steigerte sich dadurch deutlich, was den Einsatz im Wortsinn enorm erschwerte. Um genau dies zu vermeiden, packten die Legionäre ihre Schilde normalerweise unterwegs in Lederschutzhüllen ein – aber daran war natürlich nicht zu denken, wenn jeden Moment ein feindlicher Überfall drohte. Den Soldaten vor Kalkriese blieb also nichts anderes übrig, als ihren wichtigsten Schutz sich mit Regenwasser vollsaugen zu lassen. Die Germanen hingegen hatten hier kein Problem: Ihre Schilde waren deutlich kleiner und leichter gebaut sowie üblicherweise nicht mit Leder verstärkt. Da bedeutete in der klassischen Feldschlacht einen klaren Nachteil, brachte aber optimale Beweglichkeit im Guerillakampf, insbesondere bei den widrigen Witterungen, die in unseren Breitengraden allzu häufig sind.

Ganz unproblematisch war das Wetter aber auch für die Aufständischen nicht. Sie hatten ebenfalls mit den Regengüssen zu kämpfen, allerdings an einem Ort, an dem die Römer dies noch nicht bemerken konnten: dem Kalkrieser Berg. Dort flossen solche Wassermengen herab, dass sie den 400 Meter langen Wall am Hangfuß gefährdeten. Die Germanen hatten ihr Bollwerk ja nur hastig aus Sand und Grasstücken errichtet, und nun erwies es sich als nicht wasserbeständig: Es drohte schlicht zu zerlaufen. Den dahinter lauernden Männern war wohl sofort klar, welch katastrophale Folgen dies für sie haben würde, wenn die Legionen den Berg erreichten. Die Aufständischen begannen daher, Drainagegräben anzulegen, die zum Teil mehr als einen halben Meter tief waren und am Hangfuß parallel zum Wall verliefen. Damit schufen die Rebellen zugleich ein veritables Hindernis – allerdings auf ihrer Seite des Walls statt auf der des Feindes.

Die Kanäle waren damit ein echtes Manko, und die Stammeskrieger schaufelten sie nur in höchster Not, um Schlimmeres zu verhindern. Das ist heute daran zu erkennen, dass die Gräben lediglich dort verlaufen, wo es unvermeidbar war – also in den Zonen, in denen das Hangwasser direkt auf den Wall zugelaufen wäre, nicht aber in den trockeneren Arealen. Vielleicht bedeckten die Germanen die lästigen Abflusskanäle noch mit Holzbohlen und Ästen, um diese trockenen Fußes überqueren zu können, aber das lässt sich jetzt nicht mehr nachweisen. An den Durchlässen zwischen den Wallabschnitten leiteten die Stammeskrieger dann das Wasser nach draußen, so dass es zumindest dort ein Annäherungshindernis für feindliche Legionäre bildete.

Der römische Heereswurm kroch derweil in den natürlichen Trichter hinein, den das Wiehengebirge zur Linken und das Große Moor zur Rechten formten. Schon gut zehn Kilometer vor Kalkriese begannen die beiden Landschaftsbarrieren schräg aufeinander zuzulaufen, so dass der Raum dazwischen immer schmaler wurde. Anfangs war der Effekt unmerklich, da zwischen Bergen und Moor noch mehrere Kilometer Platz waren, aber mit jedem Schritt westwärts schob sich die Kolonne tiefer in den sich verengenden Trichter hinein. Und dann kam entlang des Wegs der Kalkrieser Berg, der am westlichen Ende des Wiehengebirges aus dem ansonsten geradlinig verlaufenden Gebirgszug hervorspringt wie eine dicke Beule.

Der vorgelagerte Berg erhebt sich zwar nur 110 Meter über der Ebene, aber er war dicht bewaldet und daher ein veritables Hindernis für das Heer mit seinem Tross. Er bildete einen regelrechten Pfropfen, der den Durchlass am schmalen Ende des Landschaftstrichters verstopfte wie ein Thrombus ein Blutgefäß – und der so den sechs Kilometer langen Engpass von Kalkriese formte. Diese Engstelle zwischen dem Berg im Süden und dem Moor im Norden hatte die Form einer Sanduhr: Sie war am Ein- und Ausgang zweieinhalb Kilometer breit, in der Mitte nur gut einen Kilometer. Und sie war lediglich an den Rändern passierbar: direkt am Kalkrieser Berg und am Großen Moor, an denen entlang jeweils eine etwa 200 Meter breite Sandzone verlief. Nur diese beiden Randbereiche waren relativ trocken und ließen sich als Weg nutzen. Dazwischen lag eine mit Niedermooren durchsetzte Feuchtsenke, die bei nasser Witterung kaum zu durchqueren war – also genau zu der Zeit, zu der die Legionen des Varus anrückten.

Die am Fuß des Wiehengebirges entlangmarschierenden römischen Truppen schwenkten also am Kalkrieser Berg nach rechts und folgten dem Sandweg, der sich in einer kilometerlangen Linkskurve halbkreisförmig um die Anhöhe herumzog. Dabei mussten sich die Legionäre immer wieder feindlicher Attacken erwehren, wie heute die römischen Funde andeuten, die schon gut drei Kilometer vor dem Kalkrieser Berg beginnen und sich dann auf dem Weg um die Erhebung herum häufen. Die Germanen griffen wohl von der dichtbewaldeten Anhöhe herab den Heereswurm ein ums andere Mal in der Flanke an, um sich dann rasch wieder in den Schutz der Wälder zurückzuziehen. Vielleicht nutzten sie zur Deckung auch die Siedlung, die Archäologen am Fuß des Kalkrieser Bergs nahe dem Eingang in den Engpass nachwiesen. Die Bewohner waren zu dem Zeitpunkt vermutlich längst geflohen, aber das Resultat ihrer landwirtschaftlichen Arbeit blieb bemerkbar: Neben bewaldeten Arealen entlang des Wegs tauchten oft lichte Flächen auf, welche die Bauern gerodet hatten, um sie als Ackerland zu nutzen. Die Truppen des Varus marschierten also keineswegs durch finstere Urwälder, sondern durch eine Kulturlandschaft – jedenfalls nach germanischem Maßstab.

Freie Fluren, wie wir sie kennen, hatten die Einheimischen aber nicht geschaffen. Die offenen Ackerflächen waren viel kleiner, als es heutzutage üblich ist, und die Bauern hatten diese nicht vollständig gerodet, sondern vereinzelt fanden sich darauf noch Bäume und Büsche. Das gesamte Gelände war kleinteilig zergliedert, offene und dichtbewachsene Areale wechselten auf engem Raum ebenso wie nass-mooriger und sandig-trockener Untergrund. Auf die ortsunkundigen Legionäre muss die Gegend chaotisch und beängstigend gewirkt haben, zumal schlechtes Wetter hinzukam und hinter jedem Busch ein feindlicher Guerillakämpfer lauern konnte.

Die Germanen hingegen hatten hier echten Heimvorteil: Einige kannten die Region schon seit langem, und wer von weiter weg gekommen war, konnte sich mit der Umgebung vertraut machen, während er auf die anrückenden Römer wartete. Die Stammeskrieger wussten also genau, wo sich gute Rückzugsgebiete befanden und wo freie Flächen für größere Gefechte, wo der Boden guten Halt bot, wo er schlammig-rutschig war und wo tückische Moore drohten. All dieses Wissen bezogen sie sicherlich in ihre Angriffspläne mit ein, wenn sie Guerillaattacken starteten. Die Aufständischen machten so die Landschaft zu ihrem Verbündeten – und zum Feind für die Legionäre, die nicht wussten, welcher Untergrund, welches Umfeld ein paar Schritte weiter auf sie wartete.

Die römischen Truppen hatten selbst dann mit Geländeproblemen zu kämpfen, wenn sie auf ihrem Marsch um den Kalkrieser Berg herum stets auf dem Sandweg blieben. Erstens mussten sie zahlreiche Bäche durchwaten, die den Hang herabströmten, den Weg querten und sich in die Feuchtebene ergossen. Das alleine führte bereits zu Stockungen in der Heereskolonne, zumal die Soldaten beim Durchschreiten der Wasserläufe viel unbeweglicher waren als auf dem Trockenen und damit ein leichteres Ziel für die feindlichen Speere bildeten. Zweitens war die Sandzone nicht gleichmäßig 200 Meter breit, sondern verengte sich stellenweise auf deutlich weniger als 100 Meter, was zusätzlich Staus produziert haben dürfte. Man darf sich also am Kalkrieser Berg keinen geordnet vorrückenden Heereszug vorstellen, sondern einen Pulk an durchnässten, erschöpften und oft verwundeten Männern. Viele dürften ihr Heil nur noch in der Flucht nach vorne gesucht haben, heraus aus dem alptraumhaften Engpass, was zur Folge hatte, dass die Soldaten sich an den natürlichen Hindernissen chaotisch zusammendrängten und gegenseitig behinderten. Die attackierenden Germanen hatten an diesen Stellen wohl relativ leichtes Spiel, wenn sie ihre Speere in die Menge schleuderten. Die Schreie und das Blut der Getroffenen verstärkten zusätzlich die Panik und das Gefühl der Ohnmacht unter den Legionären. Die Führung um Varus war in dieser Situation machtlos. Wie sollten Boten Nachrichten zu und von den entfernteren Truppenteilen überbringen, wenn der Weg mit Menschenleibern verstopft war und daneben die Feinde lauerten? Der Feldherr und sein Stab waren gleichsam blind und stumm: Sie besaßen keinen Überblick und konnten effektiv keine Befehle versenden. Was ihnen blieb, war nur die

Hoffnung, irgendwie den Durchbruch durch den Engpass zwischen Kalkrieser Berg und Großem Moor zu schaffen, um sich dann im freien Gelände zu reorganisieren.

Die römischen Soldaten kämpften und schoben sich weiter vor, eingequetscht zwischen den Kameraden und immer wieder den feindlichen Guerillaattacken ausgesetzt. Sie gelangten so zur Mitte des sechs Kilometer langen Engpasses, wo nur noch gut ein Kilometer Platz zwischen Berg und Großem Moor blieb – wobei wie erwähnt lediglich die sandigen Ränder einigermaßen trockenen Fußes begehbar waren. Dahinter öffnete sich der Landschaftstrichter wieder, hin zu freiem Gelände, so dass wohl allen Beteiligten klar war, dass sie zu einem möglichen Wendepunkt kamen: Hier an der schmalsten und damit kritischsten Stelle des Engpasses würde sich entscheiden, in welche Richtung sich das Blatt wendete, ob der Durchbruch gelang oder nicht. Vielleicht beflügelte die Legionäre neue Hoffnung, lockte doch das sprichwörtliche Licht am Ende des Tunnels. Doch was die Männer nun erblickten, muss in ihnen Entsetzen hervorgerufen haben: Linker Hand schlängelte sich über Hunderte Meter ein palisadengekrönter Wall am Sandweg entlang, bespickt mit germanischen Kriegern. Den Römern muss schlagartig klar geworden sein: Das Schlimmste war nicht überstanden, das Schlimmste kam noch.

Zwei Optionen blieben den Soldaten des Varus: möglichst rasch und geschlossen an dem Bollwerk vorbeizuziehen, hoffend, dass sich die Verluste in Grenzen hielten – oder zum Gegenangriff überzugehen, zumal der bislang unsichtbare Feind nun endlich fassbar war. Dabei war es anscheinend nur möglich, den Wall frontal von vorn zu attackieren. Das langgezogene Bollwerk linker Hand zu umgehen, also zu hinterlaufen und den Germanen an den Palisaden in den Rücken zu fallen, war zwar theoretisch naheliegend, aber praktisch offenbar nicht machbar. Hier hatten die Aufständischen zu gut geplant: Erstens erstreckte sich die Wehranlage direkt am Rand des Bergwaldes, so dass man nur dadurch zu ihrer Rückseite gelangte, dass man sich durch dichte Vegetation vorarbeitete – was vielleicht einzelne Legionäre tun konnten, aber keine Einheiten in geschlossener

Kampfformation. Zweitens schmiegten sich die beiden Enden des Walls jeweils an einen Bach, also an einen natürlichen Sperriegel, der gut zu verteidigen war. Drittens hatten die Germanen dort als Zusatzhindernis noch jeweils einen zwei Meter breiten und einen Meter tiefen Abwehrgraben ausgehoben. Das hatten sie nach heutiger Kenntnis nirgendwo sonst getan, was unterstreicht, welches Augenmerk die Stammeskrieger auf die heiklen Wallenden richteten. Und viertens war der östlichste Teil des Bollwerks – also derjenige, auf den die Römer zuerst trafen – wohl nicht nur hinten, sondern auch vorn von Wald umrahmt. Dies legen die bisherigen Bodenuntersuchungen nahe. Es ist also denkbar, dass die heranmarschierenden römischen Soldaten den Wall noch nicht von weitem erblickten, sondern erst, als sie ihm bereits gefährlich nahe gekommen waren.

Sowie die Legionäre den ersten Teil des 400 Meter langen Bollwerks passiert hatten, befanden sie sich plötzlich auf einem freien Feld. Im Areal vor dem mittleren Wallabschnitt siedelten schon seit der Steinzeit Menschen, wie Tausende vorgeschichtliche Scherben, die Reste von Speichergebäuden und Vorratsgruben sowie Pollenanalysen zeigen. Anscheinend diente die Zone vor dem Wallzentrum als Weidefläche, war also weitgehend offen und nur von vereinzelten Bäumen und Büschen durchsetzt. Das Gebiet eignete sich damit hervorragend als Kampfplatz – für beide Seiten: Einerseits konnten die Germanen dort konzentrierte Angriffe starten, um die dezimierten Römer am Durchbruch durch den Engpass zu hindern; andererseits war es den Legionären nun möglich, einigermaßen geschlossene Kampfformationen zu bilden und endlich die offene Feldschlacht zu suchen. Die Soldaten hatten den Ort der Entscheidung erreicht.

In welcher Zahl sich die feindlichen Kräfte gegenüberstanden, lässt sich nur raten. Wir wissen weder, wie viele Soldaten der drei Legionen lebend bis nach Kalkriese gelangten, noch besitzen wir irgendeine Information über die numerische Stärke der Aufständischen. Alle Angaben, die dazu in verschiedenen Publikationen auftauchen, sind allein der Phantasie des jeweiligen Autors entsprungen. Die antiken Historiker haben uns lediglich überliefert, dass sich das Zahlenverhältnis während der Kampftage zugunsten der Germanen verschob: »Die Zahl der Feinde hatte stark zugenommen«, berichtet Cassius Dio. »Viele Barbaren, die vorher abgewartet hatten, eilten jetzt herbei, hauptsächlich um Beute zu machen, aber auch aus anderen Gründen.« Vielleicht kam es den Römern auch nur so vor, als ob die Stammeskrieger immer mehr würden, während die Verschwörer in Wahrheit von Anfang an ihre Kräfte im Engpass von Kalkriese konzentriert hatten – wohl wissend, dass es auf dem freien Schlachtfeld vor dem Wall zur entscheidenden Auseinandersetzung kommen könnte. »Die Reihen der Römer hatten sich dagegen schon gelichtet, da viele in den vorausgehenden Kämpfen gefallen waren«, fährt Dio fort. »So umzingelten die Germanen ohne große Mühe die Römer und streckten sie nieder.«

Ganz so einfach, wie der Historiker es hier darstellt, fiel den Germanen der Sieg allerdings nicht zu. Die Funde von Kalkriese zeugen vielmehr von starker und phasenweise erfolgreicher römischer Gegenwehr – wie zu erwarten war, handelte es sich doch bei jedem Legionär um einen exzellent ausgebildeten Berufssoldaten, mithin einen echten Profikiller, der nicht nur in der geschlossenen Formation, sondern auch allein für jeden Feind eine tödliche Bedrohung darstellte. Auf die eigene überlegene Kampfkraft setzend, teilten sich die römischen Truppen offenbar, um auf mindestens drei verschiedenen Wegen vorzugehen: Sie attackierten erstens das Bollwerk direkt, versuchten zweitens den Durchbruch auf dem Sandweg vor dem Berg und drittens auf der Alternativroute am Moor entlang.

Beim Angriff auf den Wall konnten die Legionäre nicht auf ebenem Grund vorstürmen, sondern mussten die letzten zwanzig Meter über stark zerwühlte Erde balancieren. Dort hatten die Germanen wie erwähnt das Gras abgestochen, um es in das Bollwerk einzubauen, und dort empfingen sie die nahenden Soldaten sicherlich mit einem Hagel an Speeren. Dabei half den Aufständischen, dass sie den Wall nicht geradlinig gebaut hatten, sondern schlangenförmig mit »bastionsartigen Vorsprüngen«, wie es die leitende Kalkrieser Archäologin Susanne Wilbers-Rost formuliert. Wenn die Römer die U-förmig gebogenen Flanken der Wehranlage attackierten, konnten die dort postierten Aufständischen die Legionäre »von mehreren Seiten angreifen, also fast in die Zange nehmen«, so Wilbers-Rost. Trotzdem gelang es den Römern wohl, auf den ganzen 400 Metern Breite der Anlage bis zum Fuß des Walls vorzudringen und dort den Germanen schwere Gefechte zu liefern. Das jedenfalls legt die enorme Dichte der römischen Funde an der Frontlinie des Bollwerks nahe. Die Legionäre ließen sich dabei auch nicht von den Wehrgräben an den Wallenden abschrecken, wie römische Ausrüstungsstücke am Boden der Vertiefungen zeigen.

Selbst Maultiere des Trosses beteiligten sich am Sturm auf die germanische Wehranlage – was aber sicherlich nicht geplant war. Die Archäologen entdeckten beispielsweise im mittleren Wallabschnitt die Reste eines Maultierskeletts mit Teilen des Geschirrs, unter anderem eine Bronzeglocke und einen fingerlangen Anhänger in Form eines erigierten Penis, der – offenbar erfolglos – Unheil abwehren sollte. Das Zugtier hatte sich anscheinend von seinem Wagen losgerissen und war in Panik bis zum Bollwerk gelangt, wo es unter ungeklärten Umständen umkam. Weiter westlich stürmte wie in der Einführung erwähnt ein Maultier sogar den Wall hinauf und über die Wallkrone hinweg, kam dann aber auf der anderen Seite abwärts zu Fall und brach sich das Genick.

Auch römischen Soldaten gelang es zumindest zeitweise, hinter die germanische Befestigungslinie zu gelangen, wie Gegenstände und vereinzelte Menschenknochen an der Wallrückseite zeigen. Diese erfolgreichen Vorstöße könnten die Legionäre beflügelt haben, so dass sie vielleicht vorübergehend die Chance sahen, die Aufständischen doch zu besiegen. Für die Germanen umgekehrt muss es ein Schock gewesen sein, als die römischen Soldaten in ihren Rückzugsraum hinter dem Wall eindrangen und zum Nahkampf übergingen. Sich in gewohnter Guerillamanier zurückzuziehen war den Stammeskriegern hier nicht möglich, denn dann hätten sie den Römern das Bollwerk und damit wahrscheinlich auch den Sieg überlassen. Die Germanen mussten also die Stellung halten – und waren nun plötzlich im Nachteil: Ohne Rüstung und nur mit einfachen Speeren bewaffnet, standen sie auf dem engen Raum zwischen Wall und Bergwald den schwer gepanzerten Legionären gegenüber, die nun ihr langjähriges Training ausspielen konnten und mit ihren rasiermesserscharfen Schwertern tödlich präzise zustachen. Man kann sich ausmalen, dass es hier zu erbitterten Einzelgefechten und schweren Verlusten auch unter den Germanen kam.

Dann zerflossen Teile des Walls, der ja nur hastig und provisorisch errichtet war. Dies geschah spätestens kurz nach Ende der Kämpfe, vermutlich aber noch während sie andauerten – was für die Aufständischen an den betroffenen Wallabschnitten möglicherweise eine Katastrophe bedeutete: Nun standen sie plötzlich ohne Deckung den überlegen gerüsteten Legionären gegenüber.

Trotz dieser zwischenzeitlichen Rückschläge gelang es den Germanen, die Römer vom Wall zurückzudrängen und selbst in die Offensive zu gehen. Der wichtigste Ort für die Ausfälle dürfte der zweite bastionsartige Wallvorsprung gewesen sein, wo die Forscher Palisaden und wie erwähnt die Reste einer Toranlage fanden. Hier konnten die Stammeskrieger durch das geöffnete Tor hervorstürmen, konzentrierte Attacken auf die vorbeimarschierenden Römer führen, sich dann in geübter Guerillamanier rasch wieder zurückziehen und hinter sich buchstäblich die Tür zuschlagen. Fundstücke im weiteren Vorfeld des Bollwerks bezeugen dabei, dass die Aufständischen quer über das Schlachtfeld erfolgreich die Legionäre angriffen. Trotzdem konnten die Germanen den Durchbruch römischer Truppen durch den Engpass nicht vollständig verhindern.

Einheiten der Varusarmee zogen auf dem Sandweg am Kalkrieser Berg an dem Wall vorbei und kämpften sich mindestens einige Kilometer weiter nach Westen voran, wie eine Reihe von Funden belegt. Ein weiterer Teil des Heeres begab sich auf die andere Seite des Engpasses, also auf den Weg am Großen Moor statt am Berg entlang. Auch dort schlugen sich die Soldaten westwärts durch – ebenfalls mindestens einige Kilometer weit. Unklar ist beim gegenwärtigen Stand der Forschung, an welcher Stelle sich diese Männer vom Rest des Heeres trennten. Zwei Möglichkeiten stehen in der Diskussion: Erstens könnten diese Truppen schon vor Erreichen des Walls auf der Route am Moor marschiert sein – dann wäre die Armee planmäßig in zwei getrennten Kolonnen in den Engpass gekrochen. Zweitens könnten diese Einheiten am Kalkrieser Berg bis vor das feindliche Bollwerk gezogen sein – und sich erst dann vom Heereszug abgespalten haben. In dem Fall hätten sie wohl ihre Kameraden im Stich gelassen und wären inmitten der heftigsten Kämpfe vom Germanenwall weg nach Norden geflohen, gut einen Kilometer querfeldein bis zum Großen Moor, um sich mangels Alternative wieder nach Westen zu wenden. Diese zweite Möglichkeit wäre aus Sicht der Römer alles andere als heroisch, aber ob sie zutrifft, könnten nur weitere archäologische Untersuchungen klären.

Die Fluchthypothese würde auf jeden Fall zu der schriftlichen Überlieferung passen. Danach setzten sich gegen Ende der Schlacht berittene Einheiten von der Armee ab: »Vala Numonius, ein Legat [Unterfeldherr] des Varus, sonst ein ruhiger und tüchtiger Mann, gab jetzt ein grässliches Beispiel«, erzählt der Zeitgenosse Velleius Paterculus. »Er ließ die Fußtruppen ohne die Reiterei zurück und stürzte sich mit den anderen [Berittenen] in die Flucht, um den Rhein zu erreichen.« Aber auch dieser unsolidarische Versuch, die eigene Haut zu retten, war vergebens, wie Paterculus mit unverhohlener Genugtuung anmerkt: »Das Schicksal rächte seine Tat. Er überlebte nicht die im Stich gelassenen Soldaten, sondern fiel als Deserteur.«

Einigen Römern gelang es tatsächlich, sich bis zum Rhein durchzuschlagen, denn Tacitus erwähnt Männer des Varus, »die aus der Schlacht oder der Gefangenschaft entkommen waren«. Dabei handelte es sich aber nur um vereinzelte Ausnahmen. Die Germanen rieben den römischen Heereswurm immer weiter auf und kesselten schließlich die Reste der Armee ein. »Das tüchtigste aller Heere und das führende unter den römischen Truppen, was Disziplin, Tapferkeit und Kriegserfahrung angeht«, klagt Paterculus, »wurde von Wäldern, Sümpfen und Hinterhalten eingeschlossen und Mann für Mann abgeschlachtet, von demselben Feind, den es stets wie Vieh abgeschlachtet hatte.« Ein höherer Offizier namens Ceionius, der einer der beiden Lagerkommandanten war, lieferte in der auswegslosen Situation »ein schändliches Beispiel«, wie der zeitgenössische Historiker schimpft. »Als der bei weitem größte Teil des Heeres umgekommen war, riet er zur Kapitulation und wollte lieber hingerichtet werden, als im Kampf zu sterben.«

Auch Varus und sein Umfeld gaben nun die Hoffnung auf – wollten aber auf keinen Fall den Germanen lebend in die Hände fallen, wie Cassius Dio erzählt: »Varus und die anderen hohen Offiziere fürchteten, in Gefangenschaft zu geraten oder bei ihren schlimmsten Feinden den Tod zu erleiden, zumal sie bereits verwundet waren.« Der 54-jährige Feldherr, der selbst einmal 2000 gefangene Juden am Kreuz zu Tode martern ließ, wusste nur zu gut, welches Schicksal einen Menschen in der Hand des Kriegsgegners erwarten konnte. Daher fassten Varus und sein engstes Umfeld »einen schrecklichen, aber notwendigen Entschluss«, so Cassius Dio. »Sie verübten Selbstmord.«

Weniger verständnisvoll äußert sich Paterculus: »Der Feldherr hatte mehr Mut zum Sterben als zum Kämpfen«, ätzt der Zeitgenosse. »Er durchbohrte sich tatsächlich selbst, dem Beispiel seines Großvaters und Vaters folgend.« Varus setzte eine tragische Familientradition fort: Weshalb sein Großvater sich umgebracht hatte, wissen wir zwar nicht, aber sein Vater hatte ein halbes Jahrhundert zuvor ebenfalls nach einer militärischen Niederlage den Freitod gewählt (siehe Kapitel III.1).

Einige Soldaten machten sich nun trotz der verzweifelten Lage daran, ihrem toten Feldherrn einen letzten Dienst zu erweisen: Sie errichteten einen Scheiterhaufen, legten den Leichnam darauf und zündeten ihn an, so wie es den römischen Sitten entsprach.

Doch selbst die würdevolle Verbrennung blieb Varus verwehrt. Zu schnell brach die Kampfmoral der verbliebenen Römer zusammen. »Als dies [Varus' Selbstmord] bekannt wurde, verzichteten auch alle anderen auf weiteren Widerstand, selbst wenn sie noch bei Kräften waren«, berichtet Cassius Dio. »Die einen folgten dem Beispiel ihres Feldherrn, die anderen warfen ihre Waffen weg und ließen sich von dem erstbesten Feind durchstoßen. Denn es war unmöglich zu fliehen, selbst wenn sie es noch so sehr gewollt hätten.« Damit machten die Soldaten den Weg frei für die Aufständischen. Einige Stammeskrieger drangen zum Scheiterhaufen vor und zerrten den Leichnam des verhassten Statthalters herunter. »Die Feinde in ihrer Wildheit zerfleischten den halbverbrannten Körper des Varus«, entrüstet sich Paterculus (mit einer guten Portion Doppelmoral, bedenkt man den Umgang der Römer mit ihren Kriegsgegnern). »Seinen Kopf trennten sie ab« – und brachten ihn zu Arminius. Der sandte das Haupt des Varus als gruseliges Präsent auf eine weite Reise, von der noch die Rede sein wird.

Was aber geschah mit den verbliebenen Römern, nachdem diese aufgegeben hatten? Cassius Dio spricht zwar davon, dass »jeder Mann und jedes Pferd erbarmungslos niedergemetzelt wurde«, aber das war nur eine rhetorische Ausschmückung. Der Historiker korrigiert sich selbst einige Sätze später, indem er von Armeeangehörigen berichtet, die später aus der Gefangenschaft freigekauft wurden. Auch Tacitus erwähnt Überlebende. Wie viele oder besser gesagt wenige dem Tod entronnen, bleibt im Dunkeln. Aber wir erfahren von ganz unterschiedlichen – zum Teil grausamen, zum Teil außergewöhnlichen – Schicksalen, welche die Gefangenen nach Ende der Kämpfe in den Händen der Germanen erlitten.

6. Apokalypse

»Als tags darauf der Morgen dämmerte, gingen die Feinde daran, die Beute einzusammeln und das Blutbad zu betrachten, das sogar für sie ein schockierender Anblick war. Weithin verstreut lagen viele tausend Römer da, Fußsoldaten und Reiter vermengt, wie sie in der Schlacht oder auf der Flucht zusammengekommen waren. Hier und da kamen blutüberströmte Verwundete durch die Morgenkälte wieder zu Bewusstsein. Als sie versuchten, sich inmitten der Leichenberge zu erheben, schlugen die Feinde sie nieder. Manche wurden aufgefunden, die noch lebend mit durchschnittenen Schenkeln und Knien dalagen und die ihren Nacken sowie ihre Kehle entblößten. Sie bettelten darum, dass die Feinde auch das restliche Blut aus ihnen herauslaufen ließen. Andere entdeckte man, deren Köpfe im aufgegrabenen Boden steckten; sie hatten offenbar für sich selbst Gruben ausgehoben, sich mit der Erde bedeckt und sich dabei selbst erstickt.«

Die apokalyptische Szene könnte sich so in Kalkriese zugetragen haben, auch wenn der römische Historiker Titus Livius hier den Tag nach der Schlacht von Cannae 216 v. Chr. schildert. Ein karthagisches Heer unter Hannibal siegte damals gegen Roms Armee und tötete mindestens 50 000 Soldaten – etwa dreimal so viele wie in der Varusschlacht. Doch auch nach dieser dürfte sich den Siegern ein Bild geboten haben, wie es in der obigen Textpassage beschrieben ist. Im Folgenden wird nun rekonstruiert, was sich nach Kampfende in Kalkriese abspielte, wie der Ort des Geschehens aussah und welches Schicksal die Überlebenden – insbesondere die Verwundeten und Gefangenen – erwartete.

Unmittelbar nach der Schlacht blickten die Germanen auf ein Leichenfeld, das sich über Kilometer hinzog und auf dem sich neben Tausenden Toten unzählige Verletzte befanden. Besonders dicht lagen die Menschenleiber am Wall, an dem heftige Kämpfe getobt hatten. Man kann annehmen, dass sich dort tatsächlich die Leichenberge türmten, die antike Autoren so oft erwähnen. Denn damals kämpften die Soldaten nicht so weitläufig verteilt wie in modernen Kriegen, sondern eng aneinanderstehend, so dass sich während der Schlacht die Toten und Verwundeten auf einem viel kleineren Raum konzentrierten. Und wenn ein Mann an der Frontlinie getroffen zu Boden ging, so musste sein Hintermann oder der gegenüberstehende Feind den dahingestreckten Körper übersteigen, um weiterzukämpfen. Bisweilen geschah dies auch unfreiwillig: Drückte ein Heer als Ganzes nach vorn, dann wurden die Frontsoldaten von ihren Hinterleuten regelrecht über die Gefallenen geschoben und, wenn sich das Blatt wendete, von den Feinden rückwärts über die Toten und Sterbenden gedrängt. Wer dabei auf die blutigglitschigen Körper trat, rutschte leicht aus, und wer mit dem Fuß gegen sie stieß, kam rasch ins Stolpern – oft mit fatalen Folgen: Die Stürzenden bildeten einfache Angriffsziele, und viele

Opfer der Schlacht?

Der 1,27 Meter hohe Grabstein ist dem Zenturio Marcus Caelius gewidmet, der aus Bologna stammt, in der 18. Legion diente und »mit 53 ½ Jahren im Krieg des Varus starb«. Dies vermeldet die Inschrift, die das einzige steinerne Zeugnis darstellt, das vermutlich direkt auf die Varusschlacht verweist. Das Grabmal errichten ließ der Bruder des Gefallenen, Publius Caelius.

Das Relief zeigt den Verstorbenen im Brustpanzer, dekoriert mit höchsten militärischen Auszeichnungen und flankiert von seinen beiden freigelassenen Sklaven. Ausgestellt ist es im Rheinischen Landesmuseum Bonn.

landeten tödlich getroffen auf einem leblos daliegenden Kameraden oder Feind. So bildeten sich tatsächlich Leichenhaufen, in denen sich die Toten beider Seiten völlig vermengten und übereinander stapelten. Dies geschah insbesondere an feststehenden, hart umkämpften Frontlinien – also in Kalkriese mit größter Wahrscheinlichkeit direkt am Wall.

Den gespenstischen Anblick verstärkten Unmengen von Blut, wie man sie auf modernen Schlachtfeldern nicht mehr zu Gesicht bekommt. Die Waffen des 20. und 21. Jahrhunderts töten äußerlich betrachtet vergleichsweise unblutig – Explosionen versengen oft das Fleisch, Gewehrkugeln erzeugen nur kleine Einschusslöcher –, während Speere und Schwerter große, klaffende Wunden produzieren. Aus den Kriegsopfern der Antike traten daher viel voluminösere Mengen an Blut und anderen Körpersäften heraus, als wir uns das heute vorstellen – was in Verbindung mit der hohen Dichte an Leichen zu einer enormen Konzentration dieser Körperflüssigkeiten auf und im Erdboden führte. Wenn etwa in einer Schlacht mit 25 000 Toten jeder Gefallene auch nur ein Drittel seiner sechs Liter Blut vergoss, so rechnet der moderne Militärhistoriker Victor Davis Hanson vor, dann tränkten 50 000 Liter das Feld. Selbst die brutalsten Schlachtszenen in modernen Spielfilmen reichen hier nicht an den Horror der Realität heran. Die Überlebenden wateten nach Kampfende buchstäblich durch einen Sumpf aus rotem Schlamm und Blutpfützen.

In Kalkriese dürfte sich damit vor dem Wall ein ähnliches Szenario dargeboten haben, wie es der antike Autor Xenophon nach einem innergriechischen Krieg beschrieb: »Als die Schlacht endete, bot sich dem Betrachter am Kampfplatz ein unheimlicher Anblick: Die Erde war rot gefärbt vom Blut. Die Leichen von Freund und Feind lagen dicht auf dicht, ihre Schilde zerschlagen, die Speere entzweigebrochen. Die gezückten Schwerter ruhten teils auf dem Boden, teils steckten sie in den Körpern, teils waren sie noch von den Händen der Toten umklammert.«

Weiter entfernt vom Germanenwall lagen die Erschlagenen nicht mehr so eng an- und übereinander. In Haufen bedeckten sie nur an den Stellen den Boden, an denen Einheiten geschlossen Widerstand geleistet hatten. Wo die Soldaten auf der Flucht umgekommen waren, berichtet Tacitus, traf man ihre Überreste verstreut an. Über Kilometer hinweg wies die Spur der Leichen so einem Betrachter den Weg aus dem Engpass von Kalkriese heraus. Im freien Gelände nahm dann die Totendichte immer weiter ab, bis schließlich nur noch hier und da ein einsamer Gefallener zu entdecken war.

Wie viele Germanen sich unter den Gestorbenen und Verletzten befanden, ist unbekannt. Die Schriftquellen deuten zwar darauf hin, dass die Verluste der Aufständischen vergleichsweise gering waren, aber ob das wenige hundert oder einige tausend Opfer bedeutet, bleibt völlig offen – und es macht wenig Sinn, darüber zu spekulieren. Den eigenen Verwundeten jedenfalls dürfte nach Schlachtende das erste Interesse der germanischen Sieger gegolten haben. Vermutlich schwärmten die unversehrt gebliebenen Stammeskrieger sofort aus, um ihre gehunfähigen Kameraden zu bergen – und bei der Gelegenheit erste Wertgegenstände zu plündern sowie sicherheitshalber diejenigen umherliegenden Römer zu erschlagen, die eventuell noch mit einer Waffe zustechen oder anderweitig eine Gefahr darstellen konnten. Einen schwerverletzten Feind zu versorgen kam den damaligen Menschen nicht in den Sinn, zum einen weil das humanitäre Gedankengut fehlte, zum anderen aber auch aus praktischen Gründen: Erstens waren die germanischen Heilkundigen mehr als ausgelastet damit, sich um die eigenen Leute zu kümmern. Zweitens war ein verkrüppelter Gefangener als Sklave unbrauchbar und damit wertlos – sofern er nicht einer reichen Familie entstammte, die Lösegeld zahlte. Und drittens hatten Schwerverwundete damals ohnehin nur geringe Überlebenschancen, selbst bei bester Behandlung.

Welches Heilwissen die Germanen jener Zeit besaßen, ist nicht überliefert, aber man kann vermuten, dass sie die Wunden verbanden, verschiedene Kräuter benutzten und dass einige auch über Kenntnisse in der römischen Medizin verfügten. Etliche germanische Krieger dienten ja als Auxiliarsoldaten in Roms Armee, und es ist sehr wahrscheinlich, dass manche bei den dortigen Militärärzten zumindest eine praktische Grundausbildung erhalten hatten. Archäologische Funde jedenfalls bezeugen, dass es eine derartige Entwicklungshilfe gab: So entdeckten Forscher in dem germanischen Küstendorf Feddersen Wierde nördlich des heutigen Bremerhaven ein chirurgisches Instrument für Augenoperationen, das römischen Ursprungs ist. Der Besitzer war augenscheinlich ein Germane, der im 2. oder 3. Jahrhundert in Roms Armee gedient und als Arzt praktiziert hatte und der nach seiner Rückkehr in die Heimat sein Wissen anwandte. So konnte er Dorfbewohnern mit Grauem Star einen Teil der Sehkraft zurückgeben, indem er die eingetrübte Augenlinse aus der Pupille entfernte.

Insgesamt aber blieben die medizinischen Mittel der Germanen sicherlich weit hinter denen der Römer und Griechen zurück – und selbst deren Ärzte konnten nach einer Schlacht nur bestimmte Verletzungen so behandeln, dass eine gewisse Überlebenschance bestand. Am besten waren die Aussichten nach Knochenbrüchen sowie Schnitt- und Stichverletzungen im Muskelgewebe, sofern die Hauptarterien heil und der Blutverlust in Grenzen blieben. Die römischen und griechischen Mediziner besaßen ein umfangreiches chirurgisches Instrumentarium, um Knochen zusammenzufügen, Wunden von Splittern zu reinigen, sie zu nähen und fachgerecht zu verbinden. Immer aber bestand die Gefahr von Infektionen, die zu einem qualvollen Tod führen konnten und deren Ursache man damals nicht verstand. Die antiken Autoren berichten oft von Männern, die Tage oder sogar Wochen nach einer Schlacht unerwartet zu siechen begannen und verstarben, teilweise an Verletzungen, die man gar nicht als ernst betrachtete. Schon Kratzer konnten beispielsweise zu tödlichem Wundstarrkrampf führen, wenn auf der Waffe Tetanuserreger saßen, die fast überall im Boden vorkommen.

Extrem düster waren die Perspektiven nach schweren Schädelverletzungen, etwa wenn eine Lanze durch das ungeschützte Gesicht in den Kopf eindrang, und praktisch hoffnungslos, wenn eine Waffe in die inneren Organe schnitt. Solchen Wunden standen die Griechen und Römer machtlos gegenüber – und die Germanen sicherlich auch. Ein Stich in den Unterleib etwa endete fast immer tödlich. Der Inhalt des Darms sowie eventuell anderer getroffener Eingeweide entleerte sich in die Bauchhöhle, und das Opfer verschied entweder rasch an Schock oder krepierte qualvoll über Tage hinweg an Bauchfellentzündung. Das Sterben endete also nicht mit den Kämpfen, sondern dauerte danach noch an. Die Germanen hatten nach der Varusschlacht noch über Tage, Wochen, vielleicht sogar Monate Tote zu beklagen, die an ihren Verletzungen und den Folgeerkrankungen zugrunde gingen.

Vollkommen aussichtslos war die Situation natürlich für die Schwerverwundeten auf der Verliererseite. Die Sieger hatten wie erwähnt weder die Kapazität noch den Willen, diese zu versorgen. Wenn ein germanischer Krieger einen schwerverletzt daliegenden Römer erschlug und ihm dadurch einen schnellen Tod bescherte, so war dies bisweilen das Humanste, was er für ihn tun konnte. Schlimmer erging es den bewegungsunfähigen Legionären, die man einfach ihrem Schicksal überließ. Sie verbluteten langsam, starben an Auszehrung, der nächtlichen Kälte oder wurden ein Opfer der Wildtiere, die am Kampfplatz erschienen und in den Toten und Wehrlosen ein Festessen sahen.

Auf dem Leichenfeld wurde es keineswegs ruhig und still, sondern es wimmelte schon bald von Lebewesen. Größere Räuber wie Wölfe und Füchse rissen aus den Daliegenden ganze Stücke heraus. Marder, Ratten und andere kleinere Säugetiere knabberten und leckten vorzugsweise an den Stellen, an denen die Haut aufgeschnitten und das Körperinnere frei zugänglich war. Schwärme von Raben, Krähen und anderen Vögeln ließen sich nieder und pickten zunächst nach den Augen, da diese mit den Schnäbeln am einfachsten zu fassen und zu verspeisen sind. Hinzu kamen noch Myriaden von summenden und krabbelnden Insekten, darunter Fliegen, Käfer und Ameisen, die massenhaft über die Körper herfielen und sich an ihnen labten. Das Bild, das sich dem Betrachter bot, war damit weit unappetitlicher und unheroischer, als man es heute gerne darstellt. Es bewegten sich eben nicht nur der Feldherr und seine Entourage zwischen den Leichen umher, wie es im Fernsehen und Kino oft zu sehen ist – und wodurch die Filmszenen zwar oft düster wirken, aber auch malerisch, fast wie ein Gemälde, und man bisweilen den Eindruck gewinnt, als ob den Gefallenen nach dem Tod eine gewisse Würde verblieben wäre. Nichts ist falscher als das, wenn man auf die Zurückgelassenen auf dem Schlachtfeld blickt.

Die getöteten Germanen immerhin dürften ehrenvoll bestattet worden sein. Die Schriftquellen schweigen zwar darüber, was mit ihnen geschah, aber die antiken Völker legten generell großen Wert darauf, den eigenen Gefallenen einen würdigen Weg ins Jenseits zu bereiten. Die Stammesmitglieder haben ihre verstorbenen Kameraden wahrscheinlich bald vom Kampfplatz abtransportiert und verbrannt, so wie es damals Sitte war. »Den Scheiterhaufen beladen die Germanen weder mit Kleidern noch mit Räucherwerk, doch geben sie jedem seine Waffen, einigen auch die Pferde ins Feuer mit«, berichtet Tacitus über die Totenbräuche unserer Vorfahren. »Dem Jammer und den Tränen geben sie sich kurz, dem Schmerz und der Trauer lange hin. Den Frauen ziemt es, zu klagen, den Männern, still zu gedenken.«

Die gefallenen Römer hingegen blieben auf dem Schlachtfeld liegen. Über sie machten sich nicht nur die Tiere her, sondern rasch auch die Stammeskrieger, die den Kampfplatz systematisch plünderten. Für die Germanen war Metall ein knappes Gut, und so besaßen für sie die römischen Schwerter, Helme, Körperrüstungen, Lanzenspitzen, Pferdegeschirre, Eisenwerkzeuge, Kochgeräte und Münzen einen ungeheuren Wert – nicht nur als fertige Produkte, sondern auch als Rohstoffe. Das ist heute noch daran zu erkennen, dass viele römische Fundobjekte Schäden zeigen, die nicht von den Kämpfen herrühren, sondern offenbar von den Versuchen einzelner Plünderer, möglichst viel Metall an sich zu raffen. So rissen die Sammler die Eisenränder von den römischen Schilden und falteten diese zusammen, wodurch sie mehr von dem begehrten Material auf einmal wegtragen konnten.

Ähnlich grob gingen die Sieger gegenüber den gefallenen Legionären vor, wenn sie sich der Kettenhemden und Schienenpanzer bemächtigten – was harte körperliche Arbeit war, denn sie konnten den Erschlagenen ihre Rüstungen nicht einfach ausziehen. Die Leichname verfielen in die Totenstarre, spätestens ein paar Stunden nach dem Tod, wahrscheinlich noch früher, denn anstrengende Aktivitäten kurz vor dem Ableben beschleunigen den physiologischen Prozess, bei dem die Muskeln nach und nach vollkommen erstarren. (Der Grund dafür ist der fehlende Nachschub an Adenosintriphosphat, einem energiereichen Molekül, das die Muskelfasern benötigen, um beweglich zu bleiben.) Der ganze Körper wird in der Position, in der er sich gerade befindet, hart und steif, was auch in antiken Texten angedeutet wird. Der griechische Autor Xenophon etwa verglich den Leichenberg nach einem Gefecht mit einem »Stapel aus Weizen, Holz oder Steinen«. Und der römische Feldherr Lucullus protzte einmal vor einer Schlacht gegen schwergerüstete armenische Truppen, es sei für seine Soldaten weniger Arbeit, diese Feinde zu erschlagen, als ihnen anschließend die Rüstungen auszuziehen – womit er nicht einmal übertrieben hatte, wie der moderne Militärhistoriker Hanson anmerkt. Manchen Germanen in Kalkriese erging es ähnlich: Sie zerrten und rissen mit aller Gewalt an den Kettenhemden und Schienenpanzern, um diese den erstarrten Legionären zu entwenden, die so post mortem ein letztes Mal Widerstand leisteten. Das grobe Vorgehen spiegelt sich heute im

Fundgut wieder: Die Forscher gruben in Kalkriese auffallend viele Objekte aus, die ursprünglich feste Bestandteile der Körperrüstungen waren – zum Beispiel Schließhaken und Ringe von Kettenhemden oder Schnallen von Schienenpanzern und Gürteln. Anscheinend rissen diese Kleinteile von den Rüstungen ab, als die Plünderer »die Leichen brutal fledderten«, wie der Schlachtfeldarchäologe Achim Rost erzählt. Plumpsten die unscheinbaren Gegenstände dann ins Gras oder unter Büsche, konnten sie den Augen der Sieger und späteren Sammler entgehen – und so die Jahrtausende vor Ort überdauern.

Dass auch einige größere Metallobjekte auf dem Schlachtfeld verblieben, verdanken wir vor allem der kurzen Haltbarkeit des Walls: Als dieser während oder unmittelbar nach den Kämpfen zerfloss, überdeckte er zahlreiche Schlachtentrümmer und verbarg diese so vor den Plünderern – darunter die Gesichtsmaske eines Eisenhelms, das berühmteste Fundstück von Kalkriese. Ansonsten zeigten sich wertvolle Objekte vorwiegend an Stellen abseits des Hauptkampfplatzes. So entdeckten Forscher zwei Kilometer nördlich des Walls am Rand eines Sumpfs die Überreste einer silberbeschlagenen Schwertscheide, die mit kunstvoll verarbeiteten Schmucksteinen verziert war. Das kostbare Exemplar könnte ein Soldat fernab der tobenden Gefechte verloren haben, vielleicht einsam und auf der Flucht, so dass die Schatzjäger dort nicht nach Beute suchten.

Die mit Leichen gepflasterten Kampforte dagegen plünderten die Germanen so gründlich, dass von den Tausenden Rüstungen, Waffen, Werkzeugen und Utensilien fast nur unscheinbar kleine Stücke und Fragmente zurückblieben. Zuerst dürften die siegreichen Stammeskrieger so viel mitgenommen haben, wie sie transportieren konnten. Dann kam die einheimische Bevölkerung und klaubte auf, was sie noch finden konnte. Die Bauern nutzten das Schlachtfeld als regelrechte Rohstoffquelle: Sie arbeiteten die römischen Trümmer zu eigenen Produkten um, wie heute Fundstücke in den umliegenden germanischen Siedlungen belegen.

Den Besuchern des Kampfplatzes bot sich in den Tagen und Wochen nach der Schlacht eine zunehmend gespenstische Szene.

Nach den ersten Plünderungswellen lagen die römischen Leichen nackt da, wobei durch das Fleddern ihre steifen Gliedmaßen zum Teil grotesk verrenkt, zum Teil abgerissen waren – was sie zu einer noch besseren Beute für die Tiere machte. Nach etwa ein bis vier Tagen löste sich dann die Totenstarre langsam, weil sich die Muskelzellen zersetzten. Der Gewebezerfall produziert in den Körpern Gase, so dass die Leichen bald aufgedunsen waren und sich über dem Schlachtfeld ein Übelkeit erregender Geruch verbreitete. Der Erste-Weltkrieg-Teilnehmer Robert Graves schildert den Prozess aus eigener Anschauung wie folgt: »Nach dem ersten oder zweiten Tag schwollen die Köper an und stanken«, erzählt er über die Toten, die zwischen den Fronten liegend nicht geborgen werden konnten. »Sie schwollen weiter an, bis die Bauchdecke kollabierte, entweder auf natürliche Weise oder weil eine Kugel ein Loch hineinbohrte; ein ekelhafter Gestank trieb dann herüber. Die Farbe der toten Gesichter wechselte von weiß zu gelbgrau, dann zu rot, zu violett, zu grün, zu schwarz und zu schleimig.« Anschließend verwesen die Leichen. Im Jahr nach der Varusniederlage sahen Schlachtfeldbesucher dann nur noch die blanken Knochen der Gefallenen.

Was in der Zeit mit den Gefangenen passierte, lässt sich weit schwerer rekonstruieren. Hier können wir uns allein auf die antiken Schriften stützen, die ausgesprochen vage bleiben und ein sehr uneinheitliches Bild zeichnen. Einig sind sich die römischen Historiker vor allem darin, die Grausamkeiten der Germanen zu geißeln. »Nichts war unerträglicher als der Spott der Barbaren, besonders gegen die Rechtsanwälte«, beklagt etwa Florus. »Manchen stachen sie die Augen aus, anderen schnitten sie die Hände ab. Einem nähten sie den Mund zusammen, nachdem sie ihm zuvor die Zunge abgeschnitten hatten. Diese hielt ein Barbar in der Hand und sagte: ›Endlich hast du Natter aufgehört zu zischen.‹«

Die Schilderung ist so anschaulich wie fragwürdig, zumal das Geschichtswerk des Florus generell sehr viele Fehler und Übertreibungen enthält. Ob der Bericht nun zutrifft oder nicht: Texte wie dieser haben bewirkt, dass bis heute »barbarisch« und »grausam« als Synonyme gelten. Dabei konnten die barbarischen Germanen mit ihren Kriegsgegnern nicht wesentlich brutaler umgehen als die zivilisierten Römer, die Massaker an Frauen, Kindern und Greisen als Standardprozedur begingen, die ihre Gefangenen bisweilen massenhaft abschlachteten oder am Kreuz zu Tode marterten und die ihre Palisaden gelegentlich mit abgeschlagenen Köpfen verzierten. Eine ähnliche Methode, um Furcht und Schrecken zu verbreiten, wandten allerdings auch die Aufständischen an: »Der Germanenführer Arminius ließ die Häupter derer, die er getötet hatte, aufspießen und vor die Befestigungen der Feinde bringen«, berichtet der antike Autor Frontinus – der dieses Vorgehen bezeichnenderweise nicht als abstoßend verurteilt, sondern es als beispielhafte Form der psychologischen Kriegsführung auflistet. Anzunehmen ist jedenfalls, dass die verschiedenen Kriegsparteien sich vergleichbar grauenhafter Praktiken bedienten. Doch die Römer schrieben die Geschichte, und so berichteten sie von den eigenen Grausamkeiten nur in dürren Allgemeinplätzen und von denen ihrer barbarischen Feinde in schauerlichem Detail – mit bis heute anhaltendem propagandistischem Erfolg, was die Reputation der Legionen und der germanischen Kriegerscharen betrifft.

Trotz allem liefern die Berichte der ernstzunehmenden Historiker Tacitus, Paterculus und Cassius Dio wertvolle Informationen darüber, was unmittelbar nach der Varusschlacht geschah und was mit den Gefangenen passierte. Daraus ergibt sich ein mosaikartiges Bild der Ereignisse, das in den folgenden Absätzen beschrieben wird.

Arminius stellte sich nach dem Sieg auf eine Tribüne und hielt eine Rede, bei der er die erbeuteten Feldzeichen und Legionsadler verspottete. Sicherlich sprach er auch über andere Themen wie die wiedergewonnene Freiheit, aber darüber erfahren wir nichts. Den Gefangenen zum Hohn ließ er Galgen aufstellen und Massengräber ausheben. Zudem nagelten die Germanen Köpfe an Bäumen an. Offen bleibt, ob die Schädel als gruselige Zier oder als religiöse Kultobjekte dienten und ob sie von Gefallenen oder Gefangenen stammten.

Die höheren Offiziere in Form der Militärtribunen (jede Legion hatte sechs davon) sowie die Zenturionen ersten Ranges (auch sechs pro Legion) verloren andernorts ihr Leben: Die Germanen schleiften sie zu Altären in nahe gelegenen Wäldchen und brachten sie dort den Göttern dar. Von umfassenderen Menschenopfern ist nichts überliefert, anders als etwa nach dem Sieg der Kimbern und Teutonen bei Arausio gut ein Jahrhundert zuvor. Damals erhängten die Stammeskrieger alle gefangenen Römer – und vernichteten die gesamte Beute. Einen derart kostspieligen Schwur hatten die Germanen um Arminius unterlassen. Dass sie dann besonders hochgestellte Personen opferten, könnte eine Art Kompromissgeschäft mit den höheren Mächten gewesen sein.

An den übrigen Römern entluden sich teilweise der Zorn und der Hass, die sich bei den Stammesmenschen gegen die Besatzer aufgestaut hatten. Laut Paterculus wüteten die Germanen unter den Gefangenen – das heißt, sie töteten und quälten diese wohl ähnlich willkürlich, wie es sonst umgekehrt die römischen Soldaten taten. Denn genau die besiegten Legionen hatten ja zuvor ihre germanischen Gegner »stets wie Vieh abgeschlachtet und über deren Leben und Tod mal im Zorn, mal mit Nachsicht entschieden«, so der zeitgenössische Historiker. Während nun einem Teil der gefangenen Römer Schlimmstes widerfuhr, zog ein junger Mann namens Caelius Caldus – vermutlich ein Offizier – drastische Konsequenzen, um dem Horror zu entgehen: »Er schmetterte ein Ende der Kette, mit der er gefesselt war, mit solcher Wucht gegen seinen Kopf, dass sein Blut und sein Gehirn herausspritzten und er auf der Stelle starb«, erzählt Paterculus. »Der würdige Spross einer altberühmten Familie vollbrachte so eine herrliche Tat.« Für die damaligen Römer war der Selbstmord keine Sünde wie später für die Christen, sondern eine ehrenvolle Möglichkeit, der Schande und Sklaverei zu entgehen. Im Umkehrschluss bedeutete dies allerdings auch, dass man mit Versklavten kein Mitleid hatte – für diese gab es ja immer den Suizid als Ausweg. Und wer lieber in Knechtschaft weiterlebte, als sich auf würdige Weise aus dem Diesseits zu verabschieden, der hatte sein Schicksal völlig verdient, so lautete die erbarmungslose Logik im Alten Rom.

Einzelnen Legionssoldaten gelang es, aus der Gefangenschaft

zu entkommen, wie Tacitus erwähnt. Sie müssen sich allein oder in winzigen Gruppen quer durch das feindliche Germanien bis zum Rhein durchgeschlagen haben, was eine bemerkenswerte Leistung darstellt. Zudem »kehrten später einige Gefangene zurück, die von ihren Verwandten freigekauft worden waren«, so Cassius Dio. »Doch war ihnen dies nur unter der Bedingung gestattet worden, dass sie außerhalb Italiens bleiben.« Diese kurze Textpassage offenbart, welch hartherzige Haltung Rom gegenüber den eigenen Leuten einnahm, die zu Kriegsgefangenen wurden. Der Staat als Arbeitgeber der Soldaten empfand hier keinerlei Fürsorgepflicht, seine Leute zurückzuholen, im Gegenteil: Das Lösegeld stammte allein aus privaten Mitteln, und die Freigekauften durften nicht heimkehren. Augustus verbannte sie lebenslänglich aus Italien – sozusagen als Strafe dafür, dass sie sich in die Hände des Feindes begaben, statt den Heldentod zu sterben oder zumindest Selbstmord zu begehen.

Der Bannstrahl dürfte nur wenige Männer getroffen haben, da bloß die höheren Ränge Verwandte besaßen, die Lösegeld zahlen konnten. Die einfachen Legionäre kamen aus armen Schichten, und sofern sie von den Siegern nicht umgebracht wurden, lautete ihr Los Sklaverei. Vermutlich mussten sie als Knechte auf germanischen Bauernhöfen dienen, in Ketten, damit sie nicht Richtung Rhein flohen. Aber auch unter diesen Bedingungen konnten die Männer erstaunlich lange leben. Dies belegt eine Stelle bei Tacitus, die von einem späteren römischen Straffeldzug handelt. Germanen vom Stamm der Chatten unternahmen Mitte des ersten Jahrhunderts n. Chr. Raubzüge in Gallien, und die Truppen Roms verfolgten sie daraufhin bis zu ihren Siedlungen im heutigen Hessen. Dort konnten die Soldaten die Räuber im Schlaf überwältigen, so Tacitus, »und die Freude wurde dadurch noch größer, dass man einige Leute aus der Niederlage des Varus nach vierzigjähriger Sklaverei befreite«. Die aufgefundenen ehemaligen Legionäre waren inzwischen alte Männer mit grauen Haaren, sie hatten den Großteil ihres Lebens in Knechtschaft vegetiert, und nun waren unverhofft ihre Erlöser gekommen. Es muss ein emotional überwältigendes Zusammentreffen gewesen sein.

7. Rückkehr ins Reich

9 n. Chr.	Rom verliert alle Stützpunkte östlich des Rheins bis auf Aliso; Germanen belagern das Kastell
10 n. Chr.	Flucht aus Aliso

Wir befinden uns im Jahre 10 n. Chr. Ganz Germanien ist von den Römern befreit ... Ganz Germanien? Nein! Ein von unbeugsamen Römern bevölkertes Kastell hört nicht auf, den Einheimischen Widerstand zu leisten. Und das Leben ist nicht leicht – weder für die germanischen Belagerer noch für die römischen Legionäre, die als Besatzung im befestigten Lager Aliso liegen.

Einige Monate zuvor, im September 9 n. Chr., hatten die Germanen um Arminius das große römische Okkupationsheer vernichtet. Es war ein ebenso totaler wie unglaublicher Sieg: Vor den Stammesmenschen lagen zu Tausenden die Leichen der Eindringlinge, die gewaltige Festungen errichtet hatten, die mit ihren überlegenen Waffen zwei Jahrzehnte lang jeden Widerstand zermalmt und sich zu Herren über das Land und seine Bewohner aufgeschwungen hatten. Doch nun, nach einer Generation unter römischer Besatzung, konnten sich die germanischen Krieger und Bauern wieder als freie Männer fühlen.

Arminius aber wusste schon unmittelbar nach dem Sieg, dass er nur eine Schlacht gewonnen hatte, nicht den Krieg. Als römischer Ritter und Offizier kannte er seine früheren Lehrmeister gut genug, um sich im Klaren darüber zu sein, dass Rom die Niederlage nicht akzeptieren würde: Im Moment war Germanien zwar weitgehend frei von den Besatzern – und würde es die kommenden Wochen und Monate auch bleiben –, aber das war nur die Ruhe vor dem Sturm, der in Form riesiger Armeen über das Land hereinzubrechen drohte.

Es galt daher, die Zeit zu nutzen, bis das Imperium zurückschlug. Arminius dachte dabei nicht nur an den eigenen Stamm und seine Verbündeten, wie es wohl die meisten Germanen taten, sondern in einem weit größeren Rahmen. Um der Supermacht wirksam entgegenzutreten, wollte er eine gesamtgermanische Koalition schmieden. Der wichtigste Ansprechpartner dafür war der Markomannenherrscher Marbod, der in Böhmen das erste Germanenreich gegründet hatte (Kapitel II.5). Arminius schickte daher Boten auf den weiten Weg von Kalkriese zu Marbods Königshof im heutigen Tschechien, und auf ihrem vieltägigen Ritt durch die mitteleuropäische Wildnis nahmen seine Gesandten ein besonderes Präsent mit: den Kopf des Varus. Wenn seine Männer diese Siegestrophäe an Marbod übergaben, so hoffte Arminius wohl, dann könnten sie den Markomannenkönig dazu bewegen, sich dem Bündnis gegen Rom anzuschließen.

Bis die Antwort kam, wollten und durften die Varusbesieger nicht untätig bleiben. Noch existierten ja die großen Militärbasen, die Rom als Pfeiler seiner Macht im rechtsrheinischen Germanien errichtet hatte. Diese Festungen lagen nicht verlassen da, sondern sie beherbergten Besatzungen, die stark genug waren, sich effektiv zu verteidigen. Und niemand wusste, ob das Imperium Verstärkungen zu diesen Stützpunkten senden würde, sobald es von der Niederlage erfuhr. Die Aufständischen mussten dem unbedingt zuvorkommen, und so gingen sie bald nach den Siegesfeiern daran, eine Militärbasis nach der anderen anzugreifen. Dabei waren sie weitgehend erfolgreich, aber nicht zu hundert Prozent: »Die Barbaren eroberten alle Kastelle mit einer Ausnahme«, berichtet Cassius Dio. »Jenen befestigten Platz konnten sie nicht einnehmen, da sie nichts von der Belagerungskunst verstanden und die Römer zahlreiche Bogenschützen zur Verfügung hatten. Diese fügten den Barbaren große Verluste zu und schlugen sie zurück.«

Rom hielt damit in der Region noch eine letzte Stellung, die von jeglichem Kontakt zur Außenwelt abgeschnitten war. Leider verraten uns die antiken Autoren nicht, wo die Festung lag, die den Namen Aliso trägt. Moderne Forscher denken, dass sie mit dem Stützpunkt im heutigen Haltern nördlich von Bochum identisch sein könnte. Das 18 Hektar umfassende Lager an der Lippe ist das einzige uns bekannte große Kastell in passender

Lage, das im Jahr der Varusschlacht in Betrieb und gut ausgebaut war. Pfeilspitzen belegen zudem, dass Bogenschützen anwesend waren, und es gibt Hinweise auf Kämpfe: In einer Töpfergrube vor dem Lagertor entdeckten Archäologen die Skelette von mindestens 24 Männern. Vermutlich fielen diese bei einem Gefecht, und ihre Feinde brachten sie dann unter die Erde – denn dorthin kamen sie »ohne einen Hauch von Pietät«, wie der leitende Archäologe in Westfalen-Lippe, Johann-Sebastian Kühlborn, betont.

Aliso formte einen Stachel im Fleisch des freien Germanien, und es schützte dadurch die Reichsgrenzen, wie der mittelalterliche Geschichtsschreiber Zonaras überliefert: »Die andauernde Belagerung nahm die Barbaren so in Anspruch, dass sie nicht über den Rhein vorstießen, um in Gallien einzufallen.« Zugleich formte Aliso eine letzte Zufluchtsstätte für römische Bürger in der Region: Laut Frontinus hatten sich Überlebende der Varuskatastrophe dahin gerettet, laut Cassius Dio hielten sich auch zahlreiche Frauen und Kinder dort auf. Sie mussten Schlimmstes befürchten, sollten die Germanen ihr Refugium erstürmen. Wer aber sollte zu Hilfe kommen, nachdem das Varusheer nicht mehr existierte? Bis zur rettenden Rheingrenze waren es noch rund 40 Kilometer – sofern Aliso und Haltern tatsächlich identisch sind, was zwar wahrscheinlich, aber keineswegs gesichert ist.

Die Situation schien aussichtslos, aber die Eingeschlossenen gaben nicht auf. Angriffswelle auf Angriffswelle wehrten die Römer ab, und sie kämpften nicht nur mit dem Mut der Verzweiflung, sondern auch mit List und Intelligenz – so wie es zuvor umgekehrt die Germanen getan hatten, als sie in der Position des Schwächeren waren.

Einmal etwa bemerkte der römische Lagerkommandant Caedicius, dass die Belagerer größere Mengen Brennholz zusammengetragen hatten. Er fürchtete daraufhin, die Stammeskrieger könnten einen Brandanschlag auf die hölzernen Wehranlagen planen – und griff zur Abwehr in die psychologische Trickkiste: »Er sandte überallhin seine Leute aus, um das Holz zu stehlen und so einen Holzmangel [im Lager] vorzutäuschen«, erzählt der Autor Frontinus. »Dadurch erreichte er, dass die

Germanen sämtliche Baumstämme wegschafften« – also die Angreifer selbst die Brandgefahr bannten.

Während die Belagerung Alisos sich hinzog, gewann das Imperium Zeit, auf die Varuskatastrophe zu reagieren. Die Nachricht von der Niederlage erreichte zuerst Gallien und Südgermanien, auf dessen Höhe noch zwei Legionen standen. Der Befehlshaber dieser Armee, Asprenas, war ein Neffe und Unterfeldherr des Varus. Er reagierte rasch und führte sein Heer in Eilmärschen aus dem relativ friedlichen Süden den Rhein entlang nach Norden, hin zu Vetera, dem heutigen Xanten im Nordwesten des Ruhrgebiets. Dort lag das Winterlager der Varuslegionen, und dort quartierte Asprenas seine Truppen ein. Er füllte so das militärische Vakuum, das vielleicht dazu geführt hätte, dass die siegreichen Germanen Gallien überfallen oder – schlimmer noch für Rom – sich mit den Bewohnern dort verbündet hätten. Der zeitgenössische Historiker Paterculus lobt denn auch Asprenas ausdrücklich dafür, dass er »schleunig zu dem unteren Winterquartier hinabmarschierte und so die wankelmütigen Stämme diesseits des Rheins [d. h. in Gallien] aufmunterte«.

Der Abmarsch der beiden Legionen nach Norden stabilisierte zwar die Lage dort, aber das hatte seinen Preis: Nun war der Süden des gallisch-germanischen Grenzgebiets von Truppen entblößt. Die römischen Kolonien in der Mainregion befanden sich damit in einer prekären Lage. Wer sollte sie beschützen, wenn es zu einem antirömischen Angriff kam, sei es durch ein Heer des Arminius oder durch die umliegenden Stämme? Leider verraten uns die Schriftquellen nichts darüber, was sich in Südgermanien ereignete. Aufschlussreiche Informationen geben dafür die archäologischen Funde in der Römerstadt im hessischen Waldgirmes.

Anders als in Haltern fehlen dort Hinweise auf Kämpfe. Ascheschichten zeigen zudem, dass die Stadt zum Schluss systematisch abgefackelt wurde. Dies alles spricht dafür, dass die römischen Bewohner 9 n. Chr. ihre Siedlung planmäßig räumten, diese selbst zerstörten – so wie es bei einem Abzug üblich war – und ins Reich zurückkehrten. Anscheinend zogen sich die Kolonisten so friedlich aus Waldgirmes zurück, wie sie zuvor mit den Einheimischen zusammengelebt hatten (siehe Kapitel II.3).

Bis zum Jahresende blieb es an der Rheingrenze weitgehend ruhig. Asprenas verharrte mit seinen beiden Legionen im Winterquartier in Vetera (Xanten) nahe der Mündung von Lippe und Rhein, wobei er anscheinend nicht wusste, dass weiter östlich eine Schar Mitbürger eingeschlossen war und verzweifelt auf Hilfe von außen hoffte.

Irgendwann begannen die Lebensmittel im belagerten Aliso knapp zu werden. Der Kommandant Caedicius und seine Männer versuchten nun erneut einen Trick, wie uns Frontinus überliefert: »Weil es schien, dass sie [die Römer] Mangel an Getreide litten, führten sie die [germanischen] Gefangenen die ganze Nacht lang in den Vorratslagern herum« – offenbar um so größere Reserven vorzutäuschen. »Dann hackten sie ihnen die Hände ab und ließen sie laufen«, so Frontinus. Die auf brutale Weise kampfunfähig gemachten Germanen taten nun angeblich genau das, was sie aus Sicht des Caedicius tun sollten: »Sie redeten den Belagerern die Hoffnung aus, dass eine schnelle Eroberung dadurch gelingt, die Römer auszuhungern – denn diese besäßen einen ungeheuren Vorrat an Lebensmitteln.«

Tatsächlich zogen früh im Jahr 10 n. Chr. die meisten Stammeskrieger von Aliso ab. Es war immer noch Winter, und vermutlich quälte auch die Belagerer der Hunger – die vielen Männer mussten sich ja auch ernähren, und ob sie genügend Nachschub bekamen, ist angesichts der schlechten Wegeverhältnisse und geringen Lebensmittelvorräte in Germanien äußerst fraglich. Zudem erfuhren die Krieger, dass der Stiefsohn des Augustus, Tiberius, sich mit einer Armee näherte. (Inzwischen hatte auch die Zentrale in Rom auf die Varusniederlage reagiert, worauf Kapitel IV.1 eingehen wird.)

Ein Teil der germanischen Streitmacht aber ließ sich von den Widrigkeiten und schlechten Nachrichten nicht beirren: Einige Kriegertrupps verharrten vor Aliso, auch wenn sie nicht mehr zahlreich genug waren, um einen geschlossenen Belagerungsring zu formen. »Die zurückgebliebenen Feinde bewachten die Zufuhrwege in der Hoffnung, die Römer durch Aushungern gefangenzunehmen«, teilt Cassius Dio mit. »Sie hielten sich in einiger Entfernung auf, um nicht durch überraschende Ausfälle

Verluste zu erleiden.« Die Insassen des Kastells aber waren gar nicht mehr fähig, einen größeren Kampf aufzunehmen, da zu viele Soldaten gefallen waren: »Die Römer besaßen nur noch wenige Kombattanten; die meisten waren unbewaffnet« – also Frauen, Kinder und Sklaven. Die noch lebenden Legionäre taten daher zunächst nichts: »Solange die eingeschlossenen Römer hinreichend Proviant besaßen, blieben sie auf ihrem Posten und hofften auf Entsatz«, so Dio. »Als ihnen aber niemand zu Hilfe kam und sie vom Hunger gequält wurden, warteten sie eine stürmische Nacht ab« – und wagten eine tollkühne Flucht.

Es muss eine dramatische Szene gewesen sein, wie man sie sonst nur im Kino kennt. Im Stockdunkeln, bei Winterkälte und einem brausenden Sturmwind, der die meisten Geräusche überdeckte, öffneten sich leise die Lagertore. Die abgemagerten Bewohner schlichen heraus, vorneweg einsatzfähige Soldaten, dann die Verwundeten, Frauen, Kinder und Sklaven. Sie alle mussten sich abseits der Wege halten, um nicht den Germanen in die Hände zu laufen, und zunächst ging alles gut: »Sie kamen glücklich am ersten und zweiten feindlichen Wachtposten vorbei«, erzählt Dio. Doch den Fliehenden gelang es nicht, zusammenzubleiben: In den lichtlosen Wäldern verloren die Schwächeren den Anschluss an die Gruppe, und auf sich gestellt gerieten sie in Panik. »Die Frauen und Kinder riefen fortwährend die waffenfähigen Truppen herbei, aus Erschöpfung und aus Furcht vor der Finsternis und der Kälte«, so Dio. »Daher wurden sie entdeckt, als sie in die Nähe der dritten Wachstation kamen.«

Die Germanen regierten sofort – aber anders als erwartet: Statt sich auf die Fliehenden zu stürzen, stürmten die Stammeskrieger das evakuierte Lager, um es zu plündern. Offenbar plagte die Belagerer vor allem die Sorge, nicht genug für sich abzubekommen – was darauf hinweist, dass es in dem germanischen Heer keine straffe Führung gab und auch keine zentrale Verwaltung, die den Gewinn verteilte. Vielmehr agierte jeder Krieger oder jeder Trupp anscheinend auf eigene Rechnung, ohne auf ein höheres Kommando zu achten, denn anders ist das militärisch unsinnige Verhalten der Germanen nicht zu erklären. »Die Barbaren hielten sich zu lange mit dem Raub der

Beute auf«, spottet Cassius Dio, »sonst wären wohl alle [Römer] getötet worden oder in Gefangenschaft geraten.«

So aber gewannen die Fliehenden Zeit, und diese Frist nutzten die Soldaten des gewitzten Kommandanten Caedicius, um zu einer letzten Kriegslist zu greifen. »Die Kräftigsten erreichten einen erheblichen Vorsprung, und die Trompeter unter ihnen bliesen nun zum Eilmarsch«, schildert Dio. Durch den plötzlichen Lärm aus weiter Ferne »täuschten sie die Feinde, die nun vermuteten, dass Entsatztruppen eingetroffen seien, die Asprenas entsandt hatte«. Mit frischen Legionseinheiten aus dem Lager Vetera (Xanten) aber wollten es die Germanen nicht aufnehmen, »und so ließen jene von der Verfolgung ab«, wie Dio befriedigt schließt.

Das ausgemergelte römische Häuflein aus Männern, Frauen und Kindern zog nun unbehelligt weiter nach Vetera am Rhein. Einige liefen offenbar voraus, um dort Bescheid zu geben, denn Dio erklärt: »Als Asprenas von diesen Vorgängen Kenntnis erhielt, eilte er ihnen in der Tat zu Hilfe« – und eskortierte die Überlebenden zurück. Nach Monaten der Belagerung und Isolation hatten sie es tatsächlich geschafft, heimzukehren, entgegen aller Wahrscheinlichkeit. Heute würde man solch ein Ereignis wohl »Das Wunder von Aliso« nennen und es in Filmen feiern. Die Römer hatten diese Möglichkeit nicht, aber ihre Autoren preisen in der Tat dieses kleine Happy End nach der Varuskatastrophe als echte Heldengeschichte. »Anerkennung verdient die Tapferkeit des Lagerpräfekten L. Caedicius und derer, die mit ihm in Aliso eingekesselt und von gewaltigen Germanentruppen belagert wurden«, applaudiert der Zeitgenosse Paterculus. »Sie meisterten all die Schwierigkeiten, die entstanden waren aus dem unerträglichen Mangel an allen Dingen und aus der unüberwindlichen Menge Feinde. Dabei fassten sie weder einen unbesonnen Entschluss, noch überlegten sie zaudernd hin und her, sondern fassten eine günstige Gelegenheit ins Auge und schlugen sich mit dem Schwert in der Hand zu ihren Kameraden durch.«

Einen Seitenhieb kann sich der Historiker auch hier nicht verkneifen: »Hieraus ersieht man, dass Varus sich und sein großartiges Heer eher dadurch zugrunde richtete, dass ihm die Umsicht eines Feldherrn fehlte, als dass es ihm an tapferen Soldaten mangelte.«

Der abgeschlagene Kopf des unglücklichen Statthalters war derweil bei Marbod im heutigen Tschechien eingetroffen – vielleicht in Pökelsalz eingelegt, damit Varus' Antlitz nicht vollkommen verrottet und unkenntlich war. Das Präsent verfehlte aber seine Wirkung, und die Hoffnung des Arminius auf ein großes germanisches Bündnis gegen Rom erfüllte sich nicht. Marbod vertraute offenbar darauf, dass ihn das Imperium nach dem Großangriff und dem überraschenden Friedensschluss 6 n. Chr. (Kapitel II.5) kein weiteres Mal überfallen würde. Der Markomannenherrscher blieb strikt neutral und sandte sogar als Zeichen guten Willens gegenüber Rom den Varuskopf an Augustus – sicherlich zur maßlosen Enttäuschung des Arminius und seiner Stammeskoalition.

Wochen nach der Varusschlacht traf damit der verrottete oder eingepökelte Kopf in der Hauptstadt des Imperiums ein. Augustus zeigte sich gnädig gegenüber dem sterblichen Rest des Mannes, der drei Legionen in den Untergang geführt hatte, aber auch der Gatte seiner eigenen Großnichte war. Paterculus erzählt: »Caesar [Augustus] gewährte ihm trotz allem die Ehre, in seinem Familiengrab bestattet zu werden.« Nach langer Reise hatte das Haupt des Varus in der Heimat seine letzte Ruhe gefunden.

EXKURS:

Krieger ohne Paradies

Das höchste Ziel eines Germanen, so liest man oft, war es, im Kampf zu sterben. Dann fuhr er auf in das Kriegerparadies Walhall, wo Göttervater Odin die Gefallenen um sich schart, damit diese ihm beistehen werden in der großen Endschlacht gegen die Riesen und andere Weltfeinde. Bis zu jenem fernen Tag namens Ragnarök – hierzulande auch Götterdämmerung genannt – verbringen die Paradiesbewohner ihre Zeit damit, zu zechen und zu fechten. »Jeden Tag legen sie die Rüstung an, gehen in den Hof hinaus und kämpfen, und einer erschlägt den anderen – das ist ihr Zeitvertreib«, erklärt die mittelalterliche nordgermanische Mythensammlung Edda. »Aber wenn die Zeit zum Frühstücken kommt, dann reiten sie wieder heim nach Walhall und setzen sich zum Trunk« – und feiern einträchtig zusammen, bis sie sich am nächsten Morgen erneut gegenseitig die Speere und Schwerter in den Leib rammen.

Die friedlich Verstorbenen hingegen mussten hinab in das finstere Totenreich Hel. Die logische Folge dieses Glaubens war, dass die Germanen sich todesmutig bis selbstmörderisch ihren Feinden entgegenwarfen – so jedenfalls insinuieren es manch moderne Autoren, insbesondere in historischen Romanen. Dabei ignorieren sie nicht nur die Frage, wie attraktiv wohl ein Walhall ist, in dem man tagtäglich verstümmelt und niedergemetzelt wird, sondern auch ein sehr grundsätzliches Problem: Glaubten die Germanen der Römerzeit überhaupt an solch ein Paradies für die Gefallenen?

Walhall taucht erst in den mittelalterlichen Texten Skandinaviens auf. Ausführlich geschildert ist es in der Edda, die einen großartigen Bogen spannt von der Entstehung der Welt aus dem Nichts, dem Werden des Lebens aus Feuer und Eis, der Geburt der Riesen und Götter, der Erschaffung des Menschen bis hin zur Zerstörung der Erde durch Feuer an Ragnarök. Die Edda ist unsere mit Abstand umfassendste Quelle der germanischen Mythologie. Niedergeschrieben wurde sie im 13. Jahrhundert in Island, wobei die ältesten Gedichte wohl etwa auf das Jahr 1000 zurückgehen. Zwischen den Germanen, die gegen Varus kämpften, und der Edda liegt damit die gewaltige Kluft von rund einem Jahrtausend. Es ist unklar, wie sehr sich in der Zeit die Glaubensinhalte verändert haben. Dass diese auch innerhalb einer Religion nicht gleich bleiben, zeigt sich beispielsweise, wenn man die Haltung der katholischen Kirche zur Hexenverbrennung heute und vor 500 Jahren vergleicht. Und der germanische Glaube war noch wesentlich wandelbarer als der christliche, da er keine Heilige Schrift kannte, keine höchste Instanz wie den Papst besaß und rein mündlich tradiert wurde.

Hinzu kommt, dass die Edda das Gedankengut der mittelalterlichen Nordgermanen – also der Wikinger – wiedergibt. Diese verhielten sich außerordentlich kriegerisch, so dass ein eigenes Gefallenenparadies gut zu deren Lebensweise passt. Die antiken Germanen im heutigen Deutschland frönten zwar auch nicht dem Pazifismus – sonst hätten sie den Römern kaum widerstanden –, aber das häufig gezeichnete Bild einer Gesellschaft im permanenten Kriegszustand ist so nicht mehr haltbar. Die ausgegrabenen Germanendörfer im Raum Cuxhaven etwa »zeigen weder Befestigungen noch Spuren von militärischen Auseinandersetzungen«, wie der zuständige Archäologe Matthias Schön berichtet. »Nach jetzigem Wissensstand herrschte hier über fünf Jahrhunderte ein friedliches Leben in den Siedlungen.« Auch Funde in der nordthüringischen Stadt Westgreußen widersprechen dem kriegerischen Klischee. Dort gruben Forscher eine befestigte germanische Siedlung aus, die etwa 250 Jahre lang bewohnt war. Belege für Kämpfe entdeckten sie nicht. Das lässt natürlich die Möglichkeit offen, dass junge Dorfbewohner andernorts – etwa bei fremden Heerführern oder in der römischen Armee – an Feldzügen teilnahmen, aber es zeigt: In Germanien gab es zumindest regional sehr lange Friedensperioden. Und diese passen nicht gut zu einem Glauben, nach dem man im Krieg sterben muss, um in ein besseres Jenseits zu kommen – sofern solch eine Vorstellung überhaupt schon existierte.

Denn es gibt noch einen entscheidenden Unterschied zwischen der Geisteswelt der Wikinger und derjenigen der Germanen zur Zeitenwende: Die mittelalterlichen Skandinavier lebten in einer Epoche, in der sich das Christentum in Europa weitgehend durchgesetzt hatte und damit die Lehre eines strengen Dualismus von Gut und Böse, von

Himmel und Hölle. Der Gegensatz von Walhall und Hel könnte hier die wikingerische Antwort auf die christliche Idee sein, es gebe für die Verstorbenen strikt getrennte Orte der Belohnung und der Bestrafung. Im vorchristlichen antiken Europa dagegen war der Glaube an eine postmortale Selektion noch nicht verbreitet: Den heidnischen Römern und Griechen zufolge kamen die Toten in die Unterwelt (griechisch Hades), unabhängig davon, wie sie gelebt hatten. Zwar straften die Götter auch damals schon Verbrecher – Sisyphos musste fortwährend einen Stein rollen, Tantalos hungern und dürsten –, aber das geschah nur in seltenen Einzelfällen. Der Olymp als eine Art Paradies auf der anderen Seite war den Göttern vorbehalten; dass etwa Herakles dort aufgenommen wurde, gilt als besondere Ausnahme. Selbst ein außergewöhnlicher Held wie Achilles fuhr nach seinem gewaltsamen Ende hinab in den Hades, der den Aufenthaltsort schlechthin für die verstorbenen Menschen bildete.

In eben dieser Denktradition stellte auch das Totenreich Hel – das von der gleichnamigen Riesin Hel regiert wurde – einen neutralen Sammelplatz für die Gestorbenen dar. Es war keine Strafstätte im christlichen Sinn, auch wenn es etymologisch mit der Hölle der deutschen und englischen Sprache (»hell«) verwandt ist.

Wie sich die Germanen zur Zeit des Arminius das Jenseits konkret vorstellten, bleibt uns indes verschlossen. Die antiken Geschichtsschreiber schweigen dazu – was ein weiteres Indiz ist gegen den Glauben an eine Art Walhall, also ein Paradies ausschließlich für die Gefallenen. Solch eine religiöse Besonderheit, die noch dazu perfekt zur römischen Propaganda von den kriegswütigen Barbaren im Norden passt, hätten die zeitgenössischen Autoren kaum unerwähnt gelassen. Es gibt jedenfalls keinen Hinweis, dass die Religion der damaligen Germanen kriegerischer war als diejenige der Kelten oder anderer Stammesgesellschaften.

IV. VERNICHTUNGSKRIEG

1. Schockwellen im Zentrum

9/10 n. Chr.	Aushebungen im Römischen Reich, vorübergehende Wiedereinführung der Wehrpflicht
10 n. Chr.	Tiberius sichert die Rheingrenze
11/12 n. Chr.	Feldzüge des Tiberius in Germanien
14 n. Chr.	Augustus stirbt; Tiberius tritt seine Nachfolge an

Die Nachricht von der Niederlage erreichte Augustus um seinen 71. Geburtstag herum, und sie traf den Princeps völlig unerwartet. Der alternde Herrscher »geriet derart aus der Fassung«, schildert Sueton, »dass er monatelang Bart und Haare wachsen ließ, manchmal seinen Kopf gegen die Tür schlug und laut rief: ›Quinctilius Varus, gib die Legionen zurück!‹« (»Quintili Vare, legiones redde!«, oft frei übersetzt zu: »Varus, Varus, gib mir meine Legionen wieder!«)

Aus dem souveränen Herrn über das Weltreich war ein zotteliges Wrack geworden, so lesen sich diese Zeilen auf den ersten Blick, und so wird es auch bisweilen dargestellt. In der Tat war der Untergang der Legionen nicht nur für die Armee, sondern auch für Augustus selbst ein Desaster und ein verheerender Imageschaden: Erstens zählte Gallien – und damit das angrenzende Germanien – zu den Territorien, die der Senat offiziell ihm allein unterstellt hatte. Der Princeps trug damit für Erfolge wie Misserfolge die persönliche Verantwortung, ohne diese auf andere Staatsinstanzen abwälzen zu können. Zweitens hatte sich Augustus in den vergangenen zwei Jahrzehnten wieder und wieder für die Siege in Germanien feiern lassen, und er hatte durch die rituelle Erweiterung der Stadtgrenzen öffentlich bekundet, das Land östlich des Rheins dem Reich eingegliedert zu haben. Jetzt klafften plötzlich Siegespropaganda und Wirklichkeit derart auseinander, dass auch dem einfachen Bürger dämmern musste, das Regime habe möglicherweise all die Jahre gelogen.

Die ersten Anordnungen des Augustus zielten dementsprechend darauf ab, die eigene Machtposition zu stabilisieren. »Er ließ überall in der Stadt [Rom] Wachen aufstellen, damit es nicht zu einem Aufstand kam«, berichtet Sueton, »und er verlängerte den Provinzstatthaltern ihr Kommando, damit die Bundesgenossen von erfahrenen und eingewöhnten Männern in Zaum gehalten würden.« Für diese Vorsichtsmaßnahmen hatte Augustus allen Grund: Erst 6 und 7 n. Chr. war es in Rom wegen einer Getreideknappheit zu andauernden Massenunruhen gekommen, und hungernde Hauptstadtbewohner hatten sogar zur Revolution aufgerufen (Kapitel III.2). Unter der Oberfläche schwelten sicherlich noch die Ressentiments der Bürger gegen ihren selbsternannten Herrscher. Dass nun das Debakel in Germanien wie der sprichwörtliche Funken am Pulverfass wirken könnte, ließ sich zunächst nicht ausschließen. Innerhalb wie außerhalb der Hauptstadt galt es, den Menschen Kontinuität und Stabilität zu vermitteln. Ruhe war die erste Bürgerpflicht!

Die Erstmaßnahmen nach der Varuskatastrophe wirken damit keineswegs wie die Panikreaktionen, die man Augustus gerne andichtet, sondern wie kühl kalkulierte Schritte, um die eigene Macht zu sichern. Wie aber lassen sich der Verfall des äußeren Erscheinungsbildes und die verzweifelt anmutenden Varus-Rufe erklären? Lange Zeit folgerten Historiker daraus, dass der Princeps in eine tiefe Depression verfallen sein musste. Erst die moderne Forschung erhellte das scheinbar irrationale Gebaren: Sich monatelang Bart- und Haupthaar wachsen zu lassen entsprach lediglich den üblichen Regeln der Trauer nach altrömischem Brauch! Das haarige Erscheinungsbild wirkte also nur aus heutiger Sicht heruntergekommen – von der damaligen Öffentlichkeit wurde es geradezu erwartet. Und mit dem wiederholten Ausruf »Varus, gib die Legionen zurück!« machte der Princeps deutlich, wer schuld an dem Desaster war: nicht er selbst, sondern sein Statthalter! Dass Augustus diesen persönlich für den Posten ausgewählt hatte, geriet dabei in den Hintergrund. Die zelebrierte Trauer und die entsetzt wirkenden Ausrufe waren die Methode des Herrschers, sich bequem der eigenen Verantwortung zu entziehen. Der tote Varus bildete sozusagen das Bauernopfer, mit dem Augustus das völlige Versagen seiner Germanienpolitik kaschierte.

Des Weiteren entließ der Princeps seine germanische Leibwache. Diese hatte er wohl in dem Kalkül angeheuert, dass sozial isolierte Fremde schwerer für Verschwörungen zu gewinnen sind als Einheimische. (Ausländische Leibgarden finden sich aus diesem Grund bei Autokraten verschiedenster Länder und Epochen.) Nun zweifelte Augustus aber an der Loyalität dieser Männer, und er sandte sie auf ungenannte Inseln fort.

Auch germanische Arbeiter und Händler mussten die Hauptstadt verlassen, ebenso wie Gallier – wahrscheinlich, weil sie in den Augen der Römer den Germanen sehr ähnlich sahen. Mit der Ausweisung wollte Augustus möglicherweise fremdenfeindlichen Ausschreitungen nach der Varuskatastrophe vorbeugen und so einen weiteren potentiellen Unruheherd eliminieren.

Tatsächlich gelang es dem Princeps, einen nennenswerten Aufruhr gar nicht erst entstehen zu lassen. Dabei halfen nicht nur seine entschlossenen Erstmaßnahmen, sondern auch die Tatsache, dass es keine politische Kraft mehr gab, die ihn ernsthaft herausfordern konnte. Seit fast vier Jahrzehnten besaß Augustus bereits die faktische Alleinherrschaft über das Römische Reich, und der gesamte Staatsapparat war auf ihn ausgerichtet. Seine Macht war zu gefestigt, als dass die Unzufriedenheit in der Bevölkerung zu revolutionären Aktivitäten geführt hätte.

Und so konnte der Princeps relativ rasch darangehen, den Blick nicht nur auf das Reichsinnere zu werfen, sondern auch auf die germanischen Stämme jenseits des Rheins. Um diesen entgegenzutreten, galt es zunächst, die verlorenen Legionen durch neue Streitkräfte zu ersetzen. Doch woher nehmen? Rom hatte schon vor der Varusschlacht nur über 28 Legionen plus ähnlich umfangreiche Hilfstruppen verfügt, insgesamt rund 300 000 Mann, was für ein Weltreich dieser Größe sehr knapp kalkuliert war. Augustus setzte angesichts der enormen Kosten einer reinen Berufsarmee ganz klar auf Klasse statt auf Masse. Das bedeutete allerdings auch, dass er den plötzlichen Verlust von gut zehn Prozent seiner Legionen nicht einfach ersetzen konnte – jede größere Truppenverschiebung hätte bedeutet, andernorts die Grenzen gefährlich zu entblößen.

Hier nun ergab sich für die Römer eine glückliche Koinzidenz: Als die Nachricht von der Varuskatastrophe eintraf, hatte die römische Armee ganze fünf Tage zuvor den großen Aufstand in Pannonien und Dalmatien endgültig niedergeschlagen. »Es war gerade so, als ob uns das Schicksal dabei noch eine Gnade erwiesen hätte«, merkt Paterculus erleichtert an. Denn nun waren erstens Truppen frei verfügbar und zweitens Tiberius, der erfahrenste und erfolgreichste Feldherr des Imperiums. Augustus zögerte nicht, seinen Adoptivsohn zum Rhein zu senden – und statt sich in Rom für den Erfolg über die Pannonier und Dalmatier triumphal feiern zu lassen, zog Tiberius erneut hin zum kalten Germanien, in dem er bereits 9 bis 7 v. Chr. und 4 bis 6 n. Chr. Feldzüge angeführt hatte. Das Oberkommando am Rhein übernahm damit wieder ein echter Germanienkenner – der zudem seine militärischen Erfolge dort nicht durch waghalsige Vorstöße erzielt hatte, sondern durch vorausschauendes und umsichtiges Vorgehen, das die eigenen Verluste minimierte.

Doch auch der beste Heerführer kann nichts ausrichten ohne ein adäquates Heer – und die frei gewordenen Kräfte in Pannonien reichten offenbar bei weitem nicht aus, das militärische Vakuum am Rhein zu füllen, das durch die Vernichtung der drei Legionen entstanden war. »Augustus war in großer Sorge um die germanischen und gallischen Gebiete«, erzählt Cassius Dio. »Vor allem aber bangte er, sie [die Germanen] könnten Italien und sogar Rom angreifen.«

Da war sie anscheinend wieder: die panikartige Furcht vor den Barbaren aus dem Norden, die seit 387 v. Chr. bestand, als Gallier Rom plünderten, und die sich noch einmal potenzierte, als ab 113 v. Chr. die Kimbern und Teutonen ein römisches Heer nach dem anderen besiegten und bis nach Italien vordrangen (Kapitel I.1). Der Zeitgenosse Paterculus sprach von den bis dato verachteten Germanen nun sogar als einem »Feind, der Italien mit einem neuen Kimbern-und-Teutonen-Krieg drohte«.

Das war natürlich maßlos übertrieben: Wenn in Germanien Aufständische erstmals ein größeres römisches Heer aufreiben konnten, bedeutete das noch lange nicht, dass diese Stammeskrieger die Alpen überqueren und die Supermacht Rom in deren Kernland Italien militärisch zu gefährden vermochten. Die moderne Historikerin Christine Trzaska-Richter argwöhnt denn auch, dass die römische Staatsspitze die Germanengefahr bewusst hochspielte: »Diese von Augustus geschürte Angst vor einer Invasion sollte dazu dienen, die Rekrutierungsschwierigkeiten zu vermindern.«

Rom benötigte dringend neue Soldaten, um die Verluste durch die Varusschlacht auszugleichen. Doch die Bürger des Reichs zeigten wenig Interesse daran, als Legionäre in das wilde Germanien zu ziehen, allen angeblichen Bedrohungen ihres Vaterlandes zum Trotz. Die Menschen konnten damals offenbar besser zwischen einer echten und einer angeblichen Gefahr unterscheiden als gedacht. Der Princeps sah sich daher gezwungen, nach Jahrzehnten erstmals wieder auf die allgemeine Wehrpflicht zurückzugreifen und die Römer auch gegen deren Willen zum Militär einzuziehen. Doch was taten die Einberufenen? Sie leisteten zivilen Ungehorsam in einem Ausmaß, wie man es heute selbst in liberalen Staaten nicht mehr kennt. So viele Männer verweigerten den Dienst an der Waffe, dass Augustus einen eigenen Strafenkatalog einführte: »Da kein Wehrfähiger sich rekrutieren lassen wollte, ließ er sie auslosen«, berichtet Cassius Dio. »Und er bestrafte von den Männern unter 35 Jahren immer jeden Fünften und von den Älteren jeden Zehnten nach dem Losverfahren mit der Einziehung des Vermögens und dem Verlust der bürgerlichen Rechte.« Selbst diese unpopuläre Maßnahme zeigte wenig Erfolg: »Als dennoch sehr viele sich nicht um seine Anweisungen kümmerten«, so Dio, »ließ er einige hinrichten.«

Die Ereignisse belegen, dass die Römer zu jener Zeit alles andere als eine militaristische Gesellschaft bildeten, im Gegenteil: Eine derart kollektive Wehrdienstverweigerung findet sich nur selten in der Geschichte, und die Strafmaßnahmen des Princeps erwecken eher den Eindruck von Hilflosigkeit als von Durchsetzungskraft.

Rom trennte Zivilbevölkerung und Heer noch viel strikter, als es die modernen Staaten tun. Die Legionen und angegliederten Hilfstruppen standen allesamt an den Grenzen des Weltreichs. Italien selbst bildete eine fast komplett entmilitarisierte Zone mit nur wenigen tausend Soldaten, die überwiegend der Prätorianergarde angehörten, der Leibwache des Augustus. Echte Legionäre bekam man dort nur während der seltenen Triumphzüge in Rom zu Gesicht. Wenn ein Bewohner des Landes nicht zu der Minderheit zählte, die sich freiwillig für rund zwanzig Jahre zur Armee verpflichtete, verlief sein Leben in der Regel fast völlig unberührt von dem Kriegsapparat des Imperiums. Für die militärentwöhnten Bürger in Italien war der Gedanke an ein Soldatendasein fern der Heimat offenbar so abschreckend geworden, dass sie lieber den Verlust ihres Vermögens, ihrer Rechte und sogar ihres Lebens riskierten, als dem Ruf des Augustus zu den Waffen zu folgen. Der Princeps musste sich daher nach einer anderen Rekrutierungsquelle umsehen.

Die fand er zum einen in den Veteranen, die eigentlich die Militärzeit bereits hinter sich hatten. Per Losentscheid ließ Augustus »möglichst viele« wieder einziehen, so Cassius Dio. Zum anderen griff er in seiner Personalnot auf diejenigen verachteten Bevölkerungsteile zurück, die nicht einmal zur untersten Gesellschaftsschicht zählten, sondern noch tiefer standen, auf einer Stufe mit den Tieren: die Sklaven. Deren Schicksal war meist sehr viel härter, als es in historischen Filmen, Romanen und auch populären Geschichtsbüchern vermittelt wird. Denn in diesen Werken erscheinen üblicherweise Sklaven, die in Städten und Haushalten leben – und damit einer glücklicheren Minderheit unter den Unfreien angehörten, solange die Schläge und Vergewaltigungen sich in Grenzen hielten, denen sie als rechtlose Güter jederzeit ausgesetzt waren. Massen an Sklaven aber mussten unter ungleich härteren Bedingungen Fronarbeit verrichten, insbesondere in den landwirtschaftlichen Großbetrieben: Dort wurden ganze Menschenkolonnen wie Viehherden angeliefert, in Ketten gelegt und von früh bis spät als Arbeitstiere eingesetzt. Die Nächte verbrachten diese Sklavenherden eingepfercht in überfüllten Baracken, ohne dass dem Einzelnen auch nur ein Hauch an Menschenwürde oder Privatheit vergönnt war. Zu essen erhielten sie nur das überlebensnotwendige Minimum, und die Aufsicht führten private Subunternehmen, die sich darauf spezialisierten, Arbeitsverweigerer zu foltern oder zu töten. All dies diente nur einem Zweck: möglichst billig möglichst viel zu produzieren. Diese Form der Sklavenhaltung bildete damit den direkten Vorläufer der modernen Massentierhaltung, nur mit Menschen statt Nutztieren. Kleinbäuerliche Familienbetriebe konnten mit derartigen Großunternehmen nicht konkurrieren und wurden geschluckt, so dass weite Gebiete Italiens regelrecht verödeten: Dort gab es keine normalen Siedlungen mehr, keine freien Bauern, sondern nur noch riesige Nutzflächen, auf denen die Arbeitssklaven als lebende Leichen dahinvegetierten.

Augustus ließ zwar die Großfarmen staatlich kontrollieren, nachdem mafiaähnliche Organisationen immer wieder Reisende verschleppt und in die Betriebe verkauft hatten, aber er tat nichts, um das Los der Unfreien generell zu verbessern. Im Gegenteil: Der Princeps hatte explizit Freilassungen erschwert, um laut Sueton »das [römische] Volk von jeder Blutsvermischung rein und unverfälscht zu halten«. Doch nach der Varusschlacht konterkarierte der Herrscher sein eigenes Verdikt und ließ massenhaft Sklaven befreien – um diese dann sofort zur Armee einzuziehen.

Mit dem Heer aus Veteranen und Exsklaven zog Tiberius Anfang 10 n. Chr. »in Eilmärschen nach Germanien«, wie Cassius Dio berichtet. Dort sicherten der erfahrene Feldherr und seine zusammengewürfelte Armee erfolgreich die Grenzen: »Die Barbaren wagten es nicht, den Rhein zu überschreiten, als sie erfahren hatten, dass Tiberius zur Stelle war«, meldet Dio triumphierend. Die in Rom geschürte Furcht vor einer germanischen Invasion entpuppte sich damit endgültig als Luftnummer: Arminius und seine Mitkämpfer kannten die Kräfteverhältnisse gut genug, um das Imperium nicht auf dessen Terrain zu attackieren. Die Stammeskrieger waren zudem vollauf damit beschäftigt, alle römischen Stützpunkte auf ihrer Seite des Rheins einzunehmen, und sie benötigten Monate für die Belagerung des letzten Kastells, Aliso (Kapitel III.7). Als schließlich der überlebenden Besatzung der Ausbruch und die Flucht zurück ins Reich gelang, ohne dass die germanischen Streitkräfte es wagten, diese bis zum Rhein zu verfolgen, und als all die Nachrichten bei Augustus eintrafen, »da legte sich seine Erregung«, wie Dio mitteilt.

Augustus arrangierte in der Folgezeit die Legionen des Imperiums so um, dass er am Rhein nicht nur die verlorenen ersetzte, sondern deren Zahl sogar deutlich erhöhte: Vor der Varusschlacht standen dort fünf bis sechs Legionen, nun waren es acht. Die Rheinarmee umfasste damit rund 40 000 römische Soldaten plus Hilfstruppen, die zahlenmäßig ähnlich stark gewesen sein dürften, so dass an der Grenze zu Germanien grob geschätzt 80 000 Mann aufmarschierten. Ihre Lager befanden sich überwiegend an den bisherigen Einfallspforten nach Germanien, also an Flüssen wie der Lippe und dem Main. Damit war das Imperium nicht nur in der Lage, die Rheingrenze effektiv zu verteidigen, sondern hatte alles vorbereitet, um von der Defensive in die Offensive zu wechseln. Rom konnte nun eine neue Großinvasion gen Osten starten, um das verlorene Land wieder dem Reich einzuverleiben.

Doch Tiberius, der Oberkommandierende der acht Rheinlegionen, machte seinem Ruf als vorsichtiger Feldherr alle Ehre. Statt mit einem blindwütigen Rachefeldzug daheim Lorbeeren zu sammeln, unternahm er 10 n. Chr.: nichts. So jedenfalls stellt es Cassius Dio dar: »Tiberius konnte sich nicht entschließen, den Rhein zu überqueren, sondern wartete ruhig ab.« Der mittlerweile 50-jährige Adoptivsohn des Augustus nutzte wohl das Jahr, um Informationen über die Varuskatastrophe und den Feind zu sammeln und den kommenden Feldzug vorzubereiten. Der ebenso erfahrene wie vorausblickende Heerführer wollte es unbedingt vermeiden, wie sein Vorgänger in eine Falle der Germanen zu tappen. Dabei kümmerte er sich derart gründlich selbst um die Details, dass er sich in modernen Worten zu einem Kontrollfreak entwickelte: Als er 11 n. Chr. mit seinem Heer den Rhein überschritt, so erzählt Sueton, beschränkte er das Marschgepäck auf ein Minimum und »schickte den gesamten Proviant erst hinüber, nachdem er selbst vom Ufer aus die Ladungen der Fahrzeuge genau überprüft hatte, damit nur das Erlaubte und Notwendige mitgenommen würde«. Die Befehle erteilte er ausschließlich schriftlich – wohl um Missverständnissen vorzubeugen –, »und er fügte die Mahnung hinzu«, so Sueton, »wer über irgendetwas im Zweifel sei, der solle sich an ihn und keinen anderen wenden, und zwar zu jeder beliebigen Stunde, selbst in der Nacht«. Um der Sicherheit der Armee willen schonte der zweitmächtigste Mann des Imperiums niemanden, auch sich selbst nicht, und um dies demonstrativ zu unterstreichen, »nahm er seine Mahlzeiten auf dem bloßen Rasen sitzend ein und übernachtete häufig ohne Zelt«.

Gleichzeitig änderte Tiberius seinen Führungsstil in einer Weise, wie es manch modernem Firmenpatriarchen zum Vorbild gereichen könnte: »Da er die Überzeugung gewonnen hatte, dass die Niederlage des Varus eine Folge der Unbesonnenheit und Nachlässigkeit dieses Feldherrn gewesen sei, unternahm er nichts, ohne einen (Kriegs-)Rat hinzugezogen zu haben«, schreibt Sueton. »Er, der sonst stets nach seinem eigenen Willen verfuhr und sich immer auf sich selbst verlassen hatte, beriet sich nun entgegen seiner Gewohnheit mit mehreren über die Kriegsführung.«

Eine neue Vorgehensweise entwickelte sich daraus allerdings nicht, sondern nur das römische Standardprogramm der verbrannten Erde: »Tiberius drang ins Landesinnere ein, bahnte sich Wege, verheerte die Felder, brannte die Häuser nieder und schlug alle, die sich ihm in den Weg stellten«, berichtet Paterculus, der selbst an dem Feldzug teilnahm. »Mit größtem Ruhm und ohne jeglichen Verlust bei seinen Truppen kehrte er ins Winterlager zurück.«

Cassius Dio beschreibt die gleichen Ereignisse in einem anderen Tonfall: Tiberius und sein Neffe Germanicus »fielen ins germanische Gebiet ein und verwüsteten Teile des Landes, siegten aber weder in einer Schlacht – es stellte sich nämlich niemand ihnen entgegen –, noch unterwarfen sie irgendein Volk; denn sie rückten aus Furcht, erneut eine Niederlage zu erleiden, nicht allzu weit vom Rhein aus vor«. Diese Darstellung liest sich deutlich weniger kriegerisch und ruhmvoll als diejenige des Paterculus. Es ist daher zu vermuten, dass die Germanen auch in diesem Jahr – wie vor der Varusschlacht – zu der bewährten Taktik griffen, sich vor den Invasoren in die Wälder zurückzuziehen und die Angreifer ins Leere laufen zu lassen.

Insgesamt scheint 11 n. Chr. wenig passiert zu sein: Im zweiten Jahr nach der Varuskatastrophe demonstrierte das Imperium erstmals wieder seine Macht in Germanien und legte einige Siedlungen in Schutt und Asche, aber keine der beiden Seiten wollte es auf eine größere Auseinandersetzung ankommen lassen. Wahrscheinlich waren die Gegner noch zu sehr mit sich selbst beschäftigt: Die Römer mussten die Lage in Gallien und am Rhein weiter konsolidieren, die germanischen Stämme nach Ende der römischen Besatzung die Machtverhältnisse untereinander neu ordnen. Es herrschte wohl ein stillschweigender Nichtangriffspakt.

Im Folgejahr fiel Tiberius erneut in Germanien ein. Diesmal drang er in einer amphibischen Operation vor: »Er schüchterte die Streitkräfte der Feinde mit Feldzügen der Flotte und des Landheeres ein«, erklärt unser Augenzeuge Paterculus. Mehr erfahren wir nicht über die Kriegszüge, obwohl Paterculus in seinem Geschichtswerk sonst keine Gelegenheit auslässt, seinen damaligen Vorgesetzten Tiberius bis über die Grenze zur Peinlichkeit hinaus zu rühmen. Man kann also davon ausgehen, dass auch 12 n. Chr. die Legionen ins Leere liefen – denn sonst hätte es sicher Beeindruckenderes zu vermelden gegeben, als dass sie die Germanen »einschüchterten«.

Im Herbst kehrte Tiberius nach Rom zurück und durfte endlich den Triumph über die Pannonier und Dalmatier zelebrieren – den er drei Jahre zuvor wegen der Varusschlacht hatte verschieben müssen. An dem feierlichen Zug durch die Hauptstadt nahm auch unser Augenzeuge Paterculus teil, wie er in seinem Werk stolz vermerkt.

Knapp zwei Jahre später, am 19. Augustus 14 n. Chr., verschied Augustus dann im Alter von 75 Jahren – und es gab niemanden in Rom, der Tiberius als neuen Herrn über das Imperium öffentlich in Frage stellte. Mit ihm begann ein Kapitel des römisch-germanischen Konflikts, das nicht zu der Propaganda passte, die Augustus noch nach seinem Tod verbreitete. Denn selbst in seinem post mortem veröffentlichten Tatenbericht *(Res gestae)* gestand der Potentat keinen Fehlschlag ein, sondern behauptete, er habe Germanien »bis zur Mündung der Elbe befriedet«. Die Wirklichkeit sprach schon bald eine andere, blutige Sprache – in Form von Kämpfen, die solch ein Ausmaß annahmen, dass sie die Varusschlacht in den Schatten stellten. Der große Krieg um Germanien war noch nicht geschlagen, er entfaltete sich erst jetzt in seiner ganzen Schrecklichkeit.

2. Das Imperium schlägt zurück

14 n. Chr.	Meuterei der Rheinlegionen zwischen Köln und Vetera (Xanten) Germanicus fällt in Germanien ein, befiehlt Völkermord an den Marsern
Anfang 15 n. Chr.	Überfall auf die Chatten im heutigen Hessen

In einer sternenklaren Nacht kamen die Schlächter, in ungeheuerer Zahl, an die 30 000 Mann. Sie schlichen sich in Trupps an die Siedlungen heran, deren Bevölkerung einen hohen Festtag zelebrierte, mit Spielen und Banketten, in fröhlicher, ausgelassener Stimmung. Auf Wachen trafen die Eindringlinge nicht – die Dorfbewohner schienen dem ringsum herrschenden Frieden zu vertrauen –, und so konnten die Fremden unbemerkt die Dörfer und Gehöfte umstellen. Im Schutz der Dunkelheit warteten die Männer ab, bis die Feiernden sich schlafen legten. Dann zückten sie die Schwerter und fielen über ihre ahnungslosen Opfer her: Die Legionäre und Hilfssoldaten Roms erstachen unterschiedslos Männer und Frauen, Babys und Greise vom Stamm der Marser, ohne dass die hilflosen Menschen eine Chance zur

Gegenwehr hatten. »Nicht Geschlecht, nicht Alter fand Erbarmen«, umreißt Tacitus das apokalyptische Geschehen in der Finsternis. »Die Soldaten selbst blieben unverletzt, da sie Halbschlafende, Unbewaffnete und einzeln Umherstehende erschlugen.«

Einmal begonnen, führten die Römer ihr Vernichtungsprogramm im großen Stil fort. In vier Stoßtrupps aufgeteilt, tötete und zerstörte die Armee systematisch alles, was ihr in den Weg kam, und »verheerte ein Gebiet von 50 Meilen [74 Kilometern] mit Schwert und Flammen«. Die Einheiten machten dabei nicht nur sämtliche Gebäude »dem Erdboden gleich«, so Tacitus, sondern auch »den bei jenen Stämmen hochberühmten heiligen Bezirk, den sie nach der Tamfana benennen« – einer offenbar bedeutsamen Göttin, über die aber sonst nichts überliefert ist.

Im Herbst 14 n. Chr., fünf Jahre nach der Varusschlacht und zwei Jahre nach den vorsichtigen Feldzügen des Tiberius, hatte sich Rom so mit einem schrecklichen Paukenschlag in Germanien zurückgemeldet. Wie wilde Tiere waren die Legionäre über die friedlich feiernden Marser hergefallen – »in einer Aktion«, urteilt Lothar Wierschowski, Althistoriker an der Universität Oldenburg, »die mehr an das Vorgehen von Extremisten und Fundamentalisten jeder Art erinnert als an das einer regulären Armee«. Der Feldherr Germanicus hatte sich keinerlei Mühe gegeben, einen aktuellen Kriegsgrund wenigstens zu konstruieren – indem er etwa den Stammesmenschen irgendwelche Forderungen gestellt hätte –, sondern er ließ ohne jede Vorwarnung im größtmöglichen Maßstab morden. Damit hatte der 28-Jährige auch nach damaligen Maßstäben ein ungeheuerliches Kriegsverbrechen begangen, wahrscheinlich das größte an Germanen seit dem Völkermord Iulius Caesars an den Usipetern und Tenkterern (Kapitel I.3). Und was den Gewaltakt noch unheimlicher machte: Er diente für Außenstehende keinem erkennbaren Zweck. Germanicus versuchte nicht einmal, in dem entvölkerten Gebiet Stützpunkte anzulegen, die umliegenden Stämme zur Kooperation zu zwingen oder anderweitig einen machtpolitischen Gewinn aus dem Blutbad zu erzielen. Stattdessen zog er sich mit seinen Truppen einfach wieder zum Rhein zurück. Das

Massaker und die Zerstörung des Heiligtums mussten den Germanen als purer Terror furchtbaren Ausmaßes erscheinen, als eine Verletzung aller menschlichen und göttlichen Regeln. Hätten unsere Vorfahren bereits eine schriftliche Überlieferung gehabt, so wäre der Überfall der Römer wohl als grausamer Willkürakt bestialischer Unmenschen in die Historie eingegangen.

Steckbrief Germanicus

geb. 24. Mai 15 v. Chr.,
gest. 10. Okt. 19 n. Chr.

Karriere:
Germanicus wird 12 n. Chr. erstmals Konsul. 13 n. Chr. übernimmt er den Oberbefehl am Rhein und führt 14 bis 16 n. Chr. einen Vernichtungskrieg in Germanien. 17 n. Chr. geht er auf Befehl des Tiberius in den Orient. Dort regiert er bis zu seinem frühen Tod die Ostprovinzen des Reichs.

Familie:
Die verwandtschaftliche Vernetzung des Herrscherclans zeigt sich beispielhaft an Germanicus: Er ist via seine Mutter Antonia Minor ein Großneffe des Augustus und via seinen Vater Drusus ein Neffe des Tiberius. Dessen Adoptivsohn wird er 4 n. Chr. Germanicus heiratet die Augustusenkelin Agrippina und zeugt mit ihr neun Kinder. Sechs davon werden erwachsen, darunter Caligula, der Tiberius als Herrscher über Rom nachfolgt.

Besondere Merkmale:
Der Germanenschlächter ist hochgebildet in griechischer und römischer Literatur. Im Reich genießt er hohe Popularität. Laut Sueton besitzt Germanicus »eine ganz einzigartige Liebenswürdigkeit und ein bewundernswertes, zielsicheres Streben, sich die Gunst der Menschen zu erwerben und ihre Liebe zu gewinnen«.

Was aber war das Motiv des Germanicus, das ungeheuerliche Verbrechen zu begehen? Schlachtenruhm konnte er für den nächtlichen Massenmord an Wehrlosen nicht erwarten, und weder lockte nennenswerte Beute noch ein strategischer Vorteil – im Gegenteil: Die germanischen Stämme waren jetzt vorgewarnt und motiviert, sich wieder zusammenzuschließen, um der unheimlichen Bedrohung von der anderen Seite des Rheins gemeinsam entgegenzutreten. Mit dem Terrorakt hatte das Imperium nur seine Feinde gestärkt. Die Vorgehensweise des Germanicus erscheint daher nicht nur unmenschlich, sondern auf den ersten Blick auch widersinnig. Um sie zu erklären, muss man die vorangegangenen Ereignisse innerhalb der römischen Armee beleuchten.

Nach dem Tod des Augustus und dem Machtantritt des Tiberius als Princeps war es zu großen Soldatenaufständen gekommen, zum einen in Pannonien – wo drei Legionen standen –, zum anderen am Rhein. Dort hatte Augustus nach der Varusschlacht wie erwähnt acht Legionen aufgestellt, drei mehr als vor der Niederlage, und diese in zwei Kommandos aufgeteilt: Die vier südlicheren Legionen um Mainz herum formten das sogenannte Obere Heer, die vier nördlicheren um Köln und Vetera (Xanten) das Untere. Die Einheiten im Süden blieben weitgehend ruhig, die im Norden wagten den Aufstand. Sie stellten ebenso wie die revoltierenden Truppen in Pannonien drei Hauptforderungen: erstens mehr Sold, zweitens bessere Arbeitsbedingungen – sprich weniger harten Dienst – und drittens einen früheren Ruhestand. Die Legionäre wollten nach 16 Jahren entlassen werden, so wie es lange üblich war, bis Augustus 5 n. Chr. die Militärzeit auf 20 Jahre erhöhte – und selbst daran hielt sich die Armee in ihrer Personalnot nicht immer: Einige Soldaten der meuternden Legionen hatten bereits 30 bis 40 Dienstjahre hinter sich.

Die Legionäre beklagten offenbar verbreitete Missstände im Heer, und der Wechsel an der Staatsspitze hatte wie ein Dammbruch gewirkt, der die aufgestauten Frustrationen hervorbrechen ließ. In Pannonien beendete Tiberius' leiblicher Sohn Drusus den Aufstand relativ rasch: Er setzte sich scheinbar für die Meuterer ein, schrieb einen Brief mit ihren Forderungen an Tiberius – um dann, als alle auf die Antwort warteten und die Lage sich etwas beruhigte, sämtliche Rädelsführer umbringen zu lassen.

Am Rhein dauerte die Revolte länger. Die ersten Opfer waren die direkten Vorgesetzten der Legionäre, die Zenturionen. »Ihnen galten seit Urzeiten die Hassgefühle der Mannschaften«, erklärt Tacitus, denn viele dieser Unteroffiziere missbrauchten ihre Machtposition schamlos: Sie malträtierten ihre jeweils 80 Untergebenen nicht nur mit Schlägen, sondern nahmen ihnen auch noch einen Teil des Solds ab – wer keine Schmiergelder an seinen Zenturio zahlte, erhielt keine Dienstbefreiungen und musste mit Misshandlungen rechnen. Erpressungen und Bestechungen waren also in der von außen so diszipliniert wirkenden römischen Berufsarmee keine Ausnahmen, sondern die Regel, und nun zahlten es die wütenden Legionäre ihren Unterdrückern heim: »Die Rasenden warfen die Zenturionen auf den Boden und verprügelten sie«, so Tacitus. »Dann schleiften sie diese umher und warfen sie, zerfleischt und zum Teil leblos, vor den Wall oder in den Rhein.«

Die höheren Offiziere blieben zwar weitgehend verschont, verloren aber komplett die Kontrolle über die Armee. »Kein Tribun, kein Lagerpräfekt setzte sich in der Folge mit seinem Befehlsrecht durch«, berichtet Tacitus – und nun war der Mann gefordert, der den Oberbefehl über alle Legionen am Rhein innehatte: Germanicus. Der 28-Jährige war gerade in Gallien unterwegs, als der Aufstand begann, und er begab sich jetzt eiligst zu den Legionen. Trotz seines jungen Alters besaß er bereits eine herausragende Position, die ihm die nötige Autorität verleihen würde, um den Aufruhr zu beenden – so hoffte man in Rom jedenfalls.

Germanicus gehörte zum engsten Zirkel des Herrscherclans: Er war der Sohn von Drusus, dem 9 v. Chr. verstorbenen Bruder des Tiberius, und von Antonia, der Nichte des Augustus. »Er besaß eine ganz einzigartige Liebenswürdigkeit«, »war beim Volk außerordentlich beliebt« und »hochgebildet«, so preist ihn Sueton. Tacitus lobt ebenso: »Der junge Mann hatte ein umgängliches Wesen und eine ungewöhnliche Leutseligkeit.« Germanicus stand daher bei Augustus in hohem Ansehen, anders als der gut 26 Jahre ältere Tiberius, der als menschenscheu und verschlossen galt. Dieser war zudem nur ein Stiefsohn des Herrschers, Germanicus hingegen ein Großneffe, also ein Blutsverwandter des Potentaten. Es verwundert nicht, dass Tiberius den jungen Liebling des Princeps und der Massen beneidet und als Rivalen angesehen haben soll.

Als Augustus schließlich 4 n. Chr. Tiberius adoptierte und so zum Nachfolgefavoriten erhob, tat er das nur unter der Bedingung, dass dieser seinerseits Germanicus adoptierte. Der Jüngling wurde so zum Adoptivsohn des Adoptivsohns des Augustus, also rechtlich gesehen dessen Enkel. Germanicus rückte damit auf einen der vordersten Plätze in der Nachfolgeliste auf, und zusätzlich gab ihm Augustus seine leibliche Enkelin Agrippina zur Frau. All diese Gunsterweise dürften Tiberius nicht erfreut haben – und dass er der Zwangs-Adoptivvater seines potentiellen Konkurrenten wurde, bedeutete für ihn wohl eine weitere Demütigung.

Schon bald sollte sich erweisen, dass Germanicus in der Tat eine Gefahr für Tiberius darstellen konnte – sogar ohne eigenes Zutun. Als der populäre Prinz bei den meuternden Truppen am Rhein eintraf, verlangten die Soldaten nicht nur bessere Bezahlung und Arbeitsbedingungen, sondern forderten Germanicus auf, den neuen Princeps Tiberius zu stürzen und die Macht an sich zu reißen. »Sie stellten ihm dafür tatkräftige Unterstützung in Aussicht«, erzählt Tacitus – das heißt, die Legionäre schlugen einen Militärputsch vor, was im schlimmsten Fall einen neuen Bürgerkrieg bedeutet hätte. Germanicus aber blieb seinem Adoptivvater gegenüber loyal und weigerte sich mit theatralischer Geste: »Er rief ›Lieber sterben als seine Treue preisgeben!‹«, so Tacitus, »riss sein Schwert von der Seite, hob es in die Höhe und hätte es sich in die Brust gestoßen, wenn nicht die Nahestehenden seine Hand gefasst und mit Gewalt festgehalten hätten.« Doch nicht alle ließen sich von dem Schauspiel foppen. Einige forderten Germanicus auf, er solle doch zustoßen, und »ein Soldat namens Calusidius hielt ihm sein blankes Schwert hin mit der Bemerkung, dieses sei schärfer«. Mit solch einer Reaktion hatte der Volksliebling nicht gerechnet, und er zog sich eilig in sein Zelt zurück.

Nach dem unsouveränen Abgang kam Germanicus nicht umhin, den Soldaten Zugeständnisse zu machen, um die Lage zu beruhigen. Er entließ die Altgedienten und zahlte ausstehende Prämien, wozu er auch in seine Privatschatulle griff. Mit dem Geld im Gepäck zogen dann die vier Legionen des Unteren Heeres zu ihren Winterlagern ab, zwei nach Köln und zwei nach Vetera (Xanten) im Norden des heutigen Ruhrgebiets.

Die Situation schien sich entspannt zu haben. Doch als Germanicus in Köln Quartier bezog, bekam er erneut Probleme. Viele Soldaten misstrauten den gegebenen Zusagen, und einige steigerten sich so in ihren Argwohn hinein, dass sie sich eines Nachts vor dem Haus des Prinzen zusammenrotteten: »Sie sprengten die Türe auf, rissen den Caesar [Germanicus] aus seinem Bett« und stießen Todesdrohungen gegen ihn aus, wie Tacitus berichtet. Mit dieser Hooligan-Aktion gegen den eigenen Feldherrn hatten die Aufrührer wohl den Bogen überspannt. Die Stimmung wendete sich, Germanicus konnte den Großteil der Truppen auf seine Seite ziehen – und in der Folge hielten die Legionäre eine Versammlung ab, in der sie vor aller Augen die Rädelsführer des Aufstands lynchten.

Beflügelt von dem Ergebnis forderte der Prinz nun brieflich den Kommandanten des Lagers Vetera auf, dort ebenfalls die Meuterer hinzurichten – andernfalls werde er »alle ohne Unterschied umbringen lassen«. Die Drohung wirkte, und die Offiziere und loyalen Soldaten von Vetera organisierten eine blutige Selbstreinigung. In einem Geheimtreffen »setzten sie eine Zeit fest, um über die gemeinsten Rädelsführer der Meuterei mit dem Schwert herzufallen«, so Tacitus. »Dann drangen sie auf ein verabredetes Zeichen in die Zelte ein und machten die Ahnungslosen nieder, wobei niemand wusste, wo das Morden begann und wie es enden sollte.« Nach dem ersten Schrecken verteidigten sich die noch lebenden Aufrührer, und bald verloren die Kämpfenden den Überblick, wer Feind, wer Freund war. »Schreiende, Verwundete, Blutende waren vor aller Ohren und Augen«, schildert Tacitus. »Doch was der Anlass war, blieb im Dunkeln. Überall waltete der Zufall.« Später traf Germanicus im Lager ein und weinte angesichts des Gemetzels öffentliche Krokodilstränen – so als ob er an dem Geschehen keinen Anteil gehabt hätte. Die Leichen ließ er ehrenvoll verbrennen. Doch das genügte nicht, die erhitzten Gemüter zu beruhigen. »Immer noch herrschte eine wilde Erregung in der Truppe«, erklärt Tacitus. »Da befiel die Soldaten das Verlangen, gegen den Feind zu ziehen, um ihre Raserei zu sühnen; anders könne man die Totengeister der Kameraden nicht versöhnen.«

Germanicus muss dieses Ansinnen wie ein Gottesgeschenk erschienen sein. Nun bot sich ihm ein Ventil, die aufgestauten Frustrationen im Heer nach außen zu lenken und die verfehdeten Parteien zu vereinigen – nichts schweißt besser zusammen als ein gemeinsamer Feind. Aber woher nehmen? Die Germanen waren seit Jahren friedlich geblieben, also half nur der Rückgriff auf die fünf Jahre zurückliegende Varusniederlage: Die Rache dafür stand noch aus, und so suchte sich Germanicus irgendeinen der damals beteiligten Stämme als Angriffsziel aus. Seine Wahl fiel auf die Marser, die im heutigen Ruhrgebiet siedelten und gerade ein großes Jahresfest vorbereiteten. In der Zeit war für die Menschen der Region Gewalt offenbar tabu (sonst hätten die Feiernden kaum auf Wachen verzichtet), folglich bildeten die Stammesangehörigen leichte Opfer. Ob sie sich besonders schuldig an den Römern gemacht hatten, scheint nicht interessiert zu haben. Warum auch? Der offizielle Grund für den Vernichtungsschlag hieß zwar Vergeltung, doch niemand hat sich offenbar die Mühe gegeben, das tatsächliche Motiv zu verschleiern: eine bessere Stimmung im Heer. Was der privat so liebenswürdig auftretende Germanicus vorhatte, war an zynischer Grausamkeit kaum zu überbieten: Völkermord zum Frust- und Aggressionsabbau.

Mitmachen durften nur Einheiten, die sich während der Meuterei aus Sicht der Führung einwandfrei verhalten hatten. Die Militäraktion war damit auch eine Belohnung für die loyalen Truppen – mit Brandstiftung, Vergewaltigung und Totschlag als Hauptprogrammpunkten. Für diese Art der Unterhaltung qualifizierten sich 12 000 Legionssoldaten, also gut die Hälfte des Unteren Heeres, sowie 26 Kohorten Hilfstruppen (ca. 13 000

Mann) und acht Reiterabteilungen (ca. 4000 Mann). Germanicus ließ eine Brücke über den Rhein bauen und führte seine Armee in das Gebiet der Marser, nicht auf dem kürzesten Weg, sondern auf einem »schwierigeren, unbegangenen und daher von den Feinden unbewachten«, so Tacitus. Die Vorhut räumte nachts den Waldweg von Hindernissen frei, kurz darauf folgten die Legionen. Wie am Anfang des Kapitels beschrieben, umstellten die Truppen im Schutz der Dunkelheit die Dörfer und warteten, bis die Bewohner »in großer Sorglosigkeit überall verstreut umherlagen, da sie durchaus keinen Krieg fürchteten«, wie Tacitus spottet. Dann kamen die Legionäre und Hilfssoldaten aus dem Finsteren hervor und begannen ihr grauenhaftes Werk.

Das großflächige Massaker und die Zerstörung des Zentralheiligtums der Göttin Tamfana sprachen sich schnell in Germanien herum. Die Monstrosität des Verbrechens schreckte die umliegenden Stämme so sehr auf, dass sie rasch eine Koalition gegen die Eindringlinge bildeten. »Das Morden setzte die Brukterer, Tubanten und Usipeter in Bewegung«, berichtet Tacitus. »Sie besetzten die Waldhänge, durch die das Heer zurückmarschieren musste« – stellten den Römern also ein Falle, die derjenigen bei der Varusschlacht ähnelte.

Germanicus aber besaß eine bessere Feindaufklärung als Varus. Er erfuhr von dem Hinterhalt, ließ seine Armee in klassischer Kampfformation marschieren und schlug die germanischen Angreifer zurück. Danach zogen die Legionen unbehelligt weiter zum Rhein und in ihre Winterlager in Vetera (Xanten) und Köln.

Als Tiberius von den Ereignissen erfuhr, erfüllte ihn das laut Tacitus mit Freude und Sorge zugleich. Einerseits war der Princeps erleichtert über das Ende der Meuterei, andererseits beunruhigte es ihn angeblich, dass Germanicus den Soldaten große Zugeständnisse gemacht und Kriegsruhm geerntet hatte. Vor allem das eigenmächtige Vorgehen des Prinzen dürfte dem neuen Herrscher missfallen haben: Germanicus hatte spontan und ohne Rücksprache den Feldzug gestartet und damit eine Kettenreaktion unabsehbaren Ausmaßes in Gang gesetzt. Der antirömischen Fraktion um Arminius dürfte es nun erheblich leichter gefallen sein, die Stämme von ihrer Sache zu überzeugen und Mitstreiter zu gewinnen, musste doch fast jeder Germane fürchten, er und seine Familie könnten auch Opfer solch eines römischen Überfalls werden.

Ein spurloser Krieg

Über die Feldzüge des Germanicus der Jahre 14 bis 16 n. Chr. sind wir hauptsächlich durch Tacitus informiert. Er schildert die Ereignisse für damalige Verhältnisse sehr ausführlich, so dass wir ein lebendiges Bild erhalten. Was fehlt, ist archäologisches Material. Bislang haben die Forscher kein Römerkastell ausgegraben, das sie in diese Zeit datieren. Eine denkbare Erklärung für die Lücke ist, dass die Germanicus-Legionen auf ihren Vernichtungsfeldzügen fast nur kurzfristige Marschlager errichteten, die weniger Spuren hinterlassen als dauerhaft angelegte Standlager. Es lässt sich aber auch nicht ausschließen, dass die Archäologen das eine oder andere Kastell zeitlich falsch eingeordnet haben – wodurch das gesamte Datierungssystem in Frage gestellt wäre. Diese Möglichkeit bereitet der wissenschaftlichen Zunft einige Kopfschmerzen, und sie wird es so lange tun, bis sich das »missing link« (fehlende Glied) zu jenen drei Jahren findet, die von einem enormen militärischen Einsatz geprägt waren.

Der anbrechende Winter gab den Stämmen zudem Zeit, in den kampflosen Monaten Bündnisse zu schmieden und ausgiebige Kriegsvorbereitungen zu treffen. Rom hatte fortan rechts des Rheins härteren und umfassenderen Widerstand zu erwarten als bisher. All das war dem Germanienkenner Tiberius wohl bewusst, und so tat er etwas, das auf den ersten Blick paradox erscheint: Er tadelte Germanicus nicht, sondern sprach ihm 15 n. Chr. einen Triumph zu, also die höchste Ehre, die Rom einem siegreichen Feldherrn zuteil werden ließ – und eine seltene zugleich: In den zehn Jahren davor hatte es lediglich einen Triumphzug gegeben, abgehalten von Tiberius nach der Niederwerfung des Pannonischen Aufstands.

Eine vergleichbare Ehrung für Germanicus war nicht nur vollkommen übertrieben, sie war sogar unzulässig, da der Triumph nur nach einem großen Sieg in einem »gerechten Krieg« gefeiert werden durfte – und weder von groß noch von gerecht konnte die Rede sein. All dies wusste natürlich Tiberius, und so gibt es für seinen Schachzug nur eine Erklärung: Er wollte Germanicus auf diplomatische Weise davon abbringen, weitere sinnlose Feldzüge zu führen. Denn der Triumphzug wurde nur nach einem gewonnenen Krieg zelebriert, nicht während er noch andauerte – das heißt, der Krieg in Germanien wäre mit der Siegesfeier per Definition beendet gewesen.

Darauf aber wollte sich Germanicus nicht einlassen. Der junge Mann gierte nach persönlichem Schlachtenruhm, so sehr, dass er den überdeutlichen Wink des Princeps ignorierte: Statt den angebotenen Triumph zu feiern, ließ der Ehrgeizling am Rhein für einen gewaltigen Feldzug rüsten.

Die Planungen liefen darauf hinaus, die Kampagne im Sommer 15 n. Chr. zu starten. Aber dem kriegshungrigen Germanicus fehlte die Geduld, und so genehmigte er sich bereits im Frühjahr – noch mitten in der Vorbereitungsphase – einen zusätzlichen Abstecher in das freie Germanien. Anders als im Vorjahr führte er diesmal nicht die vier nördlichen Rheinlegionen (»Unteres Heer«), sondern die vier südlichen (»Oberes Heer«), die um Mainz herum stationiert waren. Mit den etwa 20 000 Legionären plus 10 000 Auxiliarsoldaten eilte er gegen die Chatten im heutigen Hessen, die zwar fernab vom Ort der Varusschlacht lebten, aber zur Stammeskoalition um Arminius gehörten.

In der Region hatte es seit längerem nicht mehr geregnet – »eine Seltenheit bei jenem Klima«, wie Tacitus anmerkt –, und so waren die Wege trocken und die Flüsse trugen wenig Wasser. Die römischen Truppen kamen dadurch ungewöhnlich rasch voran und konnten erneut die Bevölkerung überrumpeln. »Alle, die aufgrund ihres Alters oder Geschlechts schwach waren, wurden auf der Stelle gefangen oder erschlagen«, berichtet Tacitus knapp. Der Rest flüchtete: Die wehrfähigen Männer schwammen über die Eder, die nahe dem heutigen Kassel in die Fulda mündet, und »behinderten die Römer am Bau einer Brücke« – waren also durchaus noch kampfbereit und -fähig. Roms Armee vertrieb die Widerständler mit Hilfe seiner Bogenschützen und der Artillerie aus Katapulten, und schließlich versuchten die Überlebenden, Friedensverhandlungen aufzunehmen – vergeblich. »Einige [Chatten] liefen daraufhin zu Germanicus über, der Rest verließ seine Dörfer und Gaue und zerstreute sich in die Wälder«, berichtet Tacitus. Die Legionäre verwüsteten und brandschatzten wie gewohnt das evakuierte Gebiet »und kehrten zum Rhein zurück, ohne dass der Feind es wagte, den Abziehenden in den Rücken zu fallen«.

Germanicus hatte damit wie im Vorjahr durch einen Blitzangriff großflächig Terror verbreitet, diesmal im südlichen statt im nördlichen Germanien. Ein militärischer Nutzen des Kommandounternehmens ist wieder nicht zu erkennen. Die chattischen Krieger waren größtenteils dem Massaker entkommen, ihre Kampfkraft also weitgehend intakt geblieben. Der junge römische Heerführer hatte nicht mehr erreicht als einen erneuten Massenmord an Wehrlosen, wobei die Opfer diesmal fast ausschließlich Frauen, Kinder und Greise waren. Man kommt nicht umhin, den Eindruck zu gewinnen, Germanicus habe Geschmack am Völkermord gefunden.

Weshalb aber wurde der privat so liebenswürdig erscheinende Endzwanziger zum skrupellosen Menschenschlächter, zu einem kriegsversessenen Feldherrn, der seine Vorgänger in Germanien offenbar an Grausamkeit weit übertraf? Neben seiner Persönlichkeit spielte sicherlich die römische Kriegsideologie eine bedeutende Rolle, nach der die Stammesmenschen jetzt kollektiv als Freiwild angesehen wurden. Denn spätestens seit der Varusschlacht galten sie nicht mehr als auswärtige Feinde, »die noch ein wenig Respekt und auch Achtung zu erwarten hatten«, so der Althistoriker Wierschowski, »sondern es handelte sich bei den Germanen aus römischer Sicht um abtrünnige Personen aus dem eigenen Herrschaftsbereich, die ebenso wie etwa entlaufene Sklaven mit aller Härte zu bestrafen waren«. Das galt gleichermaßen für die Krieger wie für die Zivilbevölkerung – die Idee, im Kampf »ritterlich« zwischen beiden Gruppen zu trennen, war im Altertum noch nicht entwickelt. »Allein die Zugehörigkeit zu einem als römerfeindlich eingestuften Stamm kam einem Todesurteil gleich, das zu vollstrecken die Römer in dieser Phase der Kriegsführung eifrig bemüht waren«, so Wierschowski. Das Ziel der Armee lautete schlicht, durch »eine Politik der verbrannten Erde und durch wahlloses Morden« der anderen Seite möglichst hohe Verluste zuzufügen. Was Germanicus mit den Angriffen auf die Marser und Chatten begonnen hatte, war keines der üblichen Eroberungsprogramme, es war ein Vernichtungskrieg gegen Germanien.

3. Eine Liebe im Krieg

15 n. Chr.	Thusnelda, die Frau des Arminius, gerät in die Gewalt Roms Großer Sommerfeldzug: • Germanicus führt acht Legionen plus Hilfstruppen – fast ein Drittel der gesamten römischen Armee – nach Germanien hinein • Besuch des Varusschlachtfeldes • Schlacht an den Langen Brücken • Römische Verluste durch Sturmflut an der Nordsee

Sie waren sich so nah und doch so fern. Nur eine Absperrung trennte die Liebenden, wahrscheinlich nicht mehr als ein Wall und eine Palisade darauf, aber noch war das Hindernis nicht zu überwinden. Davor stand Arminius mit seinen Kriegern, dahinter seine Ehefrau Thusnelda, eine Gefangene, bewacht von den Gegnern ihres Gatten, die wie er zum Stamm der Cherusker gehörten.

Die Männer hatten Thusnelda mit Gewalt von ihrem Wohnsitz fortgezerrt, ohne Rücksicht darauf, dass sie gerade ein Kind erwartete. Und der Häuptling der Entführer, der ihr Familienglück mit Arminius zu zerstören trachtete, war niemand anderes als ihr eigener Vater Segestes. Jetzt lebte Thusnelda eingesperrt an dem Ort, an dem sie ihre Kindheit verbracht hatte, und ihre Situation wäre wohl verzweifelt gewesen, wäre nicht Arminius zu ihrer Rettung herbeigeeilt: Der Varusbezwinger und seine Gefolgsleute belagerten den befestigten Wohnort des Segestes, wobei Arminius deutlich mehr Männer um sich versammelt hatte als sein feindseliger Schwiegervater. Es schien nur eine Frage der Zeit zu sein, bis er die Barrikaden stürmen und seine Frau in die Arme schließen konnte.

Da aber trafen erschreckende Meldungen ein: Eine römische Armee war im Anmarsch, bestehend aus Zehntausenden Soldaten, die zielstrebig auf den Belagerungsring zusteuerten. Arminius musste erkennen, dass Segestes nicht nur seine Frau verschleppt hatte, sondern mit dem feindlichen Imperium so eng paktierte, dass er sich nicht scheute, die Römer gegen die eigenen Stammesbrüder zu Hilfe zu rufen. Der anrückenden Übermacht hatte Arminius nichts entgegenzusetzen, hatte er sich doch nur für die innercheruskische Fehde gerüstet. Er unternahm zwar einen verzweifelten Versuch, gegen die Legionen zu kämpfen, aber letztlich mussten er und seine Gefolgsleute weichen und sich in die Wälder zurückziehen. Ohnmächtig ließ Arminius seine verzweifelte Gattin und das gemeinsame ungeborene Kind zurück in dem Wissen, dass sie den Römern in die Hände fallen und deren Willkür ausgeliefert sein würden.

Das sich 15 n. Chr. abspielende Drama bildet die erste Liebesgeschichte, die aus dem heutigen Deutschland überliefert ist. Niedergeschrieben hat sie Tacitus, der aber vor allem den machtpolitischen Aspekt beleuchtete: »Germanicus hoffte, dass der Feind sich in zwei Parteien spaltete, in die [antirömische] des Arminius und die [prorömische] des Segestes«, schreibt der Historiker. Das Erfolgsrezept »divide et impera« (»teile und herrsche«) wäre damit wieder einmal zum Tragen gekommen.

Doch Arminius konnte den Großteil der Cherusker auf seine Seite ziehen, spätestens nachdem Segestes Thusnelda verschleppt hatte, und der Entführer sah sich nun bedrängt von der »Übermacht der Stammesgenossen, die ihn belagerten«, wie Tacitus erzählt. Als Segestes schließlich Germanicus um Hilfe rief, reagierte dieser prompt – motiviert wohl auch durch die Aussicht, mit Arminius den Staatsfeind Nummer eins in die Hände zu bekommen. Und so marschierte der römische Prinz schon bald nach dem Massaker an den Chatten mit seiner Armee in das Cheruskerland. »Man kämpfte gegen die Belagerer und befreite Segestes mit zahlreichen Verwandten und Klienten«, erzählt Tacitus. Thusnelda aber »stand mit dem Herzen mehr auf der Seite ihres Mannes als ihres Vaters«, fügt der Historiker an. »Sie ließ sich keine Träne entlocken und kein flehendes Wort verlauten; die Hände im Schoß zusammengelegt, blickte sie auf ihren schwangeren Leib.«

Trotz ihrer hoffnungslosen Lage bewahrte Thusnelda damit in so bewundernswerter Weise Haltung, dass selbst der Römer Tacitus seine Hochachtung vor ihr durchklingen lässt. Mehr erfahren wir über ihre Persönlichkeit nicht, doch die knappen Worte lassen erahnen, dass sie wohl das Gegenteil von dem Frauentyp war, zu dem ihr Name ab dem 19. Jahrhundert verballhornt wurde: der Tussi. Das Schimpfwort erfanden vermutlich pubertierende Pennäler, die sich in der Schule mit dem historischen Stoff und den dramaturgischen Verarbeitungen wie der »Hermannsschlacht« von Kleist herumplagen mussten.

Germanicus zeigte sich nun demonstrativ großzügig: Er versprach Thusnelda Straflosigkeit – nicht aber die Freiheit – und Segestes »einen Wohnsitz in der alten Provinz [Gallien]«, so Tacitus. Das klingt wie ein versöhnlicher Abschluss des Kriegszugs, war aber tatsächlich ein außenpolitisches Desaster: Germanicus' Plan, die Cherusker zu spalten, war vollkommen gescheitert. Anscheinend hatte die Militärintervention zugunsten des Segestes diesen bei seinen Landsleuten so sehr desavouiert, dass der einst mächtige Römerfreund ins gallische Exil gehen musste. Roms wichtigster Mann im Cheruskergebiet war damit aus dem Spiel. Seine verbleibenden Parteigänger schlugen sich auf die Seite des Arminius, darunter dessen Onkel Inguiomerus, »der lange bei den Römern in hohem Ansehen stand«, wie Tacitus bedauernd feststellt. Germanicus sah sich nun nicht mehr einem zerrissenen Stamm gegenüber, sondern einer Einheitsfront um Arminius.

Dass der römische Feldherr Thusnelda in seine Gewalt gebracht hatte, mag ihm als Punktgewinn erschienen sein, aber es bremste deren Ehemann nicht, im Gegenteil: »Arminius trieb der Gedanke an den Raub seiner Gattin, an ihre Schwangerschaft, während sie in der Sklaverei schmachtete, wie im Wahnsinn um«, erzählt Tacitus. »Er jagte im Cheruskerland umher, forderte Krieg gegen Segestes, Krieg gegen Caesar [Germanicus] und sparte auch nicht mit Beschimpfungen: Das sei ein hervorragender Vater, ein großer Feldherr, ein tapferes Heer, das mit so vielen Händen eine einzige schwache Frau fortgeschleppt habe.« Der römische Historiker stellt hier in bemerkenswerter Weise die Sicht des Feindes dar, und er lässt Arminius sogar zu Wort kommen: »Die anderen Völker, die die römische Herrschaft nicht kennen, wissen nichts von den Hinrichtungen und den Steuern – den Lasten, die wir abgeschüttelt haben«, predigte der Cheruskerfürst angeblich. Und er forderte seine Landsleute auf, ihm zu Ruhm und Freiheit zu folgen, wenn ihnen das Vaterland, die Eltern und die Tradition lieber seien als die römischen Herren. Mit diesen Reden, so Tacitus, »wiegelte er nicht nur die Cherusker, sondern auch die benachbarten Stämme auf«.

Germanicus hatte damit eine breite Stammeskoalition gegen sich – wozu er selbst wohl ungewollt beigetragen hatte. Seine Völkermorde, die Schändung des Tamfana-Heiligtums und die Entführung der Thusnelda hatten die Germanen nicht eingeschüchtert, sondern sie im Gegenteil gegen das Imperium zusammengeschweißt. Angetrieben durch diese desaströse Zwischenbilanz – und seinen kriegerischen Ehrgeiz –, trat der junge Feldherr die Flucht nach vorn an: Er gab den Startbefehl für den größten Feldzug, den das Land zwischen Rhein und Elbe je gesehen hatte.

Im Sommer 15 n. Chr. setzte sich fast die gesamte Rheinarmee in Bewegung: Alle acht Legionen und die Hilfstruppen zogen los, also rund 40 000 Legionäre plus ähnlich viele Auxiliarsoldaten, insgesamt um die 80 000 Mann – ein Mehrfaches der Truppen, die Varus 9 n. Chr. aufgeboten hatte. Die vier Legionen des Unteren Heeres marschierten in das Land der Brukterer nördlich des heutigen Ruhrgebiets. Die Reiterei trabte an der Nordseeküste entlang durch befreundetes Gebiet: das der Friesen, die sich 12 v. Chr. friedlich unterworfen hatten (Kapitel II.1) und die seitdem Rom treu ergeben geblieben waren, auch über die Varusschlacht hinaus. Den dritten Teil der Armee, die vier Legionen des Oberen Heeres, führte Germanicus selbst an – auf dem Wasserweg. Der Prinz schiffte sich mit diesen Truppen ein, fuhr den Rhein hinab, durch den von Drusus angelegten Kanal in die Nordsee und entlang der Meeresküste nach Osten. Dann bog er in die Ems ein, die nahe der heutigen deutsch-niederländischen Grenze in die Nordsee mündet. Irgendwo an dem Fluss »trafen dann Fußtruppen, Reiterei und Flotte gleichzeitig ein«, erzählt Tacitus. Den Römern war damit eine große amphibische Zangenoperation gelungen, bei der sich gleich drei Heeresteile im Landesinneren vereinigten.

Zusätzliche Hilfe bekamen die Invasoren von den Chauken, die östlich der Friesen um das heutige Bremen herum siedelten. Der Küstenstamm bot den Römern Truppen an »und wurde in die Kriegsgemeinschaft aufgenommen« – so jedenfalls beschreibt Tacitus die antike Version einer »Koalition der Willigen«. Die beiden wichtigsten Germanenstämme an der Nordsee standen nun auf der Seite des Imperiums, vielleicht weil sie sich der mächtigen römischen Flotte schutzlos ausgeliefert sahen.

Germanicus hatte jetzt in Germanien fast die gesamte Rheinarmee versammelt, das größte Heer, das je in diesem Land stand. Entsprechend selbstsicher trat der Feldherr auf: Gegen die Brukterer etwa ließ er nicht seine Legionen antreten, sondern nur leichtbewaffnete Hilfssoldaten. Diese siegten sogar und »entdeckten zwischen den Leichen und der Beute den Adler der 19. Legion«, so Tacitus – also einen der drei Legionsadler, die in der Varusschlacht verlorengegangen waren.

Die unterlegenen Brukterer zündeten ihre eigenen Siedlungen an, um dem Feind nur verbrannte Erde zu hinterlassen, und flüchteten in die Wälder. Germanicus rückte daraufhin mit der gesamten Armee weiter vor und ließ laut Tacitus »das ganze Gebiet zwischen den Flüssen Ems und Lippe verwüsten« – also in etwa die Region zwischen Münster, dem heutigen Ruhrgebiet und Paderborn. Diese Gegend, erläutert der antike Historiker, »ist nicht weit entfernt von dem Teutoburger Wald, in dem die Überreste von Varus und den Legionen unbestattet liegen sollen«.

Dieser Halbsatz gab in der Neuzeit Stoff für zahllose Spekulationen, wo denn der Ort der Varusschlacht sei, und er veranlasste eine Neubenennung: Der Höhenzug Osning nahe der Ems wurde im Zuge der Arminius-Euphorie im 19. Jahrhundert umgetauft in »Teutoburger Wald« – denn dieses Waldgebirge, so befand man, passe ideal zur oben zitierten Tacitusstelle. Es ist also denkbar, dass der Teutoburger Wald des Tacitus nicht mit dem Teutoburger Wald der Jetztzeit übereinstimmt, sondern möglicherweise mit dem Wiehengebirge, an dessen Nordrand Kalkriese liegt.

Die räumliche Nähe zum Varusschlachtfeld veranlasste Germanicus zu einer frühen Form des Katastrophentourismus: Der Feldherr besuchte mit seiner Armee den Ort der historischen Niederlage, weil ihn laut Tacitus »der Wunsch ergriff, den Soldaten und dem Anführer [Varus] die letzte Ehre zu erweisen«. Ein Vorauskommando erforschte die Gegend, baute in den Sumpfgebieten Brücken und befestigte Wege, dann folgten die restlichen Einheiten. »Sie betraten die traurigen Stätten, grässlich anzusehen und voll schrecklicher Erinnerungen«, erzählt Tacitus. Die Soldaten entdeckten erst ein großes, ordnungsgemäß angelegtes Lager der Varuslegionen und dann eines, das Spuren des Niedergangs zeigte: »An dem halb eingestürzten Wall und dem niedrigen Graben erkannte man die Stelle, an der sich die dezimierten Reste niedergelassen hatten«, so der antike Historiker. »Mitten auf der Ebene lagen die bleichenden Gebeine, zerstreut oder in Haufen, je nachdem, ob die Leute geflohen waren oder Widerstand geleistet hatten; daneben lagen Geschossbruchstücke und Pferdegerippe, und an den Baumstämmen fanden sich angenagelte Schädel.«

Was sich an dem gruseligen Ort abgespielt hatte, schilderten nun »Überlebende der Niederlage, die der Schlacht oder der Gefangenschaft entronnen waren«, wie Tacitus berichtet. »Dann bestattete das anwesende römische Heer sechs Jahre nach der

Katastrophe traurig und erbittert zugleich die Gebeine der drei Legionen, und niemand wusste, ob er die Überreste von Fremden oder die seiner Angehörigen begrub.«

Eine außergewöhnliche Bestattung

Zu Tacitus' Bericht über den Schlachtfeldbesuch des Germanicus passen auf eindrucksvolle Weise Knochenfunde in Kalkriese. Die Archäologen entdeckten dort bislang acht Gruben, in denen die Gebeine überwiegend männlicher Personen im kampffähigen Alter beigesetzt sind. »Die Skelette stammen von gesunden, robusten Individuen mit kräftigen Muskelansätzen«, berichtet die Göttinger Anthropologin Birgit Großkopf, die die mutmaßlichen Soldatengebeine untersucht hat. »Praktisch kein Knochen zeigt krankhafte Veränderungen, und die Zähne waren besser als in der Neuzeit: Kaum jemand hatte Karies oder Parodontitis.«

Extrem ungewöhnlich ist die Anordnung der sterblichen Überreste, unter denen sich auch einige Knochenfragmente von Pferden und Maultieren befinden. »Die Menschen- und Tierknochen sind völlig vermischt«, erklärt die leitende Kalkrieser Archäologin Susanne Wilbers-Rost. »Es ist keinerlei Skelettverband mehr erkennbar.« Die Wissenschaftler schließen daraus, dass nicht ganze Leichname bestattet wurden, sondern nur die blanken einzelnen Knochen – genau wie es Tacitus beschrieben hat. Mindestens ein bis zwei Jahre müssen die Leichen an der Oberfläche gelegen haben, folgert Großkopf aus dem anthropologischen Befund, und maximal zehn Jahre, da sonst auch die Gebeine zerfallen wären. Die sechs Jahre, die Tacitus nennt, passen in dieses Zeitfenster.

Die Pferde- und Maultierknochen in den Gruben erklärt Großkopf damit, dass »offensichtlich nicht nur zwischen Freund und Feind, sondern auch zwischen Mensch und Tier nicht mehr unterschieden werden konnte« – jedenfalls teilweise. In den Gruben überwiegen die Menschenknochen, während auf der Schlachtfeldoberfläche vor allem Tierknochen verblieben, wie archäologische Untersuchungen ergaben. Die Soldaten sammelten also wohl gezielt die Gebeine ihrer toten Kameraden ein, aber in der Hektik und Anspannung – hinter jedem Busch konnten feindliche Germanen lauern – kam ihnen der eine oder andere falsche Knochen unter. Und man kann sich ausmalen, wie die Legionäre im Zweifel lieber ein paar Skelettteile zu viel verscharrten, als Ärger mit den Vorgesetzten zu riskieren, weil sie welche liegen ließen.

Kampfspuren finden sich an drei Schädeln. Die Ursachen sind ein Hieb auf die Augenbraue, ein tödlicher Schlag auf den Hinterkopf (siehe Kapitel III.4) sowie ein ebenfalls tödlicher Hieb von oben, der den Kopf glatt entzweiteilte. Mehr Verletzungsspuren sind an den Gebeinen nicht erkennbar, was wohl vor allem daran liegt, dass die Forscher bislang nur einige hundert, überwiegend schlecht erhaltene Knochenfragmente bargen. Die allermeisten einst vergrabenen Skelettteile sind wohl für immer verloren, weil der Großteil des Schlachtfeldbodens zersetzend auf dieses Material wirkt. Ein Fund zeigt dies besonders deutlich: mehrere hohle Zähne, nebeneinander aufgereiht wie in einem Gebiss. Sie bilden den letzten Rest eines Schädels, und wäre der Auflösungsprozess noch ein Stück weiter fortgeschritten, wäre keine Spur mehr von dem Kopf verblieben.

Am Ende ließ Germanicus einen Grabhügel errichten, den die Germanen aber bald wieder zerstörten. Für die Stammesmenschen war das Feld ihres großen Sieges vermutlich eine Art Heiligtum. Dafür spricht zum einen, dass sie laut Tacitus ringsum an den Bäumen Schädel anbrachten, und zum anderen, dass sie laut archäologischem Befund das Areal jahrhundertelang nicht mehr landwirtschaftlich nutzten – in auffallendem Kontrast zur Gegend außen herum.

Nach dem Schlachtfeldbesuch versuchte Germanicus mit allen Mitteln, Arminius endlich zu stellen. Er verfolgte den Cheruskerfürsten durch unwegsames Gelände, und als das germanische Heer auf einer freien Ebene Halt machte, ergab sich erstmals die Gelegenheit zum Angriff – die Germanicus sofort ergriff: Der ungestüme Prinz befahl der Reiterei, gegen den Feind vorzupreschen. Arminius ließ daraufhin seine Krieger zusammentrommeln, und als die Römer sich näherten, zog er sich zum Waldrand zurück. Die Reiter jagten den anscheinend flüchtenden Germanen hinterher – doch »dann machte Arminius plötzlich kehrt«, so Tacitus, »und er gab den Abteilungen, die er in dem Bergwald versteckt hatte, das Zeichen hervorzubrechen«. Wieder hatte der Cheruskerfürst den Römern eine Falle gestellt, und der unvorsichtige Germanicus tappte hinein – genauer gesagt dessen Reiterei. Diese hatte es statt mit fliehenden Germanen plötzlich mit einer entschlossenen Übermacht zu tun, und derart überrascht ergriffen die berittenen Soldaten die Flucht.

Um das Blatt zu wenden, sandte Germanicus frische Hilfstruppen nach vorne, den zurückeilenden Reitern entgegen – und beging damit einen lehrbuchhaften Anfängerfehler, den der bekannte britische Militärhistoriker John Keegan so beschreibt: »Es gibt die moderne militärische Floskel ›Verstärke nie einen Fehlschlag!‹ (›Never reinforce a failure!‹)« – denn wer nach einem gescheiterten Angriff sofort neue Truppen vorschickt, den Flüchtenden entgegen, »riskiert, dass deren Verzweiflung auf die Neuankömmlinge übergreift«. Genau das passierte den Soldaten Roms: Die vorwärtsmarschierenden Einheiten »prallten auf den Strom der Fliehenden«, wurden mitgerissen und »vermehrten die Bestürzung«, wie Tacitus erklärt.

Die Germanen drängten das Gemenge aus Fußtruppen und Reitern bis an den Rand eines Sumpfgeländes, aber nicht weiter, denn nun ließ Germanicus seine schwergerüsteten Legionen in Schlachtordnung aufmarschieren. Ihr Anblick »flößte den Feinden Schrecken, den eigenen Truppen Zuversicht ein«, behauptet Tacitus. »Und so trennte man sich ohne Entscheidung.« Die moderne Historikerin Christine Trzaska-Richter meint allerdings, »dass die Schlacht für die Römer nicht so glimpflich verlaufen war, wie Tacitus glauben machen will«. Auf hohe Verluste deute unter anderem das Verhalten des Germanicus hin: Der sonst so forsche Feldherr drang nicht weiter in Germanien vor, sondern trat unvermittelt den Rückzug zum Rhein an.

Mit der gesamten Streitmacht begab sich Germanicus zunächst zu dem Ausgangspunkt an der Ems, an dem sich die drei Heeresteile gesammelt hatten. Dort teilte der Prinz die Armee für den weiteren Rückweg erneut in drei Gruppen auf: Er selbst bestieg mit den vier Legionen des Oberen Heeres die Schiffe, um auf dem bekannten Wasserweg heimzufahren, und ein Teil der Reiterei nahm erneut die Route entlang der Meeresküste. Nur die vier Legionen des Unteren Heeres durften nicht den vertrauten Weg zum Rhein nehmen, sondern erhielten einen Sonderauftrag: Sie sollten die »Langen Brücken« überqueren, einen befestigten Pfad aus Holzstämmen (Bohlenweg), den die Römer eineinhalb Jahrzehnte zuvor durch ein riesiges Sumpfgebiet angelegt hatten. Dieser hölzerne Steg – dessen Lage wir nicht kennen – war inzwischen morsch geworden, und so mussten ihn die Truppen zunächst reparieren.

Doch die Legionen befanden sich nicht allein in dem Sumpf, der zwischen bewaldeten Anhöhen lag. Arminius und sein Stammesheer waren den Römern gefolgt, zunächst in sicherem Abstand. Als Germanicus dann seine Armee auseinanderdividierte und einen Teil zu den Langen Brücken sandte, sah der Cheruskerfürst seine Chance gekommen: Er eilte mit seinen Kriegern auf einer Abkürzung zu dem Sumpfgebiet, kam so den römischen Truppen zuvor und verteilte seine Männer in den Bergwäldern. Dort lauerten die Germanen den vier Legionen auf, suchten also die direkte Konfrontation mit einem Heer, das um eine Legion größer war als die Varusarmee 9 n. Chr. Arminius muss folglich eine umfangreiche Streitmacht hinter sich gehabt haben – was dem Kommandanten des Römerheeres, Caecina, nicht verborgen blieb. »Er zweifelte, wie er die altersschwachen Bohlenwege wiederherstellen und gleichzeitig den Feind zurückschlagen solle«, erzählt Tacitus.

Zunächst ließ Caecina ein Lager errichten, welches die Germanen noch in der Bauphase attackierten – auch dies ein Hinweis auf ihre neue militärische Stärke. »Die Barbaren bemühten sich, die Posten zu durchbrechen und die Schanzenden anzugreifen«, so Tacitus. »Schließlich befreite die Nacht die bereits wankenden Legionen aus der ungünstigen Schlacht.«

»Die Germanen vergaßen angesichts der Erfolge ihre Müdigkeit und gönnten sich nicht einmal jetzt Ruhe«, fährt der antike Historiker fort. Ganz entgegen dem Klischee des faulen Barbaren arbeiteten Arminius' Männer trotz der Dunkelheit wie besessen auf den Anhöhen: »Sie leiteten alle Wasserläufe, die den Bergen rings umher entsprangen, in die Niederung ab; der Boden wurde überschwemmt, die fertigen Verschanzungen zerstört, und so verdoppelte sich die Arbeit der Soldaten.« Wie in der Varusschlacht verstand es Arminius, die Landschaftsbeschaffenheit zu seinem Vorteil zu nutzen, und die Situation der Römer wurde zunehmend prekär, trotz der eigentlich überlegenen Kampfkraft ihrer Armee.

Am nächsten Morgen sandte Caecina die Verwundeten und den Tross durch den Sumpf voraus, die Legionen in Kampfformation hinterher. Zwischenfälle gab es an diesem Tag keine, aber wie blank die Nerven der Römer lagen, zeigte sich am Morgen des drittens Tages: Zwei der vier Legionen flüchteten durch den Sumpf auf die dahinter befindliche Ebene, den Tross im Stich lassend, obwohl die Stammeskrieger noch gar nicht angegriffen hatten. Die Zurückgebliebenen waren nun die Gejagten, und Chaos breitete sich aus. »Der Tross blieb im Sumpf und den Gräben stecken, und die Soldaten gerieten ringsum in Verwirrung«, schildert Tacitus. »Jeder war nur darauf bedacht, eilig davonzukommen, und stellte sich taub gegen Befehle.«

Jetzt gab Arminius das Signal zum Angriff: »Er durchbrach mit einer auserlesenen Truppe den Heereszug und ließ besonders die Pferde verwunden«, so der Historiker. »Die Tiere glitten in ihrem eigenen Blut und auf dem schlüpfrigen Boden aus, warfen die Reiter ab, trieben die Leute vor ihnen auseinander und zerstampften die am Boden liegenden Männer.« Die Germanen drangen so bis zum Kommandanten Caecina vor und erstachen auch dessen Pferd. »Er stürzte herab und wäre umzingelt worden, wenn nicht die erste Legion sich dem Feind entgegengeworfen hätte.«

Die Stammeskrieger wurden nun offenbar zu siegessicher. »Sie ließen vom Morden ab und verlegten sich aufs Beutemachen«, berichtet Tacitus. »So konnten die Legionen, als es Abend wurde, sich in offenes Gelände und auf festen Boden vorarbeiten.« Dabei büßten die Römer fast das gesamte Gepäck ein: »Die Einheiten hatten keine Zelte, für die Verwundeten gab es keine Verbandsstoffe, und die verteilten Nahrungsmittel waren durch Schmutz und Blut verunreinigt.«

Die Situation schien aussichtslos zu sein, und die sonst so abgebrühten Legionäre waren derart verängstigt, dass ein scheues Pferd in dieser Nacht beinahe die gesamte Berufsarmee in die Flucht geschlagen hätte. Das Tier »rannte umher und warf einige Leute um«, schildert Tacitus. »Dadurch entstand eine Panik, weil man glaubte, die Germanen seien in das Lager eingebrochen; alle stürzten zu den Toren, und zwar hauptsächlich zu dem Hintertor, weil es vom Feind abgewandt war.« Einen kühlen Kopf behielt allein der Kommandant Caecina, ein alter Karrieresoldat, der sich bereits im 40. Dienstjahr befand. Als er feststellte, dass die Aufregung grundlos war, aber die panischen Legionäre trotzdem nicht zu beruhigen waren, »warf er sich auf die Torschwelle« – so dass Fliehende über ihn hätten hinwegsteigen müssen. Das brachte die Männer zur Besinnung, und sie ließen sich endlich darüber aufklären, dass blinder Alarm vorlag.

Das Chaos im Römerlager blieb den Germanen wohl nicht verborgen, und die Krieger bereiteten sich darauf vor, am nächsten Tag – dem vierten der Schlacht – dem Invasionsheer den Todesstoß zu versetzen. Arminius wollte die bewährte Taktik beibehalten und die Römer wieder auf dem Marsch durch sumpfiges Gelände angreifen, wie Tacitus berichtet. Doch der Cheruskerfürst traf auf Opposition in den eigenen Reihen, und das Sprachrohr war ausgerechnet sein eigener Onkel: »Inguiomerus trat für ein energischeres Vorgehen ein«, so der antike Historiker, »und wollte den Wall umzingeln und zerstören« – also das Lager frontal attackieren. »Dies werde keine Mühe machen und mehr Gefangene sowie unbeschädigte Beute einbringen«, soll der Adlige argumentiert haben, und mit diesem Optimismus überzeugte er die anderen Stammesführer.

»Bei Tagesanbruch schütteten die Barbaren die Gräben [des Römerlagers] zu, warfen Flechtwerk hinein und griffen nach der Wallhöhe«, schildert der Geschichtsschreiber. Immer mehr Stammeskrieger drängelten sich um die Befestigungsanlage und versuchten hinaufzuklettern, als plötzlich im Lager »die Hörner und Trompeten erschallten«. Die Tore öffneten sich, die römischen Truppen strömten brüllend heraus und griffen die am Bollwerk hängenden Germanen von hinten an. Der Plan des Caecina war aufgegangen: Der erfahrene Militär hatte seine Legionen absichtlich im Lager zurückgehalten in der Hoffnung, dass die Feinde so unvorsichtig waren, die Befestigungen anzugreifen – und die allzu selbstsicheren Germanen hatten ihm diesen Gefallen getan. Arminius auf der anderen Seite dürfte den Kampfverlauf in einer Mischung aus Ohnmacht und Wut erlebt haben: Er selbst hatte ja gegen die Attacke auf das Lager plädiert, doch die anderen Stammesführer hatten sich durchgesetzt, getrieben von Inkompetenz, Überheblichkeit und Geltungssucht. Und so machten sie den sicher scheinenden Sieg zunichte.

Die Legionäre richteten ein Blutbad an, »bis die Wut gestillt und der Tag zu Ende war«, erzählt Tacitus. Einen totalen Erfolg erzielten sie aber nicht: »Arminius verließ die Schlacht unverletzt, Inguiomerus mit einer schweren Verwundung.« Mit den beiden Anführern dürfte ein Großteil der Germanen überlebt und sich in die Bergwälder zurückgezogen haben.

Durch die überraschende Wende war das römische Heer noch einmal davongekommen, auch wenn es in den Tagen davor schwere Verluste erlitten und praktisch den gesamten Tross eingebüßt hatte. Am folgenden Morgen traten die Truppen unbehelligt den Rückweg zu ihren Winterlagern in Köln und Vetera (Xanten) an – wo man nicht mehr mit ihnen rechnete. An den Stützpunkten ging bereits das Gerücht um, die Germanen hätten die Legionen aufgerieben und seien auf dem Weg nach Gallien. Die Furcht vor einer Barbareninvasion nahm derart zu, dass einige Römer panisch die Brücke über den Rhein zerstören wollten. Doch inmitten der verzagenden Männer zeigte eine Frau Courage: Agrippina, die Gattin des Germanicus, verhinderte »diese Schandtat«, wie Tacitus betont. »Sie übernahm in diesen Tagen die Aufgaben des Feldherrn«, »verteilte an die Soldaten [der Lagerbesatzung] Kleidung oder Verbandszeug«, erwartete schließlich das Caecina-Heer am Brückenkopf »und sprach den heimkehrenden Legionen Anerkennung und Dank aus«.

Vier der acht Rheinlegionen – genauer gesagt deren Überreste – befanden sich jetzt in der Sicherheit ihrer Winterlager. Die anderen vier waren noch unterwegs, per Schiff auf der vermeintlich bequemeren Route über die Nordsee. Doch auf dem Meer befürchtete Germanicus, dass die Boote in seichtem Wasser auf Grund gehen könnten, und um deren Tiefgang zu verringern, reduzierte er das Lastgewicht: Der Feldherr befahl zwei der vier mitfahrenden Legionen, von Bord zu gehen und an der Küste entlangzumarschieren, statt sich weitertransportieren zu lassen. Bei den Betroffenen dürfte dies einigen Unmut ausgelöst haben – anfangs. Dann verwandelte sich der Ärger in Entsetzen.

Zur Zeit der Tagundnachtgleiche, also zu Herbstbeginn am 23. September 15 n. Chr., kam ein heftiger Nordwind auf. In der Folge formte sich eine Sturmflut – die erste dokumentierte im Nordseegebiet, das bis heute immer wieder von derartigen Überschwemmungen heimgesucht wird. Die rund 10 000 Legionäre, die in kilometerlanger Kolonne am Meer entlangstapften, »standen bald bis zur Brust, bald bis zum Mund im Wasser, verloren manchmal den Boden unter den Füßen und wurden abgetrieben oder verschüttet«, schildert Tacitus. »Sie wurden von den Fluten zu Boden gerissen und von den Strudeln verschlungen: Vieh, Gepäck und Leichen schwammen durcheinander.« Jegliche militärische Ordnung löste sich auf, und »alles wurde gleichermaßen mit Gewalt fortgespült«.

Irgendwann gelang es dann Vitellius, dem Anführer der beiden Legionen, sich mit den zersprengten Resten auf höheres Gelände vorzuarbeiten. »Dort verbrachten sie die Nacht ohne Lebensmittel, ohne Feuer, zum großen Teil nackt oder am Körper zerschunden«, erzählt Tacitus. Die Männer waren in so elendem Zustand, dass sie damit rechneten, bald ihr Ende zu finden. Doch »bei Tagesanbruch war das Land wieder frei«, und die Soldaten gelangten zu einem Fluss, in den Germanicus mit seiner Flotte gefahren war. Dort nahmen die Schiffe die Überlebenden an Bord und beförderten die Truppen zu ihren Stützpunkten am Rhein.

Der Feldzug des Jahres 15 n. Chr. hatte damit gleich mehrfach zu herben Verlusten für Rom geführt: Der überhastete Reiterangriff auf Arminius, die Schlacht an den Langen Brücken und die Springflut an der Nordsee kosteten zahllose Soldatenleben und Unmengen an Material. Die Beute fiel im Vergleich dazu so mager aus, dass die Legionen Spenden benötigten, um ihren Aufgaben weiter nachzukommen. »Gallien, Spanien und Italien wetteiferten darum, Waffen, Pferde und Gold anzubieten«, so Tacitus, »um die Einbußen des Heeres auszugleichen.«

Auf das Gold verzichtete Germanicus demonstrativ – wohl um sich in ein besseres Licht zu rücken. »Er nahm nur Waffen und Pferde für den Krieg und unterstützte die Soldaten noch mit eigenem Geld«, betont Tacitus. Zudem startete der Prinz die römische Version einer Charmeoffensive: »Um die Erinnerungen an den Schaden durch Gefälligkeit zu lindern, suchte er die Verwundeten auf und rühmte die Taten jedes Einzelnen.«

Beim Volk und Heer mochte Germanicus mit solchen Gesten seine Popularität steigern, seinen Adoptivvater Tiberius beeindruckte er damit nicht. Als erfahrener Feldherr und langjähriger Germanienkenner wusste der Princeps zu gut, was die Berichte aus dem Kriegsgebiet wirklich besagten, und er konnte das Verhältnis von Aufwand und Ertrag realistischer beurteilen als die meisten seiner Zeitgenossen. Germanicus hatte fast ein Drittel der gesamten römischen Armee in den Landstrich zwischen Rhein und Weser gelotst. Und was hatte er angesichts der riesigen Kosten und Verluste erreicht? Der Prinz brachte zwei prestigeträchtige Beutestücke mit – die Frau des Arminius und den Adler der 19. Legion –, aber er konnte ansonsten fast nichts vorweisen. Weder hatte er Gebiete okkupiert noch Stämme unterworfen oder Verbündete gewonnen (abgesehen von den küstennahen Chauken), noch hatte er die antirömischen Streitkräfte um Arminius entscheidend geschwächt. Im Gegenteil: Die Stammeskoalition stand fester denn je, die romfreundlichen Kräfte unter den Germanen waren entweder nach Gallien ins Exil gegangen (Segestes) oder hatten sich auf die Seite des Arminius geschlagen (Inguiomerus).

Angesichts dieser verheerenden Bilanz verwundert es nicht, dass Tiberius die Feldzüge seines inkompetent agierenden Adoptivsohnes stoppen wollte – zumal er das Reich in einer prekären Finanzsituation (siehe Kapitel III.2) übernommen hatte und daher sparsam wirtschaften musste. Der Princeps versuchte, Germanicus in den Osten des Reichs zu versetzen, doch dieser sträubte sich – und schmiedete stattdessen Kriegspläne für Germanien, die noch größer und kostspieliger waren als die bisherigen.

4. Tausend Schiffe gegen Germanien

16 n. Chr.	Erneuter Überfall auf die Chatten Großer amphibischer Feldzug des Germanicus: • Acht Legionen dringen per Schiff in Germanien ein • Treffen zwischen Arminius und seinem romtreuen Bruder Flavus • Schlacht auf der Ebene Idistaviso • Schlacht am Angrivarierwall • Nordseestürme zerstören einen Teil der römischen Flotte Nochmals Überfall auf die Chatten sowie auf die Marser Tiberius unterbindet weitere Kriegszüge
17 n. Chr.	Triumphzug des Germanicus in Rom; Arminius' Frau Thusnelda und ihr kleiner Sohn Thumelikus nehmen als Gefangene teil, ihr Vater Segestes als Ehrengast

»Was ging schief?« Mit dieser Frage scheint sich Germanicus im Winter 15/16 n. Chr. intensiv auseinandergesetzt zu haben. Trotz maximalem militärischem Einsatz war es ihm nicht gelungen, die Unterwerfung Germaniens nachhaltig voranzutreiben, und nun forderte Princeps Tiberius immer deutlicher, das Vorhaben abzubrechen. Der knapp 30-jährige Prinz benötigte daher schon bald einen eindrucksvollen Erfolg als überzeugendes Argument dafür, den Krieg fortzusetzen – nicht nur zum eigenen Ruhme, sondern auch dem des vorzeitig verstorbenen Vaters Drusus Germanicus, der ein Vierteljahrhundert zuvor als erster Römer die Feldzüge vom Rhein zur Weser und zur Elbe angeführt hatte.

Mit der bisherigen Vorgehensweise, das hatte Germanicus inzwischen begriffen, war den renitenten Barbaren so rasch nicht beizukommen. »Wir besiegen die Germanen zwar in offener Schlacht und auf ordentlichem Gelände, aber die Wälder und Sümpfe helfen ihnen ebenso wie der kurze Sommer und frühzeitige Winter«, räsonierte der junge Feldherr laut Tacitus. Dem Heer setzten die weiten Märsche zu, der lange Tross sei schwer zu verteidigen und verlocke zu Überfällen, aber dafür gebe es eine Lösung: »Wenn ich den Seeweg einschlage«, überlegte der Prinz angeblich, »kann ich den Krieg früher beginnen und die Legionen zusammen mit dem Proviant befördern; und die Reiterei und die Pferde stoßen über die Flussmündungen und -läufe unversehrt mitten in Germanien hinein.«

Zwar bildeten die Flüsse schon bislang das Rückgrat der römischen Logistik im Frieden wie auf Feldzügen, doch nun setzte Germanicus in bisher ungekanntem Ausmaß auf die Kriegsmarine. »Tausend Schiffe«, berichtet Tacitus, »wurden schleunigst gebaut« – wobei die Handwerker nicht bloß simple Lastkähne fabrizierten, sondern eine durchdacht zusammengesetzte Flotte. Die bestand unter anderem aus kurzen, dickbauchigen Schiffen, die auch starkem Seegang trotzten, Booten mit Steuerrudern vorne und hinten, die dadurch besonders wendig waren, Transportern für die Katapulte sowie Landungsbooten »mit flachem Kiel, damit diese ohne Schaden aufliefen«, wie Tacitus erklärt. Die antiken Hightech-Wasserfahrzeuge müssen Unsummen Geld verschlungen haben, und die Zeche dafür zahlten die Gallier, wieder einmal. Sie hatten schon derart viele Pferde für den Germanienkrieg hergegeben, dass ihr Land »durch die Lieferung erschöpft war«, so Tacitus, und jetzt trieben die römischen Militärs bei ihnen Sondersteuern ein, um die grandiosen Flottenpläne des Germanicus zu finanzieren.

Die Zeit, bis die Schiffe einsatzbereit waren, überbrückte der Prinz damit, einen Überfall auf die Chatten anzuordnen – genau wie im Vorjahr. Das Ergebnis war wiederum bescheiden: Der beauftragte Truppenkommandant Silius »erreichte nichts weiter, als dass er eine magere Beute sowie Frau und Tochter des Chattenfürsten Arpus wegschleppte«, berichtet Tacitus. Bald darauf war die Flotte komplett, und Germanicus verteilte alle seine acht Legionen und die Hilfstruppen auf die schwimmenden Transporter. Es muss ein imposanter Anblick gewesen sein, die tausend Schiffe den Rhein hinabfahren zu sehen. »Der furchterregende Eindruck, den sie machten«, schwärmt Tacitus, »wurde durch die gute Laune der Soldaten noch verstärkt.« Wer, so dachten wohl viele, sollte sich solch einer Macht entgegenstellen?

Wie im Vorjahr bog Germanicus erst in den Drususkanal ein, dann in die Nordsee, dann weiter östlich in die Ems, und an diesem Fluss gingen die Legionen und Hilfstruppen wieder an Land. Mit dabei waren die Bataver, die in den heutigen Niederlanden links des Rheins siedelten: »Sie sprangen ins Wasser, führten ihre Schwimmkünste vor – und einige ertranken«, berichtet Tacitus lakonisch über das ungesunde Geltungsbedürfnis dieser romtreuen Germanen.

Die Armee marschierte nun zum Cheruskergebiet an der Weser. Am westlichen Flussufer errichteten die Legionen und Hilfstruppen ihr Lager. Am östlichen Ufer erschienen derweil Arminius, sein Onkel Inguiomerus und die anderen Anführer der großen Stammeskoalition – zunächst nicht, um die Invasoren zum Kampf herauszufordern, sondern um eine Bitte vorzutragen: Arminius wollte seinen Bruder sprechen.

Der hörte auf den Beinamen Flavus (»der Blonde«), »befand sich im römischen Heer, zeichnete sich durch seine Treue aus und hatte vor Jahren unter dem Kommando des Tiberius ein Auge verloren«, wie Tacitus überliefert. Vielleicht war Flavus gleichzeitig mit Arminius in die Dienste Roms eingetreten, aber er schloss sich 9 n. Chr. nicht dem Aufstand an, sondern blieb auf der Seite des Imperiums. Es war eine weitere der vielen Familientragödien, die Arminius erleben musste: Während fremde Stammeshäuptlinge zuverlässige Verbündete im Freiheitskrieg wurden, kämpfte ausgerechnet sein eigener Bruder für den Feind. Was mag wohl in Arminius vorgegangen sein, als er nach Jahren erstmals wieder Flavus sah, wenn auch nur aus der Distanz, auf der anderen Seite der Weser? Und was mag Flavus empfunden haben, als er an das Flussufer trat, seinem berühmten Bruder in die Augen blickte und wusste, dass er bald gegen ihn, seine eigene Familie und seinen Stamm kämpfen würde? Tacitus hat niedergeschrieben, was die beiden sich über die Weser hinweg zuriefen – wobei offenbleiben muss, inwieweit sein Gesprächsprotokoll tatsächlich Gesagtes wiedergibt oder nur Fiktion ist.

Zunächst erkundigte sich Arminius, woher die Entstellung in Flavus' Gesicht stamme, und jener nannte Ort und Schlacht, wo er sein Auge verloren hatte. Auf die Nachfrage, ob er dafür entschädigt worden sei, zählte Flavus eine Solderhöhung und diverse militärische Auszeichnungen auf – vielleicht mit gewissem Stolz, aber Arminius verspottete all das als »armseligen Sklavenlohn«. Die Höflichkeiten waren beendet, der Disput begann.

Flavus schwärmte laut Tacitus von der Größe und der Macht Roms, und er führte an, dass »selbst Frau und Sohn [von Arminius] nicht feindselig behandelt würden«. Ob Arminius das als beruhigende Nachricht oder als blanken Hohn empfand, ist nicht überliefert. Er erinnerte nun Flavus »an die Pflicht gegenüber dem Vaterland, die angestammte Freiheit, die heimischen Götter Germaniens«, und nach diesen allgemeinen Floskeln brachte er ein letztes, schlagendes Argument: Arminius rief seinem Bruder zu, dass auch »die Mutter sich den Bitten [um eine Rückkehr] anschließt«. Dieser Appell an Flavus als den verlorenen Sohn traf wohl einen wunden Punkt, denn jetzt eskalierte der Streit: »Flavus rief wutentbrannt nach Waffen und Pferd«, so Tacitus, und er wollte stracks den Fluss überqueren und kämpfen, doch ein römischer Offizier eilte herbei und hielt den

Tobenden zurück. Arminius auf der anderen Seite »kündigte unter Drohungen eine Schlacht an«, und das zweisprachig, denn »er gebrauchte dabei sehr viele lateinische Ausdrücke«. Danach sprachen sich die beiden Brüder nie wieder.

Am folgenden Tag machte Arminius seine Ankündigung wahr: Das germanische Heer stellte sich in Schlachtordnung auf und wartete darauf, dass die Römer die Weser überquerten. Statt wie bisher auf Guerillaattacken zu setzen, forderte der Cheruskerfürst damit erstmals eine komplette römische Armee zur offenen Feldschlacht heraus – und das, obwohl diese imperiale Streitmacht acht Legionen plus umfangreiche Hilfstruppenkontingente umfasste, also mindestens dreimal so groß war wie das Varusheer. Die militärische Stärke der Germanen muss sich also zuletzt regelrecht vervielfacht haben – sonst hätte ein intelligenter Heerführer wie Arminius solch eine Auseinandersetzung kaum gewagt. Über die Gründe für den Zuwachs kann man nur spekulieren, aber die Vermutung liegt nahe, dass Germanicus mit seiner brutalen Vernichtungsstrategie der antirömischen Stammeskoalition einen enormen Zulauf beschert hatte.

Der römische Feldherr musste hocherfreut sein über den germanischen Aufmarsch, würde man meinen, bot sich doch nun endlich die Gelegenheit, auf freiem Feld die waffentechnische und taktische Überlegenheit der eigenen Berufsarmee voll auszuspielen. Doch der bislang so ungestüme Prinz war vorsichtiger geworden und schickte zunächst nur die Reiter über die Weser. Darunter waren die Bataver unter ihrem Anführer Chariovalda, und »ihn lockten die Cherusker auf eine von Bergwäldern umschlossene Ebene, indem sie eine Flucht vortäuschten«, so Tacitus. »Dann brachen sie los und stürmten von allen Seiten heran« – das heißt, die Arminiustruppen verwendeten exakt den gleichen Trick wie im Vorjahr, und die Reiter in Roms Diensten fielen wieder darauf herein. Die umzingelten Bataver versuchten einen Ausbruch, wobei Chariovalda heldenhaft »in das dichteste Gedränge einbrach« – mit entsprechendem Resultat: »Er fiel in einem Geschosshagel, bei dem auch sein Pferd durchbohrt wurde, und mit ihm viele der Edlen«, erzählt Tacitus. Die restlichen Berittenen konnten fliehen.

Die erste militärische Auseinandersetzung des Jahres 16 n. Chr. hatten damit die Germanen gewonnen. Auf eine dauerhafte Verteidigung des Weserufers verzichtete Arminius aber, und er zog sich mit seinem Heer ostwärts zurück zu einer Ebene namens Idistaviso. Diese lag zwischen Wäldern und Hügeln und schien ihm geeigneter, den Legionen eine große Schlacht zu liefern.

Germanicus überquerte nun mit der gesamten Armee die Weser und folgte den Germanen. Von einem Überläufer erfuhr er, wo Arminius auf ihn wartete. Kundschafter bestätigten die Angaben, und so führte Germanicus seine Streitmacht in Schlachtordnung zu der Ebene. »Vorne marschierten die gallischen und germanischen Hilfstruppen, dahinter die Bogenschützen zu Fuß«, erzählt Tacitus. »Dann folgten vier Legionen und Caesar [Germanicus] mit zwei Prätorianerkohorten [1000 Mann Leibwache] und eine Reiterelite; dann die anderen vier Legionen und die Leichtbewaffneten mit den berittenen Bogenschützen sowie die restlichen Bundesgenossen.« Die Aufzählung lässt erahnen, welch gewaltiges Heer zu dem Kampfplatz marschierte.

Auf der anderen Seite des Feldes warteten die Germanen, in deren Rücken sich eine bewaldete Anhöhe erhob. »Die Schlachtreihe der Barbaren besetzte die Ebene und den Waldrand«, berichtet Tacitus. »Nur die Cherusker standen oben auf der Höhe, um sich während des Kampfes von dort auf die Römer zu stürzen.« Wie groß das germanische Heer war, erfahren wir nicht, aber es muss beeindruckend gewesen sein, zahlenmäßig mindestens ähnlich stark wie das römische – denn als die Stammeskrieger die 40 000 Legionäre und vielen tausend Auxiliarsoldaten in perfekter Kampfordnung anrücken sahen, zogen sie sich nicht wie sonst üblich zurück, sondern griffen frontal an: Die Cherusker stürmten vor, allerdings zu früh, während der Rest zurückblieb. So konnte die römische Reiterei das auseinandergezogene Germanenheer umgehen und es an der Flanke sowie im Rücken angreifen.

Der weitere Schlachtverlauf geht aus dem Tacitustext nicht klar hervor, aber am Ende entschieden die Römer den Tag für sich. Arminius wurde verwundet, geriet zwischen die Feinde, und in der verzweifelten Lage »beschmierte er sich das Gesicht mit seinem eigenen Blut, um nicht erkannt zu werden«, wie Tacitus schildert. Schließlich ritt er frontal gegen die Reihen feindlicher Hilfssoldaten an, und »dank seiner Körperkraft und dem Schwung seines Pferdes schlug er sich durch«. Bei dem Husarenstück könnte Arminius auch Unterstützung von der Gegenseite erhalten haben, denn »einige berichten«, so Tacitus, »die Chauken, die sich unter den römischen Hilfstruppen befanden, hätten ihn erkannt und freigelassen«. Das freilich würde bedeuten, dass selbst die Küstengermanen in Roms Diensten heimlich mit der Sache des Cheruskerfürsten sympathisierten. Vielleicht gab es zur Zeit der Germanicus-Kriege tatsächlich so etwas wie einen gesamtgermanischen Freiheitsgedanken, mithin eine stammesübergreifende Identität.

Auch Arminius' Onkel Inguiomerus konnte entkommen, aber die anderen Krieger »wurden massenweise niedergemetzelt«, frohlockt Tacitus. »Bis in die Nacht dauerte das Morden, und auf einer Strecke von zehn Meilen [15 Kilometern] bedeckten ihre Leichen und Waffen den Boden.« Ein Teil flüchtete bis zur Weser und versuchte, sich schwimmend zum anderen Ufer zu retten. Doch dabei starben »sehr viele unter dem Geschosshagel, in der Strömung des Flusses, zuletzt dadurch, dass die Menschenmassen übereinanderstürzten und das Ufer einbrach«. Neben solchen apokalyptischen Szenen gab es auch ergreifende Einzelschicksale: Einige Fliehende wussten sich in ihrer Panik nicht mehr anders zu helfen, als auf die Bäume zu klettern und sich in den Wipfeln zu verstecken. »Die schmähliche Flucht«, spottet Tacitus mitleidlos, endete damit, dass »die herbeigeholten Bogenschützen sie wie zum Spaß herunterschossen«. Führt man sich vor Augen, wie die verzweifelten Opfer sich in Todesangst an die Äste klammerten und wie die feixenden Sieger sie zur allgemeinen Belustigung als Zielscheiben missbrauchten, dann versinnbildlicht gerade solch eine scheinbar nebensächliche Szene, mit welcher Bedenkenlosigkeit Menschen anderen Menschen im Krieg Grausamkeiten antun.

Nach Kampfende errichteten die Legionen ein Siegesdenkmal in Form eines Hügels und zogen weiter, hin zum Gebiet der Angrivarier, der nördlichen Nachbarn der Cherusker. Auf Widerstand trafen sie nicht mehr, würde man meinen, wenn man den Schlachtbericht gelesen hat – aber weit gefehlt: Die Germanen »stürmten plötzlich gegen den Heereszug an und brachten ihn in Unordnung«, berichtet Tacitus. Und nicht nur das: Kurz darauf bereiteten die Arminiustruppen einen großen Hinterhalt vor, direkt an der Grenze zwischen dem Cherusker- und dem Angrivariergebiet.

Das germanische Heer zog also nur wenige Tage nach der Niederlage wieder in eine Schlacht gegen die Legionen – so überwältigend, wie der Tacitustext es suggeriert, kann der römische Sieg folglich nicht gewesen sein. Vielleicht haben die Römer einige tausend Germanen getötet, aber das Gros des Arminiusheeres muss erneut davongekommen sein – und dabei eine so gute Kampfmoral behalten haben, dass die Männer es wagten, den Invasoren sofort wieder entgegenzutreten.

Als Kampfplatz wählte Arminius eine schmale, feuchte Ebene, die umgeben war von einem Fluss (wahrscheinlich der Weser), einem Wald mit anschließendem Sumpf sowie einem künstlich aufgeschütteten Wall. Den hatten die Angrivarier errichtet als Trennlinie zu den Cheruskern; die Stammesmenschen hatten also mitten in Germanien eine befestigte Grenze erschaffen, wie man es sonst eher von gut organisierten Staaten kennt.

Auf dem Wall »postierten sich die [germanischen] Fußtruppen«, so Tacitus. »Die Reiterei versteckte sich in den benachbarten Wäldchen, um den Legionen in den Rücken zu fallen.« Geplant war offenbar, den römischen Heereszug in die Zange zu nehmen, doch Germanicus hatte einen hervorragend arbeitenden Nachrichtendienst – ganz im Gegensatz zu Varus sieben Jahre zuvor. »Keine der Maßnahmen blieb Caesar [Germanicus] verborgen«, vermeldet Tacitus. »Er kannte die offensichtlichen und die geheimen Pläne und Stellungen der Feinde, und er kehrte deren Listen zu deren Verderben um.« Der römische Feldherr teilte seine Armee auf, und er ließ sie gleichzeitig in den Wald sowie gegen das Grenzbollwerk vorrücken.

Auf dem Wall verteidigten sich die Germanen zunächst erfolgreich gegen die Legionen, doch dann ließ Germanicus die Feldartillerie auffahren: Jede Legion verfügte gewöhnlich über

55 armbrustähnliche Torsionsgeschütze, die vor allem Bolzen mit Eisenspitzen verschossen, das heißt, das Germanicus-Heer besaß rund 440 solcher leichten Katapulte. Diese »übertrafen an Treffgenauigkeit, Reichweite, Durchschlagskraft und Feuergeschwindigkeit alles weit, was vor dem 16. Jahrhundert an Fernwaffen gebaut worden ist«, erklärt der Experimentalarchäologe Marcus Junkelmann. Bis zu etwa 400 Metern Distanz waren die Geschütze »voll effektiv«, so der Forscher. »Schild und Panzer halfen gegen ihre Treffer wenig.« Die Waffen schossen so präzise, dass die Bedienmannschaften einzelne Personen anvisieren konnten – was sie am Angrivarierwall auch taten. »Aus den Wurfmaschinen entsandte man Spieße«, berichtet Tacitus, »und je mehr Verteidiger sichtbar wurden, umso mehr sanken unter Wunden nieder.« Dank der überlegenen Feuerkraft nahm Germanicus schließlich mit seinen Truppen den Wall ein. Von dort rückte er auf den Wald vor, in dem sich nun die Masse der germanischen Kämpfer konzentrierte, darunter Arminius und sein Onkel Inguiomerus.

Bedrängt von den Römern, wurde es für die Stammeskrieger im Wortsinn eng: Die Männer rückten so dicht zusammen, dass der Einzelne zwischen seinen Kameraden regelrecht eingepfercht war – mit fatalen Folgen für die Kampfkraft: »Wegen der gewaltigen Menschenmenge auf engem Raum konnten die Germanen ihre überlangen Lanzen weder vorstrecken noch zurückziehen, noch konnten sie ihre Körperschnelligkeit ausnutzen«, erklärt Tacitus. Jene, die mitten im Heerhaufen standen, wurden hilflose Spielbälle des Massengeschiebes und -gedränges, und jene, die sich am Rand befanden, Opfer der schwerbewaffneten Legionäre. Deren Kurzschwerter waren den germanischen Speeren in dem Gewühl weit überlegen, wie Tacitus beschreibt: »Die Schilde gegen die Brust gepresst und die Hände fest am Schwertgriff, stachen die römischen Soldaten in die breiten Leiber und die ungeschützten Gesichter der Barbaren und bahnten sich den Weg durch die hinsinkenden Feinde.«

Germanicus verfolgte all dies mit triumphierender Geste. »Er nahm seinen Helm vom Kopf, um besser erkannt zu werden«, erzählt Tacitus. »Und er bat seine Leute eindringlich, mit dem

Morden nicht einzuhalten: Man brauche keine Gefangenen zu machen, nur die Vernichtung des Volkes werde dem Krieg ein Ende setzen.« Hier zeigte sich nochmals in aller Deutlichkeit die Völkermord- und Vernichtungsstrategie, die zwar zum römischen Kriegsrepertoire gehörte, die aber Germanicus so ausufernd betrieb, dass sie nicht nur inhuman war, sondern sogar ökonomisch widersinnig: Ohne Gefangene gab es auch keine Sklaven, und die bildeten in einem armen Land wie Germanien die Haupteinnahmequelle für die Invasoren. Indem Germanicus zugunsten ungebremsten Tötens auf das Humankapital der Antike verzichtete, machte er den Krieg zwischen Rhein und Elbe zu einem noch größeren wirtschaftlichen Verlustgeschäft, das auf Dauer das Reich zu ruinieren drohte.

Die Legionen befolgten den Völkermordbefehl und »sättigten sich bis in die Nacht hinein am Blut der Feinde«, wie Tacitus mitteilt. Die Reitereinheiten allerdings fochten »ohne Entscheidung«, und auch die Hauptzielpersonen – Arminius und Inguiomerus – entwischten erneut. Anscheinend war also wieder ein Gutteil der Germanen davongekommen, mithin der Kampfverlauf ähnlich wie bei der vorangegangenen Schlacht auf Idistaviso: Die römische Berufsarmee erwies sich im Massennahkampf als überlegen und tötete eine größere Zahl germanischer Frontkämpfer, während die Hintermänner in die umliegenden Sümpfe und Wälder entschlüpften. Dort konnte sich das Bauern- und Kriegerheer reorganisieren, um ein andermal sein Glück zu versuchen – entsprechend einem englischen Sprichwort, das auf den Griechen Demosthenes zurückgeht: »He who fights and runs away, will live to fight another day.« (»Wer kämpft und davonläuft, wird leben, um ein andermal zu kämpfen.«)

Vorerst aber kam es zu keiner Auseinandersetzung mehr. Germanicus schickte zwar einen Teil seiner Armee zu den Angrivariern, »doch diese ergaben sich bedingungslos«, so Tacitus, »und man nahm alle in Gnade auf«. Nach diesem versöhnlichen Teilerfolg trat der Prinz den Rückzug zum Rhein an. »Einige Legionen sandte er auf dem Landweg in die Winterlager zurück«, berichtet der antike Historiker. »Die Mehrzahl ließ Caesar [Germanicus] an Bord der Schiffe gehen und über die Ems zum

Ozean fahren«, also in die Nordsee, die sich schon im Jahr zuvor als tückisch erwiesen hatte.

»Zunächst blieb das Meer ruhig und rauschte nur unter dem Ruderschlag der tausend Schiffe«, schildert Tacitus. »Dann aber fielen Hagelschauer aus einer schwarzen Wolkenmasse; zugleich brausten von allen Seiten Böen heran, und unberechenbare Wellen nahmen die Sicht.« Die Steuerruder versagten in der aufgewühlten See, und schließlich kam ein heftiger Sturm auf, der aber nicht wie im Vorjahr von Norden her landeinwärts blies, sondern in umgekehrter Richtung: »Er riss die Schiffe fort und trieb sie auf das offene Meer oder gegen Inseln«, erklärt Tacitus. Dort wurden die Boote, die nur für die Fahrt in Küstennähe und Binnengewässern konstruiert waren, zu einem Spielball der Wellen. Durch die Bordwände und von oben drangen solche Wassermassen in die Schiffe ein, so Tacitus, dass die Besatzungen nicht mehr mit dem Schöpfen nachkamen – und zu drastischen Maßnahmen griffen: »Um die volllaufenden Schiffe leichter zu machen, warfen sie Pferde, Vieh, Gepäck und sogar Waffen über Bord.«

Doch selbst diese verzweifelten Versuche konnten die Katastrophe nicht mehr verhindern, wie Tacitus beklagt: »Ein Teil der Schiffe ging unter, noch mehr strandeten an weiter entlegenen Inseln; und da es dort keinerlei menschlichen Ackerbau gab, wären die Soldaten allesamt verhungert, wenn nicht einige sich mit dem Fleisch der angeschwemmten Pferdekadaver am Leben gehalten hätten.«

Germanicus kam auf seinem Flaggschiff unbeschadet durch das Unwetter und landete im Gebiet der verbündeten Chauken, also um das heutige Bremerhaven herum. Dort gab er sich lautstark die Schuld an dem Unglück, »stand die ganzen Tage und Nächte an den Klippen und Küstenvorsprüngen« und wollte sich vor lauter Verzweiflung sogar ins Meer stürzen, um sich umzubringen. Dies jedenfalls erzählt Tacitus – und demonstriert damit beispielhaft, wie antike Historiker ihre Berichte ausschmückten, um sie lebendiger und interessanter zu gestalten: An der Nordseeküste gibt es keine Felsen, von denen sich der Feldherr hätte in den Tod stürzen können! Vorsicht ist daher auch angebracht, wenn sich Kämpfe immer wieder zwischen Sümpfen, Wäldern und Bergen abspielen – diese Landschaftsmerkmale könnten hier und da ebenso als schmückendes Dekor hinzugefügt sein. Heimatforscher übersehen dieses Problem leider oft, wenn sie etwa allein anhand der literarischen Texte beweisen wollen, wo die Varusschlacht ihrer Ansicht nach tatsächlich stattfand.

Als sich das Meer schließlich beruhigt hatte und ein günstiger Wind wehte, fanden sich viele Schiffe wieder ein – und boten einen traurigen Anblick: Sie besaßen fast keine Ruder mehr, anstatt Segeln hatten die Besatzungen ihre Kleidungsstücke aufgespannt, und einige Wracks hingen an Abschleppseilen, gezogen von intakteren Wasserfahrzeugen. Nun zeigte der sonst so rücksichtslos agierende Germanicus einmal Verantwortung im besten Sinne: Er ließ die Boote eilig reparieren und sandte sie aus, die Inseln nach Gestrandeten abzusuchen.

Etliche Schiffbrüchige sahen derweil wohl schon einem qualvollen Tod durch Verhungern und Verdursten entgegen. Es muss unbeschreibliche Szenen gegeben haben, als sie die rettenden Schiffe am Horizont erblickten, und das in zahlreichen Fällen, denn »es wurden sehr viele aufgelesen«, wie Tacitus freudig anmerkt. Einige Männer hatte es sogar bis nach Britannien verweht; sie wurden von den dortigen Kleinkönigen zurückgeschickt.

Wenn die Überlebenden glaubten, sie hätten damit das Kriegsjahr überstanden, täuschten sie sich allerdings. Germanicus befürchtete, die Flottenkatastrophe könnte die Germanen zu neuem Widerstand ermuntern, und um dem vorzubeugen, ersann er rasch zwei neue Feldzüge. Seine lädierten Soldaten durften sich folglich nicht im Winterlager von den Strapazen und Schrecken erholen, sondern mussten sofort wieder in den Krieg marschieren.

Zum einen befahl Germanicus 30 000 Fußsoldaten und 3000 Reitern, gegen die Chatten vorzurücken – was bereits den dritten Feldzug binnen zwei Jahren gegen diesen Stamm bedeutete. Zwei Kriegszüge gegen denselben Gegner hatten also nicht genügt! Mit dieser Form der Sisyphusarbeit zeigte der Prinz ungewollt, wie erfolglos seine militärischen Bemühungen blieben.

Zum anderen, so berichtet Tacitus, »überfiel Germanicus selbst mit noch größeren Truppen die Marser.« Dort gelang dem Ehrgeizling ein unverhoffter Prestigeerfolg: Ein Stammesführer verriet, dass in einem nahen Waldstück ein Legionsadler des Varusheeres vergraben sei, und eine rasch ausgesandte Armeeabteilung barg tatsächlich das kultisch verehrte Feldzeichen. Sieben Jahre nach der Varusschlacht befanden sich damit zwei der drei verlorenen Legionsadler wieder in römischer Hand – aber es sollten noch weitere 25 Jahre vergehen, bis das Imperium bei einem Feldzug wahrscheinlich gegen die Chauken auch den letzten Adler zurückgewann.

Zu größeren Kämpfen kam es nicht mehr. Germanicus ließ wie gewohnt das Land weiträumig verwüsten, während die Germanen sich wie gewohnt in die Wälder zurückzogen. Anschließend führte er die Legionen in das Winterlager zurück und bereitete sich darauf vor, im neuen Jahr neue Feldzüge zu starten.

Tiberius aber hatte genug. Vielleicht gaben die katastrophalen Verluste der Flotte den Ausschlag, denn er schrieb wiederholt Briefe an Germanicus, deren Inhalt Tacitus so wiedergibt: »Es hat schon genug Erfolge und genug Unglücksfälle gegeben: Erfolgreich und groß sind deine Schlachten, denke aber daran, welche schweren und furchtbaren Schäden Winde und Wellen ohne Schuld des Feldherrn verursacht haben.« Auf diese diplomatische Einleitung folgte eine kaum verklausulierte Kritik: »Ich selbst bin vom göttlichen Augustus neunmal nach Germanien gesandt worden und habe mehr durch kluges als durch gewaltsames Vorgehen erreicht.« Moderne Forscher sind überzeugt, dass der Herrscher hier die Vernichtungsstrategie seines überehrgeizigen Adoptivsohnes kritisiert – allerdings nicht aus humanitären Gründen, sondern aus machtstrategischen: »Tiberius stellt nicht generell die Brutalität der Kriegsführung in Frage, sondern deren sinn- und erfolglose Ausweitung auf den ganzen germanischen Kriegsschauplatz«, betont der Althistoriker Lothar Wierschowski.

Tacitus zufolge gelangte der Princeps in seinen Briefen an Germanicus zu dem Fazit: »Wir können die Cherusker und die übrigen rebellischen Stämme nun, da Rom Rache genommen hat, ihren inneren Zwistigkeiten überlassen.« Wie recht Tiberius mit der Einschätzung hatte, ohne äußeren Druck würde sich die andere Seite selbst zerfleischen, sollte sich schon im nächsten Jahr erweisen. Der antike Herrscher zeigte hier mehr Weisheit und Voraussicht, als man es von Führern dominierender Großmächte bis in die Jetztzeit hinein gemeinhin kennt.

Germanicus und seine Umgebung dagegen gaben sich überzeugt, so Tacitus, »dass die Feinde um Frieden bitten werden und man den Krieg abschließen könne, wenn man noch den nächsten Sommer hinzugäbe«. Der Prinz ging folglich nicht auf Tiberius' Wünsche ein, sondern »erbat sich noch ein Jahr aus, um das Begonnene zu Ende zu führen«. Woher er den Optimismus nahm, dass die Arminiuskoalition sich bald unterwerfen würde, bleibt freilich offen. Tiberius jedenfalls war militärisch zu erfahren, um den hohlen Erfolgsversprechen Glauben zu schenken. »Er appellierte noch schärfer an dessen [Germanicus'] Gehorsam«, erklärt Tacitus, und jetzt endlich fügte sich der Möchtegern-Eroberer und kehrte in die Hauptstadt zurück.

Ohne großes Aufheben, beinahe still und heimlich, endete damit der fast dreißigjährige Krieg um Germanien. Augustus hatte ihn 12 v. Chr. begonnen und ihn nach verfrühten Siegesverkündungen immer weiter fortgesetzt, trotz aller ökonomischen und militärischen Verluste, die ihren Höhepunkt in der Varusschlacht fanden. Und obwohl der erste Princeps erkannt haben musste, dass das unterentwickelte und unwegsame Germanien mit seiner aufsässigen Bevölkerung für die Besatzer das sprichwörtliche Fass ohne Boden war, konnte oder wollte er das Engagement nicht abbrechen. Vielleicht ist für einen Staatenlenker, der seine Armee in solch einen Endloskrieg geschickt hat, ein fortwährender Aderlass an Geld und Menschenleben leichter zu ertragen als das Eingeständnis, dass der Krieg ein Fehler und die bisher erbrachten Opfer umsonst waren. Die undankbare Aufgabe, den Schlussstrich zu ziehen und so die bittere Wahrheit offenkundig zu machen, bleibt daher häufig den Nachfolgern überlassen.

Die Dolchstoßlegenden, die sich dann entwickeln, trafen schon Tiberius. Tacitus etwa gesteht ihm nicht zu, dass er den Germanienkrieg aus sachlichen Gründen abbrach, sondern insinuiert, der Herrscher habe den nahen Sieg aus niederen Motiven verhindert. So kolportiert der Historiker, dass Tiberius seinem populären Adoptivsohn Germanicus »aus Neid die erworbene Ehre entzog«. Und zu dem Triumphzug, den der Prinz im Folgejahr abhielt, bemerkt Tacitus sarkastisch: »Weil man es [dem Germanicus] verboten hatte, den Krieg zu beenden, nahm man ihn als beendet an.«

Am 26. Mai 17 n. Chr. zelebrierte Germanicus »seinen Triumph über die Cherusker, Chatten und Angrivarier sowie die anderen Stämme, die das Land bis zur Elbe bewohnen« – so die offizielle Sprachregelung, wie sie Tacitus wiedergibt. Der zugleich prachtvolle wie volksfestartige Umzug verlief traditionell auf einer festgelegten Route, die gesäumt war von Zuschauermassen. Zwischen diesen hindurch fuhr der junge Feldherr auf einem Wagen, ebenso seine Kinder, gefolgt von Soldaten. Zudem zeigte man Beutestücke, eigens angefertigte Landschafts- und Schlachtengemälde sowie zahlreiche Gefangene. Darunter waren als Prominente Arminius' Frau Thusnelda, ihr kleiner Sohn Thumelikus und ihr Bruder Segimund. Ihr Vater Segestes war auch anwesend, erlebte das Geschehen aber aus anderer Perspektive: Er sah als Ehrengast der Römer zu, »wie seine engsten Verwandten vorgeführt wurden«, so der antike Historiker Strabon. Was ging in dem Mann wohl vor, der seinen Schwiegersohn Arminius an Varus hatte verraten wollen, der seine Tochter verschleppt und den Römern ausgeliefert hatte und der nun von einem Ehrenplatz aus dem abscheulichen Spektakel beiwohnte, wie seine Kinder und sein Enkel der gaffenden Menge als Trophäen dargeboten wurden? Die inneren Beweggründe dieser Person kennen wir natürlich nicht, aber sollte einmal ein neuer Spielfilm über Arminius und den römisch-germanischen Krieg gedreht werden, dann wäre Segestes für die Rolle des Schurken prädestiniert.

Über den weiteren Lebensweg des cheruskischen Römerfreunds und seiner Kinder erfahren wir nichts – ihre Spur verliert sich im Dunkel der Geschichte. Thusnelda lebte vielleicht fortan im italienischen Ravenna, denn von Tacitus erfahren wir, dass ihr Sohn Thumelikus dort erzogen wurde. »Von dem Spiel, welches das Schicksal später mit dem Knaben getrieben hat, werde ich zu gegebener Zeit berichten«, merkt der Historiker noch an – leider ist die entsprechende Passage verloren. Arminius, den Gatten und Vater, sahen Thusnelda und Thumelikus wohl nie wieder.

Auch für Germanicus endete die Zeit der sogenannten großen Taten. Der 31-Jährige ließ sich auf seinem pompösen Siegeszug durch Rom zwar von den Massen bejubeln, aber er wusste, dass er in Wahrheit mit seinen hochtrabenden Eroberungsplänen gescheitert war. Wenn die Floskel vom »schalen Triumph« eine Berechtigung hat, dann in diesem Fall.

V. NACHSPIEL

1. Zwist und Tod

17 n. Chr.	Innergermanische Schlacht zwischen der Stammeskoalition um Arminius und dem Reich des Marbod
19 n. Chr.	Marbod flieht ins Exil Germanicus stirbt in der Provinz Syrien
19/21 n. Chr.	Arminius wird von Verwandten ermordet
37 n. Chr.	Tod des Tiberius

»Auf dieser Welt gibt es nur zwei Tragödien«, schreibt der irische Autor Oscar Wilde. »Die eine ist, nicht zu bekommen, was man will, und die andere ist, es zu bekommen.« Das Zitat umreißt auf ganz unterschiedliche Weise den Lebensweg, den die drei Gegenspieler Arminius, Tiberius und Germanicus nach Ende des römisch-germanischen Kriegs beschritten.

Arminius bekam Ende 16 n. Chr., was er wollte. Sieben Jahre nach der Varusschlacht erreichte er tatsächlich sein größenwahnsinnig anmutendes Ziel, die benachbarte Supermacht dauerhaft aus Germanien zu vertreiben. Nur wusste er zu dem Zeitpunkt noch nichts von seinem historischen Sieg. Man kann davon ausgehen, dass er den Winter über damit zubrachte, Bündnisse zu pflegen und ein Heer für das kommende Kriegsjahr aufzustellen. Und dann wartete er 17 n. Chr. mit seiner Streitmacht darauf, dass die Legionen kamen, und er wartete und wartete …

Irgendwann in dem Jahr erfuhr er dann, dass die Römer keine neue Invasion vorbereiteten – zumindest bis zum nächsten Frühling, vielleicht für länger, vielleicht sogar auf Dauer. Arminius benötigte also vorerst kein großes Volksheer. Er und seine Mitstreiter konnten nach all den Verwüstungen und Massakern endlich darangehen, ihr geschundenes Land wieder aufzubauen – würde man meinen. Doch der Cheruskerfürst und seine Stammeskoalition nutzten keineswegs den unverhofften Frieden. Noch im selben Jahr zogen sie wieder in den Krieg, diesmal nicht gegen die Legionen, sondern gegen das erste germanische Reich der Geschichte, das der Markomannenkönig Marbod im heutigen Tschechien gegründet hatte (Kapitel II.5).

Obwohl noch immer die römische Bedrohung bestand – Tiberius hätte jederzeit eine neue Invasion befehlen können –, waren also die beiden dominierenden Mächte in Germanien nicht fähig, sich zu verbünden oder wenigstens in friedlicher Koexistenz zu leben.

Wie konnte es dazu kommen? Die antiken Historiker geben keine befriedigende Erklärung für den innergermanischen Krieg, der aller Vernunft Hohn zu sprechen scheint. Tacitus begründet den Konflikt nur damit, dass die Cherusker und die Markomannen »nach dem Abzug der Römer von der äußeren Bedrohung befreit waren« und daraufhin »in ruhmbegieriger Eifersucht die Waffen gegeneinander kehrten«. Die Bevölkerung sympathisierte dabei mit dem Varusbezwinger, so der Geschichtsschreiber: »Marbod war mit seinem Königstitel beim Volk verhasst, während Arminius durch seinen Freiheitskampf die Gunst der Menschen besaß.«

Wer der Aggressor war, geht aus dem Text nicht klar hervor. Vielleicht attackierte Arminius das Markomannenreich, weil er wusste, dass er im Frieden seine gewaltige antirömische Streitmacht nicht aufrechterhalten konnte – und bevor diese zerfiel, wollte er den anderen großen Machtfaktor in Germanien ausschalten. Die modernen Geschichtswerke jedenfalls vertreten überwiegend die These, der Cherusker sei der Angreifer gewesen. Es ist aber ebenso gut denkbar, dass Marbod den Krieg begann, etwa weil er glaubte, dass die verbündeten Stämme nach den blutigen Schlachten gegen die Legionen stark geschwächt und daher eine leichte Beute seien. Dazu passen würde auch die Anmerkung des Tacitus, dass die Kräfte um Arminius »für ihre alte Ehre beziehungsweise junge Freiheit stritten«, die des Marbod hingegen »für die Erweiterung ihrer Herrschaft«.

Wie groß die feindlichen Heere waren, lässt sich nur schätzen. Marbods Armee dürfte um die 74 000 Mann umfasst haben, denn wir erfahren von Paterculus, dass er 6 n. Chr. – also elf Jahre zuvor – über 70 000 Fußkämpfer und 4000 Reiter gebot. Das Arminius-Heer besaß wahrscheinlich einen vergleichbaren Umfang, da Tacitus berichtet: »Die Stärke der Völker und die Tapferkeit ihrer Führer waren ebenbürtig.«

Es waren also gewaltige Armeen, die sich aus der Mitte des heutigen Deutschland und aus dem heutigen Tschechien aufeinander zuwälzten. Tacitus erklärt denn auch: »Noch nie war man mit größerer Masse aufeinandergestoßen« – und widerlegt damit wohl unabsichtlich die Behauptung des Germanicus, die Arminiuskoalition stehe kurz vor der Kapitulation. Ganz offensichtlich war die Kampfkraft der verbündeten Stämme ungebrochen, vielleicht sogar stärker denn je.

Arminius versammelte in der Folge nicht nur die bisherigen Bündnispartner hinter sich, sondern zusätzlich zwei Stämme aus dem Marbodreich: die Semnonen und die Langobarden, die wie die Markomannen zur Stammesgruppe der Sueben gehörten. »Mit ihnen«, meint Tacitus, »hätte Arminius die Übermacht gehabt« – wenn nicht wieder einmal ein Mitglied seiner eigenen Familie sich gegen ihn gestellt hätte: »Inguiomerus lief mit seinen Gefolgsleuten zu Marbod über, aus dem einzigen Grund, dass er als bejahrter Onkel es verschmähte, sich dem jugendlichen Sohn seines Bruder unterzuordnen.« Für den etwa 33-jährigen Arminius muss es nicht nur militärisch, sondern auch menschlich ein neuer schwerer Schlag gewesen sein: Ausgerechnet der Verwandte, der zwei Jahre lang Seite an Seite mit ihm gegen die Römer gefochten hatte, war nun aus purer Eifersucht sein Todfeind geworden.

An einem uns unbekannten Ort trafen sich die Armeen zur offenen Feldschlacht. Hier zeigten Arminius und Marbod, die ja beide eine römische Bildung besaßen, was sie von ihren ehemaligen Lehrmeistern gelernt hatten: »Die Heere stellten sich mit gleichen Siegeshoffnungen zur Schlacht auf – aber nicht zu planlosen Angriffen oder in zersplitterten Haufen, wie es früher bei den Germanen üblich war«, berichtet Tacitus. »Durch den langen Kriegsdienst gegen uns hatten sie sich daran gewöhnt, den Feldzeichen zu folgen, sich mit Reservetruppen abzusichern und die Befehle der Feldherren zu respektieren.« Die Römer hatten letztlich nicht ihre Kultur nach Germanien exportiert, sondern ihr militärisches Know-how.

Über den Kampfverlauf erfahren wir nur, dass jeweils der rechte Flügel der beiden Armeen besiegt wurde und es zunächst nach einem Unentschieden aussah. »Man erwartete eine erneute Schlacht«, erzählt Tacitus. Doch dann zeigte Marbod Nerven: »Er zog sein Lager auf die Anhöhen zurück – das war das Zeichen dafür, dass er sich geschlagen fühlte.«

Arminius hatte damit den Tag gewonnen, während an dem Markomannenkönig der Geruch der Niederlage klebte. Das hatte gravierende Konsequenzen, da die antiken Germanen wie erwähnt alles andere als nibelungentreu waren: »Weil die Leute [zu Arminius] überliefen, verlor er allmählich seine Truppen«, teilt Tacitus mit. Marbod sah daraufhin keine Chance mehr, das Kriegsjahr siegreich zu beenden: »Er zog sich in das Markomannenreich zurück und schickte zu Tiberius Gesandte, die um Hilfstruppen baten.«

Der Herrscher in Rom muss sich komplett bestätigt gefühlt haben, als er von dem Konflikt erfuhr. Erst im Vorjahr hatte er argumentiert, man solle die Stämme ihren inneren Zwistigkeiten überlassen – und nun bekämpften sich die Germanen tatsächlich gegenseitig, nicht nur in den üblichen Kleinkriegen, sondern die größten und gefährlichsten Mächte des Landes zerfleischten einander. War für Tiberius ein besserer Beweis denkbar, dass er recht hatte? Die Barbaren taten jetzt untereinander das, wofür das Imperium bislang das Blut unzähliger Legionäre vergossen hatte. Elf Jahre zuvor, 6 n. Chr., hatte Tiberius noch persönlich zwölf Legionen angeführt, um Marbods Reich zu zerstören. Den Großangriff musste er damals unvermittelt abbrechen, weil in Pannonien der Aufstand ausbrach (Kapitel II.5). Und jetzt übernahm ausgerechnet Arminius, der Romfeind Nummer eins, diese unerledigte Aufgabe für ihn! Es war ein Treppenwitz der Geschichte, mit dem römischen Princeps als sprichwörtlich lachendem Dritten.

Tiberius zeigte entsprechend wenig Interesse daran, dem Hilfeersuchen Marbods nachzukommen, und erteilte einen abschlägigen Bescheid mit dem hämischen Hinweis, der Markomanne habe den Römern ja auch nicht gegen die Cherusker beigestanden. Stattdessen sandte der römische Herrscher seinen einzigen leiblichen Sohn Drusus als Friedensstifter in die Region – offiziell. In Wahrheit hatte der Prinz einen anderen Auftrag: die Germanen weiter gegeneinander aufzuhetzen und Marbod zu stürzen.

Diese Aufgabe erledigte der 30-Jährige mit viel Geschick: Drusus intrigierte so lange, bis 19 n. Chr. ein junger germanischer Adliger namens Catualda ein Heer aufstellte und den Markomannenherrscher vertrieb. Der abgesetzte König floh über die Donau ins Römische Reich und erhielt im norditalienischen Ravenna Exil – also dort, wo auch Arminius' Sohn Thumelikus lebte. Fortan diente Marbod seinen Gastgebern als Druckmittel »für den Fall, dass die Sueben [die Stammesgruppe, zu der auch die Markomannen gehörten] einmal übermütig würden«, wie Tacitus berichtet. »Dann holte man ihn hervor, als ob er auf den Thron zurückkehren würde.« Aber diese Drohung machte Rom nie wahr. Marbod blieb als Flüchtling in Italien und führte dort laut Tacitus ein ausschweifendes Leben, das immerhin noch 18 Jahre dauerte. Weitgehend vergessen starb er im hohen Alter von annähernd 70 Jahren.

Catualda, der neue Herr über das Marbodreich, teilte einige Zeit später das Schicksal seines Vorgängers: Er wurde ebenfalls vertrieben, floh auf römisches Territorium und erhielt in Südgallien Asyl. In der Folge zerbrach der einst gefürchtete Markomannenstaat – ohne dass das Imperium das Leben eines einzigen Legionärs dafür opfern musste. Das erste germanische Reich war nun Geschichte. Zerstört hatten es nicht die Römer, sondern ironischerweise die Germanen selbst.

Germanicus bekam den großen innergermanischen Krieg und den Sturz Marbods nur aus der Ferne mit. Noch im Jahr 17 n. Chr. hatte Tiberius den Möchtegern-Eroberer in den Osten des Reichs gesandt und für ihn einen neuen Posten geschaffen: den eines Super-Statthalters, der allen anderen Provinzvorstehern im Orient übergeordnet war. Der 31-Jährige besaß damit außerordentliche Machtbefugnisse in einer Region, die wegen ihres Reichtums und hohen Zivilisationsgrades für das Imperium sehr bedeutsam war – weit mehr als das Dritte-Welt-Land Germanien. Und es standen drängende Probleme an: Mehrere kleinasiatische Königtümer waren herrscherlos, Unruhen brachen aus, und Rom wie das konkurrierende Großreich Parthien wollten in dieser labilen Situation ihre Einflusssphären erweitern. Es galt, weitreichende machtpolitische Weichen zu stellen.

Tiberius hatte also Germanicus nicht einfach abgeschoben, sondern ihm eine neue Chance gegeben – nun vorwiegend auf dem Gebiet der Diplomatie, nicht des Krieges. Dieser stellte aber die eigentliche Leidenschaft des Prinzen dar, und so kam es, dass der Heißsporn auf die wichtige Mission nur »gegen seinen Willen« ging, wie der antike Biograph Sueton anmerkt.

Von Rom reiste Germanicus über Griechenland in die Provinz Syrien, und von diesem Stützpunkt aus gelangen ihm einige Erfolge: Er ernannte einen neuen König für Armenien und verleibte dem Imperium kampflos zwei Reiche in der heutigen Türkei ein, deren Herrscher kürzlich verstorben waren. 19 n. Chr. fand der Super-Statthalter sogar die Muße, Ägypten zu besuchen, »um die dortigen Altertümer kennenzulernen«, so Tacitus – Monumente wie die Pyramiden waren schon zu jener Zeit mehr als zwei Jahrtausende alt und die bestaunten Zeugen vergangener Epochen. Anschließend verschärften sich Spannungen zwischen dem Prinzen und dem normalen Statthalter von Syrien, Gnaeus Calpurnius Piso. Der war ein altgedienter Senator und konnte oder wollte seinen jungen Vorgesetzten nicht als Autoritätsperson akzeptieren – was er offen zeigte. Es kam zum Streit, die beiden Männer schleuderten sich laut Tacitus »schwere kränkende Vorwürfe« entgegen, und dieses Zerwürfnis sollte das restliche Leben des Germanicus überschatten.

Denn bald darauf erkrankte der Prinz und zeigte mysteriöse Symptome. »Blaue Flecken bedeckten seinen ganzen Körper, und Schaum floss ihm aus dem Mund«, schildert Sueton. Der Leidende war überzeugt, dass Piso ihn vergiftet hatte – was sich zwar nie beweisen ließ, »aber seine an sich schon schwere Krankheit noch verschlimmerte«, wie Tacitus mutmaßt. Schließlich fühlte Germanicus den Tod nahen, und er bat seine Freunde: »Berichtet meinem Vater [Tiberius] und meinem Bruder [Drusus], von welcher Pein gemartert, von welcher Hinterlist umgarnt, ich ein elendes Leben mit dem schlimmsten Tod beschlossen habe.« Der Prinz verschied im Alter von nur 33 Jahren, und in jedem seiner Abschiedsworte schwingt Verbitterung mit.

Germanicus hatte zwar fast alles erlangt, was ein damaliger Mensch sich wünschen konnte – eine herausragende Position im Reich, enorme Popularität in der Bevölkerung, eine liebende Ehefrau und sechs Kinder –, aber sein großes, verbissen verfolgtes Ziel erreichte er nicht: Germanien zu erobern, wozu er sich wohl schon durch seinen Namen verpflichtet fühlte. Was er wirklich wollte, hatte er nicht bekommen, und das war seine Tragödie im Sinn des eingangs erwähnten Oscar-Wilde-Zitats.

Die Tragödie des Tiberius hingegen war, dass er bekam, was er wollte. Er, der menschenscheue Pessimist, der ungeliebte Stiefsohn des Augustus, war durch eine Reihe unerwarteter Todesfälle in der Herrscherfamilie zum Nachfolger Nummer eins aufgerückt; und so erfüllte sich ihm der unwahrscheinliche Traum, Herr über das Imperium zu werden, der mächtigste Mensch der damals bekannten Welt.

Den Beginn seiner Regierungszeit verdüsterte ein Mord: Ein römischer Offizier erschlug den einzigen noch lebenden männlichen Augustusenkel, Agrippa Postumus. Tiberius bestritt zwar, den Befehl erteilt zu haben, doch wer der Auftraggeber war, blieb im Dunkeln – und damit war der neue Herrscher in den Augen vieler der Hauptverdächtige. Nach diesem fragwürdigen Start zeigte der 54-Jährige dann aber die besten Absichten, seine Macht in keinster Weise zu missbrauchen. Er hatte von Augustus ja einen Staat übernommen, der zwar praktisch eine Monarchie war, offiziell jedoch noch eine Republik. Und damit war Tiberius offiziell kein Kaiser im modernen Sinn, sondern nur Princeps, »erster Bürger«, eine Art Präsident – was er zunächst strikt beachtete. So verzichtete Tiberius im Gegensatz zu seinem

Vorgänger Augustus auf jeden Pomp und Personenkult um sich: »Er benahm sich am Anfang seiner Regierungszeit äußerst bescheiden und führte fast das Leben eines Privatmannes«, erzählt Sueton. Der neue Princeps verbot etwa, dass man ihm Tempel widmete und ihm zu Ehren den Monat September in Tiberius umbenannte (so wie den Vormonat in Augustus). Unterwürfigkeiten hasste er: »Als jemand ihn einmal mit Herr anredete«, so Sueton, »verbat er sich für die Zukunft diese für ihn beleidigende Bezeichnung.« An echten Beleidigungen hingegen stieß er sich nicht: »Gegenüber Schmähungen, bösem Geschwätz und Spottgedichten gegen sich und die Seinen war er nicht empfindlich und ließ sie sich gefallen«, überliefert der Biograph. »Öfters pflegte er zu sagen: ›In einem freien Staat müssen Rede und Meinung frei sein.‹«

Dabei handelte es sich keineswegs nur um Lippenbekenntnisse, wie man bei Sueton lesen kann: »Kein Wort der Beschwerde war von ihm zu hören, wenn [im Senat] Beschlüsse gefasst wurden, die seinen Ansichten zuwiderliefen.«

Gleichzeitig brachte Tiberius die Staatsfinanzen in Ordnung – durch eisernes Sparen, aber ohne das sonst so beliebte Allheilmittel, die Bevölkerung zu schröpfen. Selbst die Untertanen außerhalb Italiens fanden hier in ihm einen Patron. »Den Statthaltern, die ihm eine Erhöhung der Steuern vorgeschlagen hatten, schrieb er zurück: ›Ein guter Hirte darf seine Schafe wohl scheren, ihnen aber nicht die Haut abziehen‹«, berichtet Sueton. Statt zu kassieren, verzichtete Tiberius auf alle Projekte und Unternehmungen, die nur seinem persönlichen Ruhm gedient hätten: Er ließ keine verschwenderischen Spiele veranstalten, keine teuren Prestigebauten errichten und nach den Germanicus-Feldzügen keine Eroberungskriege mehr führen – wodurch er nicht nur der Staatskasse enorme Summen ersparte, sondern auch der Menschheit zigtausendfaches Leid. Die römische Armee schlug zwar einige Aufstände in den Provinzen nieder, aber sie griff kein fremdes Land mehr an, in scharfem Kontrast zu der Zeit, in der Augustus geherrscht hatte. Während der viel gerühmte Augusteische Friede, die »Pax Augusta«, nur für das Reichsinnere galt, also nicht viel mehr war als ein Propagandakonstrukt, vermied

Tiberius tatsächlich Kriege. Weshalb aber spricht niemand von einem Tiberischen Frieden, einer »Pax Tiberia«? Weshalb blieb der Mann, der heute als zweiter Kaiser Roms bezeichnet wird, der Menschheit nicht in positiver Erinnerung?

Tiberius regierte 22 Jahre, und im Lauf dieser langen Zeit veränderte die absolute Macht seine Persönlichkeit. »Nach und nach kehrte er den Fürsten heraus und handelte auch danach«, erzählt Sueton. »Zunächst legte sich Tiberius nur da ins Mittel, wo es galt, Missgriffe und Ungerechtigkeiten zu beseitigen; daher erklärte er mehrere Verordnungen des Senates für ungültig.« Nachdem dieser erste Schritt getan war, fand Tiberius mehr und mehr gute Gründe für eigenmächtige Edikte, und wie der sprichwörtliche Weg zur Hölle mit guten Absichten gepflastert ist, so entwickelte sich der unprätentiöse Bürgervertreter mehr und mehr zum gefürchteten Tyrannen.

Zwei Begebenheiten beschleunigten und verschärften die Entwicklung: 23 n. Chr. starb Tiberius' einziger Sohn Drusus, und das verdüsterte zusätzlich das depressive Gemüt des Mannes, dem seine Zeitgenossen den Beinamen »der Traurigste unter den Menschen« (»tristissimus hominum«) gaben. 26 n. Chr. kehrte der introvertierte Herrscher dann Rom für immer den Rücken, siedelte auf die abgelegene Insel Capri bei Neapel über und regierte fortan abgeschottet von der Bevölkerung – was den Schrecken seiner kommenden Verdikte noch vergrößerte.

Hatte Tiberius es anfangs abgelehnt, Majestätsbeleidigungen gerichtlich zu verfolgen, kam es dennoch zu ersten Prozessen. Diese nahmen Mitte der 20er Jahre merklich zu und wurden immer willkürlicher: »Allmählich ging die böswillige Anklägerei so weit, dass es als todeswürdiges Verbrechen angesehen wurde«, so Sueton, »wenn jemand ein Geldstück oder einen Ring mit dem Bild des Augustus auf die Toilette oder in ein Bordell mitnahm.« Denunzianten erhielten Belohnungen, und auch wenn es sich bei den Prozessen immer noch um Einzelfälle handelte, entstand allmählich eine beklemmende Atmosphäre – die in den 30er Jahren in schieren Terror mündete. Der gut 70-jährige Herrscher zeigte zunehmend paranoide Züge, witterte überall Feinde, und schließlich »verging kein Tag ohne Hinrichtungen«, wie Sueton erzählt. Die Opfer seien vor der Exekution gefoltert worden, wobei der Princeps persönlich neue Martern erfand: »Arglistigerweise ließ er die Leute reichlich Wein trinken und ihnen dann plötzlich den Penis dergestalt zuschnüren, dass sowohl die straff angezogenen Schnüre als der zurückgehaltene Urin ihnen die furchtbarsten Schmerzen bereiteten.«

Das Äußere des alternden Despoten verfiel derart, dass er fast wie eine Karikatur wirkte, glaubt man den antiken Autoren: »Seine hochaufgeschossene Gestalt war übermäßig hager und gebeugt, sein Scheitel kahl, sein Gesicht voller Ausschlag und meistens mit Pflastern beklebt«, schildert Tacitus. Den körperlichen Niedergang kompensierte der Greis angeblich, indem er pädophile und perverse Neigungen auslebte. »Man kann es kaum erzählen oder anhören, geschweige denn glauben«, entrüstet sich beispielsweise Sueton. »Er soll Knaben im zartesten Alter, die er seine ›Fischchen‹ nannte, angeleitet haben, ihm beim Baden zwischen den Beinen durchzuschwimmen, um ihn herumzuspielen, ihn dabei zu lecken und zu beißen.«

Ob diese Berichte zutreffen oder nur böse Gerüchte waren, lässt sich natürlich nicht mehr klären. Aber sie zeigen, wie verhasst der Princeps war, als er 37 n. Chr. in seinem 78. Lebensjahr starb. »Sein Tod versetzte das Volk in einen solchen Freudentaumel«, schreibt Sueton, »dass auf die erste Nachricht hin alles auf die Straße lief.« Wäre Tiberius zehn bis fünfzehn Jahre früher verschieden, dann wäre er der Menschheit wohl als guter Herrscher in Erinnerung geblieben. Die wahre Tragödie des »Traurigsten unter den Menschen« war, dass er nicht nur die höchstmögliche Stellung bekam, sondern auch ein langes Leben.

Beides blieb Arminius verwehrt, obwohl er Ende 17 n. Chr. als erfolgreicher Anführer der Vielstämmekoalition eine herausragende Machtposition innehatte – und das auch für sich ausnutzen wollte. Doch große Militärführer sind nicht automatisch große Staatsmänner, und der Cheruskerfürst schätzte offenbar die Stimmung in der Bevölkerung und beim Adel falsch ein: »Nach Abzug der Römer und der Vertreibung Marbods trachtete Arminius nach der Königsherrschaft, hatte dabei aber den Freiheitssinn seiner Landsleute gegen sich«, erzählt Tacitus. Die

Textstelle lässt offen, ob der etwa 33-Jährige nur die Hoheit über die Cherusker anstrebte oder gar ein neues Germanenreich erschaffen wollte, aber er stieß dabei auf Gegner, die zu allem entschlossen waren.

Ein Chattenhäuptling namens Adgandestrius bot den Römern an, Arminius zu ermorden, wenn sie ihm das nötige Gift dafür schickten. Die briefliche Offerte wurde im Senat verlesen, aber Tiberius entgegnete, dass »das römische Volk nicht hinterlistig und heimlich, sondern offen und mit der Waffe in der Hand seine Feinde bestraft« – was selbst der Tiberius-kritische Tacitus als »rühmliches Verhalten« lobt. Der Mordversuch war damit im Keim erstickt, und diese kleine Episode zeigt, dass inmitten all der Gewaltexzesse jener Zeit auch Ideen von Aufrichtigkeit und Fairness existierten – sogar gegenüber dem Feind.

Anhänger und Gegner des Cheruskerfürsten lieferten sich schließlich einen Bürgerkrieg: »Als man mit Waffengewalt gegeneinander vorging, kämpfte Arminius mit wechselndem Glück«, erzählt Tacitus. Dabei, so fügt der Historiker an, »fiel er durch die Hinterlist seiner Verwandten«. Mehr erfahren wir nicht über die Todesumstände und diese letzte Familientragödie des Mannes, der bereits Frau und Kind verloren hatte und dessen Schwiegervater, Bruder und Onkel zu seinen Feinden geworden waren.

Laut Tacitus »vollendete Arminius 37 Lebensjahre, davon zwölf im Besitz der Macht« – was nach Auffassung der meisten Geschichtswissenschaftler wohl bedeutet, dass der Germanenführer zwölf Jahre nach der Varusschlacht starb, also 21 n. Chr. Er hatte den großen Krieg gegen Rom gewonnen, den Frieden danach aber verloren. Seinem Nachruhm schadete das vorzeitige Ende nicht – im Gegenteil: »Noch heute«, vermeldet Tacitus Anfang des 2. Jahrhunderts, »besingt man ihn bei den barbarischen Völkern.«

Am Ende hat Arminius also nicht mehr das bekommen, was er wollte. Aber war dies eine Tragödie? Oder hat es die Bevölkerung vor einem Despoten bewahrt? Wir wissen zu wenig über die innergermanischen Ereignisse, als dass man sich sinnvoll dazu äußern könnte. Ob man den Cherusker als Helden oder

Meuterer, als Visionär oder Machtmenschen bezeichnet, sagt daher mehr über die Haltung des Urteilenden aus als über die Person selbst. Tacitus verfügte über weit umfangreichere Informationen als wir heute, und der Römer zieht ein Fazit, in dem er einen bemerkenswert neutralen Standpunkt gegenüber dem Romfeind einnimmt: »Arminius hat nicht wie andere Heerführer und Könige das römische Volk in seinen Anfängen herausgefordert, sondern das in höchster Blüte stehende Reich; in den Schlachten kämpfte er mit wechselndem Erfolg, im Krieg blieb er unbesiegt«, schreibt der große antike Historiker. »Er war ohne Zweifel der Befreier Germaniens.«

Dem ist nichts weiter hinzuzufügen.

2. Weichenstellungen

50 n. Chr.	Römische Truppen befreien im Chattengebiet Überlebende der Varusschlacht nach vierzigjähriger Sklaverei
ab 83 n. Chr.	Errichtung des Limes zwischen Rhein und Donau
166–180	Markomannenkriege
259/260	Alamannen überrennen den Limes, Franken fallen in Gallien ein
374	Die Hunnen vernichten das Ostgotenreich
ab 375	Völkerwanderungszeit: Germanische Großstämme dringen in das Römische Reich ein
395	Teilung des Imperiums in West- und Oströmisches Reich
ab ca. 450	Angeln, Sachsen und Jüten erobern das heutige England
476	Ende des Weströmischen Reichs; germanische Königtümer treten die Nachfolge an
568	Abschluss der Völkerwanderungszeit, die den Übergang ins Mittelalter markiert

Ohne die Varusschlacht gäbe es die USA nicht, jedenfalls nicht in der heutigen Form.

Die Schlussfolgerung mag weit hergeholt erscheinen, ergibt sich aber zwanglos, wie in diesem Kapitel deutlich werden wird. Auch andere historische Entwicklungen wären ausgeblieben, hätten sich die Römer auf Dauer in Germanien festgesetzt: Weder das Mittelalter noch die deutsche Sprache, noch das Englische hätten sich so herausgebildet, wie wir sie kennen. Die Welt wäre jetzt eine andere, wäre das heutige Deutschland bis zur Elbe und vielleicht darüber hinaus romanisiert worden.

Natürlich weiß niemand, welchen Weg die Geschichte eingeschlagen hätte, wäre die Rebellion gegen die Supermacht Rom ab 9 n. Chr. gescheitert. »Was wäre, wenn …«-Szenarien ergeben daher wenig Sinn. Aber man kann historische Weichenstellungen benennen, zu denen es erst durch den Sieg des Arminius kommen konnte, wie die folgende Kurzchronik der weiteren römisch-germanischen Geschichte beispielhaft zeigen soll.

Zunächst einmal passierte nicht viel. Nach Ende der Germanicus-Feldzüge 16 n. Chr. blieb es an der Grenze zwischen dem Imperium und den freien Stämmen jahrzehntelang weitgehend ruhig. Römer und Germanen lebten oft viele Jahre am Stück friedlich nebeneinander, getrennt durch einen unbewohnten Sicherheitsstreifen am rechten Rheinufer, den die Legionäre als Übungsgelände und Viehweide nutzten. Germanische Siedler blieben dem Grenzgebiet fern. Vermutlich schreckte sie noch die Erinnerung an die mörderischen Überfälle des Germanicus.

Nur vereinzelt kam es zu kriegerischen Aktionen über den Rhein hinweg: 41 n. Chr. beispielsweise unternahmen die Römer Kriegszüge gegen die Chatten und Chauken und ergatterten dabei den letzten der drei Legionsadler des Varusheeres. Umgekehrt wagten einige Jahre später erst die Chauken und dann die Chatten Raubüberfälle in Gallien. Das Imperium antwortete erwartungsgemäß mit Straffeldzügen, und die römischen Truppen konnten dabei Überlebende der Varuskatastrophe nach 40-jähriger Sklaverei befreien (siehe auch Ende von Kapitel III.6).

Von einem stammesübergreifenden Widerstand gegen die bisweilen eindringenden Truppen Roms erfährt man nichts mehr.

Sollte während der Germanicus-Kriege tatsächlich so etwas wie eine gesamtgermanische Identität bestanden haben, dann hatte sie sich inzwischen – ohne den Druck von außen – wieder aufgelöst. Insbesondere die Cherusker versanken in einem Bürgerkrieg, der so weit ging, dass sich deren Herrschergeschlecht fast komplett selbst auslöschte. 47 n. Chr. gab es schließlich nur noch einen einzigen Überlebenden: Italicus, den Sohn des romtreuen Arminius-Bruders Flavus (siehe Kapitel IV.4). Er war in Rom geboren, lebte nahe der Hauptstadt, und so wandten sich die Cherusker auf der Suche nach einem neuen Stammesherrn ausgerechnet an das Imperium. Dessen Herrscher Claudius kam der Bitte gerne nach: Er sandte Italicus mit Geld und Leibwächtern nach Germanien und plazierte damit seinen Mann an der Spitze des bisherigen Feindes. Die inneren Kriege der Cherusker endeten trotzdem nicht, und schon Anfang des 2. Jahrhunderts verschwand der einst so bedeutende Stamm aus der Geschichte.

In Rom bildeten diese Nachrichten nur noch Randnotizen. Das Interesse hatte sich zu einem anderen Kriegsschauplatz hin verschoben. 43 n. Chr. setzte Claudius mit vier Legionen über den Ärmelkanal und startete die Invasion Britanniens. In den folgenden vier Jahrzehnten eroberten die Römer schubweise die Insel bis zur Grenze zu Schottland. Das Imperium war also noch keineswegs am Endpunkt seiner Machtentfaltung angelangt, wie es bisweilen kolportiert wird, sondern es expandierte auch nach der Varusniederlage weiter. Die römischen Herrscher suchten sich lediglich lohnendere Kriegsziele als Germanien.

Kein Bewohner des Imperiums wäre damals wohl auf die Idee gekommen, der Varusschlacht eine weltgeschichtliche Bedeutung beizumessen. Die gescheiterte Okkupation Germaniens war für Rom zu diesem Zeitpunkt nicht mehr als eine ärgerliche Schlappe. Dies galt umso mehr, als das Imperium in der Offensive blieb: Princeps Domitian etwa griff 83 n. Chr. mit großem propagandistischen Getöse die Chatten im heutigen Hessen an, und noch bevor die Kämpfe beendet waren, gönnte er sich einen Triumphzug durch Rom. »In jüngster Zeit hat man die Siege über die Germanen mehr gefeiert als errungen«, ätzte Tacitus daraufhin.

Zudem ließ Domitian eine markierte Grenzlinie aufbauen, die am Rhein zwischen Bonn und Koblenz begann, quer durch das heutige Süddeutschland schnitt und später an der Donau zwischen Ingolstadt und Regensburg endete: den 550 Kilometer langen Limes. Dieser schloss fruchtbare rechtsrheinische Gebiete ein und überbrückte den spitzen Winkel zwischen Rhein und Donau, verkürzte also die römische Außengrenze. Anfangs bestand die Grenzanlage lediglich aus einer frei geschlagenen Schneise durch den Wald, die lose bestückt war mit Holztürmen, die in Sichtweite zueinander standen. In den folgenden eineinhalb Jahrhunderten baute das Imperium die Anlage immer wieder um und aus: Ein Palisadenzaun kam hinzu, Steintürme ersetzten die Holzbauten; schließlich sicherten ein Wall und ein Graben den rheinnäheren Teil, während eine zwei bis drei Meter hohe Steinmauer den donaunäheren Abschnitt befestigte. Wie es bei föderalen Zuständigkeiten so oft der Fall ist, hatten sich die Provinzverwaltungen hier nicht auf eine gemeinsame Lösung geeinigt.

So beeindruckend das Bauwerk war, das seit 2005 Weltkulturerbe der UNESCO ist, es eignete sich kaum dazu, den konzentrierten Angriff einer Kriegerhorde abzuwehren. Vielmehr diente der Limes wohl als Frühwarnsystem vor Feinden, zur Kontrolle des grenzüberschreitenden Waren- und Personenverkehrs sowie als klares Signal an die freien Germanen, dass sie im Wortsinn außen vor standen.

In der Tat vertiefte sich der kulturelle Graben zwischen dem Römischen Reich und den Stammesgesellschaften. Während die Germanen innerhalb des Imperiums sich vollständig integrierten und nicht mehr von der übrigen romanisierten Bevölkerung zu unterscheiden waren, behielten die Menschen außerhalb ihre Sprache und hergebrachte Lebensweise. Sie schufen keine Städte, keine Geldwirtschaft, keine befestigten Straßen und keine zivilisatorischen Annehmlichkeiten wie die Badehäuser. Der »Roman way of life« endete an der Reichsgrenze, und die Menschen hüben und drüben wurden einander fremd. Das Imperium verlor die Kontrolle und das Interesse daran, was im tiefen Germanien vor sich ging, und so blieb Rom ahnungslos, als die Stämme in Bewegung gerieten.

Angetrieben wohl durch wirtschaftliche Not, begannen Germanen ab 166 n. Chr., vor allem an der Donau in großer Zahl in das Römische Reich einzufallen und bis nach Italien vorzudringen. Die Folge waren die sogenannten Markomannenkriege, die nach vielen, teils verlustreichen Schlachten erst 14 Jahre später endeten. Das Imperium unter Mark Aurel blieb siegreich, aber erstmals seit den Kimbern-und-Teutonen-Kriegen fast drei Jahrhunderte zuvor war die Supermacht längerfristig in die Defensive geraten. Germanien bildete für Roms Herrscher nun nicht mehr eine Spielwiese, die sie entweder ignorierten oder mit Krieg überzogen, um den eigenen Ruhm und das Ego aufzupolieren; das Land war für Rom wieder ein Quell der Bedrohung.

Zunächst allerdings schien sich die Lage zu entspannen, und für drei Jahrzehnte blieb es an der Rhein- und Donaugrenze ruhig. Tatsächlich aber brodelte es in Germanien, ohne dass das Imperium davon Notiz nahm. Goten zogen vom heutigen Polen zum Schwarzen Meer, und weiter westlich formten sich zwei neue Akteure: Zahlreiche Stämme zwischen Rhein und Weser, darunter alte Bekannte der Römer wie die Brukterer, Usipeter und Tenkterer, verschmolzen zu den Franken. Von der Elbe kommende germanische Gruppen, insbesondere die Suebenstämme, schlossen sich zu den Alamannen zusammen. Diese beiden Großstämme waren ungleich mächtiger als die Völkerschaften, aus denen sie hervorgingen, und sie waren bereit, die Supermacht selbst anzugreifen.

Das 3. Jahrhundert wurde zu einer Zeit fortwährender Krisen für das Imperium. 213 bedrohten alamannische Gruppen den Limes, 233 brachen sie durch, und Rom warf sie nur mit Mühe zurück. Gleichzeitig musste das Reich immer mehr Truppen vom Limes abziehen und in den Osten verlegen, da die Sassaniden ein mächtiges Perserreich errichtet hatten, das sich intensiv mit Rom bekriegte. In den Jahren 259 und 260 war der Limes deswegen teilweise von Soldaten entblößt, und die Alamannen nutzten dies aus: Sie überrannten die Grenze, zerstörten unter anderem die Städte Kempten und Bregenz und setzten sich plündernd und brandschatzend im heutigen Südwestdeutschland fest.

Auch in anderen Gegenden des Reichs brannte es in der zweiten Hälfte des 3. Jahrhunderts: Die Goten fielen in den Osten ein und plünderten den Balkan sowie Kleinasien. Fränkische Scharen überquerten den Rhein, zogen raubend durch Gallien und stießen nach Spanien vor. Einige Germanengruppen drangen gar in Italien ein, das Mutterland des Reichs.

Die Großstämme hatten die Offensive übernommen, und das Imperium war bis an das Limit seiner Kräfte damit beschäftigt, die Eindringlinge zurückzuschlagen. Das war natürlich auch eine Folge der Niederlage Roms gegen die Arminius-Koalition, die nun schon ein Vierteljahrtausend zurücklag, also aus Sicht der Zeitgenossen längst Geschichte war. Hätte das Imperium damals die Gebiete bis zur Elbe dauerhaft besetzt, wäre ein Gutteil der Germanen inzwischen romanisiert worden, und die aggressiven Großstämme der Franken und Alamannen hätten sich nie gebildet. Jetzt aber war nicht mehr die Romanisierung Germaniens das Thema, sondern umgekehrt die Germanisierung des Römischen Reichs. Die Wende im römisch-germanischen Verhältnis war gekommen.

Am Boden lag das Reich aber noch nicht. Es war weiterhin zu Gegenschlägen fähig, wie ein aktueller Sensationsfund belegt. Ende 2008 präsentierten Archäologen bei Kalefeld nördlich Göttingen ein Schlachtfeld mit Hunderten von Fundstücken, darunter Pfeilspitzen, Katapultbolzen und eine Pionieraxt. Offenbar hatten dort römische Truppen im 3. Jahrhundert gegen die Einheimischen gekämpft und gesiegt. Die Soldaten waren vermutlich auf einem Straffeldzug unterwegs und dazu mehr als 200 Kilometer tief in das freie Germanien eingedrungen.

Über mehrere Generationen hinweg konnte das Imperium seine Außengrenzen verteidigen, dank sinnvoller Militärreformen und mit Hilfe germanischer Verbände, die als Grenzschützer ins Reich aufgenommen wurden – und die dann ohne jede Bedenken gegen neu ankommende Germanen vorgingen. Eine gemeinsame Identität kannten Mitglieder der verschiedenen Stämme nicht einmal mehr in Ansätzen. Im 4. Jahrhundert erhielt die Germanenfrage dann aber eine Brisanz, die kein Zeitgenosse vorhersehen konnte.

Im Jahr 375 begann die knapp 200-jährige Völkerwanderungszeit, in der germanische Stämme quer durch Europa bis nach Nordafrika strömten. Anfangs traten diese nicht als Eroberer auf, sondern als Flüchtlinge vor einer neuen furchterregenden Supermacht: den Hunnen. Die Reiternomaden waren aus den endlosen Steppen Zentralasiens zu einem langen Zug nach Westen aufgebrochen und stießen im heutigen Südrussland und der Ukraine erstmals auf Germanen, die Ostgoten. Auf ihren kleinen, flinken Pferden besiegten die asiatischen Bogenschützen scheinbar mühelos die schwerfälligeren europäischen Krieger und vernichteten 374 das Ostgotenreich. Ein Flüchtlingsstrom ergoss sich zu den Westgoten an der Donau, die ihrerseits bald von den Hunnen angegriffen wurden. Die attackierten Germanen sahen 376 keinen anderen Ausweg mehr, als in Massen über die Donau zu fliehen und damit in das Römische Reich, das die Flüchtlinge tatsächlich aufnahm.

Schon bald aber rebellierten die gotischen Siedler, die sich vom Imperium schlecht behandelt fühlten. Sie besiegten 378 eine römische Armee, töteten den Kaiser Valens, schlossen aber 382 dann doch einen umfassenden Friedensvertrag mit Rom. Die Goten durften auf Reichsboden siedeln und brauchten keine Steuern zu zahlen, dafür mussten sie im Kriegsfall in Roms Armee dienen. Rechtlich galten sie als Ausländer, im Gegensatz zu den anderen freien Provinzbewohnern, die seit 212 das römische Bürgerrecht besaßen. Damit entstand ein neuer Riss quer durch die Reichsbevölkerung, der sich noch dadurch vertiefte, dass Rom den Neueinwanderern untersagte, Bürger des Imperiums zu heiraten.

Die Goten integrierten sich in der Folge nicht wie früher angesiedelte Germanen, sondern sie formten eine abgeschottete ethnische Kolonie, gleichsam einen Staat im Staat mit eigenem Herrscher und eigenen Gesetzen. Und sie blieben kein Einzelfall: Mehr und mehr germanische Völker flüchteten vor den Hunnen nach Westen – und damit fast zwangsläufig hinein in das Römische Reich, denn welche andere Alternative blieb ihnen spätestens ab dem Rhein?

In der Silvesternacht von 406 auf 407 überquerten drei

Stämme gemeinsam zwischen Mainz und Worms den Grenzstrom zum Römischen Reich: die Sueben, die Vandalen sowie die Alanen, die anders als ihre Verbündeten keine Germanen waren, sondern ein Reitervolk aus dem heutigen Iran, dessen Reich von den Hunnen zerstört worden war. Die bunte Stammeskoalition zog kreuz und quer durch Gallien, und nachdem sie das Land gründlich geplündert hatte, überquerte sie 409 die Pyrenäen und ließ sich in Spanien nieder. 429 brachen dann die Vandalen und Alanen unter dem Anführer Geiserich erneut auf: 80 000 Menschen überquerten auf Schiffen die Meerenge von Gibraltar, zogen durch Nordafrika, eroberten zehn Jahre später Karthago im heutigen Tunesien und machten die blühende Metropole zur Hauptstadt ihres germano-iranischen Reichs auf afrikanischem Boden.

Das Imperium hatte dem wenig entgegenzusetzen. 395 war es in zwei Teile zerfallen, in das Weströmische und das Oströmische Reich, wobei die Trennlinie durch das heutige Montenegro verlief. Der östliche Teil mit der Hauptstadt Konstantinopel alias Byzanz (heute Istanbul) konnte sich noch gut tausend Jahre behaupten. Der westliche Part hingegen erlebte einen raschen Niedergang, verursacht nicht nur durch die Germaneneinfälle, sondern auch durch eine verfehlte Wirtschaftspolitik, wie der Wiener Historiker Herwig Wolfram darlegt. Die Steuereinnahmen Westroms waren gerade einmal so hoch wie die Privateinkünfte von acht vermögenden Senatoren, mit der Folge, dass schon 30 000 Elitesoldaten sechzig Prozent des Reichsbudgets verschlangen. Der Staat konnte sich also schlicht keine Berufsarmee mehr leisten, die groß genug war, um an mehreren Orten gleichzeitig Barbareneinfälle abzuwehren. »Das Missverhältnis von öffentlicher Armut und unverändert hohem privatem Reichtum zwang daher das Westreich, neue und billigere Formen der Staatlichkeit anzuerkennen«, so Wolfram. An die Stelle der professionellen Legionen traten mehr und mehr Germanenheere unter Führung ihrer Könige, die als Lohn für den Wehrdienst Gebiete im Reich zugeteilt bekamen. Westrom hatte damit seine Armee zu großen Teilen privatisiert und Stammeskrieger zu Stützen des Reichs gemacht.

Mitte des 5. Jahrhunderts formten Römer und Germanen dann ein großes Bündnis gegen die Hunnen, die 451 unter Attila bis nach Gallien vordrangen. In der Champagne trat ihnen ein letztes großes Aufgebot des Westens entgegen, geformt aus Römern, Westgoten, Franken, Burgunden, Sachsen und zahlreichen weiteren Stämmen. In der erbittert geführten Völkerschlacht auf den Katalaunischen Feldern stoppte die römisch-germanische Koalitionsarmee die asiatischen Reiterhorden und deren ostgermanische Hilfstruppen, wobei angeblich auf beiden Seiten 160 000 Kämpfer fielen – was sicherlich übertrieben ist, aber zeigt, dass die Verluste gewaltig gewesen sein müssen. Die Hunnen zogen sich zurück, und nach einer weiteren verlorenen Schlacht drei Jahre später verschwanden sie aus der Geschichte. Die Westgermanen hatten entscheidend dazu beigetragen, das Römische Reich zu retten.

Trotzdem blieb das römisch-germanische Verhältnis konfliktreich. 410 hatten die Westgoten sogar Rom geplündert, und 455 wiederholten die Vandalen aus Nordafrika diese Tat. Das brachte dem Stamm einen nachhaltig schlechten Ruf ein, obwohl die Krieger keineswegs brutaler vorgingen, als es im Altertum üblich war. Wenn die Germanoafrikaner statt der Ikone Rom irgendeine andere Stadt ausgeraubt hätten, dann wüsste heute sicherlich niemand, was der Begriff Vandalismus bedeutet.

476 schließlich setzte der Germanenführer Odoaker den weströmischen Kaiser ab und ernannte sich selbst zum König Italiens. Damit endete de facto das Kaiserreich Westrom, und es zerfiel in diverse germanische Königtümer: das Reich der Sueben um das heutige Nordportugal herum, das der Westgoten auf der restlichen Iberischen Halbinsel, das der Ostgoten in Italien, das der Burgunden um den Bodensee herum, das der Franken im heutigen Nordfrankreich und Westdeutschland sowie das der Vandalen in Nordafrika – das schon 534 von Ostrom alias Byzanz erobert wurde. 568 schließlich endete mit dem Zug der Langobarden nach Oberitalien die Völkerwanderungszeit, die den Übergang bildete in eine neue Epoche: das Mittelalter.

Die Herrscher der neuen germanischen Reiche waren Kriegsherren mit ihren Gefolgsleuten, und aus diesem germanischen

Gefolgswesen entwickelte sich das Feudalsystem mit Lehnsherren und Vasallen, das die Grundlage der mittelalterlichen europäischen Gesellschaft bildete. An die Stelle staatlicher Institutionen traten Adelshierarchien, deren Titel heute noch manchen Namen verlängern. Die großen Berufsarmeen wurden ersetzt durch adlige Ritterheere, die Städte schrumpften, und unfreie Bauern formten später die größte Bevölkerungsschicht. Wäre all dies geschehen, wenn Arminius erfolglos geblieben wäre und wenn das Imperium Germanien bis zur Elbe romanisiert hätte? Man kann es mit gutem Grund bezweifeln, denn dann hätte ein Gutteil der Völkerwanderung so nicht stattgefunden. Vielleicht hätte das römische Staatssystem in modifizierter Form weitere Jahrhunderte überdauert, vielleicht hätte sich ein ganz anderes Gesellschaftssystem gebildet – niemand kann es wissen. Die Zeit, die wir heute Mittelalter nennen, hätte sicherlich ein anderes Gesicht gehabt.

Bei all den Verwerfungen der Völkerwanderungszeit ist es indes frappierend, wie sehr sich der romanische Sprach- und Kulturraum heute noch mit dem einstigen Gebiet des Weströmischen Reiches deckt: Portugal, Spanien, Italien und Frankreich gehören nach wie vor dazu, Deutschland und die Niederlande nicht. Ein wichtiger Grund für diese geographische Konstanz ist, dass die wandernden Germanen zahlenmäßig eine verschwindende Minderheit gegenüber der ansässigen Bevölkerung bildeten: So standen in Italien höchstens 150 000 Ostgoten einer einheimischen Bevölkerung von geschätzt zehn bis zwölf Millionen gegenüber. In Gallien und Spanien lag der Anteil der Franken und Westgoten ebenfalls im Bereich von ein bis zwei Prozent. Die germanischen Eroberer mussten sich daher auf längere Sicht mit der einheimischen Bevölkerung arrangieren, zudem übte die höher entwickelte römische Zivilisation eine große Anziehungskraft auf sie aus. Und so zwangen die Kriegsherren den Reichsbewohnern zwar ihr Herrschaftssystem auf, aber in puncto Sprache und Lebensstil passten sich die Germanen den Gallo-, Ibero- und Italo-Romanen an.

Im ehemaligen Römischen Reich blieb damit das Latein bestehen (in verschiedenen Abwandlungen), während man in den rechtsrheinischen Gebieten der heutigen Niederlande und Deutschlands weiter westgermanische Sprachen benutzte. Hätte also Rom das Land zwischen Rhein und Elbe dauerhaft besetzt, dann würde man vermutlich jetzt bis Hamburg und Dresden nicht Niederländisch und Deutsch reden, sondern Germanoromanisch – wie immer das auch klingen würde.

Eine Sonderrolle spielte Britannien. Kurz nach 400 zog Westrom seine letzten Besatzungstruppen von der Insel zurück, weil es auf dem Festland jeden Soldaten benötigte. Die keltischromanische Bevölkerung der legionslosen Provinz sah sich nun schutzlos den Angriffen der Iren sowie der Pikten aus Schottland ausgesetzt. Die Regierenden riefen daher germanische Krieger gleichsam als Gastarbeiter ins Land – ein historischer Fehler. Den angeheuerten Angeln, Sachsen und Jüten gefiel ihr neuer Wohnsitz erheblich besser als ihre kalte Heimat im heutigen Niedersachsen, Schleswig-Holstein und Süddänemark, und es kam zu einem ungeregelten Familiennachzug im großen Stil. Die Küstenanwohner strömten in so hoher Zahl nach Britannien, dass der Bevölkerungsrückgang auf dem Festland stellenweise archäologisch greifbar ist: So zeigen etwa Pollenanalysen im niedersächsischen Landkreis Cuxhaven, dass der Getreideanbau dort im 5. Jahrhundert auf praktisch null zurückging (und erst wieder ab 700 begann) – sich also anscheinend das Gebiet von den Menschen leerte, die wohl ursprünglich zu den Chauken gehörten und dann mit ihrem Stamm in den Sachsen aufgingen. Ein weiteres Indiz für die Abwanderung ist, dass gleichzeitig die Urnenbeisetzungen in der Region endeten, während neue Urnenfriedhöfe in Südostengland entstanden.

Anders als im Rest des Römischen Reichs übernahmen die germanischen Einwanderer nicht die einheimische Sprache und Kultur: Sie drängten in zahlreichen Kriegen die keltisch-romanischen Briten an den südwestlichen und westlichen Rand der Insel ab, zudem flohen viele Inselbewohner über den Ärmelkanal nach Nordwestfrankreich. Die Refugien Cornwall und Wales sowie das Flüchtlingsziel Bretagne sind daher neben Schottland und Irland die einzigen Gebiete Europas, in denen die keltische Sprache heute noch existiert.

Die germanischen Immigranten wurden dann zu den Angelsachsen, das von ihnen eroberte Gebiet zu England und ihre Sprache (mit späteren französischen Einflüssen) zum Englischen – das folglich wie Deutsch und Niederländisch eine Tochtersprache des Westgermanischen ist. Wenn sich nun hierzulande auf breiter Front die Anglizismen durchsetzen, so ist dies also im Grunde nichts anderes als die Heimkehr eines norddeutschen Idioms.

Der Siegeszug des Englischen wäre wohl schon in seinen Anfängen unterblieben, hätten die Römer Germanien bis zur Elbe besetzt. Dann wäre ein Gutteil jener Gebiete romanisiert worden, aus denen die Wanderungsströme auf die Insel kamen. Die Germanisierung Großbritanniens wäre ausgefallen – und damit eine wahrhaft welthistorische Weichenstellung.

Gut ein Jahrtausend später nämlich brachen die Nachfahren der Angelsachsen zu einer neuen Völkerwanderung über das Meer hinweg auf – in diesem Fall den Atlantik. Und wie ihre Vorväter verdrängten sie skrupellos und effektiv die Einheimischen – in diesem Fall die Indianer. 13 britische Kolonien entstanden auf dem nordamerikanischen Kontinent, bis 1790 wurden sie zu den Vereinigten Staaten von Amerika. Und auch wenn die USA heute ein Schmelztiegel sind, so dominieren immer noch Sprache und Kultur der Angloamerikaner – also der Nachkommen gutteils jener Germanen, die im 5. Jahrhundert aus dem heutigen Norddeutschland und Süddänemark aufbrachen, um in Britannien ein besseres Leben zu führen.

Und so wurden ausgerechnet jene Küstenbewohner zur Keimzelle der heute mächtigsten Nation der Welt, die unter solch ärmlichen und primitiven Bedingungen auf Erdhügeln am Meer lebten, dass Plinius im 1. Jahrhundert n. Chr. spottete: »Und diese Menschen behaupten doch tatsächlich, sie würden zu Sklaven, wenn sie heute vom römischen Volk besiegt würden! So ist es in der Tat: Das Schicksal verschont manche, um sie zu strafen.«

3. Wechselhafter Ruhm

»Wenn ich ein poet wer, so wolt ich den celebriren. Ich hab in von hertzen lib«, schwärmte über Arminius schon Martin Luther. Dessen Anhänger sahen in dem Varusbesieger den ersten Vaterlandsverteidiger und ein Vorbild für ihren eigenen Kampf gegen Rom – diesmal in Gestalt der römisch-katholischen Kirche. Der Cheruskerfürst wurde so bereits im 16. Jahrhundert zu einem deutschen Helden stilisiert, und als solcher musste er auch einen deutschen Namen tragen, den ihm die Reformatoren flugs verpassten: Arminius, verkündete Luther 1530, »heist aber ein *Heer man,* dux belli, der zum heer und streit tüchtig ist«. Von nun an hatten die Deutschen einen neuen Nationalheros: Hermann den Cherusker, später in den USA »Herman the German« genannt. Der Name hatte zwar nichts mit der Bezeichnung Arminius gemein, aber das scheint im allgemeinen Überschwang niemanden gestört zu haben.

Der Cheruskerfürst erfuhr damit ein erstaunliches Comeback, nachdem er im Mittelalter fast völlig in Vergessenheit geraten war. Ein Jahrtausend lang kannte praktisch niemand den Varusbezwinger, bis kurz nach 1500 ein Handschriftenjäger im nordrhein-westfälischen Kloster Corvey die verloren geglaubten Annalen des Tacitus aufspürte. Darin erscheint Arminius als »Befreier Germaniens« (siehe Kapitel V.1), und diese Vorlage griffen die deutschen Humanisten und Reformatoren jener Zeit dankbar auf. In der Folge entwickelte sich ein Bild von Arminius und den Germanen, das weniger mit den Stammesmenschen selbst als mit den neuzeitlichen Betrachtern zu tun hatte und das sich bis heute immer wieder stark veränderte.

Schon die Humanisten des 16. Jahrhunderts begingen mehr oder weniger mutwillig den Fehler, germanisch mit deutsch gleichzusetzen, so als ob es die ethnischen und kulturellen Verwerfungen ab der Völkerwanderungszeit nie gegeben hätte. Mittels der taciteischen Schriften dichteten die frühneuzeitlichen Gelehrten den Germanen unter anderem Freiheitsliebe, Treue, Tapferkeit, Aufrichtigkeit, Strenge und Sittenreinheit an, und sie folgerten, dass diese Tugenden zeitlose deutsche Nationalcharakteristika seien. Die Stammesmenschen mussten damit als Beweis herhalten für die angebliche moralische Überlegenheit der Deutschen, und Arminius wurde zum edlen Landsmann par excellence.

In der Hochphase des Absolutismus im 17. und 18. Jahrhundert verschob sich der Fokus dann zu unpolitischen Themen. Das Interesse galt nun verstärkt der Privatperson des Cheruskers, insbesondere der Liebesgeschichte mit Thusnelda. Der Romanautor Daniel Caspar von Lohenstein etwa schrieb bis zu seinem Tod 1683 ein wahrhaft barockes Werk von mehr als 3000 Seiten über Arminius als »tapfferen Beschirmer der deutschen Freyheit, nebst seiner Durchlauchtigen Thußnelda, in einer sinnreichen Staats-, Liebes- und Helden-Geschichte«, so ein Teil des länglichen Titels. Aberhunderte von Arminiuswerken entstanden in jener Epoche, in Form von Epen, Romanen, Gedichten, Liedern, Dramen und mindestens 37 Opern allein im 18. Jahrhundert.

Die Zeit des romantisch-liebenden Arminius endete spätestens 1806, als Frankreich unter Napoleon das Königreich Preußen besiegte, in Berlin einmarschierte und weite deutsche Gebiete besetzte. Jetzt erhielt der Cherusker wie im 16. Jahrhundert die Rolle des nationalen Befreiers, aber in verschärfter Form. Beispielhaft ist das Drama »Hermannsschlacht«, das Heinrich von Kleist 1808 verfasste. Die französischen Besatzer erscheinen hier als Römer, eine »höhnische Dämonenbrut«, so spricht Held Hermann, für die »Hass mein Amt und meine Tugend Rache« ist. Arminius wird hier zu einem echten Nationalisten, der die Feinde der Deutschen hasserfüllt bekämpft.

Zu einem antifranzösischen Machwerk geriet letztlich auch das gut 53 Meter hohe Hermannsdenkmal bei Detmold im Teutoburger Wald. Ursprünglich wollte der Erbauer Ernst von Bandel »dem deutschen Volke ein Mahnzeichen errichten zur brüderlichen, festen Einigkeit«, wie er selbst formulierte. Aber schon die Grundsteinlegung 1841 diente mit dazu, die sogenannte deutsch-französische Erbfeindschaft zu vertiefen. So enthielt die Inschrift den Appell an Arminius: »Schwinge auch ferner dein

Schwert, wenn Frankreichs plündernde Horden gierig lechzend des Rheins heimische Gauen bedrohn.« Der Bau ging wegen Geldmangels nur sehr schleppend voran, und als das Denkmal nach mehr als drei Jahrzehnten 1875 endlich eingeweiht wurde, hatte es eine explizit aggressive Note erhalten: Hermann blickt mit erhobenem Schwert nach Westen, also hin zu dem angeblichen Erbfeind, und Inschriften auf dem Sockel feiern seinen Sieg gegen Rom in einer Reihe mit den Siegen gegen Frankreich 1813 bis 1815 und 1871.

Hier deutete sich bereits eine Germanenverehrung an, die nicht nur die Deutschen glorifiziert, sondern andere Völker herabwürdigt. Die Saat für einen Germano-Chauvinismus war gelegt, die im 20. Jahrhundert zu einer schrecklichen Blüte gelangte.

Nach dem Ersten Weltkrieg 1918 formten sich zahlreiche Vereine, Gesellschaften und Parteien, die sich unter anderem der Lehren Houston Stewart Chamberlains bedienten. Der Engländer hatte 1899 eine ebenso umfangreiche wie krude Rassentheorie veröffentlicht, die sich unter anderem auf Tacitus berief und postulierte: »Die Germanen gehören zu jener Gruppe der Zuhöchstbegabten, die man als Arier zu bezeichnen pflegt.« Daher seien sie »von Rechts wegen die Herren der Welt« und bildeten einen scharfen Kontrast zu den Juden als »fremdem Volk«. Das Buch wurde zum Bestseller, und andere Ideologen entwickelten das Gedankengut weiter. Sie dichteten den unterentwickelten Germanen eine Hochkultur an und verorteten deren Wurzeln auf einer mythischen Insel Thule im Norden Europas, auf der die Urdeutschen vor 6000 Jahren (!) die erste Hochzivilisation der Menschheit gegründet hätten. Die Rassenfanatiker überhöhten so die kleinbäuerlichen Stammesmenschen zu jenen arisch-germanischen Herrenmenschen, deren absurdes Zerrbild den Nationalsozialisten zupass kam.

Adolf Hitler und seine Anhänger, die zum Teil aus dem Kreis der Thule-Gläubigen kamen, bedienten sich freizügig bei den scheinwissenschaftlichen Lehren jener Zeit. Die Versatzstücke fügten sie zu ihrer mörderischen Rassenideologie zusammen, die in den Zweiten Weltkrieg und den Holocaust an den Juden mündete. Abermillionen Menschen verloren ihr Leben, bis 1945 das Dritte Reich zerschlagen und der arisch-germanische Spuk vorbei war.

Danach wollte kaum jemand noch etwas von den Germanen wissen. Das Pendel schlug in die entgegengesetzte Richtung aus, und wer Klischees liebt, der könnte anfügen: mit deutscher Gründlichkeit. Die Germanen wurden nun zu den Schmuddelkindern der Geschichte, von den Wissenschaftlern gemieden und von den Medien ignoriert oder pauschal diffamiert: zum Beispiel als »kriegsliebende Metsäufer«, als »grobschlächtige Archaiker« sowie als »diebische und plattsinnige Störenfriede«, wie dies 1996 in der Titelgeschichte eines einflussreichen Magazins geschah. »Eine nüchterne Diskussion ist bis heute oft unmöglich«, bedauerte noch 2001 der Münchner Altertumskundler Kurt Schier. »Engländer und Skandinavier, ebenfalls Nachfahren der Germanen, haben damit weniger Probleme. Die sind nicht dieser extremen Germanomanie verfallen, aber auch nicht der völligen Verteufelung.«

Die rechtsradikale Szene im Nachkriegsdeutschland kannte keine derartigen Berührungsängste, und so gelang es dieser Minderheit, die germanischen Mythen und Symbole weitgehend konkurrenzlos für sich zu vereinnahmen. Dies gilt sogar für die Runenschrift, welche die Germanen etwa ab dem 2. Jahrhundert n. Chr. benutzten. Heute noch haftet den historischen Schriftzeichen das Odium des Rechtsextremen an – was für sich genommen so absurd ist, als ob man die römischen Ziffern, die ägyptischen Hieroglyphen oder die sumerische Keilschrift einer politischen Richtung zuordnen würde.

In jüngster Zeit allerdings zeichnet sich ein entspannteres Verhältnis zum germanischen Erbe ab. So benutzen mehr und mehr Gruppierungen und Einzelpersonen die Runen und Symbole der Stammesmenschen, ohne die Zeichen politisch zu missbrauchen. Dazu zählen unter anderem Historiendarsteller (sogenannte Reenactors), Rollenspieler, Zugehörige jugendlicher Subkulturen wie der Goth-Szene, Esoteriker und Liebhaber historischen Schmucks, die Repliken germanischer Amulette schlicht als Zierstücke tragen. Sie alle helfen bewusst oder unbewusst mit, den

Rechten das Monopol auf die Zeugnisse unserer Frühgeschichte zu entreißen.

Auch die Wissenschaft hat die Zeit der Germanen wiederentdeckt, und sie scheint sich dabei endlich des ideologischen Ballasts der letzten 500 Jahre zu entledigen. Den Anstoß gaben spektakuläre archäologische Entdeckungen, die insbesondere in den vergangenen zwei Jahrzehnten eine Fülle neuer Erkenntnisse über die römisch-germanischen Beziehungen gebracht haben. Unter anderem präsentierten Forscher in den neunziger Jahren in Waldgirmes erstmals eine römische Stadt rechts des Rheins (siehe Kapitel II.3) und 2004 in Hedemünden erstmals ein Römerlager östlich der Weser und ihrer Quellflüsse. Der sicherlich berühmteste Fund aber ist das Schlachtfeld von Kalkriese, das der britische Hobbyarchäologe Tony Clunn 1987 aufspürte.

Mehr als 700 Theorien existierten bis dahin, wo die Legionen des Varus in den Untergang marschierten, und es bestand wenig Hoffnung, das Rätsel jemals zu lösen. Umso größer war die Euphorie, als sich in Kalkriese die Indizien dafür häuften, dass es sich hier tatsächlich um den lange gesuchten Kampfplatz handelt. Der Mythos Varusschlacht war damit im Wortsinn auf dem Boden der Tatsachen angekommen, und er begann, sich in einen greifbaren Forschungsgegenstand zu verwandeln.

Professionelle Grabungskampagnen erbrachten bis heute zirka 6000 Fundstücke. Das eindrucksvollste Artefakt tauchte schon 1990 auf: die eiserne Gesichtsmaske eines Römerhelms, die einem menschlichen Antlitz auf beinahe unheimliche Weise ähnelt, gespensterhaft und realistisch zugleich. Durch ihren hohen Wiedererkennungswert half sie mit, den Ausgrabungsort tief im öffentlichen Bewusstsein zu verankern. Die Maske wurde zur Ikone von Kalkriese.

Einen zusätzlichen Popularitätsschub erhielt das antike Kampfgelände, als im April 2002 dort das neue Varusschlacht-Museum eröffnete, das mit seinem rostbraunen Stahlmantel und seinem vierzig Meter hohen Aussichtsturm auch architektonisch hervorstticht. Mit einem durchdachten Marketingkonzept gelingt es den Betreibern seitdem, mehr als 100 000 Besucher pro Jahr zu dem abgelegenen Ort zu locken: An das Museum schließt sich ein Erlebnispark an mit Rekonstruktionen des Walls und des damaligen Geländes, dazu ein Restaurant, ein Biergarten und ein Museumsshop. Der verkauft unter anderem T-Shirts mit Hermann als »Che-Rusker« im Stile Che Guevaras, Waffeln als »Varus' Versuchung«, Biomarmelade als »Thusneldas Beste« und Mettwurst als »Harter Hermann«.

Feuilletonisten entrüsteten sich prompt über die flapsige Wortwahl. Damit zeigten sie vor allem, wie verkrampft ihre Haltung gegenüber Arminius und den Germanen vielfach noch ist – trägt doch gerade die bisweilen ironisch-distanzierte Attitüde in Kalkriese dazu bei, die Varusschlacht gleichzeitig populär und frei von Pathos zu vermitteln und so ein Germanenbild ohne dumpfromantische Klischees zu verbreiten.

Das gesteigerte öffentliche Interesse und die Sonderausstellungen zum 2000. Jahrestag der Varusschlacht lassen hoffen, dass sich die Sichtweise auf unsere Vorfahren weiter versachlicht und entspannt. Vielleicht gelingt es den Deutschen dann einmal, auf die Germanen ähnlich unbefangen zu blicken wie die Franzosen auf die Gallier – denen insbesondere mit den Asterix-Comics ein großartiges Denkmal gesetzt wurde.

Hierzulande fehlt eine vergleichbare Tradition des liebevoll-ironischen Umgangs mit der eigenen Frühgeschichte. Nur vereinzelt findet man satirische Sprenkel wie das bis heute populäre Lied »Als die Römer frech geworden«, dessen Text Joseph Victor von Scheffel 1847 verfasste:

»Als die Römer frech geworden,
Zogen sie nach Deutschlands Norden,
Vorne mit Trompetenschall,
Ritt der Generalfeldmarschall,
Herr Quintilius Varus.
...
O Quintili, armer Feldherr,
Dachtest du, dass so die Welt wär'?
Er geriet in einen Sumpf,
Verlor zwei Stiefel und einen Strumpf
Und blieb elend stecken.«

Ein weiteres, literarisch sicher bedeutsameres Beispiel ist das Versepos »Deutschland. Ein Wintermärchen«, in dem der große Schriftsteller Heinrich Heine 1843/44 feststellte:

> »Das ist der Teutoburger Wald,
> Den Tacitus beschrieben,
> Das ist der klassische Morast,
> Wo Varus stecken geblieben.
>
> Hier schlug ihn der Cheruskerfürst,
> Der Hermann, der edle Recke;
> Die deutsche Nationalität,
> Die siegte in diesem Drecke.«

Die gut 165 Jahre alten Verszeilen demonstrieren beispielhaft, wie man auf die Varusschlacht zurückblicken kann, ohne in tumbes Germanenpathos oder verkrampfte Germanophobie zu verfallen. Heute stehen die Chancen besser denn je, sich von der unsäglichen Schwarzweißmalerei zu lösen, die in der Vergangenheit unsere Vorfahren entweder zu aufrechten Heroen oder raffgierigen Primitivlingen verzerrte. Die Wahrheit dürfte wie fast immer im Graubereich gelegen haben: Die Stammesmenschen besaßen sicherlich noch keine Idee von einer übergeordneten Nation, aber das schließt nicht aus, dass einige oder viele durchaus hehre Motive hatten, als sie sich der Rebellion gegen Rom anschlossen.

In praktisch allen Gesellschaften quer über den Globus und in allen Epochen gab und gibt es Menschen, die bereit sind, ihr Leben zu riskieren für das Allgemeinwohl – oder das, was sie dafür halten. Warum sollte es ausgerechnet bei den Germanen anders gewesen sein? Ihnen zuzugestehen, dass sie vor 2000 Jahren nicht nur aus Beutegier und Kriegslust gegen die römischen Besatzer aufbegehrten, sondern auch aus Idealismus und Freiheitswunsch, hebt sie nicht über andere Völker empor. Im Gegenteil: Es macht sie zu ganz normalen Vertretern der Menschheit.

Zeittafel

387 v. Chr.	Kelten plündern Rom
113 v. Chr.	Beginn der Kimbern-und-Teutonen-Kriege
105 v. Chr.	Schwere Niederlage Roms bei Arausio (angeblich 120 000 Tote)
ab 104 v. Chr.	Reform des Marius: aus Wehrpflichtigenheer wird Berufsarmee
102/101 v. Chr.	Rom vernichtet die Kimbern und Teutonen
58 v. Chr.	Beginn des Gallischen Kriegs
	Caesar beschreibt als Erster die Germanen als eigenes Volk
	Sieg Caesars über den Germanenführer Ariovist
57 v. Chr.	Caesar setzt Gallischen Krieg im Norden fort
55 v. Chr.	Völkermord an germanischen Usipetern und Tenkterern (angeblich ca. 400 000 Tote)
	Caesar fällt in das rechtsrheinische Germanien ein
53 v. Chr.	Zweite Rheinüberquerung Caesars
52 v. Chr.	Galliens Freiheitskampf unter Vercingetorix scheitert bei Alesia
51 v. Chr.	Ende des Gallischen Kriegs: Der Rhein wird zur Grenze zwischen Rom und den freien Germanen
49 v. Chr.	Caesar überschreitet den Rubikon, Beginn des Bürgerkriegs
44 v. Chr.	Ermordung Caesars
39/38 v. Chr.	Agrippa siedelt Ubier von Germanien nach Gallien um
31 v. Chr.	Sieg Octavians über Mark Anton bei Actium
30 v. Chr.	Selbstmord Mark Antons und Kleopatras, Ende des Bürgerkriegs
27 v. Chr.	Octavian nimmt den Namen Augustus an; faktisches Ende der Römischen Republik

16 v. Chr.	Niederlage des Lollius gegen Sugambrer, Usipeter und Tenkterer
15 v. Chr.	Drusus und Tiberius erobern Alpen und Voralpenland bis zur Donau
13/12 v. Chr.	Bau eines Kanals vom Rhein zur Nordsee
12 v. Chr.	Erste Feldzüge des Drusus in Germanien; friedliche Unterwerfung der Friesen
11 v. Chr.	Große römische Offensive: Drusus erreicht die Weser, legt Militärkomplex Oberaden an der Lippe an
10 v. Chr.	Feldzug gegen die Chatten im heutigen Hessen
9 v. Chr.	Drusus dringt bis zur Elbe vor, stirbt auf dem Rückweg
8 v. Chr.	Tiberius führt Kriegszüge in Germanien fort, siedelt 40 000 Sugambrer nach Gallien um
7 v. Chr.	Abschließender Feldzug des Tiberius
bis 4 v. Chr.	Gründung der Römerstadt Waldgirmes im heutigen Hessen
ca. 1 v. Chr.	Römische Truppen überqueren die Elbe
ab 1 n. Chr.	Aufstand in Germanien
4 n. Chr.	Neuerlicher Germanienfeldzug des Tiberius
4/5 n. Chr.	Gründung des Römerkastells Anreppen im heutigen Kreis Paderborn
5 n. Chr.	Tiberius leitet amphibische Zangenoperation an der Elbe; Ende der Unruhen in Germanien
6 n. Chr.	Römischer Großangriff auf das Germanenreich des Marbod im heutigen Tschechien; Tiberius bricht Feldzug ab
6–9 n. Chr.	Aufstand in Pannonien und Dalmatien gegen Rom
6/7 n. Chr.	Varus wird Statthalter in Germanien
9 n. Chr.	Varusschlacht oder Schlacht im Teutoburger Wald: Eine germanische Stammeskoalition um den Cherusker Arminius vernichtet drei Legionen unter Varus
	Rom verliert alle Stützpunkte östlich des Rheins bis auf Aliso; Germanen belagern das Kastell
9/10 n. Chr.	Aushebungen im Römischen Reich, vorübergehende Wiedereinführung der Wehrpflicht

10 n. Chr.	Flucht aus Aliso Tiberius sichert die Rheingrenze
11/12 n. Chr.	Feldzüge des Tiberius in Germanien
14 n. Chr.	Augustus stirbt; Tiberius tritt seine Nachfolge an Meuterei der Rheinlegionen zwischen Köln und Vetera (Xanten) Germanicus fällt in Germanien ein, befiehlt Völkermord an den Marsern
15 n. Chr.	Überfall auf die Chatten im heutigen Hessen Thusnelda, die Frau des Arminius, gerät in die Gewalt Roms Großer Sommerfeldzug: • Germanicus führt acht Legionen plus Hilfstruppen – fast ein Drittel der gesamten römischen Armee – nach Germanien hinein • Besuch des Varusschlachtfeldes • Schlacht an den Langen Brücken • Römische Verluste durch Sturmflut an der Nordsee
16 n. Chr.	Erneuter Überfall auf die Chatten Großer amphibischer Feldzug des Germanicus: • Acht Legionen dringen per Schiff in Germanien ein • Treffen zwischen Arminius und seinem romtreuen Bruder Flavus • Schlacht auf der Ebene Idistaviso • Schlacht am Angrivarierwall • Nordseestürme zerstören einen Teil der römischen Flotte Nochmals Überfall auf die Chatten sowie auf die Marser Tiberius unterbindet weitere Kriegszüge
17 n. Chr.	Triumphzug des Germanicus in Rom; Arminius' Frau Thusnelda und ihr kleiner Sohn Thumelikus nehmen als Gefangene teil, ihr Vater Segestes als Ehrengast

	Innergermanische Schlacht zwischen der Stammeskoalition um Arminius und dem Reich des Marbod
19 n. Chr.	Marbod flieht ins Exil
	Germanicus stirbt in der Provinz Syrien
19/21 n. Chr.	Arminius wird von Verwandten ermordet
37 n. Chr.	Tod des Tiberius
50 n. Chr.	Römische Truppen befreien im Chattengebiet Überlebende der Varusschlacht nach vierzigjähriger Sklaverei
ab 83 n. Chr.	Errichtung des Limes zwischen Rhein und Donau
166–180	Markomannenkriege
259/260	Alamannen überrennen den Limes, Franken fallen in Gallien ein
374	Die Hunnen vernichten das Ostgotenreich
ab 375	Völkerwanderungszeit: Germanische Großstämme dringen in das Römische Reich ein
395	Teilung des Imperiums in Weströmisches und Oströmisches Reich
ab ca. 450	Angeln, Sachsen und Jüten erobern das heutige England
476	Ende des Weströmischen Reichs; germanische Königtümer treten die Nachfolge an
568	Abschluss der Völkerwanderungszeit, die den Übergang ins Mittelalter markiert

Literatur

Die Ausgangsidee zu diesem Buch war, das zusammenzuführen, was üblicherweise getrennt dargestellt wird: die Erkenntnisse aus der Archäologie einerseits und aus den schriftlichen Quellen andererseits – um beides in einem Handlungsstrang zu verweben. Ein Ziel dabei lautete, den aktuellen Wissensstand wiederzugeben und klar aufzuzeigen, was moderne Hypothese ist und was tatsächliche Überlieferung.

Eine zweibändige Quellensammlung bildete eine unschätzbare Hilfe: *Altes Germanien: Auszüge aus den antiken Quellen über die Germanen und ihre Beziehungen zum römischen Reich,* Wissenschaftliche Buchgesellschaft 1995. Die Geschichtsprofessoren Hans-Werner Goetz und Karl-Wilhelm Welwei haben hier diejenigen antiken Textpassagen zusammengetragen und thematisch geordnet, die sich mit den Germanen bis zum Jahr 238 nach Christus befassen. Das ebenso umfassende wie lesenswerte Werk, das sowohl die lateinisch-griechischen Originaltexte als auch die deutsche Übersetzung bietet, war zuletzt nur noch bei wenigen Händlern erhältlich. Es ist zu hoffen, dass es bald eine Neuauflage erfährt.

Die meisten Zitate des Buchs finden sich in dieser Sammlung wieder, wobei der Schwerpunkt auf den Schriften von Cassius Dio, Gaius Iulius Caesar, Tacitus und Velleius Paterculus liegt. Die Passagen stimmen nicht immer wortwörtlich überein: Bei verschiedenen Übersetzungsmöglichkeiten habe ich jene gewählt, die meiner Ansicht nach dem Lesefluss am zuträglichsten ist.

Wichtige Quellen waren zudem die Biographien Suetons, die der Kröner Verlag unter dem Titel *Cäsarenleben* gesammelt auf Deutsch herausgebracht hat, das kriegswissenschaftliche Werk *Epitoma rei militaris (Abriss des Militärwesens)* von Vegetius, zweisprachig erschienen im Franz Steiner Verlag, sowie die *Geschichte des Judäischen Krieges* von Flavius Josephus, auf Deutsch erhältlich etwa bei Reclam Leipzig. Ergänzend hinzu kamen die lateinisch-englischsprachige

Textsammlung auf der Internetseite http://penelope.uchicago.edu/Thayer/E/Roman/Texts/home.html sowie die handlichen Reclam-Taschenbücher, die zahlreiche antike Werke auf Deutsch oder zweisprachig beinhalten. Sie bildeten in den vergangenen zwei Jahren meine steten Begleiter.

Aus folgenden Schriften des Altertums stammen die Zitate in diesem Buch:

Appian, »Celtica« (»Keltenkriege«), in: *Rhomaika – Römische Geschichte*

Augustus, *Res gestae Divi Augusti – Tatenbericht*

Gaius Iulius Caesar, *De bello Gallico – Der Gallische Krieg*

Cassius Dio, *Rhomaïke historia – Römische Geschichte*, Buch 52–56

Florus, *Epitome bellorum omnium annorum DCC – Römische Geschichte*, Buch 2

Sextus Iulius Frontinus, *Strategemata – Kriegslisten*, Buch 2–4

Flavius Josephus, *Historia Ioudaïkou polemou pros Rhômaious biblìona – Geschichte des Judäischen Krieges*, Buch 1–3

Orosius, *Historiae adversum paganos – Die antike Weltgeschichte in christlicher Sicht*, Buch 5, 6

Velleius Paterculus, *Historia Romana – Römische Geschichte*, Buch 2

C. Plinius Secundus (Plinius der Ältere), *Naturalis historia – Naturkunde*, Buch 4, 7, 16, 28

Plutarch, *Caesar*

Plutarch, *Marius*

Poseidonios, *Historien*, Buch 30; erhalten als Zitat im Werk von Athenaios, Buch 4

Sallust, *De coniuratione Catilinae – Die Verschwörung des Catilina*

Seneca, *Dialogi – Dialoge*, Buch 11

Strabon, *Geographika*, Buch 7

Sueton, *Augustus*

Sueton, *Caesar*

Sueton, *Caligula*

Sueton, *Claudius*

Sueton, *Tiberius*

Tacitus, *Annales – Annalen*, Buch 1, 2, 4

Tacitus, *Germania* (auch: *De origine et situ Germanorum*)

P. Flavius Vegetius Renatus, *Epitoma rei militaris – Abriss des Militärwesens*, Buch 1–3
Xenophon, *Agesilaos*
Xenophon, *Hellenika*, Buch 4

Ausgewählte Literatur

Barbon, Paola und Bodo Plachta, »›Chi la dura la vince‹ – ›Wer ausharrt, siegt‹. Arminius auf der Opernbühne des 18. Jahrhunderts«, in: R. Wiegels und W. Woesler (Hg.), *Arminius und die Varusschlacht*
Beck, Heinrich, et al. (Hg.), *Germanen, Germania, Germanische Altertumskunde*, (Reallexikon der germanischen Altertumskunde – Die Germanen), Berlin/New York, 2. Aufl. 1998
Becker, Armin, und Gabriele Rasbach, »›Städte in Germanien‹: Der Fundplatz Waldgirmes«, in: R. Wiegels (Hg.), *Die Varusschlacht*
Birkhan, Helmut, *Kelten*, Wien 1997
Canfora, Luciano, *Caesar*, München 2004
Chamberlain, Houston Stewart, *Die Grundlagen des 19. Jahrhunderts*, Sechstes Kapitel: »Der Eintritt der Germanen in die Weltgeschichte«, München, 10. Aufl. 1912
Christ, Karl, *Die Römer*, München, 3. Aufl. 1994
Czysz, Wolfgang, et al., *Die Römer in Bayern*, Stuttgart 1995
Dodge, Theodore Ayrault, *Caesar*, New York 1963
dtv-Atlas Weltgeschichte, Band 1, München, 34. Aufl. 2000
Eck, Werner, *Augustus und seine Zeit*, München, 4. Aufl. 2006
Die Edda (Aus dem Altnordischen übertragen von Arthur Häny), Zürich 1987
Franzius, Georgia (Hg.), *Aspekte römisch-germanischer Beziehungen in der frühen Kaiserzeit*, Espelkamp 1995
Gebühr, Michael, *Nydam und Thorsberg – Opferplätze der Eisenzeit*, Schleswig 2000
Gilliver, Kate, *Auf dem Weg zum Imperium – Eine Geschichte der römischen Armee*, Stuttgart 2003
Goldsworthy, Adrian, *Die Kriege der Römer*, Berlin 2001
Graves, Robert, *Goodbye to All That*, London 1933

Großkopf, Birgit, »Die menschlichen Überreste vom Oberesch in Kalkriese«, in: S. Wilbers-Rost u. a., *Kalkriese 3*

Hanson, Victor Davis, *The Western Way of War – Infantry Battle in Classical Greece*, Berkeley, Calif., 2000

Harnecker, Joachim, *Arminius, Varus und das Schlachtfeld von Kalkriese*, Bramsche 1999

Herwig, Wolfram, *Die Germanen*, München, 5. Aufl. 2000

Holland, Tom, *Die Würfel sind gefallen*, Berlin 2004

Husemann, Dirk, *Der Sturz des Römischen Adlers*, Frankfurt am Main/New York 2008

Jahn, Ralf G., »Der Römisch-Germanische Krieg 9–16 n. Chr.«, Dissertation, Universität Bonn 2001

Jehne, Martin, *Caesar*, München, 3. Aufl. 2004

John, Walter, *P. Quinctilius Varus und die Schlacht im Teutoburger Walde*, Stuttgart 1963

Junkelmann, Marcus, *Die Legionen des Augustus*, Mainz 1986

–, *Hollywoods Traum von Rom*, Mainz 2004

Keegan, John, *Die Kultur des Krieges*, Reinbek 1997

–, *The face of battle*, London 1978

Krause, Arnulf, *Die Geschichte der Germanen*, Frankfurt am Main/New York 2002

Kühlborn, Johann-Sebastian, »Zwischen Herrschaftssicherung und Integration: Die Zeugnisse der Archäologie«, in: R. Wiegels (Hg.), *Die Varusschlacht*

Künzl, Ernst, *Die Germanen*, Stuttgart 2006

Luther, Martin, *Werke. Kritische Gesamtausgabe*, Weimar 1883 ff.

Mommsen, Theodor, *Die Örtlichkeit der Varusschlacht*, Berlin 1885

Moosbauer, Günther, und Gabriele Rasbach, »Germanische Besiedlung und Verkehrswege«, in: R. Wiegels (Hg.), *Die Varusschlacht*

–, Johann-Sebastian Kühlborn und Gabriele Rasbach: »Kommunikationslinien«, in: R. Wiegels (Hg.), *Die Varusschlacht*

– und Susanne Wilbers-Rost: »Kalkriese – Ort der Varusschlacht?«, in: R Wiegels (Hg.), *Die Varusschlacht*

Pohl, Walter, *Die Germanen*, München 2000

Rieckhoff, Sabine, und Jörg Biel, *Die Kelten in Deutschland*, Stuttgart 2001

Riemer, Ulrike, *Die römische Germanienpolitik*, Darmstadt 2006

Rost, Achim, »Characteristics of Ancient Battlefields: Battle of Varus (9 AD)«, in: Douglas Scott et al. (Hg.), *Fields of Conflict: Battlefield Archeology from the Roman Empire to the Korean War*, Westport, Conn., 2007

– und Susanne Wilbers-Rost, »Überlieferungsprobleme von Schlachtfeldern – das Beispiel Kalkriese«, *local land & soil news* no. 20/21 I/07

Schnurbein, Siegmar von, *Augustus in Germanien*, Hg. vom Stichting Nederlands Museum voor Anthropologie en Praehistorie, Amsterdam 2002

Schön, Matthias D., *Feddersen Wierde, Fallward, Flögeln – Archäologie im Museum Burg Bederkesa*, Cuxhaven 1999

Schwemin, Friedhelm, *Die Römer in Oberaden*, Werne 1998

Sellevold, Berit Jansen, Ulla Lund Hansen und Jørgen Balslev Jørgensen, *Iron Age Man in Denmark*, Kopenhagen 1984 (Körpergrößentabelle S. 226)

Simek, Rudolf, *Religion und Mythologie der Germanen*, Stuttgart 2003

Spickermann, Wolfgang (Hg.), *Rom, Germanien und das Reich*, St. Katharinen 2005

Steenken, Heinz Hermann, »Funktion, Bedeutung und Verortung der ara Ubiorum im römischen Köln – ein status quaestionis«, in: W. Spickermann (Hg.), *Rom, Germanien und das Reich*

Sturluson, Snorri, *Prosa-Edda* (aus dem Altisländischen übertragen von Arthur Häny), Zürich 1991

Sünner, Rüdiger, *Schwarze Sonne*, Freiburg i. Br., 2. Aufl. 1999

Timpe, Dieter, *Arminius-Studien*, Heidelberg 1970

–, »Wegeverhältnisse und römische Okkupation Germaniens«, in: ders., *Römisch-germanische Begegnung in der späten Republik und frühen Kaiserzeit*, München/Leipzig 2006

Todd, Malcolm, *Die Germanen*, Stuttgart 2000

Trzaska-Richter, Christine, *Furor teutonicus – Das römische Germanenbild in Politik und Propaganda von den Anfängen bis zum 2. Jahrhundert n. Chr.*, Trier 1991

Wamser, Ludwig (Hg.), *Die Römer zwischen Alpen und Nordmeer*, Düsseldorf 2004

Wells, Peter S., *Die Schlacht im Teutoburger Wald*, Düsseldorf 2005

Welwei, Karl-Wilhelm, »Römische Weltherrschaftsideologie und augusteische Germanienpolitik«, in: ders., *Res publica und Imperium*, Stuttgart 2004

Wickevoort Crommelin, Bernard Raymond van, »Quintili Vare, legiones redde! Die politische und ideologische Verarbeitung einer traumatischen Niederlage«, in: G. Franzius (Hg.), *Aspekte römisch-germanischer Beziehungen in der frühen Kaiserzeit*

Wiegels, Rainer (Hg.), *Die Varusschlacht – Wendepunkt der Geschichte?*, Stuttgart 2007

– und Winfried Woesler (Hg.), *Arminius und die Varusschlacht*, Paderborn, 3. Aufl. 2003

Wierschowski, Lothar, »Zur Kriegsführung der Römer in Germanien 14–16 n. Chr.«, in: W. Spickermann (Hg.), *Rom, Germanien und das Reich*

Wilbers-Rost, Susanne, H. P. Uerpmann, M. Uerpmann, B. Großkopf und E. Tolksdorf-Lienemann, *Kalkriese 3: Interdisziplinäre Untersuchungen auf dem Oberesch in Kalkriese – Archäologische Befunde und naturwissenschaftliche Begleituntersuchungen*, Mainz 2007

–, Die Archäologischen Befunde, in: S. Wilbers-Rost u. a., *Kalkriese 3*

–, »Die Ergebnisse der archäologischen Untersuchungen auf dem ›Oberesch‹ in Kalkriese«, in: Gustav Adolf Lehmann und Rainer Wiegels (Hg.), *Römische Präsenz und Herrschaft im Germanien der augusteischen Zeit*, Göttingen 2007

–, »Total Roman Defeat at the Battle of Varus (9 AD)«, in: Douglas Scott et al. (Hg.), *Fields of Conflict: Battlefield Archeology from the Roman Empire to the Korean War*, Westport, Conn., 2007

Winkelmann, Wilhelm, »700 Theorien – doch keine führt zum Schlachtfeld«, *Westfalenspiegel* 32, 1983

Wolfram, Herwig, *Die Germanen*, München, 5. Aufl. 2000

Wolters, Reinhard, *Die Römer in Germanien*, München, 5. Aufl. 2006

–, *Die Schlacht im Teutoburger Wald*, München 2008

–, »Hermeneutik des Hinterhalts: Die antiken Berichte zur Varuskatastrophe und der Fundplatz von Kalkriese«, *Klio* 85, 2003

Yavetz, Zvi, *Tiberius*, München 2002

Danksagung

Für die Unterstützung auf dem langen Weg zu diesem Buch danke ich besonders meinen Eltern, Peggy, Brian Sipple, Norbert Maier, Christian Seeger, Alexandra Klaffke, Hans-Ulrich Seebohm, Christoph Nettersheim, Uwe Heldt und Gisela Söger. Bedanken möchte ich mich zudem bei meinen Freunden – insbesondere dem Montagsstammtisch – für die anregenden Diskussionen und die Geduld an all den Abenden, an denen man mit mir über fast nichts anderes reden konnte als über Römer und Germanen.

Bildnachweis

akg-images Abb. 11, 16, 21 (Museum Kalkriese); Seite 29, 85 (Erich Lessing), 61, 114 (Nimatallah), 235
Bildarchiv Preußischer Kulturbesitz Abb. 13, 14; Seite 131 (Münzkabinett, Staatliche Museen zu Berlin)
FaberCourtial, Gruppe 5 Filmproduktion, Köln Abb. 4, 5
Focus Abb. 20
Georg-Friedrich-Blumenbach-Institut, Georg-August-Universität Göttingen Abb. 18 (Sibylle Hourticoulon)
Landesmuseum Mainz Abb. 10 (Ursula Rudischer)
LWL Römermuseum in Haltern am See Abb. 2, 3 (St. Brentführer); Seite 117
Angus McBride, Osprey Publishing Ltd, www.ospreypublishing.com Abb. 6-9
Museum Kalkriese Abb. 19
picture alliance / Bildagentur Huber Abb. 24
Rheinisches Landesmuseum Bonn Seite 201
Brian Sipple Abb. 1, 12, 15, 17, 25
ullstein bild Abb. 22
WAS IST WAS, Band 62, Die Germanen, Tessloff Verlag Seite 78 f.

Register

[redacted]